어디서나 바로바로 통하는
왕초보 Total 일본어회화 사전 <개정판>

ⓒ 도서출판 창, 2011

2011년 1월 10일 초판 1쇄 발행
2025년 3월 20일 개정 1쇄 발행

감수 | 이치우·이한나
펴낸이 | 이규인
디자인 | 홍보현
펴낸곳 | 도서출판 창
등록번호 | 제15-454호
등록일자 | 2004년 3월 25일
주소 | 서울특별시 마포구 대흥로 4길 49, 1층(용강동 월명빌딩)
전화 | (02)322-2686, 2687 팩시밀리 | (02)326-3218
홈페이지 | http://www.changbook.co.kr
e-mail | changbook1@hanmail.net

ISBN 978-89-7453-493-6 (13730)

정가 18,000원

· 이 책의 저작권은 <도서출판 창>에 있습니다. 저작권법에 의해
  보호를 받는 저작물이므로 무단 전재와 복제를 금합니다.
· 잘못 만들어진 책은 <도서출판 창>에서 바꾸어 드립니다.

어디서나 바로바로 통하는

왕초보

Total

일본어회화
사전 개정판

감수 이치우 · 이한나

JAPANESE
EXPRESSIONS
DICTIONARY

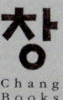
창
Chang
Books

Foreword

들어가면서

여러분은 지금 국제화시대에 살고 있습니다. 최근 우리 사회의 이슈이자 많은 분들이 고민하는 부분 중에 하나가 어떻게 하면 원어민처럼 유창하게 일어를 잘 할 수 있을까? 하는 바람일 것입니다. 그리고 새롭게 실시된 「일본어능력시험」은 회화능력을 중시한 시험으로 바뀌었습니다. 시험에서는 일본어의 문자나 어휘, 문법에 대해 어느 정도 이해하고 있는가뿐만 아니라, 그 지식을 실제 상황에서 회화로 사용할 수 있는가를 중요하게 평가하게 되었습니다. 그리하여 새로운 시험은 일본어 회화능력을 종합적으로 측정하는 시험으로 개정하게 된 것입니다. 이러한 시대 상황을 고려해 편집·제작된 책이 어디서나 바로바로 통하는 **왕초보 Total 일본어회화 사전**입니다. 수많은 일본어회화 방법들이 있지만 생각만큼 효과를 얻기란 쉽지 않습니다. 그렇다면 일본어 초보자에게 가장 중요한 일본어회화 학습의 요소는 무엇일까? 발음, 문법, 어휘, 물론 다 중요하지만 가장 중요한 것은 지금 당장 할 수 있다는 자신감입니다. 이 책은 이런 분들을 위해 아주 기초적인 회화에서부터 모든 상황에서 능숙하게 대처할 수 있는 생활회화, 실용회화 및 해외여행에 이르기까지 다양하게 구성 편집되어 쉽게 접할 수 있습니다. 같은 말이라도 표현하는 방법이 다양하게 정리되어 있을 뿐만 아니라, 종전의 획일적인 회화에서 벗어나 마음대로 즉석에서 찾아 활용할 수 있도록 주제별로 일목요연하게 나열되어 학습 및 사용하기에 편리합니다. 또한 부분적으로 미니회화 코너가 있어 이해를 돕는 데 한 몫을 하고 있습니다.

F · o · r · e · w · o · r · d

대부분 일본어 공부에 관심 있는 분들은 패턴을 좋아합니다. 패턴은 정형화된 문장이어서 마음 놓고 구사할 수 있는 장점뿐만 아니라 여러 문장을 응용해서 마음껏 회화를 표현할 수 있어 많은 분들이 선호합니다. 왕초보 Total 일본어회화 사전은 이런 일본어초보자의 학습단계를 한 단계 발전시켜 드릴 것입니다.

이 책의 특징은 다음과 같이 구성되어 있습니다.

1. 일상의 생활에서 가장 필요한 상황만을 엄선하여 초보자도 쉽게 활용할 수 있도록 하였습니다.
2. 가장 많이 사용하는 필수 패턴회화로 학습의 자신감과 응용력을 증가시켰습니다. 특히 상황에 따라 적절하게 골라 선택하면 좀 더 센스 있는 일본어회화를 구사할 수 있을 것입니다.
3. 일본어 표현에는 원어민의 발음을 표기하여 초보자도 보다 쉽게 듣고 따라 할 수 있도록 한글 발음으로 표기하였습니다. 그러나 한글발음표기는 일본어회화 학습을 위한 것에 지나지 않으므로 정확한 발음은 본사의 홈페이지에 MP3파일을 제공하고 있으므로 다운 받아 들으면 보다 효과적으로 학습할 수 있습니다.
4. 부록에 있는 많은 자료는 일본어초보자가 바로 일본어 학습에 활용하도록 정리되어 있어 일본어회화에 큰 도움이 될 것입니다.

   그 외에 최신의 일일사전과 인터넷의 자료를 참조하였으며, 되도록 최근에 많이 활용되는 문장을 엄선하였습니다.

   위와 같은 자료를 통해 그 동안 일본어회화에 대한 막연했던 두려움을 떨쳐버리고 지금 바로 자신감을 가지고 시작하면 패턴회화+실용회화+활용도 높은 필수문장=3배의 효과를 보실 것입니다.

차례

c · o · n · t · e · n · t · s

Part I 패턴 회화

- 기점과 경유를 말할 때 18
- 강조를 뜻할 때 19
- 여유를 말할 때 20
- 이의 제기할 때 21
- 정중하게 권유할 때 22
- 상황과 상태를 말할 때 23
- 허락을 받을 때 24
- 결정을 선택할 때 25
- 비교할 때 26
- 목적을 말할 때 27
- 자신의 희망을 말할 때 28
- 경험을 물을 때 29
- 시간과 개념을 말할 때 30
- 전문(傳聞)을 말할 때 31
- 불확실한 단정을 말할 때 32
- 이유를 들어서 말할 때 33
- 추정을 나타낼 때 34
- 조건을 말할 때 35
- 조건(확신)을 말할 때 36
- 조건(예정)을 말할 때 37
- 남이 나에게 줄 때 38
- 윗사람이 아랫사람에게 줄 때 39
- 한정을 나타낼 때 40
- 목적을 나타낼 때 41

- 수량과 정도를 말할 때 18
- 수단과 방법을 말할 때 19
- 대강 말할 때 20
- 동의를 구할 때 21
- 정중하게 부탁할 때 22
- 계속을 나타낼 때 23
- 금지를 표현할 때 24
- 결정을 물을 때 25
- 좋고 싫음을 물을 때 26
- 목적을 나타낼 때 27
- 남의 희망을 나타낼 때 28
- 조언과 충고할 때 29
- 자신의 느낌을 나타낼 때 30
- 동작과 행동을 나타낼 때 31
- 강한 단정을 말할 때 32
- 생각과 의지를 말할 때 33
- 가정 상황을 말할 때 34
- 조건(의도)을 물을 때 35
- 조건(가정)을 말할 때 36
- 구체적인 물건을 받을 때 37
- 내가 남에게 줄 때 38
- 부탁하거나 시킬 때 39
- 가장 공손하게 말할 때 40
- 제안할 때 41

C·o·n·t·e·n·t·s

- 허가·금지를 말할 때 42
- 금지를 나타낼 때 43
- 의도적으로 행동할 때 44
- 유감을 말할 때 45
- 명령을 나타낼 때 46
- 추량을 나타낼 때 47
- 예측하기 어려울 때 48
- 존경을 표현할 때 49
- 장소와 지점을 말할 때 50
- 시간의 경과를 말할 때 51
- 자격 등을 나타낼 때 52
- 타인이 결정할 때 53
- 일의 발단을 말할 때 54
- 정중하게 부탁할 때 55
- 주관적으로 판단할 때 56
- 정중하게 표현할 때 57
- 경험을 말할 때 58
- 상황을 숨기려 할 때 59
- 단정적 이유를 말할 때 60
- 내친 김에 행동할 때 61
- 회수를 나타낼 때 62
- 역접 관계를 나타낼 때 63
- 때를 나타낼 때 64
- 병렬관계를 나타낼 때 65
- 긍정적으로 말할 때 66
- 전부(전체)를 말할 때 67
- 가정 조건을 말할 때 68

- 당위의 의미를 말할 때 42
- 추량을 나타낼 때 43
- 의도적으로 물을 때 44
- 상태가 지나칠 때 45
- 희망을 나타낼 때 46
- 간단함을 말할 때 47
- 어려움을 표현할 때 48
- 개념을 표현할 때 49
- 같은 수량을 반복할 때 50
- 강조를 나타낼 때 51
- 자신의 결정을 말할 때 52
- 남의 말을 인용할 때 53
- 비교 대비할 때 54
- 정중하게 의뢰할 때 55
- 추측할 때 56
- 당위성을 말할 때 57
- (생각이) 떠오르지 않을 때 58
- 일정 시간을 말할 때 59
- 부정의 추량을 말할 때 60
- 사회적 통념을 말할 때 61
- 상황과 상태를 말할 때 62
- 가능성을 말할 때 63
- 시기를 나타낼 때 64
- 충고와 권유를 말할 때 65
- 동작 관계를 말할 때 66
- 강하게 체념할 때 67
- 상황을 가정해 말할 때 68

Contents

Part II 실용 회화

Chapter 01 인사 (あいさつ)

1. 평상시 인사
   - 기본 인사말 · · · · · · · · · 70
2. 만남 인사
   - 처음 만났을 때 · · · · · · · · 72
   - 오랜만에 만났을 때 · · · · · · 75
   - 우연히 만났을 때 · · · · · · · 78
3. 안부 인사
   - 안부를 물을 때 · · · · · · · · 80
   - 안부에 답할 때 · · · · · · · · 82
4. 작별 인사
   - 헤어질 때 · · · · · · · · · · 85
   - 만남을 기약할 때 · · · · · · · 89
5. 소개 인사
   - 먼저 소개할 때 · · · · · · · · 91
   - 소개를 받은 후 인사할 때 · · · 93
   - 서로 소개할 때 · · · · · · · · 94

Chapter 02 인간관계 (にんげんかんけい)

1. 축하·감사·기원
   - 축하할 때 · · · · · · · · · · 98
   - 축하 받은 후 감사 인사 · · · · 102
   - 상대방이 잘 되기를 기원할 때 · 103
2. 칭찬
   - 칭찬할 때 · · · · · · · · · · 106
3. 사과와 용서
   - 사과할 때 · · · · · · · · · · 108
   - 용서할 때 · · · · · · · · · · 110
   - 용서를 구할 때 · · · · · · · · 114
4. 부탁
   - 부탁할 때 · · · · · · · · · · 116
   - 도움을 주고받을 때 · · · · · · 120
   - 양해를 구할 때 · · · · · · · · 124
   - 상대방에게 제안할 때 · · · · · 125

Chapter 03 일상생활 (にちじょうせいかつ)

1. 질문과 대답
   - 질문할 때 · · · · · · · · · · 128
   - 대답할 때 · · · · · · · · · · 135
   - 길을 물을 때 · · · · · · · · · 135
   - 길을 안내할 때 · · · · · · · · 137
2. 시간·날짜·요일에 대해
   - 시간 · · · · · · · · · · · · 139
   - 날짜와 요일 · · · · · · · · · 143

Contents

Chapter 04 만남(ミティング)

1. 약속
- 약속을 제안할 때 · · · · · · · · · · · 146
- 약속을 정할 때 · · · · · · · · · · · 149
- 약속 시간에 늦었을 때 · · · · · · · 152
- 약속을 변경할 때 · · · · · · · · · · 154
- 약속을 취소할 때 · · · · · · · · · · 157

2. 초대와 방문
- 집으로 초대할 때 · · · · · · · · · · 159
- 파티에 초대할 때 · · · · · · · · · · 161
- 초대에 승낙할 때 · · · · · · · · · · 163
- 초대에 사양할 때 · · · · · · · · · · 165
- 초대에 방문할 때 · · · · · · · · · · 168
- 손님을 맞이할 때 · · · · · · · · · · 170
- 음식을 대접할 때 · · · · · · · · · · 173
- 초대를 마치고 돌아갈 때 · · · · · 174
- 손님을 배웅할 때 · · · · · · · · · · 176

Chapter 05 감정표현(かんじょうひょうげん)

1. 기쁨과 즐거움
- 기쁠 때 · · · · · · · · · · · · · · · · 178
- 즐거울 때 · · · · · · · · · · · · · · 180

2. 고마움
- 고마울 때 · · · · · · · · · · · · · · 182

3. 근심과 걱정
- 근심을 위로할 때 · · · · · · · · · · 184
- 걱정 할 때 · · · · · · · · · · · · · · 186

4. 슬픔과 위로
- 슬플 때 · · · · · · · · · · · · · · · · 188
- 위로할 때 · · · · · · · · · · · · · · 190

5. 실망과 비난
- 실망했을 때 · · · · · · · · · · · · · 192
- 비난할 때 · · · · · · · · · · · · · · 193
- 핀잔을 줄 때 · · · · · · · · · · · · 194

6. 노여움과 불쾌
- 노여울 때 · · · · · · · · · · · · · · 195
- 불쾌할 때 · · · · · · · · · · · · · · 195

7. 주의와 충고
- 주의를 줄 때 · · · · · · · · · · · · 198
- 충고할 때 · · · · · · · · · · · · · · 199

8. 긴장과 초조
- 긴장할 때 · · · · · · · · · · · · · · 201
- 초조할 때 · · · · · · · · · · · · · · 202

9. 놀라움과 충격
- 놀랐을 때 · · · · · · · · · · · · · · 203
- 충격 받았을 때 · · · · · · · · · · · 204

10. 후회와 감탄
- 후회할 때 · · · · · · · · · · · · · · 205
- 감탄했을 때 · · · · · · · · · · · · · 206

Chapter 06 관광(かんこう)

1. 관광 정보
- 관광 정보 수집 · · · · · · · · · · · 208

Contents

	• 관광 안내소 · · · · · · · · · 209
	• 관광 가이드 활용 · · · · · · · 210
	• 매표소 안내 · · · · · · · · · 211
2. 관광 안내	• 시내 관광할 때 · · · · · · · · 212
	• 개인·단체 관광할 때 · · · · · · 214
3. 관광지에서	• 관광하면서 · · · · · · · · · · 216
4. 관광 관람	• 공연 관람 · · · · · · · · · · 219
	• 박물관 관람 · · · · · · · · · 221
5. 관광 버스와 렌터카 이용	• 관광 버스 이용 · · · · · · · · 222
	• 렌터카 이용 · · · · · · · · · 223
6. 기념 촬영	• 사진 찍을 때 · · · · · · · · · 225
	• 사진 찾을 때 · · · · · · · · · 226
	• 사진 현상할 때 · · · · · · · · 228
7. 관광 쇼핑	• 면세점에서 · · · · · · · · · · 230
8. 관광중 질병 발생	• 관광중에 아플 때 · · · · · · · 232

Chapter 07 교육(きょういく)

1. 학교 생활	• 중고등 학교 생활 · · · · · · · 234
	• 학교 생활 정보 · · · · · · · · 235
	• 대학 생활 · · · · · · · · · · 239
	• 수업시간 · · · · · · · · · · 242
	• 강의와 성적 관리 · · · · · · · 247
2. 도서관 생활	• 도서관 안내 · · · · · · · · · 249
	• 도서관 카드 이용 · · · · · · · 250
	• 도서 대여 · · · · · · · · · · 253
	• 도서 찾기 · · · · · · · · · · 253
	• 도서 반납 · · · · · · · · · · 255
3. 컴퓨터 활용	• 기초 이론 · · · · · · · · · · 256
	• 데이터 관리 · · · · · · · · · 259
	• 소프트웨어 · · · · · · · · · 261
	• 인터넷 활용 · · · · · · · · · 264
	• 이메일 주고 받기 · · · · · · · 266
	• 장애가 생겼을 때 · · · · · · · 268

Chapter 08 쇼핑(かいもの)

1. 쇼핑 장소	• 상가를 찾을 때 · · · · · · · · 270
	• 매장을 찾을 때 · · · · · · · · 271
2. 상품 고르기	• 물건을 고를 때 · · · · · · · · 273
	• 가격을 흥정할 때 · · · · · · · 278
3. 계산하기	• 계산할 때 · · · · · · · · · · 280
4. 포장과 배달	• 포장을 부탁할 때 · · · · · · · 283

C·o·n·t·e·n·t·s

	• 배달을 부탁할 때 · · · · · · · · · 283
	• 배달에 대한 불만 · · · · · · · · · 286
5. 교환과 환불	• 교환을 요청할 때 · · · · · · · · · 287
	• 환불을 요청할 때 · · · · · · · · · 289
6. 특정 가게에서	• 구두 가게에서 · · · · · · · · · · · 291
	• 선물 가게에서 · · · · · · · · · · · 292
	• 시계 가게에서 · · · · · · · · · · · 292
	• 카메라 가게에서 · · · · · · · · · · 293
	• 옷 가게에서 · · · · · · · · · · · · 294
	• 전자 상가에서 · · · · · · · · · · · 295
	• 면세점에서 · · · · · · · · · · · · · 296
	• 슈퍼마켓에서 · · · · · · · · · · · · 297
	• 서점에서 · · · · · · · · · · · · · · 298

Chapter 09 병원(びょういん)

1. 건강 관리	• 몸이 아플 때 · · · · · · · · · · · 300
2. 병원 안내	• 진료를 예약할 때 · · · · · · · · · 302
	• 접수 창구에서 · · · · · · · · · · · 303
	• 대기실에서 · · · · · · · · · · · · · 305
3. 진찰	• 증상을 설명할 때 · · · · · · · · · 307
	• 증상을 물어볼 때 · · · · · · · · · 310
	• 진료를 받을 때 · · · · · · · · · · 310
4. 내과	• 증상을 설명할 때 · · · · · · · · · 313
	• 진료실에서 · · · · · · · · · · · · · 316
5. 외과	• 증상을 설명할 때 · · · · · · · · · 317
	• 진료실에서 · · · · · · · · · · · · · 318
6. 안과	• 증상을 설명할 때 · · · · · · · · · 320
	• 진료실에서 · · · · · · · · · · · · · 321
7. 치과	• 증상을 설명할 때 · · · · · · · · · 323
	• 진료실에서 · · · · · · · · · · · · · 324
8. 문병	• 병문안 갈 때 · · · · · · · · · · · 325

Chapter 10 교통(こうつう)

1. 길 안내	• 길을 물어볼 때 · · · · · · · · · · 326
	• 교통 안내 방송 활용 · · · · · · · 330
2. 자동차 이용	• 운전할 때 · · · · · · · · · · · · · 331
	• 사고가 났을 때 · · · · · · · · · · 332
	• 교통 위반했을 때 · · · · · · · · · 333
	• 주유할 때 · · · · · · · · · · · · · 334
	• 주차장에서 · · · · · · · · · · · · · 334
	• 카센타에서 · · · · · · · · · · · · · 335

	• 렌터카 이용할 때	337
3. 대중교통-버스	• 매표소에서	338
	• 버스를 이용할 때	340
	• 버스를 잘못 탔을 때	342
4. 대중교통-고속버스	• 고속버스 이용할 때	343
5. 대중교통-택시	• 택시를 부를 때	344
	• 택시를 이용할 때	345
	• 요금을 지불할 때	348
6. 대중교통-지하철	• 지하철 길 안내	349
	• 매표소에서	351
	• 지하철 방송 안내	352
	• 지하철 이용할 때	353
	• 지하철 환승할 때	354
7. 대중교통-기차	• 매표소에서	355
	• 기차를 이용할 때	355

Chapter 11 식당(レストラン)

1. 식당을 찾을 때		356
2. 식당을 예약할 때		360
3. 식당 입구에서 자리 안내할 때		362
4. 메뉴를 물을 때		366
5. 음식을 주문할 때		368
6. 음식을 주문 받을 때		370
7. 식사하면서		371
8. 식사에 관한 화제		374
9. 필요한 것 주문할 때		376
10. 음식에 대한 불만		378
11. 주문에 대한 불만		379
	• 음식과 관련해서 말할 때	380
12. 식사를 마치면서		381
13. 계산할 때		382
14. 술집에서		385
	• 추가 주문할 때	389
15. 커피숍에서		391
16. 패스트푸드에서		392

Chapter 12 의견(いけん)

1. 의견을 제안할 때		394

2. 의견을 물을 때	·····396
3. 자신의 의견을 말할 때	·····397
4. 상대방의 의견에 동의할 때	·····399
5. 상대방의 의견에 반대할 때	·····400
6. 자신의 판단을 말할 때	·····402
7. 상대의 의견을 확인할 때	·····403
8. 상대방과 의견을 조율할 때	·····405
9. 상대방과 맞장구칠 때	·····406
10. 자신을 확신할 수 없을 때	·····408
11. 자신의 느낌을 표현할 때	·····410

Chapter 13 직장생활(しょくばせいかつ)

1. 구직 생활	• 구직 문의할 때 ·····412
	• 면접 시험 볼 때 ·····415
2. 직장에 대해	• 직업을 소개할 때 ·····418
	• 회사 소개할 때 ·····420
	• 근무 시간에 대해 ·····421
	• 직장과 거리 관계 ·····422
	• 동료에게 도움을 청할 때 ·····423
3. 업무 처리	• 업무 능력에 대해 ·····426
	• 업무 능력 평가할 때 ·····430
4. 거래 관계	• 거래처 방문할 때 ·····432
	• 상담할 때 ·····434
	• 계약할 때 ·····438
	• 교섭 관계를 유지할 때 ·····438
	• 의견을 절충할 때 ·····441
	• 문제를 해결할 때 ·····442

Chapter 14 전화(でんわ)

1. 전화 통화할 때	·····444
2. 전화를 걸 때	·····447
3. 전화를 받을 때	·····449
4. 전화를 바꿔줄 때	·····452
5. 부재중일 때	·····453
6. 통화중일 때	·····455
7. 잘못 걸었을 때	·····457
8. 연결 상태가 나쁠 때	·····459
9. 전화를 끊을 때	·····460

C · o · n · t · e · n · t · s

10. 메시지를 전할 때		· · · 461
11. 용건을 전할 때		· · · 462
12. 교환 전화로 걸 때		· · · 465
13. 남의 전화를 사용할 때		· · · 467
14. 국제 전화를 걸 때		· · · 468

Chapter 15 여가와 취미 (よか·しゅみ)

1. 여가 활용	• 여가 시간 활용	· · · 470
	• TV 보기	· · · 472
	• 스포츠(골프)	· · · 474
	• 스포츠(수영)	· · · 476
	• 스포츠(스키)	· · · 477
	• 스포츠(야구)	· · · 478
	• 스포츠(축구)	· · · 480
	• 연극 관람	· · · 481
	• 콘서트 관람	· · · 482
	• 전람회 관람	· · · 483
	• 오락실 이용	· · · 485
2. 취미 생활	• 취미 생활 활용	· · · 487
	• 영화 감상	· · · 487
	• 음악 감상	· · · 489
	• 음악(노래방)	· · · 490
	• 독서 감상	· · · 491
	• 낚시	· · · 492
	• 여행	· · · 493

Chapter 16 서비스 (サービス)

1. 미용실에서	• 예약할 때	· · · 494
	• 커트할 때	· · · 495
	• 퍼머할 때	· · · 498
	• 손톱 정리할 때	· · · 501
2. 이발소에서	• 이발할 때	· · · 502
3. 세탁소에서	• 세탁 문의할 때	· · · 503
	• 세탁 맡길 때	· · · 504
	• 수선 맡길 때	· · · 505
	• 세탁물 트러블	· · · 507
4. 약국에서	• 약에 대한 문의할 때	· · · 509
	• 처방전에 대해	· · · 511
	• 복용법에 대해	· · · 512
5. 우체국에서	• 우체국 업무 안내	· · · 514
	• 편지를 부칠 때	· · · 515

	• 소포를 부칠 때	518
	• 전보를 칠 때	519
6. 은행에서	• 환전할 때	520
	• 계좌를 개설할 때	521
	• 계좌를 해지할 때	523
	• 대출을 받을 때	524
	• 입금과 송금할 때	526
	• 카드를 발급 받을 때	529
	• 카드 사용 방법	531
7. 부동산에서	• 부동산 조건	532
	• 부동산 사전 점검	534
8. 관공서	• 부서를 찾을 때	536
	• 서류 신청할 때	536
	• 도움을 요청할 때	537
	• 분실 · 도난 신고	538
	• 교통 위반 신고	539

Chapter 17 해외 여행 (かいがいりょこう)

1. 출국	• 출국 준비	540
	• 항공편 예약	540
	• 예약 확인 · 변경 · 취소	542
2. 탑승	• 탑승 수속	544
	• 갈아 타기	545
	• 좌석 안내	546
3. 기내에서	• 기내 서비스	548
	• 기내에서 궁금할 때	551
	• 기내에서 불평할 때	553
4. 입국	• 입국 심사	554
	• 짐 찾을 때	556
	• 세관 검사	557
5. 목적지 도착	• 환전	559
	• 안내소	559
6. 관광	• 관광 안내	562
	• 예약	564
	• 극장 · 음악회 · 미술관 안내	566
	• 표 사기	567
	• 관광지에서	568
	• 사진 촬영	570
7. 긴급 상황	• 여행중 긴급 상황	572
	• 교통 사고 당했을 때	574
	• 물건을 도난당했을 때	575
	• 물건을 분실했을 때	575

Chapter 18 호텔(ホテル)

1. 호텔 찾기 · · · · · · · · · · · · · · · · 578
2. 숙박 시설 예약할 때 · · · · · · · · · · · · · · · · 580
3. 체크인 · · · · · · · · · · · · · · · · 582
4. 프런트에서 · · · · · · · · · · · · · · · · 584
5. 룸 서비스 · · · · · · · · · · · · · · · · 586
   - 모닝콜 부탁할 때 · · · · · · · · · 588
   - 세탁물 부탁할 때 · · · · · · · · · 589
   - 이발 · 미용원 · · · · · · · · · · · 589
6. 불편 사항을 말할 때 · · · · · · · · · · · · · · · · 590
7. 도움을 요청할 때 · · · · · · · · · · · · · · · · 591
   - 일정을 변경할 때 · · · · · · · · · 591
   - 국제 통신할 때 · · · · · · · · · · 592
8. 체크 아웃 · · · · · · · · · · · · · · · · 593

Chapter 19 화제(わだい)

1. 가족 관계에 대해
   - 자기 소개 · · · · · · · · · · · · · 596
   - 가족 관계 · · · · · · · · · · · · · 600
2. 출신과 고향에 대해 · · · · · · · · · · · · · · · · 601
3. 건강 관리에 대해 · · · · · · · · · · · · · · · · 602
4. 스타일과 결혼관에 대해
   - 외모 · · · · · · · · · · · · · · · · 604
   - 성격 · · · · · · · · · · · · · · · · 604
5. 사업에 대해 · · · · · · · · · · · · · · · · 606
6. 날씨와 계절에 대해 · · · · · · · · · · · · · · · · 607
7. 사교 생활
   - 인사 나누기 · · · · · · · · · · · · 611
   - 상대방에 대한 표현 · · · · · · · · 612
   - 상대방에 대한 질문 · · · · · · · · 613

Part III * 부 록 *

- 일본어 문자와 음절 · · · · · · · · · · · · · · · · 618
- 수사 읽는 방법 · · · · · · · · · · · · · · · · 624
- 주제별 일단어 · · · · · · · · · · · · · · · · 626
- 필수 관용구 · · · · · · · · · · · · · · · · 637
- 필수 속담 · · · · · · · · · · · · · · · · 643

Part I

패턴 회화

パターンかいわ

패턴 かいわ

* 기점과 경유를 말할 때 *

~에서(부터) ~까지
~から ~まで
~까라 ~마데

- 집에서 회사까지 어느 정도 걸립니까?

  家から会社までどのぐらいかかりますか。
  이에까라 카이샤마데 도노구라이 카까리마스까

- 1시부터 3시까지 회의입니다.

  一時から三時まで会議です。
  이찌지까라 산지마데 카이기데스

* 수량과 정도를 말할 때 *

~정도
~ぐらい(くらい)
~구라이

- 어느 정도 걸립니까?

  どのぐらいかかりますか。
  도노구라이 카까리마스까

- 10분 정도 걸립니다.

  十分ぐらいかかります。
  쥬―뿐쿠라이 카까리마스

패턴 회화

* 강조를 뜻할 때 *

~야말로
~こそ
~꼬소

□ 저야말로 잘 부탁 드립니다.
こちらこそどうぞよろしく。
코찌라꼬소 도-조 요로시꾸

□ 저쪽이야말로 죄송합니다.
こちらこそ申し訳ございません。
코찌라꼬소 모-시와께고자이마셍

* 수단과 방법을 말할 때 *

~로(수단, 방법)
~で
~데

□ 버스로 갑니까?
バスで行きますか。
바스데 이끼마스까

□ 연필로 써 주세요.
鉛筆で書いてください。
엠삐쯔데 카이떼 쿠다사이

パターン かいわ

* 여유를 말할 때 *

그다지, 별로
あまり
아마리

□ 교통은 별로 편리하지 않습니다.
交通はあまり便利ではありません。
코-쯔-와 아마리 벤리데와 아리마셍

□ 이 케이크는 별로 맛있지 않습니다.
このケーキはあまりおいしくありません。
코노 케-키와 아마리 오이시꾸 아리마셍

* 대강 말할 때 *

~든지, ~라도
~でも
~데모

□ 이 고기는 연해서 아이라도 먹을 수 있습니다.
この肉は柔らかくて子供でも食べられます。
고노 니꾸와 야와라까꾸떼 꼬도모데모 따베라레마스

□ 영화라도 보러 갈까요?
映画でも見に行きましょうか。
에-가데모 미니 이끼마쇼-까

패턴 회화

* 이의 제기할 때 *

~하지 않겠습니까?
~ませんか
~마셍까

□ 같이 영화를 보러 가지 않겠습니까?
一緒に映画を見に行きませんか。
잇쇼니 에-가오 미니 이끼마셍까

□ 버스를 타지 않겠습니까?
バスに乗りませんか。
바스니 노리마셍까

* 동의를 구할 때 *

~합시다
~ましょう
~마쇼-

□ 놀러 갑시다.
遊びに行きましょう。
아소비니 이끼마쇼-

□ 같이 영화를 보러 갑시다.
一緒に映画を見に行きましょう。
잇쇼니 에-가오 미니 이끼마쇼-

패턴 회화 | 21

パターン かいわ

＊ 정중하게 권유할 때 ＊

～할까요?
～ましょうか
～마쇼-까

□ 놀러 갈까요?

遊びに行きましょうか。
아소비니 이끼마쇼-까

□ 같이 영화를 보러 갈까요?

一緒に映画を見に行きましょうか。
잇쇼니 에-가오 미니 이끼마쇼-까

＊ 정중하게 부탁할 때 ＊

～해 주세요
～てください
～떼 쿠다사이

□ 조금 기다려 주세요.

ちょっと待ってください。
촛또 맛떼 쿠다사이

□ 여기에 써 주세요.

ここに書いてください。
코꼬니 카이떼 쿠다사이

패턴 회화

* 상황과 상태를 말할 때 *

~하고 있습니다
~ています
~떼 이마스

□ 음악을 듣고 있습니다.
音楽を聞いています。
옹가꾸오 키이떼 이마스

□ 공부하고 있습니다.
勉強しています。
벵꾜-시떼 이마스

* 계속을 나타낼 때 *

~하고 나서
~てから
~떼까라

□ 항상 목욕을 하고 나서 잡니다.
いつもお風呂に入ってから寝ます。
이쯔모 오후로니 하잇떼까라 네마스

□ 텔레비전을 보고 나서 공부합니다.
テレビを見てから勉強します。
테레비오 미떼까라 벵꾜-시마스

패턴 회화 | 23

パターン かいわ

＊ 허락을 받을 때 ＊

~해도 됩니다(까?)
~ても いいです(か)
~떼모 이이데스까

- 집에 가도 됩니까?
  家へ行ってもいいですか。
  이에에 잇떼모 이-데스까

- 오늘은 쉬어도 됩니까?
  今日は休んでもいいですか。
  쿄-와 야슨데모 이-데스까

＊ 금지를 표현할 때 ＊

~해서는 안 됩니다
~てはいけません
~떼와 이께마셍

- 술을 마시고 운전해서는 안 됩니다.
  お酒を飲んで運転してはいけません。
  오사께오 논데 운뗀시떼와 이께마셍

- 남의 것을 봐서는 안 됩니다.
  人のものを見てはいけません。
  히또노 모노오 미떼와 이께마셍

24 | Total 일본어회화 사전

* 결정을 선택할 때 *

~로 하겠습니다
~にします
~니 시마스

- 햄버거와 콜라로 하겠습니다.　　**ハンバーガーとコーラにします。**
  함바-가-또 코-라니 시마스

- 오므라이스로 하겠습니다.　　**オムライスにします。**
  오무라이스니 시마스

* 결정을 물을 때 *

~로 하겠습니까?
~にしますか
~니 시마스까

- 무엇으로 하겠습니까?　　**何にしますか。**
  나니니 시마스까

- 언제로 하겠습니까?　　**いつにしますか。**
  이쯔니 시마스까

パターン かいわ

* 비교할 때 *

~에 비교해서
~にくらべて
~니 쿠라베떼

- 올 여름은 작년에 비해서 덥지 않습니다.

  今年の夏は去年にくらべて暑くありません。

  코또시노 나쯔와 쿄넨니 쿠라베떼 아쯔꾸 아리마셍

- 상품에 비해서 비싸지 않습니다.

  商品にくらべて高くありません。

  쇼-힝니 쿠라베떼 타까꾸 아리마셍

* 좋고 싫음을 물을 때 *

~중에서 ~무엇이(을/를) 가장 ~합니까?
~の 中で 何が 一番~ですか
~노 나까데 나니가 이찌방~ 데스까

- 음식 중에서 무엇을 가장 좋아합니까?

  食べ物の中で何が一番好きですか。

  타베모노노 나까데 나니가 이찌방 스끼데스까

- 음식 중에서 무엇을 가장 싫어합니까?

  食べ物の中で何が一番嫌いですか。

  타베모노노 나까데 나니가 이찌방 키라이 데스까

패턴 회화

* 목적을 말할 때 *

~하러 가다
ます형/동작성 명사+に+いく
~니 이꾸

- 영화를 보러가다　　**映画を見にいく。**
  에-가오 미니 이꾸

- 쇼핑하러 가다　　**買物にいく。**
  카이모노니 이꾸

* 목적을 나타낼 때 *

~하러 오다
ます형/동작성 명사+に+くる
~니 쿠루

- 놀러 오다　　**遊びにくる。**
  아소비니 쿠루

- 여행 오다　　**旅行にくる。**
  료-꼬니 쿠루

パターン かいわ

* 자신의 희망을 말할 때 *

~하고 싶다
~たい
~따이

- 케이크를 먹고 싶습니다. **ケーキが食べたいです。**
  케-키가 타베따이데스

- 회사를 그만두고 싶습니다. **会社を止めたいです。**
  카이샤오 야메따이데스

* 남의 희망을 나타낼 때 *

~하고 싶어하다
~たがる
~따가루

- 다나까 씨는 운전을 배우고 싶어 합니다. **田中さんは運転を習いたがっています。**
  타나까상와 운뗀오 나라이따갓떼 이마스

- 다나까 씨는 차를 사고 싶어 합니다. **田中さんは車を買いたがっています。**
  타나까상와 쿠루마오 카이따갓떼 이마스

패턴 회화

* 경험을 물을 때 *

~한 적이 있습니다(까?)
~たことがあります(か)
~따 코또가 아리마스(까)

□ 일본에 간 적이 있습니까?　日本へ行ったことがありますか。
　니혼에 잇따 코또가 아리마스까

□ 연예인을 만난 적이 있습니까?　芸能人に会ったことがありますか。
　게-노-진니 앗따 코또가 아리마스까

* 조언과 충고할 때 *

~하는 편이 좋습니다
~た方がいいです
~따 호-가 이이데스

□ 병원에 가는 편이 좋습니다.　病院へ行った方がいいです。
　뵤-인에 잇따 호-가 이-데스

□ 오늘보다 내일 가는 편이 좋습니다.　今日より明日行った方がいいです。
　쿄-요리 아시따 잇따 호-가 이-데스

패턴 회화 | 29

パターン かいわ

※ 시간과 개념을 말할 때 ※

~막 ~했습니다 ~한 지 얼마 안 되었습니다
~たばかりです
~따 바까리데스

□ 지금 막 일어났습니다.　　**起きたばかりです。**
　　　　　　　　　　　　　　오끼따 바까리데스

□ 저도 지금 막 왔습니다.　　**私も來たばかりです。**
　　　　　　　　　　　　　　와따시모 키따 바까리데스

※ 자신의 느낌을 나타낼 때 ※

~인 것 같다(추측)
~そうだ
~소-다

□ 비가 올 것 같습니다.　　**雨が降りそうです。**
　　　　　　　　　　　　　아메가 후리소-데스

□ 저 케이크 맛있을 것 같네요.　　**あのケーキおいしそうですね。**
　　　　　　　　　　　　　　　　　아노 케-키 오이시소-데스네

패턴 회화

＊ 전문(傳聞)을 말할 때 ＊

~라고 한다(전문)
~そうだ
~소-다

□ 다나까 씨는 어제 역 앞에서 다니엘 씨를 만났다고 합니다.

田中さんは昨日、駅前でダニエルさんに会ったそうです。
타나까상와 키노- 에끼마에데 다니에루상니 앗따소-데스

□ 일기예보에 의하면, 내일은 눈이 내린다고 합니다.

天気予報によると、明日は雪が降るそうです。
텐끼요호-니 요루또 아시따와 유끼가 후루소-데스

＊ 동작과 행동을 나타낼 때 ＊

~하면서
~ながら
~나가라

□ 음악을 들으면서 숙제를 합니다.

音楽を聞きながら宿題をします。
온가꾸오 키끼나가라 슈꾸다이오 시마스

□ 커피라도 마시면서 이야기 할까요?

コーヒーでも飲みながら話しましょうか。
코-히-데모 노미나가라 하나시마쇼-까

パターン かいわ

※ 불확실한 단정을 말할 때 ※

~인 것 같다
~ようだ
~요-다

- 일본어 선생님은 마치 천사 같습니다.
  日本語の先生はまるで天使のようです。
  니혼고노 센세-와 마루데 텐시노 요-데스

- 두사람은 마치 부부 같습니다.
  二人はまるで夫婦のようです。
  후따리와 마루데 후-후노 요-데스

※ 강한 단정을 말할 때 ※

~인 것 같다.
~みたいだ
~마따이다

- 바보 같습니다.
  馬鹿みたいです。
  바까 미따이데스

- 정원은 마치 공원 같습니다.
  庭はまるで公園みたいです。
  니와와 마루데 코-엔 미따이데스

패턴 회화

* 이유를 들어서 말할 때 *

~(하)고 ~(하)고, ~ 한데다가
~し
~시

□ 이 집은 크고, 훌륭하고, 주변도 조용하고, 좋네요.

この家は大きいし、立派だし、回りもしずかだし、いいですね。

코노 우찌와 오-까-시 릿빠다시 마와리모 시즈까다시 이-데스네

□ 일본어 선생님은 예쁜데다가 머리도 좋습니다.

日本語の先生はきれいだし、頭もいいです。

니혼고노 센세-와 키레-다시 아따마모 이-데스

* 생각과 의지를 말할 때 *

~하려고 합니다
~(よ)うとおもいます
~(요)-또 오모이마스

□ 내일 일본에 돌아가려고 합니다.

明日日本へ帰ろうとおもいます。

아시따 니혼에 카에로-또 오모이마스

□ 산에 갔다오려고 합니다.

山へ行ってこようとおもいます。

야마에 잇떼 코요-또 오모이마스

パターン かいわ

* 추정을 나타낼 때 *

~인 것 같다
~らしい
~라시이

- 아오이씨는 다음 달에 결혼하는 것 같습니다.

  青井さんは来月結婚するらしいです。
  아오이상와 라이게쯔 겟꼰스루 라시이데스

- 다음달부터 택시요금이 오르는 것 같습니다.

  来月からタクシーの料金は上がるらしいです。
  라이게쯔까라 타꾸시-노 료-낑와 아가루 라시이데스

* 가정 상황을 말할 때 *

~했더니
~たら
~따라

- 집에 갔더니 친구가 와 있었습니다.

  家へ行ったら友達が来ていました。
  우찌에 잇따라 토모다찌가 키떼 이마시따

- 많이 먹었더니 살쪘습니다.

  たくさん食べたら太りました。
  타꾸상 타베따라 후또리마시따

* 조건을 말할 때 *

~면
~たら
~따라

□ 비가 오면 학교에 가지 않겠습니다.

雨が降ったら学校へ行きません。
아메가 훗따라 각꼬-에 이끼마셍

□ 시간 있으면 영화를 보러 갑시다.

お暇だったら映画を見に行きましょう。
히마닷따라 에-가오 미니 이끼마쇼-

* 조건(의도)를 물을 때 *

~하는 게
~たら
~따라

□ 같이 영화를 보러 가는 게 어떻습니까?

一緒に映画を見に行ったらどうですか。
잇쇼니 에-가오 미니 이꾸노와 도-데스까

□ 조금 쉬는 게 어떻습니까?

少し休んだらどうですか。
스꼬시 야슨다라 도-데스까

パターン かいわ

＊ 조건(확신)을 말할 때 ＊

～면
～ば
～바

- 더우면 에어콘을 켜 주세요.

  暑ければクーラーをつけてください。
  아쯔께레바 쿠-라-오 쯔께떼 쿠다사이

- 복권에 당첨되면 어떻게 하지.

  宝くじに当たればどうしよう。
  타까라꾸지니 아따레바 도-시요-

＊ 조건(가정)을 말할 때 ＊

～면
～と
～또

- 봄이 되면 따뜻해 집니다.

  春になると暖かくなります。
  하루니 나루또 아따따까꾸 나리마스

- 1에 2를 더하면 3이 됩니다.

  一に二を足すと三になります。
  이찌니 니오 타스또 산니 나리마스

조건(예정)을 말할 때

~면
~なら
~나라

- 일본에 간다면, 후지산에 가 보세요.

  日本へ行くなら富士山へ行って見てください。

  니혼에 이꾸나라 후지산에 잇떼 미떼 쿠다사이

- 일본어라면, 이 학교가 최고입니다.

  日本語ならこの学校が一番です。

  니혼고나라 코노 각꼬-가 이찌방데스

구체적인 물건을 받을 때

~받다
~もらう
~모라우

- 친구한테 받은 사과입니다.

  友達からもらったりんごです。

  토모다찌까라 모랏따 링고데스

- 어제, 남자친구한테 꽃을 받았습니다.

  昨日、彼氏から花をもらいました。

  키노- 카레시까라 하나오 모라이마시따

패턴 회화 | 37

パターン かいわ

＊ 남이 나에게 줄 때 ＊

～주다
～くれる
～쿠레루

- 친구는 나에게 사과를 주었습니다.
  友達は私にりんごを くれました。
  토모다찌와 와따시니 링고오 쿠레마시따

- 이것은 친구가 준 브라질산 커피입니다.
  これは友達がくれたブラジルのコーヒーです。
  코레와 토모다찌가 쿠레따 브라지루노 코-히-데스

＊ 내가 남에게 줄 때 ＊

～주다
～あげる
～아게루

- 나는 친구에게 선물을 주었습니다.
  私は友達にプレゼントを あげました。
  와따시와 토모다찌니 푸레젠토오 아게마시따

- 어머니께 우산을 사 드렸습니다.
  お母さんに傘を買って あげました。
  오까―상니 카사오 캇떼 아게마시따

38 | Total 일본어회화 사전

패턴 회화

* 윗사람이 아랫사람에게 줄 때 *

~주시다
~くださる
~쿠다사루

□ 선생님은 내 여동생에게 사전을 주셨습니다.
先生は私の妹に辞書をくださいました。
센세-와 와따시노 이모-또니 지쇼오 쿠다사이마시따

□ 선생님은 나에게 우산을 빌려 주셨습니다.
先生は私に傘を貸してくださいました。
센세-와 와따시니 카사오 카시떼 쿠다사이마시따

* 부탁하거나 시킬 때 *

~하지 말아 주세요
~ないでください
~나이데 쿠다사이

□ 여기에서 사진을 찍지 말아 주세요.
ここで写真を撮らないでください。
코꼬데 샤신오 토라나이데 쿠다사이

□ 나를 두고 가지 말아 주세요.
私を置いて行かないでください。
와따시오 오이떼 이까나이데 쿠다사이

패턴 회화 | 39

パターン かいわ

* 한정을 나타낼 때 *

~만 하고 있다
~てばかりいる
~데바까리이루

□ 아이는 하루종일 울고만 있습니다.

子供は一日中泣いてばかりいます。
코도모와 이찌니찌쥬— 나이떼 바까리 이마스

□ 아오이씨는 하루종일 일만 하고 있습니다.

青井さんは一日中働いてばかりいます。
아오이상와 이찌니찌쥬— 하따라이떼 바까리 이마스

* 가장 공손하게 말할 때 *

~받다
~いただく
~이따다꾸

□ 선생님께 사전을 받았습니다.

先生に辞書をいただきました。
센세—니 지쇼오 이따다키마시따

□ 이것은 선생님께 받은 책입니다.

これは先生にいただいた本です。
코레와 센세—니 이따다이따 혼데스

패턴 회화

* 목적을 나타낼 때 *

~위해서, ~ 때문에
~ために
~타메니

□ 아오이 씨는 가족을 위해서 일합니다.
青井さんは家族のために働きます。
아오이상와 카조꾸노 타메니 하따라끼마스

□ 다이어트를 위해서 야채를 먹습니다.
ダイエットのために野菜を食べます。
다이엣토노 타메니 야사이오 타베마스

* 제안할 때 *

~하지 않는 편이 좋습니다
~ない方がいいです
~나이호-가 이이데스

□ 오늘은 학교에 가지 않는 편이 좋습니다.
今日は学校へ行かない方がいいです。
쿄-와 각꼬-에 이까나이 호-가 이-데스

□ 육류는 먹지 않는 편이 좋습니다.
肉類は食べない方がいいです。
니꾸루이와 타베나이 호-가 이-데스

패턴 회화 | 41

パターン かいわ

＊ 허가·금지를 말할 때 ＊

~하지 않아도 됩니다
~なくてもいいです
~나꾸데모 이-데스

□ 오늘은 일찍 일어나지 않아도 됩니다.
今日は早く起きなくてもいいです。
쿄-와 하야꾸 오끼나꾸떼모 이-데스

□ 일요일은 학교에 가지 않아도 됩니다.
日曜日は学校へ行かなくてもいいです。
니쯔요-비와 각꼬-에 이까나꾸떼모 이-데스

＊ 당위의 의미를 말할 때 ＊

~하지 않으면 안 됩니다 ~해야만 합니다
~なければなりません
~나께레바 나리마셍

□ 약을 먹어야만 합니다.
薬を飲まなければなりません。
쿠스리오 노마나께레바 나리마셍

□ 오늘은 9시에 자야만 합니다.
今日は九時に寝なければなりません。
쿄-와 쿠지니 네나께레바 나리마셍

패턴 회화

* 금지를 나타낼 때 *

~하지 않고
~ず(に)
~즈니

□ 먹지 않고 기다리고 있었습니다.
食べずに待っていました。
타베즈니 맛떼 이마시따

□ 안마시고, 안먹고 돈을 모았습니다.
飲まず、食わず、お金をためました。
노마즈 쿠와즈 오까네오 타메마시따

* 추량을 나타낼 때 *

~일지도 모른다
~かもしれない
~까모 시레나이

□ 오늘은 학교에 가지 않을지도 모릅니다.
今日は学校へ行かないかもしれません。
쿄-와 각꼬-에 이까나이까모 시레마셍

□ 그 여자는 대학생일지도 모른다.
彼女は大学生かもしれない。
카노죠와 다이가꾸세-까모 시레나이

패턴 회화 | 43

パターン かいわ

* 의도적으로 행동할 때 *

~해 두다
~ておく
~떼 오꾸

□ 만약을 위해 써 두겠습니다. 念のために書いておきます。
넨노 타메니 카이떼 오끼마스

□ 전해 두겠습니다. 伝えておきます。
쯔따에떼 오끼마스

* 의도적으로 물을 때 *

~해 보다
~てみる
~떼 미루

□ 먹어봐도 됩니까? 食べてみてもいいですか。
타베떼 미떼모 이-데스까

□ 이 음악, 들어 보겠습니다. この音楽聞いてみます。
코노 온가꾸 키-떼 미마스

패턴 회화

* 유감을 말할 때 *

~해 버리다
~てしまう
~떼 시마우

□ 전부 먹어버렸습니다.　**全部食べてしまいました。**
젬부 타베떼 시마이마시따

□ 소주를 두잔이나 마셔 버렸습니다.　**焼酎を二杯も飲んでしまいました。**
쇼-쮸-오 니하이모 논데 시마이마시따

* 상태가 지나칠 때 *

지나치게 ~하다
~ます형+すぎる
~스기루

□ 과식은 몸에 좋지 않습니다.　**食べすぎは体によくないです。**
타베스기와 카라다니 요꾸 나이데스

□ 지나치게 많이 먹어서 살쪘습니다.　**食べすぎて太りました。**
타베스기떼 후또리마시따

패턴 회화 | 45

パターン かいわ

* 명령을 나타낼 때 *

> ~하세요
> **~なさい**
> ~나사이

- 공부하세요.
  勉強しなさい。
  벵꼬-시나사이

- 자기 방은 자기가 청소하세요.
  自分の部屋は自分で掃除しなさい。
  지분노 헤야와 지분데 소-지시나사이

* 희망을 나타낼 때 *

> ~해 주었으면 좋겠다(상대방에 대한 희망)
> **~てほしい**
> ~떼 호시이

- 6시에 깨워 주었으면 좋겠습니다.
  六時に起きてほしいです。
  로꾸지니 오끼떼 호시이데스

- 도와 주었으면 좋겠습니다.
  手伝ってほしいです。
  테쯔닷떼 호시이데스

패턴 회화

* 추량을 나타낼 때 *

틀림없이 ~ 일 것이다
~はずだ
~하즈다

□ 그는 틀림없이 알고 있었을 것입니다.
彼は知っていたはずです。
카레와 싯떼 이따하즈데스

□ 올해 틀림없이 졸업 일 것입니다.
今年卒業のはずです。
코또시 소쯔교-노 하즈데스

* 간단함을 말할 때 *

~하기 쉽다 ~하기 편하다
ます형+やすい
~야스이

□ 이 펜은 쓰기 편합니다.
このペンは書きやすいです。
코노 펜와 카끼야스이데스

□ 입기 편한 옷 이군요.
着やすい服ですね。
키야스이 후꾸데스네

パターン かいわ

＊ 예측하기 어려울 때 ＊

~인지 아닌지
~かどうか
~까 도-까

- 오늘은 바쁠지 어떨지 모르겠습니다.
  今日は忙しいかどうか分かりません。
  쿄-와 이소가시-까 도-까 와까리마셍

- 오후에 회의가 있을지 어떨지 모르겠습니다.
  午後会議があるかどうか分かりません。
  고고 카이기가 아루까 도-까 와까리마셍

＊ 어려움을 표현할 때 ＊

~하기 어렵다 ~하기 불편하다
ます형+にくい
~니꾸이

- 게는 좀처럼 먹기 불편합니다.
  カニはなかなか食べにくいです。
  카니와 나까나까 따베 니꾸이데스

- 사용하기 불편한 노트군요.
  使いにくいノートですね。
  쯔까이니꾸이 노-토데스네

패턴 회화

* 존경을 표현할 때 *

~해 주세요
お+ます형+ください
~쿠다사이

□ 잠시 기다려 주세요.　　少々お待ちください。
　　　　　　　　　　　　쇼-쇼- 오마찌 쿠다사이

□ 여기에 써 주세요.　　ここにお書きください。
　　　　　　　　　　　코꼬니 오까끼 쿠다사이

* 개념을 표현할 때 *

~에 대해서
~について
~니 쯔이떼

□ 이 문제에 대해서 생각　　この問題について考えて
　해 봅시다.　　　　　　　みましょう。
　　　　　　　　　　　　　코노 몬다이니 쯔이떼 캉가에떼 미마쇼-

□ 일본에 대해서 어떻게　　日本についてどう思いますか。
　생각합니까　　　　　　　니혼니 쯔이떼 도- 오모이마스까

패턴 회화 | 49

パターン かいわ

※ 장소와 지점을 말할 때 ※

~에 있어서
~にとって
~니 톳떼

□ 그는 나에게 있어서 둘도 없는 소중한 사람입니다.

彼は私にとってかけがえのない人です。
카레와 와따시니 톳떼 카께가에노 나이 히또데스

□ 인간에게 있어서 가장 중요한 것은 건강입니다.

人間にとって一番大事なのは健康です。
닌겐니 톳떼 이찌방 다이지나노와 켄꼬-데스

※ 같은 수량을 반복할 때 ※

~씩
~ずつ
~즈쯔

□ 한 장씩 나눠 주세요.

一枚ずつ配ってください。
이찌마이즈쯔 쿠밧떼 쿠다사이

□ 한 장씩 넣어 주세요.

一枚ずつ入れてください。
이찌마이즈쯔 이레떼 쿠다사이

---

50 | Total 일본어회화 사전

패턴 회화

＊ 시간의 경과를 말할 때 ＊

～만
～ぶり
～부리

- 오랫만이군요. 　　お久しぶりですね。
　　　　　　　　　　오히사시부리데스네

- 몇년 만입니까?　　何年ぶりですか。
　　　　　　　　　　난넨부리데스까

＊ 강조를 나타낼 때 ＊

～나 ～이나
～も
～모

- 아이가 4명이나 있다고 합니다.　　子供が 四人もいるそうです。
　　　　　　　　　　　　　　　　　　코도모가 요닌모 이루 소-데스

- 오늘은 밥을 두 공기나 먹었습니다.　　今日はご飯を二杯も食べました。
　　　　　　　　　　　　　　　　　　쿄-와 고항오 니하이모 타베마시따

패턴 회화 | 51

パターン かいわ

✴ 자격 등을 나타낼 때 ✴

~로서
~として
~또시떼

- 유학생으로서 일본에 가게 되었습니다.

  留学生として日本へ行くことになりました。
  류-가꾸세-또시떼 니혼에 이꾸 코또니 나리마시따

- 아오이씨는 일본인으로서는 키가 크네요.

  青井さんは日本人としては背が高いですね。
  아오이상와 니혼진또시떼와 세가 타까이데스네

✴ 자신의 결정을 말할 때 ✴

~하기로 하다
~ことにする
~코또니 스루

- 다음 달에 일본에 가기로 했습니다.

  来月、日本へ行くことにしました。
  라이게쯔 니혼에 이꾸 코또니 시마시따

- 이제부터 고기는 먹지 않기로 했습니다.

  これから肉は食べないことにしました。
  코레까라 니꾸와 타베나이 꼬또니 시마시따

> 패턴 회화

* 타인이 결정할 때 *

~하게 되다
~ことになる
~코또니 나루

□ 결혼하게 되었습니다.
結婚することになりました。
켓꼰스루 꼬또니 나리마시따

□ 다음 달부터 운전을 배우게 되었습니다.
来月から運転を習うことになりました。
라이게쯔까라 운뗀오 나라우 코또니 나리마시따

* 남의 말을 인용할 때 *

~라니까!
~って!
~ㅅ떼

□ 기다리라니까.
待ちなさいって!
마찌나사잇떼

□ 맡기라니까.
任せなさいって!
마까세나사잇떼

패턴 회화 | 53

パターン かいわ

* 일의 발단을 말할 때 *

애당초, 도대체
だいたい
다이따이

□ 도대체 왜 안 왔어? だいたいどうして来なかったの。
다이따이 도-시떼 코나깟따노

□ 도대체 뭐하는 거야? だいたい何するのよ。
다이따이 나니스루노요

* 비교 대비할 때 *

~정도, 쯤, 만큼
~ほど
~호도

□ 3시간 정도 기다렸습니다. 三時間ほど待ちました。
산지깡호도 마찌마시따

□ 읽으면 읽을수록 재미 있습니다. 読めば読むほど面白いです。
요메바 요무호도 오모시로이데스

* 정중하게 부탁할 때 *

~해 주시지 않겠습니까?
~ていただけませんか
~떼 이따다께마셍까

- 좀 보여 주시지 않겠습니까?
  ちょっと見せていただけませんか。
  촛또 미세떼 이따다케마셍까

- 서둘러 주시지 않겠습니까?
  急いでいただけませんか。
  이소이데 이따다케마셍까

* 정중하게 의뢰할 때 *

~주세요
ご+명사+ください
고 ~쿠다사이

- 연락 주세요.
  ご連絡ください。
  고렌라꾸 쿠다사이

- 이용해 주세요.
  ご利用ください。
  고리요- 쿠다사이

패턴 회화 | 55

パターン かいわ

* 주관적으로 판단할 때 *

~리 없잖아요
~わけないでしょう
~와께나이데쇼-

- 있을 리 없잖아요. **ある**わけないでしょう。
  아루와께나이데쇼-

- 알 리 없잖아요. **分かる**わけないでしょう。
  와까루와께나이데쇼-

* 추측할 때 *

~ 리 없잖아
~わけないだろう
~와께나이다로-

- 있을 리 없잖아 **ある**わけないだろう。
  아루와께나이다로-

- 알 리 없잖아 **分かる**わけないだろう。
  와까루와께나이다로-

패턴 회화

* 정중하게 표현할 때 *

~하십니까?
お+ます형+ですか。
오 ~데스까

- 외출하십니까? **お出かけですか。** 오데까께데스까
- 잊으셨나요? **お忘れですか。** 오와스레데스까

* 당위성을 말할 때 *

~(당연히)해야만 한다
~べきだ
~베끼다

- 곧 사과해야 합니다. **すぐ謝るべきです。** 스구 아야마루베끼데스
- 지켜야 할 규칙 **守るべき規則。** 마모루베끼 키소꾸

パターン かいわ

* 경험을 말할 때 *

(하마터면)~할 뻔했다
~ところ
~토꼬로

- 죽을 뻔했습니다.　　死ぬところでした。
　　　　　　　　　　　시누토꼬로데시따

- 차에 치일 뻔했다.　　車にひかれるところだった。
　　　　　　　　　　　쿠루마니 히까레루 또꼬로닷따

* (생각이) 떠오르지 않을 때 *

~였나? ~였었나?
~たっけ
~닷께

- 누구 였었더라?　　誰でしたっけ
　　　　　　　　　다레데시땃께

- 그랬었나요?　　そうでしたっけ
　　　　　　　　소-데시땃께

패턴 회화

* 상황을 숨기려 할 때 *

~인 척하다 ~인 체하다
~ふりをする
~후리오 스루

□ 애인인 척하다
恋人のふりをする。
고이비또노 후리오 스루

□ 바쁜 척하다
忙しそうなふりをする。
이소가시소-나 후리오 스루

* 일정 시간을 말할 때 *

~하는 중에, 사이, 동안
~うちに
~우찌니

□ 차가울 때 마시세요.
冷たいうちに飲んでください。
쯔메따이 우찌니 논데 쿠다사이

□ 말하는 사이에 좋아하게 되었습니다.
話してるうちに好きになりました。
하나시떼루 우찌니 스끼니 나리마시따

パターン かいわ

* 단정적 이유를 말할 때 *

~인 것이다
~わけだ
~와께다

□ 조금도 기쁘지 않은 거네.　　ちっとも嬉しくないわけね。
　　　　　　　　　　　　　　　칫또모 우레시꾸 나이 와께네

□ 질투하는 거야?　　やいてるわけ。
　　　　　　　　　야이떼루 와께

* 부정의 추량을 말할 때 *

~하지 않을 것이다(추측, 각오)
~まい
~마이

□ 내일은 비가 내리지　　明日は雨が降るまい。
　 않을 것이다.　　　　아시따와 아메가 후루마이

□ 그는 두 번 다시 오지　　彼は二度と來るまい。
　 않을 것이다.　　　　　카레와 니도또 쿠루마이

패턴 회화

＊ 내친 김에 행동할 때 ＊

~하는 김에
~ついでに
~쯔이데니

□ 쇼핑하는 김에 편지를 부쳐두겠습니다.
買物のついでに、手紙を出しておきます。
카이모노노 쯔이데니 테가미오 다시떼 오끼마스

□ 병원에 가는 김에 은행에도 다녀오겠습니다.
病院へ行くついでに、銀行にも行ってきます。
뵤-인에 이꾸 쯔이데니 긴꼬-니모 잇떼 키마스

＊ 사회적 통념을 말할 때 ＊

~할 수는 없다
~わけにはいかない
~와께니와 이까나이

□ 쉴 수는 없다.
休むわけにはいかない。
야스무 와께니와 이까나이

□ 포기할 수는 없다.
諦めるわけにはいかない。
아끼라메루 와께니와 이까나이

パターン かいわ

* 회수를 나타낼 때 *

～할 때마다
～度に
～타비니

- 지하철을 탈 때마다 컨디션이 나빠집니다.

  地下鉄に乗る度に、調子が悪くなります。
  치까떼쯔니 노루 타비니 쪼-시가 와루꾸 나리마스

- 나갈 때마다 아침에 귀가합니다.

  出かける度に朝帰りです。
  데까께루 따비니 아사가에리데스

* 상황과 상태를 말할 때 *

～한 채로
～たまま
～따마마

- 옷을 입은 채로 자버렸습니다.

  服を着たまま寝てしまいました。
  후꾸오 끼따 마마 네떼 시마이마시따

- 불을 켠 채로 외출했습니다.

  電灯をつけたまま出かけました。
  덴또-오 쯔께따 마마 데까께마시따

패턴 회화

* 역접 관계를 나타낼 때 *

~인데
~のに
~노니

- 이것은 저것보다 작은데 왜 비쌉니까?

  これはあれより小さいのになぜ高いですか。
  코레와 아레요리 찌-사이노니 나제 타까이데스까

- 학생인데 어째서 놀고만 있습니까?

  学生なのにどうして遊んでばかりいますか。
  각세-나노니 도-시떼 아손데바까리 이마스까

* 가능성을 말할 때 *

~할 수 있다 ~가능하다
~できる
~데끼루

- 일본어를 할 수 있습니까?

  日本語ができますか。
  니혼고가 데끼마스까

- 그라면 가능합니다.

  彼ならできます。
  카레나라 데끼마스

パターン かいわ

* 때를 나타낼 때 *

~때
~時
~토끼

- 차를 탈 때는 안전벨트를 매 주세요.

  車に乗る時、シートベルトをしめてください。
  쿠루마니 노루 토끼 시-토베루토오 시메떼 쿠다사이

- 모를 때에는 손을 들어 주세요.

  分からない時は、手を上げてください。
  와까라나이 토끼와 테오 아게떼 쿠다사이

* 시기를 나타낼 때 *

~전에
~前に
~마에니

- 자기 전에 이를 닦습니다.

  寝る前に歯を磨きます。
  네루 마에니 하오 미가끼마스

- 비싸지기 전에 사 둡시다.

  高くなる前に買っておきましょう。
  타까꾸 나루 마에니 캇떼 오끼마쇼-

패턴 회화

* 병렬관계를 나타낼 때 *

~하기도 하고
~たり
~따리

- 주말에는 집에서 텔레비전을 보기도 하고, 음악을 듣기도 합니다.

  週末は家でテレビを見たり音楽を聞いたりします。
  슈-마쯔와 우찌데 테레비오 미따리 온가꾸오 키-따리 시마스

- 밤에는 집에서 친구에게 전화를 걸기도 하고, 책을 읽기도 합니다.

  夜は家で友達に電話をかけたり、本を読んだりします。
  요루와 우찌데 토모다찌니 뎅와오 카께따리 혼오 욘다리 시마스

* 충고와 권유할 때 *

~하도록
~ように
~요-니

- 문장이 머릿속에 들어오도록 반복해서 읽어 주세요.

  文章が頭に入るように繰り返して読んでください。
  분쇼-가 아따마니 하이루 요-니 쿠리까에시떼 욘데 쿠다사이

- 약속 시간에 댈 수 있도록 택시로 가겠습니다.

  約束に間に合うようにタクシーで 行きます。
  야꾸소꾸니 마니아우 요-니 타꾸시-데 이끼마스

パターン かいわ

* 긍정적으로 말할 때 *

~한 덕분에
~たおかげで
~따 오까게떼

- 도와주어서 무사히 끝났습니다.

  手伝ってくれたおかげで、無事に終わりました。
  테쯔닷떼 쿠레따 오까게데 부지니 오와리마시따

- 항상 격려해 준 덕분에 성적이 올랐습니다.

  いつもはげましてくださったおかげで、成績が上がりました。
  이쯔모 하게마시떼 쿠다삿따오까게데 세-세끼가 아가리마시따

* 동작 관계를 말할 때 *

~하자마자
~やいなや
~야이나야

- 전화를 걸자마자 그가 왔습니다.

  電話をかけるやいなや彼が来ました。
  뎅와오 카께루야이나야 카레가 키마시따

- 그는 돌아오자마자 나가 버렸습니다.

  彼は帰るやいなや出てしまいました。
  카레와 카에루야이나야 데떼 시마이마시따

패턴 회화

* 전부(전체)를 말할 때 *

~뿐만 아니라
~ばかりでなく
~바까리데 나꾸

□ 일본어 선생님은 착할 뿐 아니라 예쁩니다.

日本語の先生はやさしいばかりでなく、きれいです。
니홍고노 센세-와 야사시이바까리데 나꾸 키레-데스

□ 오랫만에 쇼핑뿐만 아니라 영화도 봤습니다.

久しぶりに買物ばかりでなく映画も見ました。
히사시부리니 카이모노바까리데 나꾸 에-가모 미마시따

* 강하게 체념할 때 *

~하는 수밖에 없다
~ほかない
~호까 나이

□ 이 상태로라면 포기할 수밖에 없습니다.

こういう状況なら諦めるほかありません。
코-유 죠-꾜나라 아끼라메루 호까 아리마셍

□ 창피해도 그에게 부탁할 수밖에 없습니다.

恥ずかしくても、彼に頼むほかありません。
하즈까시꾸떼모 카레니 타노무 호까 아리마셍

패턴 회화 | 67

パターン かいわ

＊ 가정 조건을 말할 때 ＊

~ 했더니
~たところ(が)
~따 토꼬로(가)

- 하루 쉬었더니만 피곤이 풀렸습니다.

  一日休んだところ、疲れが取れました。
  이찌니찌 야슨다 토꼬로 쯔까레가 토레마시따

- 진짜라고 해서 샀더니만, 가짜였습니다.

  本物だと言われて買ったところ、偽物でした。
  혼모노다또 이와레떼 캇따 또꼬로 니세모노데시따

＊ 상황을 가정해 말할 때 ＊

~한 셈치고
~たつもりで
~따 쯔모리데

- 영화를 본셈 치고, 책을 샀습니다.

  映画を見たつもりで、本を買いました。
  에-가오 미따 쯔모리데 홍오 카이마시따

- 죽은 셈치고 열심히 했습니다.

  死んだつもりで頑張りました。
  신다 쯔모리데 감바리마시따

Part II 실용 회화

Chapter 1	인사
Chapter 2	인간 관계
Chapter 3	일상 생활
Chapter 4	만남
Chapter 5	감정 표현
Chapter 6	관광
Chapter 7	교육
Chapter 8	쇼핑
Chapter 9	병원
Chapter 10	교통
Chapter 11	식당
Chapter 12	의견
Chapter 13	직장 생활
Chapter 14	전화
Chapter 15	여가와 취미
Chapter 16	서비스 시설
Chapter 17	해외 여행
Chapter 18	호텔
Chapter 19	화제

じつようかいわ

● 기본표현 ●

Chapter 01 ‡‡ 인사 ‡‡
あいさつ

◦1. 평상시 인사

* 기본 인사말 *

| 안녕하세요? (아침) | **おはようございます。**
오하요- 고자이마스 |

| 안녕? (오전) | **おはよう。**
오하요- |

| 안녕하세요? (점심) | **こんにちは。**
콘니찌와 |

| 안녕히 가세요.
또 오세요. (오후) | **ごきげんよう。また来てくださいね。**
고끼겡요-. 마따 키떼 쿠다사이네
= **さようなら。** 사요-나라 |

| 안녕하세요? (저녁) | **こんばんは。**
콤방와 |

| 안녕히 주무세요. (밤) | **おやすみなさい。**
오야스미나사이
= **お休み。** 오야스미 |

| 어서오세요. | **いらっしゃいませ。**
이랏샤이마세 |

70 | Total 일본어회화 사전

기본표현

실용 회화 — 인사

안녕히 가세요.	**さようなら。** 사요-나라 = **さよなら。** 사요나라
다녀오겠습니다.	**いってきます。** 잇떼 키마스
다녀오세요.	**いっていらっしゃい。** 잇떼 이랏샤이 = **いってらっしゃい。** 잇떼 랏샤이
다녀왔습니다.	**ただいま。** 타다이마
어서 오세요.	**おかえりなさい。** 오까에리나사이
좋은 날씨죠?	**いいお天気(てんき)ですね。** 이이 오텡끼데스네 = **天気(てんき)がとてもいいですね。** 텡끼가 토떼모 이이데스네
즐거운 하루 보내세요.	**よい一日(いちにち)を。** 요이 이찌니찌오
잘 먹겠습니다.	**いただきます。** 이따다끼마스
잘 먹었습니다.	**ごちそうさまでした。** 고찌소- 사마데시따 = **ごちそうさま。** 고찌소-사마

실용 회화 | 71

2. 만남 인사

＊ 처음 만났을 때 ＊

늘 가까이서 뵙고 싶었습니다.	いつもお近づきになりたいと思っていました。 이쯔모 오찌까즈끼니 나리따이또 오못떼 이마시따 ＝ずっとお会いしたいと思っていました。 좃또 오아이시따이또 오못떼 이마시따
니시 씨가 당신에 대해서 많이 이야기했습니다.	西さんがあなたについてよく話していました。 니시상가 아나따니 쯔이떼 요꾸 하나시떼 이마시따
당신 이름이 귀에 익네요.	聞き覚えのあるお名前です。 키끼 오보에노 아루 오나마에데스
당신에 대해서는 다나까 씨로부터 평소 자주 듣고 있습니다.	あなたの事は田中さんから日頃よく伺っております。 아나따노 코또와 타나까상까라 히고로 요꾸 우까갓떼 오리마스
당신을 어떻게 부를까요?	あなたを何と呼べば良いでしょうか。 아나따오 난또 요베바 요이데쇼-까
만나뵙게 되어 영광입니다.	お会いできて光栄です。 오아이 데끼떼 코-에이데스
뵙고 싶었습니다.	お会いしたかったです。 오아이 시따갓따데스

72 | Total 일본어회화 사전

● 기본표현 ●

실용 회화 — 인사

| 만나뵙기를 기대하고 있었습니다. | お目にかかるのを楽しみにしていました。
오메니 카까루노오 타노시미니 시떼 이마시따
= お目にかかれて光栄です。
오메니카까레떼 코-에이데스 |

| 만나서 반가워요. | お会いできてうれしいです。
오아이 데끼떼 우레시이데스
= またお会いできてうれしいです。
마타 오아이데끼떼 우레시이데스 |

| 만난 적이 없는 것 같은데요. | お目にかかったことはないと思いますが。
오메니 카갓따 코또와 나이또 오모이마스가 |

| 말씀은 전부터 많이 들었습니다. | うわさはかねがねうかがっておりました。
우와사와 카네가네 우까갓떼 오리마시따 |

| 성함만 알고 있었습니다. | お名前だけ知っていました。
오나마에다께 싯떼 이마시따 |

| 성함이 뭐라고 하셨죠? | お名前は何とおっしゃいましたか。
오나마에와 난또 옷샤이마시따까 |

| 안녕하세요, 저를 기억하시겠어요? | こんにちは。私のこと覚えてますか。
콘니찌와 와따시노 코또 오보에떼 마스까 |

| 알게 되어 기쁘게 생각합니다. | お知り合いになれてうれしく思います。
오시리아이니 나레떼 우레시꾸 오모이마스 |

じつよう かいわ

＊ 처음 만났을 때 ＊

야마다 씨가 당신에 대해 자주 말씀하셨습니다.	山田さんがあなたの事をよく話しておりました。 야마다상가 아나따노 코또오 요꾸 하나시떼 오리마시따
야마모토 씨로부터 늘 당신에 대해 듣고 있었습니다.	山本さんからいつもあなたの事を伺っておりました。 야마모또상까라 이쯔모 아나따노 코또오 우까갓떼 오리마시따
오래전부터 뵙고 싶었습니다.	ずっと前からお会いしたかったです。 즛또 마에까라 오아이시따갓따데스
저는 이입니다.	私は李です。 와따시와 리데스
저는 한국인입니다.	私は韓国人です。 와따시와 캉코꾸진데스
저는 회사원입니다.	私は会社員です。 와따시와 카이샤인데스
저를 다로라고 불러주세요.	私の事を太郎と呼んでください。 와따시노 코또오 타로-또 욘데 쿠다사이
처음 뵙겠습니다. 잘 부탁드립니다.	初めまして。どうぞよろしくお願いします。 하지메마시떼 도-조 요로시꾸 오네가이시마스 ＝初めまして。 하지메마시떼

● 기본표현 ●

전에 어디선가 당신을 본 기억이 나는데요.	以前どこかであなたにお会いした覚えが あります。 이젠 도꼬까데 아나따니 오아이시따 오보에가 아리마스
전에 만난 적이 있는 것 같은데요.	以前お会いした事があると思います。 이젠 오아이시따 코또가 아루또 오모이마스

* 오랜만에 만났을 때 *

오랫동안 소식을 못 드렸어요.	ごぶさたしました。 고부사따 시마시따
오랜만이군요.	しばらくですね。 시바라꾸데스네 =ひさしぶり。 히사시부리
야, 오랜만이야. 그 동안 잘 지냈어?	やあ、久しぶりだね。今まで元気だった。 야아 히사시부리다네 이마마데 겡끼닷따
오늘 재미있는 일이라도 있어요?	今日面白い事でもあるんですか。 쿄- 오모시로이 코또데모 아룬데스까
오늘 만나서 반가웠어요.	今日はお会いできてうれしかったです。 쿄-와 오아이데끼떼 우레시깟따데스
어떻게 지내십니까?	どうお過ごしですか。 도- 오스고시데스까

오랜만에 만났을 때

잘 지내십니까?
お元気ですか。
오겡끼데스까
=元気? 겡끼

덕분에 잘 지냅니다.
お陰様で元気です。
오카게사마데 겡끼데스

그저 그렇습니다.
まあまあです。
마ー마ー데스
=まあまあ。 마ー마ー

지금은 좋아요.
今のところ調子が良いです。
이마노 토꼬로 쵸ー시가 요이데스

별고 없으십니까?
お変わりありませんか。
오까와리 아리마셍까
=お変わりありません。 오까와리 아리마셍

어디 가세요?
どこへお出かけですか。
도꼬에 오데까께데스까

여긴 웬일이세요?
ここにはどのようなご用でしょうか。
코꼬니와 도노 요ー나 고요ー데쇼ー까

참 오랜만이군요.
本当にひさしぶりですね。
혼또ー니 히사시부리데스네

오랜만입니다.
お久しぶりです。
오히사시부리데스

● 기본표현 ●

실용
회화

인
사

오랫동안 뵙지 못했습니다.	長らくご無沙汰しています。 나가라꾸 고부사따시떼 이마스
꽤 오랜만에 다시 만나 뵙게 되는군요.	久しぶりに再びお会いできましたね。 히사시부리니 후타따비 오아이 데끼마시따네
얼굴 잊어버리겠어요.	顔を忘れてしまいそうです。 카오오 와스레떼 시마이소우데스
몇 년 만이죠?	何年ぶりでしょうか。 난넨부리데쇼-까
시간 참 빠르네요.	時間って本当に速いですね。 지깡떼 혼또-니 하야이데스네
뵙고 싶었어요.	お会いしたかったです。 오아이시따갓따데스
다시 만나게 되어 기뻐요.	再びお会いできうれしいです。 후타따비 오아이데끼 우레시이데스
가족분들은 잘 지내세요?	ご家族の皆様はお元気ですか。 고까조꾸노 미나사마와 오겡끼데스까
우연히 만나게 되어 반가워요.	偶然にお会いできうれしいです。 구-젠니 오아이데끼 우레시이데스
하나도 변하지 않으셨네요.	ちっとも変わっていませんね。 칫또모 카왓떼 이마센네

실용 회화 | 77

✷ 오랜만에 만났을 때 ✷

여기서 당신을 볼 줄은 기대도 못했어요.	ここであなたに会えるとは思ってもなかったです。 코꼬데 아나따니 아에루또와 오못떼모 나깟따데스
너 참 많이 변했다.	君、本当に変わったね。 키미 혼또-니 카왓따네
요즘 일은 어떠세요?	最近お仕事はどうですか。 사이낑 오시고또와 도-데스까
무엇 때문에 그렇게 바빴어요?	なぜそんなに忙しかったのですか。 나제 손나니 이소가시깟따노데스까
사업은 잘 되요?	ビジネスはうまくいっていますか。 비지네스와 우마꾸 잇떼이마스까
새로 하는 일은 어때요?	新しいお仕事は どうですか。 아따라시이 오시꼬또와 도-데스까

✷ 우연히 만났을 때 ✷

정말 우연이에요	本当に偶然です。 혼또-니 구-젠데스
세상이 정말 좁군요!	本当に世間は狭いです。 혼또-니 세껭와 세마이데스
여긴 어쩐 일로 오셨어요?	ここにはどんな用で いらっしゃいましたか。 코꼬니와 돈나 요-데 이랏샤이마시따까

● 기본표현

실용 회화

인사

안녕, 다로. 반가워요!	やあ、太郎。会えてうれしいよ。 야아 타로- 아에떼 우레시이요
날씨가 좋군요. 어디 가세요?	いい天気ですね。どこか行かれるんですか。 이이 텐끼데스네 도꼬까 이까레룬데스까
어디서 만난 적이 없나요?	どこかでお会いしたことはありませんか。 도꼬까데 오아이시따 코또와 아리마셍까
널 만날 수 없다니 외롭겠는걸.	君に会えなくなるとさびしくなるよ。 키미니 아에나꾸 나루또 사비시꾸 나루요
도쿄에서 당신을 만나다니 정말 우연이로군요.	東京であなたに会えるなんて本当に偶然ですね。 토-꾜-데 아나따니 아에루난떼 혼또-니 구-젠데스네
세월이 참 빠르군요.	歳月は速いもんですね。 사이게쯔와 하야이몬데스네
어디서 많이 뵌 것 같은데요.	どこかでたくさん見た気がします。 도꼬까데 타꾸상 미따 키가 시마스
우리가 예전에 만난 적이 있지 않나요?	私たち、前にもお会いしたことありませんか。 와따시따찌 마에니모 오아이시따코또 아리마셍까

*君[きみ] (주로 남자가 쓰는) 동년배나 손아랫사람을 부를 때 쓰는 말

3. 안부 인사

※ 안부를 물을 때 ※

대체 어디서 지내셨어요?	いったいどこで過ごしていたんですか。 잇따이 도꼬데 스고시떼 이딴데스까
덕분에 잘 지내요. 당신은 어때요?	お陰様で元気です。あなたは。 오까게사마데 겡끼데스 아나따와
건강은 어떠세요?	健康はいかがですか。 켕꼬-와 이까가데스까
별고 없으셨습니까?	お変わりありませんでしたか。 오까와리 아리마센데시따까
요즘 어떻게 지내세요?	この頃どう過ごされて いますか。 코노고로 도- 스고사레떼 이마스까
요즘은 어떠신가요?	この頃はいかがですか。 코노고로와 이까가데스까 = どうお過ごしでしたか。 　도- 오스고시데시따까 = どうしていたの。 　도-시떼 이따노 = 最近どうお過ごしですか。 　사이낀 도- 오스고시데스까
어디 갔었어?	どこに行ってたの。 도꼬니 잇떼따노

● 기본표현

실용 회화

인사

가족들은 모두 안녕하시죠?	ご家族の皆さんは元気ですか。 고까조꾸노 미나상와 겡끼데스까 = ご家族はいかがですか。 고까조꾸와 이까가데스까
그 동안 별 일 없으셨어요?	その間お変わりなかったですか。 소노아이다 오까와리 나깟따데스까 = 変わったことありませんか。 가왓따 코또 아리마셍까
그 동안 어떠셨어요?	その後どうでしたか。 소노아또 도-데시따까 = その間どうお過ごしでしたか。 소노아이다 도- 오스고시데시따까
무얼 하고 있었니?	何してたの。 나니 시떼따노
모두들 잘 지내시나요?	みなさんお元気ですか。 미나상 오겡끼데스까 = お元気ですか。 오겡끼데스까
얼마나 자주 그의 소식을 듣나요?	よく彼のことを聞きますか。 요꾸 카레노 코또오 키끼마스까
휴일 잘 보내셨어요?	よい休日を過ごされましたか。 요이 큐-지쯔오 스고사레마시따까
오늘 기분은 어떠신가요?	今日のご気分はいかがですか。 쿄-노 고끼붕와 이까가데스까

실용 회화 | 81

じつよう かいわ

✽ 안부를 물을 때 ✽

여행은 어땠어요?
旅行はどうでしたか。
료꼬-와 도-데시따까

부인은 어떠신가요?
奥さんはどうですか。
옥상와 도-데스까

사업은 잘 되십니까?
事業はうまくいっていますか。
지교-와 우마꾸 잇떼 이마스까
＝仕事はうまくいっていますか。
시고또와 우마꾸 잇떼 이마스까

무슨 좋은 일이라도 있습니까?
何かいいことでもあるんですか。
나니까 이이 코또데모 아룬데스까
＝何か変わったことは。 낭까 카왓따 꼬또와

무엇 때문에 그리 바쁘셨어요?
どうしてそんなに忙しかったんですか。
도-시떼 손나니 이소가시깟딴데스까

몸은 어떠니?
調子はどう。
쵸-시와 도-

✽ 안부에 답할 때 ✽

항상 바쁩니다.
いつも忙しいです。
이쯔모 이소가시이데스

음, 그저 그렇습니다.
えっと、まあまあですね。
엣또 마-마-데스네

• 기본표현 •

실용 회화

인사

모두 잘 있어요.	おかげさまで元気です。 오까게사마데 겡끼데스
덕분에 잘 되고 있어요.	お蔭様でうまくやっています。 오까게사마데 우마꾸 얏떼 이마스
가족들의 안녕을 바랍니다.	ご家族の無事を願います。 고까조꾸노 부지오 네가이마스
가족 모두에게 부디 안부 전해주세요.	ご家族の方にくれぐれもよろしくお伝えください。 고까조꾸노 카따니 쿠레구레모 요로시꾸 오쯔따에 쿠다사이
모든 게 좋아요.	すべてが順調です。 스베떼가 쥰쬬-데스
그 동안 하나도 안 변했군요.	その間一つも変わってないですね。 소노아이다 히또쯔모 까왓떼 나이데스네
그만 소식을 못 드려 죄송합니다.	ついごぶさたしてすみません。 쯔이 고부사따시떼 스미마셍
그럭저럭 지내요.	かれこれよく過ごしています。 카레꼬레 요꾸 스고시떼 이마스 = あいかわらずです。 아이까와라즈데스

> ね는 무슨 말을 하려고 하면서 상대방의 주의를 끌 때 쓰는 말이다.

실용 회화 | 83

じつよう かいわ

✽ 안부에 답할 때 ✽

| 지금까지는 괜찮았어요. | 今まではよかったです。
이마마데와 요깟따데스 |

그는 건강하게 지내고 있어요.
彼は元気に過ごしています。
카레와 겡끼니 스고시떼 이마스

모두들 잘 지냅니다.
みんな元気です。
민나 겡끼데스

여전하시네요.
相変わらずですね。
아이까와라즈데스네

건강해 보이시네요.
元気そうですね。
겡끼소-데스네
＝元気です。 겡끼데스

나중에 전화할게요.
あとで電話しますね。
아또데 뎅와 시마스네

아무 때나 좋아요.
いつでも大丈夫です。
이쯔데모 다이죠-부데스

언제든지 들러 주세요.
いつでもよってください。
이쯔데모 욧떼 쿠다사이

꼭 놀러 오십시오.
ぜひあそびに来てください。
제히 아소비니 키떼 쿠다사이

4. 작별 인사

※ 헤어질 때 ※

| 살펴 가세요. | お気をつけてお帰りください。
오끼오 쯔께떼 오까에리 쿠다사이
=お気をつけて。 오끼오 쯔께떼 |

부모님께 안부 전해주세요.
ご両親によろしく。
고료-신니 요로시꾸

얘기 나눠서 정말 즐거웠어요.
お話しできて本当に楽しかったです。
오하나시데끼떼 혼또-니 타노시깟따데스

초대해줘서 고마워요. 정말 즐거웠어요.
招待してくれてありがとう。すっかり楽しんでしまいました。
쇼-따이시떼 쿠레떼 아리가또- 슥까리 따노신데 시마이마시따

이만 작별인사를 해야겠어요.
そろそろ別れの挨拶をしなければなりません。
소로소로 와까레노 아이사쯔오 시나께레바 나리마셍

이제 실례해야겠어요.
そろそろ失礼しなくては。
소로소로 시쯔레- 시나꾸떼와

다시 만날 수 있기를 바랍니다.
またお会いできたら嬉しいです。
마따 오아이 데끼따라 우레시이데스.

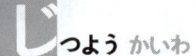

✻ 헤어질 때 ✻

그럼 조심해서 가세요.	では気をつけて。 데와 키오 쯔께떼 =ではまたあした。 데와 마따 아시따
좀더 계시다 가세요.	もうちょっといいじゃないですか。 모- 춋또 이이쟈나이-데스까 =もうおいとまいたします。 모- 오이또마이따시마스
좀더 자주 만납시다.	もっとたびたび会いましょう。 못또 타비따비 아이마쇼-
여러분께 안부 전해주세요.	皆様によろしく。 미나사마니 요로시꾸
돌아와야 해요.	帰ってこなくちゃだめですよ。 카엣떼 코나꾸쨔 다메데스요
즐거웠어요.	楽しかったです。 타노시깟따데스
저녁 잘 먹었어요.	夕食ごちそうさまでした。 유-쇼꾸 고찌소-사마데시따
안녕히 계세요. 나중에 또 만나요.	さようなら。いずれまた。 사요-나라 이즈레 마따
몸조심 하세요.	お体に気をつけてください。 오까라다니 키오 쯔께떼 쿠다사이

● 기본표현 ●

실용 회화

인사

늦었어요. 가야겠어요.	遅くなりました。行かなくちゃならないので。 오소꾸 나리마시따 이까나꾸쨔 나라나이노데
또 봐요.	それじゃまた。 소레쟈 마따
내일 봐요.	ではまたあした。 데와 마따 아시따
다음 주에 봬요.	ではまた来週。 데와 마따 라이슈-
당신 부모님께 안부 전해 주세요.	あなたのご両親に宜しくお伝えください。 아나따노 고료-신니 요로시꾸 오쯔따에 쿠다사이
가셔야 된다니 아쉽네요.	行かなければならないなんて残念です。 이까나께레바 나라나이난떼 잔넨데스
조만간 또 봅시다.	近々またお会いしましょう。 찌까지까 마따 오아이시마쇼-
좋은 하루 되세요.	良い一日になりますように。 요이이찌니찌니 나리마스 요-니
좋은 주말 보내세요.	良い週末をお過ごしください。 요이 슈-마쯔오 오스고시 쿠다사이

실용 회화 | 87

✽ 헤어질 때 ✽

| 좋은 여행 되세요. | 良い旅行になりますように。
요이 료꼬-니 나리마스 요-니 |

즐거운 휴일 보내세요.
楽しい休日を。
타노시이 큐-지쯔오

잘가.
さようなら。
사요-나라

부인께 안부 전해주세요.
奥様に宜しくお伝えください。
옥사마니 요로시꾸 오쯔따에 쿠다사이

이제 가야겠어요.
もう行かなければなりません。
모- 이까나께레바 나리마셍

이제 가봐야 해요.
そろそろ行かないと。
소로소로 이까나이또

급하신가 봐요.
お急ぎのようですね。
오이소기노 요-데스네

나 간다.
私行くよ。
와따시 이꾸요

다녀오겠습니다.
行って来ます。
잇떼 키마스

다녀오세요.
行っていらっしゃい。
잇떼 이랏샤이

● 기본표현 ●

실용 회화

인사

월요일에 만나요.	ではまた月曜日に。 데와 마따 게쯔요-비니
조만간 한번 들릴께요.	近々一度寄ります。 치까지카 이찌도 요리마스

* 만남을 기약할 때 *

나중에 뵙겠습니다.	またお目にかかります。 마따 오메니 카까리마스 = じゃ、またね。 자, 마따네 = 近いうちにまた会いましょう。 치까이 우찌니 마따 아이마쇼-
근간 다시 뵙고 싶어요.	近いうちにまたお会いしたいです。 치까이 우찌니 마따 오아이시따이데스
언제 만나면 되겠어요?	いつお会いすればいいでしょうか。 이쯔 오아이스레바 이-데쇼-까
앞으로도 서로 연락합시다.	これからも連絡を取り合いましょうね。 코레까라모 렌라꾸오 토리아이마쇼-네 = 連絡を取り合いましょうね。 렌라꾸오 토리아이시마쇼-네
그 사이에 전화주세요.	そのうち電話してくださいね。 소노우찌 뎅와시떼 쿠다사이네
편지해주세요.	手紙をください。 테가미오 쿠다사이

실용 회화 | 89

じつよう かいわ

✱ 만남을 기약할 때 ✱

어떻게 하면 연락이 되나요?	**どうしたら連絡がつきますか。** 도-시따라 렌라꾸가 쯔끼마스까
빨리 오세요.	**早く来てください。** 하야꾸 키떼 쿠다사이
다시 언제 만나요.	**またいつか会いましょうね。** 마따 이쯔까 아이마쇼-네 =**またお会いしましょう。** 마따 오아이시마쇼-
언제 가까운 시일에 또 만납시다.	**いずれまた近いうちに会いましょう。** 이즈레 마따 치까이 우찌니 아이마쇼- =**いつか会いましょう。** 이쯔까 아이마쇼-

mini 회화

A : **はじめまして。田中と申します。**
  하지메마시떼 타나까또 모-시마스
  처음 뵙겠습니다. 다나카라고 합니다.

B : **はじめまして。中村です。どうぞよろしく。**
  하지메마시떼 나까무라데스 도- 조 요로시꾸
  처음 뵙겠습니다. 나카무라입니다. 잘 부탁합니다.

A : **こちらこそ。どうぞよろしくお願いします。**
  코찌라꼬소 도-조 요로시꾸 오네가이시마스
  저야말로 잘 부탁드리겠습니다.

B : **では、またあいましょう。**
  데와 마따 아이마쇼- 그럼, 또 만납시다.

● 기본표현 ●

실용 회화

5 소개 인사

인사

※ 먼저 소개할 때 ※

아, 키무라 씨, 안녕하세요?	ああ、木村さん。こんにちは。 아ー 키무라상 콘니찌와
당신 이름은 무엇입니까?	あなたのお名前は何ですか。 아나따노 오나마에와 난데스까
성함이 어떻게 되십니까?	お名前はどうなりますか。 오나마에와 도ー 나리마스까 = お名前は何ですか。 오나마에와 난데스까
성함을 어떻게 읽으면 될까요?	お名前を何と読みますか。 오나마에오 난또 요미마스까
성함을 여쭤봐도 되겠습니까?	お名前をうかがってもよろしいですか。 오나마에오 우까갓떼모 요로시이데스까 = お名前を教えていただけないでしょうか。 오나마에오 오시에떼 이따다께 나이데쇼ー까
두 분 서로 인사 나눴던가요?	お互いにご挨拶されましたか。 오따가이니 고아이사쯔사레마시따까
제가 어디서 당신을 만난 적이 있나요?	どこかであなたと会ったことがありましたか。 도꼬까데 아나따또 앗따 코또가 아리마시따까

실용 회화 | 91

✽ 먼저 소개할 때 ✽

잠깐 제 소개 좀 하겠어요.	ちょっと自己紹介させてください。 촛또 지꼬쇼-까이 사세떼 쿠다사이
별명이 있으신가요?	ニックネームはありますか。 닉쿠네-무와 아리마스까
이게 몇 년 만인가요?	わあ、何年ぶりですか。 와아 난넨부리데스까
제 명함입니다. 당신 명함도 받을 수 있을까요?	名刺をどうぞ。あなたのもいただけますか。 메이시오 도-조 아나따노모 이따다께마스까
제 친구를 소개할까요?	私の友達を紹介しましょうか。 와따시노 토모다찌오 쇼-카이시마쇼-까
전화번호가 어떻게 되세요?	電話番号がどうなりますか。 뎅와방고-가 도- 나리마스까
휴대폰 번호를 가르쳐 주시겠어요?	携帯電話の番号を教えてもらえますか。 케-따이뎅와노 방고-오 오시에떼 모라에마스까
저, 여보세요.	あのうすみません。 아노- 스미마셍
아가씨, 잠깐 실례해요.	おじょうさんちょっとすみません。 오죠-상 촛또 스미마셍

● 기본표현 ●

실용 회화

인사

✻ 소개 받은 후 인사할 때 ✻	
성함은 알고 있었습니다.	名前だけは知っていました。 나마에다께와 싯떼 이마시따
저야말로 잘 부탁드립니다.	こちらこそどうぞよろしくお願いします。 코찌라꼬소 도-조 요로시꾸 오네가이시마스
이 번호로는 밤에 연락이 됩니다.	この番号では夜に連絡できます。 고노 방고-데와 요루니 렌라꾸 데끼마스
이 번호는 낮에만 연락이 됩니다.	この番号はひるにだけ連絡できます。 고노 방고-와 히루니다께 렌라꾸 데끼마스
이 사람은 제 친구예요.	この人は私の友達です。 코노히또와 와따시노 토모다찌데스
여기 제 휴대폰 번호예요.	これ私の携帯番号です。 코레 와따시노 케-따이방고-데스
이건 제 명함입니다.	これは私の名刺です。 코레와 와따시노 메-시데스
전혀 안 변했어요.	ぜんぜん変わらないね。 젠젱 카와라나이네
전화라도 한다면서, 오랫동안 소식을 못 드렸어요	電話でもと思いながらごぶさたしました。 뎅와데모또 오모이나가라 고부사따시마시따

실용 회화 | 93

じょうよう かいわ

✽ 소개 받은 후 인사할 때 ✽

| 전에 뵌 것 같아요. | どこかでお会いした ようですね。
도꼬까데 오아이시따 요-데스네
= どこかでお目にかかったようですね。
도꼬까데 오메니 카갓따 요-데스네 |

| 이런 곳에서 만날 줄은 생각도 못했어요. | こんな所で会えるなんて思いも しなかったです。
콘나토꼬로데 아에루난떼 오모이모 시나갓따데스
= こんな所で あなたに会えるなんて。
콘나 토꼬로데 아나따니 아에루난떼 |

| 전화 드리겠습니다. | 電話いたします。
뎅와 이따시마스 |

| 만난 적이 없으면 소개해 드리겠어요. | 会ったことがなければ紹介しておきましょう。
앗따 코또가 나께레바 쇼-까이시떼 오끼마쇼- |

✽ 서로 소개할 때 ✽

| 기무라 씨, 잘 부탁해요. | 木村さん、よろしく。
기무라상 요로시꾸 |

| 다나카 씨를 소개하겠습니다. | 田中さんを紹介しましょう。
타나까상오 쇼-까이시마쇼- |

| 명함 한 장 주시겠어요? | 名刺を一枚いただけないでしょうか。
메이시오 이찌마이 이따다께 나이데쇼-까 |

● 기본표현

실용 회화

인사

명함을 드리겠어요.	名刺をさしあげましょう。 메-시오 사시아게마쇼-
모토즈 씨를 보면, 당신은 금방 좋아할 거예요.	本図さんにお会いすればあなたはすぐ好きになると思います。 모또즈상니 오아이스레바 아나따와 스구 스끼니 나루또 오모이마스
미노베 씨에게 저를 소개시켜주실 수 있습니까?	美濃部さんに私の事を紹介して頂いてもよろしいでしょうか。 미노베상니 와따시노 코또오 쇼-카이시떼 이따다이떼모 요로시이데쇼-까
미스터 김, 다나카 씨를 만난 것은 처음이시죠.	金さん、田中さんに会うのは初めてですね。 키무상, 다나까산니 아우노와 하지메떼데스네
미스터 김, 이분은 다나카 씨입니다.	金さん、こちらは田中さんです。 키무상, 코찌라와 타나까산데스
부장님이신 야마모토 씨를 소개하겠습니다.	部長の山本さんをご紹介致します。 부쪼-노 야마모또상오 고쇼-카이이따시마스
불어할 줄 아는 분, 좀 소개해 주십시오.	フランス語のできる方をご紹介頂けますか。 후란스고노데끼루 카따오 고쇼-카이 이따다께마스까
야마모토 씨, 하마다 씨를 소개하고 싶군요.	山本さん、濱田さんをご紹介したいと思います。 야마모또상 하마다상오 고쇼-까이시따이또 오모이마스

실용 회화 | 95

실용 かいわ

＊ 서로 소개할 때 ＊

저, 실례합니다, 부인.	あのう失礼ですがおくさん。 아노– 시쯔레이데스가 옥상
신사숙녀 여러분!	紳士淑女のみなさま。 신시 슈꾸죠노 미나사마
어머, 다나카 씨군요!	あら田中さんじゃない。 아라 타나까상쟈나이
이쪽은 제 친구인 다나까 씨입니다.	こちらは私の友達の田中さんです。 코찌라와 와따시노 토모다찌노 타나까상데스
저는 다나카라고 합니다.	私は田中といいます。 와따시와 타나까또 이이마스 ＝私を田中と呼んでください。 와따시오 타나까또 욘데 쿠다사이
저는 한국에서 왔어요.	私は韓国から来ました。 와따시와 캉꼬꾸까라 키마시따
제 동료를 소개드리겠습니다.	私の仲間をご紹介します。 와따시노 나까마오 고쇼–까이시마스
제 친구를 소개해 드렸으면 하는데요.	私の友達をご紹介したいと思います。 와따시노 토모다찌오 고쇼–까이시따이또 오모이마스
제 소개를 하겠어요.	自己紹介させて いただきます。 지꼬쇼–까이사세떼 이따다끼마스

● 기본표현

실용 회화

인사

제 이름은 홍길동입니다.	私の名前はホンキルトンです。 와따시노 나마에와 홍킬톤데스
제 친구가 당신 얘기를 자주 해요.	私の友達があなたの話を良くします。 와따시노 토모다찌가 아나따노 하나시오 요꾸 시마스
친구 기무라 씨를 소개하겠어요.	友人の木村さんを紹介します。 유-진노 기무라상오 쇼-까이시마스
다나까 씨, 이분은 하마다씨입니다.	田中さん、こちらは濱田さんです。 타나까상, 코찌라와 하마다상데스
다나까 씨의 소개로 왔습니다.	田中さんのご紹介で参りました。 타나까상노 고쇼-까이데 마이리마시따

mini 회화

A : はじめましてイミンホです。どうぞよろしく。
하지메마시떼 이민호데스 도-조 요루시꾸
처음 뵙겠습니다. 이민호입니다. 잘 부탁합니다.

B : 山田と申します。お会いできてうれしいです。
야마다또 모우시마스 오아이데끼떼 우레시이데스
야마다라고 합니다. 만나 뵙게 되어 기쁩니다.

A : どうぞよろしくお願いします。
도-조 요루시꾸 오네가이시마스 잘 부탁드립니다.

B : こちらこそどうぞよろしく。
코찌라고소 도-조 요루시꾸 저야말로 잘 부탁드립니다.

● 기본표현 ●

Chapter 02 ‡‡ 인간 관계 ‡‡
にんげん かんけい

1. 축하 · 감사 · 기원

※ 축하할 때 ※

축하합니다.	**おめでとうございます。** 오메데또- 고자이마스 =心からおめでとうございます。 코꼬로까라 오메데또- 고자이마스
생신을 축하드립니다.	**お誕生日おめでとうございます。** 오딴죠-비 오메데또- 고자이마스 =誕生日おめでとう。 탄죠-비 오메데또-
성공을 축하드립니다.	**ご成功おめでとうございます。** 고세-꼬- 오메데또-고자이마스
졸업을 축하합니다.	**ご卒業おめでとうございます。** 고소쯔교- 오메데또-고자이마스 =卒業おめでとう。 소쯔교- 오메데또-
승리를 축하드립니다.	**勝利おめでとうございます。** 쇼-리 오메데또- 고자이마스 =私たちの勝利を祝いに行こう。 와따시따찌노 쇼-리오 이와이니 이꼬-

98 | Total 일본어회화 사전

● 기본표현 ●

실용 회화

인간관계

기념일을 축하합니다.	記念日おめでとうございます。 키넴비 오메데또- 고자이마스
승진을 축하드립니다.	ご昇進おめでとうございます。 고쇼-싱 오메데또- 고자이마스 =昇進なさったと聞きました。おめでとうございます。 쇼-싱 나삿따또 키끼마시따 오메데또- 고자이마스
출산을 진심으로 축하합니다.	出産を心からお祝い致します。 슛산오 코꼬로까라 오이와이 이따시마스 =お母さんお父さんになられておめでとうございます。 오까상 오또-상니 나라레떼 오메데또- 고자이마스
합격을 축하해요.	合格おめでとう。 고-까꾸 오메데또- =試験合格おめでとうございます。 시켄 고-까꾸 오메데또- 고자이마스
결혼을 축하합니다.	ご結婚おめでとうございます。 고켓꽁 오메데또- 고자이마스 =結婚記念日おめでとう。 켓꽁끼넴비 오메데또-
행복하시길 진심으로 빕니다.	あなたの幸せを心からお祈り申し上げます。 아나따노 시아와세오 코꼬로까라 오이노리 모-시아게마스 =お幸せに。 오시아와세니

실용 회화 | 99

つよう かいわ

＊ 축하할 때 ＊

| 만수무강하세요! (웃어른의 생신) | 長生きしてください。
나가이끼시떼 쿠다사이 |

| 새해에는 여러분 모두에게 행운이 깃들기를! | 新年にも皆様のご多幸をお祈りいたします。
신넹니모 미나사마노 고따꼬-오 오이노리이따시마스 |

| 새해 복 많이 받으세요! | あけましておめでとうございます。
아께마시떼 오메데또- 고자이마스
= 新年おめでとう。 신넨 오메데또- |

| 즐거운 명절 되세요! | 楽しい祝日を過ごしてください。
타노시이 슈꾸지쯔오 스고시떼 쿠다사이 |

| 메리 크리스마스! | メリークリスマス。
메리- 쿠리스마스 |

| 발렌타인데이, 축하해요. | バレンタインデーおめでとう。
바렌따인데- 오메데또- |

| 부모님께서 매우 기뻐하시겠어요. | ご両親がとても喜ばれたそうですね。
고료-신가 토떼모 요로꼬바레따 소-데스네 |

| 어머니날, 축하드려요. | 母の日、おめでとう。
하하노히 오메데또- |

| 장학금 받은 거 축하해요! | 奨学金おめでとうございます。
쇼-가꾸낀 오메데또- 고자이마스 |

● 기본표현 ●

실용 회화

인간관계

당신의 스무번째 생일을 축하드립니다.	あなたの二十歳のお誕生日、おめでとうございます。 아나따노 하따찌노 오딴죠-비, 오메데또-고자이마스
좀 이르긴 하지만 축하해요.	ちょっと早いですがおめでとうございます。 쫏또 하야이데스가 오메데또-고자이마스
축하로 술이라도 한잔합시다.	お祝いにお酒でも一杯飲みましょう。 오이와이니 오사케데모 잇빠이 노미마쇼-
한국에 잘 오셨습니다.	ようこそ韓国へ。 요-꼬소 캉고꾸에
잘 오셨어요. 진심으로 환영합니다.	ようこそ。心より歓迎いたします。 요-꼬소 코꼬로요리 캉게- 이따시마스
입사를 환영합니다.	入社を歓迎します。 뉴-샤오 캉게-시마스
우리 회사 방문을 환영합니다.	当社のご訪問を歓迎いたします。 토-샤노 고호-몽오 캉게- 이따시마스
저희 집에 잘 오셨습니다.	ようこそ我が家へ。 요-꼬소 와가야에
당신의 미래를 위하여!	あなたの未来のために！ 아나따노 미라이노 타메니
우리의 건강을 위하여!	我々の健康のために！ 와레와레노 켄꼬-노 타메니

じつよう かいわ

✽ 축하할 때 ✽

| 당신의 행복을 위해 건배합시다. | あなたの幸せのため乾杯しましょう。
아나따노 시아와세노 타메 캄빠이시마쇼– |

| 우리의 우정을 위해 건배합시다. | 我々の友情のため乾杯しましょう。
와레와레노 유–죠–노 타메 캄빠이시마쇼– |

✽ 축하받은 후 감사 인사 ✽

정말로 감사합니다.
本当にありがとうございます。
혼또–니 아리가또– 고자이마스
＝心より感謝申し上げます。
코꼬로요리 칸샤 모–시 아게마스

기뻐서 어쩔 줄을 모르겠어.
嬉しくてたまらない。
우레시꾸떼 타마라나이

호의에 감사드려요.
ご好意ありがとう。
고꼬–이 아리가또–

힘써 주신 데 대해 정말 감사드립니다.
協力していただき、本当にありがとうございます。
코–료꾸시떼 이따다끼 혼또–니 아리가또– 고자이마스

고마워요. 당신도 축하해요.
ありがとう。あなたもおめでとう。
아리가또– 아나따모 오메데또–
＝ありがとう。아리가또–

몸둘바를 모르겠어요.
なんとご親切に。
난또 고신세쯔니

● 기본표현 ●

실용 회화

인간관계

뭐라고 감사의 말씀을 드려야 좋을지 모르겠어요.	何と御礼を申したらいいのかわかりません。 난또 오레-오 모-시따라 이-노까 와까리마셍
마중 나와주셔서 정말로 감사드립니다.	お出迎えしていただき、本当にありがとうございます。 오데무까에시떼 이따다끼 혼또-니 아리가또- 고자이마스
아무리 감사드려도 부족할 정도입니다.	いくら感謝してもしきれないほどです。 이꾸라 칸샤시떼모 시끼레나이 호도데스
천만에요. 감사할 것까지는 없어요.	どういたしまして。礼にはおよびません。 도- 이따시마시떼 레-니와 오요비마셍 = どういたしまして。 도- 이따시마시떼
친절히 대해줘서 고마워요.	ご親切にどうも。 고신세쯔니 도-모
친절에 감사드립니다	ご親切にありがとうございます。 고신세쯔니 아리가또- 고자이마스

✱ 상대방이 잘 되기를 기원할 때 ✱

행운을 빌겠습니다.	幸運を祈ります。 코-웅오 이노리마스 = 幸せを祈ります。 시아와세오 이노리마스 = 幸福を願います。 코-후꾸오 네가이마스

실용 회화 | 103

じつよう かいわ

✷ 상대방이 잘 되기를 기원할 때 ✷

| 모두 행복하기를 빌어요! | 皆様の幸せを祈っています。
미나사마노 시아와세오 이놋떼 이마스
= 皆様の幸せを願っています。
미나사마노 시아와세오 네갓떼 이마스 |

| 부디 행복하세요. | どうぞお幸せに。
도-조 오시아와세니 |

| 모든 일이 잘 되기를 바랍니다. | すべてがうまくいくように願います。
스베떼가 우마꾸 이꾸요-니 네가이마스 |

| 그에게 박수를 보냅시다. | 彼に拍手を送りましょう。
카레니 하꾸슈오 오꾸리마쇼- |

| 당신의 가장 큰 소원은 무엇인가요? | あなたの一番の希望は何ですか。
아나따노 이찌방노 키보-와 난데스까 |

| 더 나은 한해가 되길 빌어요. | より良い一年になりますように願っています。
요리요이 이찌넨니 나리마스 요-니 네갓떼 이마스 |

| 저는 건강하기를 원해요. | 私はずっと健康でいることを望みます。
와따시와 즛또 켕꼬-데 이루 코또오 노조미마스 |

| 좋은 성과 있기를 기원합니다. | 良い成果があることを願っています。
요이 세이까가 아루 코또오 네갓떼 이마스 |

●기본표현

실용 회화

인간관계

이렇게 기쁜 날이 계속 되길 바랄게요.	このようなうれしい日がいつまでも続くことを願います。 코노 요-나 우레시이 히가 이쯔마데모 쯔즈꾸 코또오 네가이마스
크리스마스 즐겁게 보내세요.	楽しいクリスマスを過ごしてください。 타노시이 쿠리스마스오 스고시떼 쿠다사이
행운을 빌겠습니다.	幸運を祈ります。 코-웅오 이노리마스

mini 회화

A : 入学試験に合格しました。
뉴-가쿠시껭니 고-가쿠시마시따
입학시험에 합격했습니다.

B : 聞いたよ。本当によくやった。
키-따요 혼또-니 요꾸 얏따
소식 들었어. 정말 잘했다.

A : ありがとうございます。先生のおかげです。
아리가또-고자이마스 센세-노 오까게데스
감사합니다. 선생님 덕분입니다.

B : とんでもない。君が一生懸命やった結果だ。
톤데모나이 키미가 잇쇼껨메이 얏따 켁까다
전혀 그렇지 않아. 네가 열심히 한 결과야.

실용 회화 | 105

2. 칭찬

✻ 칭찬할 때 ✻	
정말 아름답군요.	**とても美しいですね。** 토떼모 우쯔꾸시이데스네 =**美しいなあ。** 우쯔꾸시이나-
멋지군요.	**すてきですね。** 스떼끼데스네
친절하시군요.	**やさしいですね。** 야사시이데스네
예쁘군요.	**きれいですね。** 키레이데스네
귀엽군요.	**かわいいですね。** 카와이이데스네
맛있군요.	**おいしいですね。** 오이시이데스네
칭찬해 주셔서 감사합니다.	**お誉めいただいてありがとうございます。** 오호메 이따다이떼 아리가또- 고자이마스
훌륭합니다.	**お見事です。** 오미고또데스

● 기본표현

인간관계

정말 대단하세요.	**本当に素晴らしいですね。** 혼또-니 스바라시이데스네
잘 했어요.	**よくできました。** 요꾸 데끼마시다
잘 어울리세요.	**とても似合いますよ。** 토떼모 니아이마스요
멋지군요. 정말 부러워요.	**素晴らしいですね。本当にうらやましい。** 스바라시이데스네 혼또-니 우라야마시이
우와, 멋지다!	**うわあ素晴らしい。** 우와ー 스바라시이
와, 이거 대단하군!	**へえこれはすごい。** 헤- 코레와 스고이
당신은 정말 머리가 좋군요.	**あなたはとても頭がいいですね。** 아나따와 토떼모 아따마가 이이데스네
나는 당신이 자랑스럽습니다.	**私はあなたが誇らしいです。** 와따시와 아나따가 호꼬라시이데스
재미있군요.	**面白いですね。** 오모시로이데스네

실용 회화 | 107

3. 사과와 용서

✽ 사과할 때 ✽

| 진심으로 사과드립니다. | **おわび申し上げます。**
오와비 모-시 아게마스 |

미안합니다.
すみません。
스미마셍
= **ごめんなさい。** 고멘나사이

방해해서 미안합니다.
お邪魔してすみません。
오쟈마시떼 스미마셍
= **お邪魔して申し訳ありません。**
오쟈마시떼 모-시와께 아리마셍
= **お邪魔にならなければ良いのですが。**
오쟈마니 나라나께레바 이이노데스가

늦어서 미안합니다.
遅くなってすみません。
오소꾸 낫떼 스미마셍

용서해 주세요.
お許しください。
오유루시 쿠다사이

정말 죄송합니다.
本当に申し訳ありません。
혼또-니 모-시와께 아리마셍

번거롭게 해서 죄송합니다.
お手数をお掛けし申し訳ありません。
오테스-오 오까께시 모-시와께 아리마셍

● 기본표현 ●

실용 회화

인간관계

제가 잘못했습니다.	私がいけませんでした。 와따시가 이께마센데시따 ＝私が悪かったです。 와따시가 와루깟따데스 ＝すみません。 스미마셍
제가 실수를 했습니다.	私がミスをしました。 와따시가 미스오 시마시따
기다리게 해서 죄송했습니다.	お待たせしてすみませんでした。 오마따세시떼 스미마센데시따 ＝お待ち頂き申し訳ありません。 오마찌 이따다끼 모-시와께 아리마셍
죄송해요. 면목이 없어요.	ごめんなさい。面目ないです。 고멘나사이 멘보꾸 나이데스
폐를 끼쳐드려서 죄송합니다.	ご迷惑をおかけして申し訳ありません。 고메-와꾸오 오까께시떼 모-시와께 아리마셍
바보 같은 짓을 하고 말았어.	ばかなことをしてしまった。 바까나 코또오 시떼 시맛따
고의로 그런 것은 아니예요. 우연이에요.	故意ではありません。偶然です。 코이데와 아리마셍 구-젠데스
내가 한 일을 후회하고 있어요.	自分のしたことを後悔しています。 지분노 시따 코또오 코-까이시떼 이마스 ＝後悔しています。 코-까이시떼 이마스

실용 회화 | **109**

사과할 때

앞으로는 주의하겠습니다.	今後は気をつけます。 콩고와 키오 쯔께마스
정말로 유감으로 생각합니다.	誠に遺憾に存じます。 마꼬또니 이깐니 존지마스
너무 죄송해요. 그럴 생각이 아니었어요.	どうもすみません。そんなつもりじゃなかったんです。 도-모 스미마셍 손나 쯔모리쟈 나깟딴데스
약속을 못 지켜서 미안합니다.	約束を守らないですみません。 야꾸소꾸오 마모라나이데 스미마셍
충고를 따르는 것이 좋겠어요.	忠告に従うのがいいと思います。 쮸-꼬꾸니 시따가우노가 이이또 오모이마스
뭐라고 사죄를 드려야 할지 모르겠습니다.	何とお我びしてよいか わかりません。 난또 오와비시떼 요이까 와까리마셍

용서할 때

실망하지 말아요	がっかりしないでよ。 갓까리 시나이데요
걱정해 줘서 고마워요.	心配してくれてありがとう。 심빠이시떼 쿠레떼 아리가또-
겉모양으로 판단해서는 안 됩니다.	外見で判断してはなりません。 가이껜데 한단시떼와 나리마셍

● 기본표현

실용 회화

인간관계

그런 일은 누구에게나 일어날 수 있죠.	そんな事は誰にでも起こりえる事ですよ。 손나 코또와 다레니데모 오꼬리에루 코또데스요
그 생각을 버려야 해요.	その考えは捨てなければなりません。 소노 캉가에와 스떼나께레바 나리마셍
그런 말을 하면 안 됩니다.	そんなこと言っちゃだめですよ。 손나 코또 잇쨔 다메데스요
그런 짓을 하다니 나도 경솔했어.	そんなことをするなんて私も軽率だった。 손나 코또오 스루난떼 와따시모 케-소쯔닷따
당신의 사과를 받아들일게요.	あなたの謝罪を受け入れます。 아나따노 샤자이오 우께이레마스
됐어요. 그 일은 신경 쓰지 마세요.	もういいですよ。その事は気にしないでください。 모- 이이데스요 소노 코또와 키니 시나이데 쿠다사이
미안해할 것까지는 없어요.	悪いと思うことはないです。 와루이또 오모우 코또와 나이데스
스스로가 부끄럽지 않나요?	自分が恥ずかしくないんですか。 지분가 하즈까시꾸 나인데스까
저런 말을 하지 않았으면 좋았을 텐데.	あんなこと言わなければよかった。 안나 코또 이와나께레바 요깟따

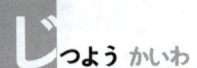

* 용서할 때 *

제멋대로 말하지 마세요.	自分勝手なことを言わないで。 지붕깟떼나 코또오 이와나이데
걱정하지 마세요.	ご心配要りません。 고심빠이 이리마셍
신경쓰지 마세요.	お気にしないでください。 오끼니 시나이데 쿠다사이
중도에 포기하지 마.	中途半端でやめるな。 츄-또함빠데 야메루나
좀더 노력했더라면 좋았을 텐데.	もっとがんばったらよかったのに。 못또 감밧따라 요깟따노니
정말 잘 와주었어요.	ようこそおいでくださいました。 요-꼬소 오이데 쿠다사이마시따
이래서는 안 돼요.	こうしちゃだめです。 코-시쨔 다메데스
후회하지 말아요.	後悔しないでください。 코-까이 시나이데 쿠다사이
그것을 하는 것은 너의 의무야.	それをするのが君の義務だ。 소레오 스루노가 키미노 기무다
좀더 노력해야 해요.	もう少し努力をするべきです。 모- 스꼬시 도료꾸오 스루베끼데스

●기본표현●

실용 회화

인간관계

실수를 인정하다니 마음이 넓으신 분이네요.	間違いを認めてくれるなんて心が広い方ですね。 마찌가이오 미또메떼 쿠레루난떼 코꼬로가 히로이 카따데스네
소용없게 됐어요.	無駄になりました。 무다니 나리마시따
어떻게 된 거에요?	どうしたんですか。 도-시딴데스까
유감스럽지만 안 됩니다.	残念ながらだめです。 잔넨나가라 다메데스
잘 생각하고 행동하세요.	よく考えて行動しなさい。 요꾸 캉가에떼 코-도-시나사이
충고 좀 할까요?	ちょっと忠告してもいいですか。 춋또 츄-꼬꾸시떼모 이이데스까
이 얼마나 많은 돈과 시간을 낭비하는 거야.	どんだけお金と時間をむだにするんだ。 돈다께 오까네또 지깐오 무다니 스룬다
그에게 물어보았으면 좋았을 텐데.	彼に聞いておけばよかった。 카레니 키-떼 오께바 요갓따

なんて [부사] 의문·영탄의 뜻을 나타냄. 무어라고, 어쩌면

실용 회화 | 113

じつよう かいわ

＊ 용서를 구할 때 ＊

제발 용서해 주십시오.

どうか許してください。
도-까 유루시떼 쿠다사이

＝私を許していただけますか。
와따시오 유루시떼 이따다께마스까

＝許していただけますか。
유루시떼 이따다께마스까

언젠가 후회할 거야.

いつか後悔するぞ。
이쯔까 코-까이스루조

정말 일부러 그런 건 아니에요.

本当にわざとそうしたわけではないです。
혼또-니 와자또 소-시따 와께데와 나이데스

제게 기회를 주셔서 감사합니다.

私に機会をくださってありがとうございます。
와따시니 키까이오 쿠다삿떼 아리가또- 고자이마스

제게 기회를 한 번 더 주시겠어요?

私にもう一回機会をくれませんか。
와따시니 모- 잇까이 키까이오 쿠레마셍까

미안하지만 당신 사과를 받아들일 수 없어요.

すみませんがあなたの謝罪を受け入れることができません。
스미마셍가 아나따노 샤자이오 우께이레루 코또가 데끼마셍

> 문장 끝에 오는 **〜が**는 '〜지만, 〜인데'라고 해석할 수 있다. 회화에서는 좀 더 부드러운 느낌을 **〜けど**라는 표현을 쓴다.

● 기본표현 ●

실용 회화

인간관계

버릇없는 행동을 그만 두세요.	行儀の悪いことをやめなさい。 교-기노 와루이 코또오 야메나사이	
좀더 공부해 두었으면 좋았을 텐데.	もっと勉強しておけばよかった。 못또 벵꾜-시떼 오께바 요깟따	
안 돼요! 당신은 전에도 그렇게 말했어요.	だめです。あなたは前にもそのように 言いました。 다메데스 아나따와 마에니모 소노 요-니 이이마시따	
이번에는 무슨 변명을 할 건가요?	今度はどういう言い訳をするつもりですか。 콘도와 도-이유 이-와께오 스루쯔모리데스까	
너무 긴장했어요.	緊張しすぎていたんです。 킨쬬-시스기떼 이딴데스	

mini 회화

A : 学校で 何が あったの。
각꼬-데 나니가 앗따노 학교에서 무슨 일이 있었어?

B : 分からない。
와까라나이 모르겠어.

A : やっぱりだめだった。がっかりした。
얏빠리 다메닷따 각까리시따
역시 안됐네. 실망이야.

B : 大丈夫。またやればいいさ。
다이죠-부 마따 야레바 이이사
괜찮아. 또 하면 되지 뭐.

じつよう かいわ

4. 부탁

＊ 부탁할 때 ＊

꼭 부탁드릴 게 있어요.	ぜひお願いしたいことがあるんです。 제히 오네가이시따이 코또가 아룬데스

부탁해도 되나요?	お願いしてもいい。 오네가이시떼모 이이

부탁합니다.	お願いします。 오네가이시마스 ＝おねがいがあります。 오네가이가 아리마스

미안하지만, 같이 가 주실 수 있겠습니까?	すみませんが一緒に行って頂けますか。 스미마셍가 잇쇼니 잇떼 이따다께마스까

담배를 피워도 괜찮을까요?	タバコを吸ってもよろしいでしょうか。 타바꼬오 슷떼모 요로시이데쇼-까

부탁 좀 들어주시겠어요?	ちょっとお願いできますか。 촛또 오네가이 데끼마스까 ＝頼みをちょっと聞いていただけますか。 타노미오 촛또 끼-떼 이따다께마스까

> でしょう는 だろう의 높임말이다. 앞말에 맞장구 치는 의미로 쓰인다.

기본표현 — 실용 회화

볼펜 좀 빌려 주시겠어요?	ちょっとボールペンを貸してくれますか。 촛또 보-루펜오 카시떼 쿠레마스까
도움이 필요해요.	あなたの助けが必要です。 아나따노 타스께가 히쯔요-데스
전화 좀 사용해도 될까요?	ちょっと電話を使ってもよろしいでしょうか。 촛또 뎅와오 쯔깟떼모 요로시이데쇼-까
텔레비전을 꺼주시면 고맙겠습니다.	テレビを消して頂ければありがたいです。 테레비오 케시떼 이따다께레바 아리가따이데스
제발 힘 좀 빌려 주세요.	どうかお力を貸してください。 도-까 오찌까라오 카시떼 쿠다사이
한 번 더 말해주세요.	もう一度いってください。 모- 이찌도 잇떼 쿠다사이
좀 더 천천히 말해주세요.	もっとゆっくりはなしてください。 못또 윳꾸리 하나시떼 쿠다사이
좀 서둘러 주시겠어요?	もう少し急いで頂けますか。 모- 스꼬시 이소이데 이따다께마스까 =いそいでください 이소이데 쿠다사이
한잔 더 채워 주시겠어요?	もう一杯頂けますか。 모- 잇빠이 이따다께마스까

* 부탁할 때 *

목소리를 좀 낮춰 주시겠어요?	もう少し声を小さくして頂けますか。 모- 스꼬시 코에오 치이사꾸 시떼 이따다께마스까
라디오 소리 더 크게 좀 해 주시겠어요?	ラジオの音をもう少し大きくして頂けますか。 라지오노 오또오 모- 스꼬시 오-끼꾸 시떼 이따다께마스까
지금은 안 돼요. 나중에요.	今はだめです。あとでね。 이마와 다메데스 아또데네
머리 조금만 숙여 주시겠어요?	頭をもう少し下げて頂けますか。 아따마오 모- 스꼬시 사게떼 이따다께마스까
제가 부탁 좀 해도 될까요?	私がちょっとお願いしてもいいですか。 와따시가 촛또 오네가이시떼모 이이데스까
제가 개인적인 부탁 하나 해야겠어요.	私が個人的に一つ頼みをしなければならないです。 와따시가 코진데끼니 히또쯔 타노미오 시나께레바 나라나이데스
저희 집까지 좀 태워다 주시겠어요?	私の家まで乗せて頂けますか。 와따시노 이에마데 노세떼 이따다께마스까
제 업무를 대신 맡아 주시겠어요?	私の仕事を代わりにやって頂けますか。 와따시노 시고또오 카와리니 얏떼 이따다께마스까

●기본표현 | 실용 회화

인간관계

도와주시겠습니까?	手伝っていただけますか。
	테쯔닷떼 이따다께마스까

예약계 부탁합니다.	予約係をお願いします。
	요야꾸가까리오 오네가이시마스

질문 하나 해도 될까요?	一つ質問してもよろしいでしょうか。
	히또쯔 시쯔몬시떼모 요로시이데쇼-까

도움이 필요하세요?	助けが必要ですか。
	타스께가 히쯔요-데스까

창문을 열어도 될까요?	窓を開けてもよろしいでしょうか。
	마도오 아께떼모 요로시이데쇼-까

무엇을 도와드릴까요?	何を手伝いましょうか。
	나니오 떼쯔다이마쇼-까
	＝もちろんです。私がお手伝いします。
	모찌론데스 와따시가 오떼쯔다이시마스

mini 회화

A : 私ができることがあれば いつでも言ってください。
와따시가 데끼루 코또가 아레바 이쯔데모 잇떼 쿠다사이
도움이 필요하면 알려줘.

B : ありがとう。そうするよ。
아리가또- 소- 스루요
고마워, 그렇게.

* 도움을 주고받을 때 *

당신이 도와주시면 좋겠어요.	あなたに助けて頂きたいのです。 아나따니 타스께떼 이따다끼따이노데스
당신을 위해서라면 어떤 일이든지 할게요.	あなたのためならどんな事でもしますよ。 아나따노 타메나라 돈나 코또데모 시마스요
저 책, 좀 저에게 가져다 주세요.	あの本をちょっと私に持って来てください。 아노 혼오 촛또 와따시니 못떼 키떼 쿠다사이
아니에요, 제가 할 수 있어요.	いいえ、私ができます。 이-에 와따시가 데끼마스
여러모로 신세 많이 졌어요.	いろいろお世話になりました。 이로이로 오세와니 나리마시따
돈 좀 빌려주시겠어요?	お金を少しお貸し頂けますか。 오까네오 스꼬시 오까시 이따다께마스까
도와 드리고 싶지만, 지금 너무 바빠서요.	お手伝いしたいのですが、今とても忙しいです。 오떼쯔다이 시따이노데스가 이마 토떼모 이소가시이데스
이것 옮기는 것 좀 도와주실래요?	これ動かすのをちょっと手伝って頂けますか。 코레 우고까스노오 촛또 테쯔닷떼 이따다께마스까

● 기본표현 ● | 실용 회화

이렇게 도와주셔서 고마워요.	**このように手伝っていただき ありがとうございます。** 코노 요-니 테쯔닷떼 이따다끼 아리가또-고자이마스
여기 좀 도와주세요.	**ここちょっと手伝ってください。** 코꼬 춋또 테쯔닷떼 쿠다사이
저야말로 고맙습니다.	**こちらこそどうもありがとう。** 코찌라꼬소 도-모 아리가또-
이 은혜는 평생 잊지 않겠어요.	**この恩恵は一生忘れません。** 코노 옹께-와 잇쇼- 와스레마셍
이 문제를 해결하는데 도와주시겠어요?	**この問題を解決する為に手伝って頂けますか。** 코노 몬다이오 카이께쯔스루 타메니 테쯔닷떼 이따다께마스까
이 짐 옮기는 것 좀 도와주시겠어요?	**この荷物を運びたいのですが手伝って頂けますか。** 코노 니모쯔오 하꼬비따이노데스가 테쯔닷떼 이따다께마스까
죄송하지만, 저는 도움이 못 되겠군요.	**すみませんが、私は力になれません。** 스미마셍가 와따시와 찌까라니 나레마셍
그러죠. 제가 할 수 있는 일이라면. 뭔데요?	**そうしますよ。私ができる事でしたら。何ですか。** 소- 시마스요 와따시가 데끼루 코또데시따라 난데스까

인간관계

실용 회화 | 121

도움을 주고받을 때

좀 도와주세요.	ちょっと手伝ってください。
	촛또 테쯔닷떼 쿠다사이

그 분께 말씀을 해 주시면 감사하겠습니다.
その方にお話し頂ければありがたいです。
소노 카따니 오하나시 이따다께레바 아리가따이데스

그런 거는 간단해요.
そんなの簡単ですよ。
손나노 칸딴데스요

누가 좀 도와주시겠어요?
だれかちょっと手伝ってくださいませんか。
다레까 촛또 테쯔닷떼 쿠다사이마셍까

어떻게 도와드릴까요?
どのように手伝いましょうか。
도노 요-니 테쯔다이마쇼-까

별말씀을요. 제가 좋아서 한 거예요.
とんでもありません。私が好きでしたんですよ。
돈데모 아리마셍 와따시가 스끼데 시딴데스요
＝大したことではないですよ。
타이시따 코또데와 나이데스요

설거지 좀 도와주시겠어요?
皿洗いをちょっと手伝ってくれますか。
사라아라이오 촛또 테쯔닷떼 쿠레마스까

롯데호텔에 가는 방법을 알려주시겠어요?
ロッテホテルに行く方法を教えて頂けますか。
롯테호테루니 이꾸 호-호-오 오시에떼 이따다께마스까

● 기본표현

실용 회화

인간관계

저 혼자서 할 수 있어요.	私一人でできます。 와따시 히또리데 데끼마스
정말 고마워요. 큰 도움이 됐어요.	本当にありがとう。とても助かりました。 혼또니 아리가또- 토떼모 타스까리마시따
도울 수 있어서 기뻐요.	手伝うことができてうれしいです。 테쯔다우 코또가 데끼떼 우레시이데스
제가 도와 드릴까요?	私がお手伝いしましょうか。 와따시가 오떼쯔다이 시마쇼-까 ＝少しお手伝いしましょうか。 스꼬시 오떼쯔다이 시마쇼-까
도움이 필요하시면 언제든지 말씀하세요.	助けが必要でしたらいつでもどうぞ。 타스께가 히쯔요-데시따라 이쯔데모 도-조
도와주실 수 있습니까?	助けて頂けますか。 타스께떼 이따다께마스까
무엇을 도와 드릴까요?	何を手伝いましょうか。 나니오 테쯔다이마쇼-까
기꺼이 도울게요.	喜んで助けますよ。 요로꼰데 타스께마스요 ＝喜んでそうしますよ。 요로꼰데 소-시마스요 ＝手伝う事ができてうれしいです。 테쯔다우 코또가 데끼떼 우레시이데스

✽ 양해를 구할 때 ✽

이거 먹어도 됩니까?	**これたべてもいいですか。** 코레 타베떼모 이이데스까
입어 봐도 됩니까?	**着てみてもいいですか。** 키떼 미떼모 이이데스까
그럼요. 편한 대로 하세요.	**そうですね。楽にしてください。** 소-데스네 라꾸니 시떼 쿠다사이
오, 물론이죠. 여기 있어요.	**あ、もちろんですよ。ここにあります。** 아 모찌론데스요 코꼬니 아리마스
화장실을 써도 될까요?	**トイレを借りてもいいですか。** 토이레오 카리떼모 이이데스까
펜을 빌려주지 않겠어요?	**ペンを貸していただけませんか。** 펜오 카시떼 이따다께마셍까
컴퓨터 좀 사용해도 될까요?	**ちょっとパソコンを使ってもいいですか。** 촛또 파소콘오 쯔깟떼모 이이데스까
창문을 열어도 되나요?	**窓を開けてもいいですか。** 마도오 아께떼모 이이데스까
여기서 담배를 피워도 되나요?	**ここでタバコを吸ってもいいですか。** 코꼬데 타바꼬오 슷떼모 이이데스까 **=たばこをすってもいいですか?** 타바꼬오 슷떼모 이이데스까

• 기본표현 •

실용 회화

인간관계

전화를 빌려도 될까요?	電話を借りてもいいですか。 뎅와오 카리떼모 이이데스까
실례합니다만, 여기 자리 주인이 있나요?	失礼ですが、この席は誰かいますか。 시쯔레이데스가 코노 세끼와 다레까 이마스까
실례합니다. 들어가도 되나요?	すみません。入ってもいいですか。 스미마셍 하잇떼모 이이데스까
네, 좋아요. 하세요.	ええ、いいですよ。どうぞ。 에- 이이데스요 도-조 = はい、どうぞ。 하이 도-조
여기에 앉아도 됩니까?	ここにすわってもいいですか。 코꼬니 스왓떼모 이이데스까
사진 찍어도 됩니까?	しゃしんとってもいいですか。 샤싱 톳떼모 이이데스까

✱ 상대방에게 제안할 때 ✱

짐을 드는 것을 좀 도와주시겠어요?	荷物をちょっと手伝っていただけますか。 니모쯔오 촛또 테쯔닷떼 이따다께마스까
잠깐 실례해요, 지나가도 될까요?	ちょっとすみません。通り過ぎてもいいでしょうか。 촛또 스미마셍 토-리스기떼모 이이데쇼-까 = ちょっと失伝してもよろしいですか。 촛또 시쯔레이시떼모 요로시이데스까

실용 회화 | 125

じつよう かいわ

✽ 상대방에게 제안할 때 ✽

무슨 문제라도 있나요?	何か問題でも。 나니까 몬다이데모
좀 거들어 주지 않겠어요?	ちょっと手伝ってくれませんか。 촛또 테쯔닷떼 쿠레마셍까
제가 무엇을 해 드리면 좋을까요?	私は何をすればよろしいですか。 와따시와 나니오 스레바 요로시이데스까 =私が手伝いましょうか。 와따시가 테쯔다이시마쇼-까
저도 한몫 거들 수 있었으면 해요.	私も一役買えたらと思います。 와따시모 히또야꾸 카에따라또 오모이마스
장소를 가려서 하세요.	場所をわきまえなさい。 바쇼오 와끼마에나사이
잠깐 실례하겠어요. 곧 돌아올게요.	ちょっと失礼します。すぐもどります。 촛또 시쯔레-시마스 스구 모도리마스
고맙지만 괜찮아요.	いいえ結構です。 이-에 켁꼬-데스 =ありがとうございます。お世話になりました。 아리가또-고자이마스 오세와니 나리마시따
당신에게 도움이 됐는지 모르겠군요.	あなたの助けになるか分かりません。 아나따노 타스께니 나루까 와까리마셍

● 기본표현 ●

수고를 끼쳐드렸습니다.	ご面倒をおかけしました。 고멘도-오 오까께시마시따 = お疲れ様でした。 오쯔까레 사마데시다
여기서는 안 됩니다.	ここではだめです。 코꼬데와 다메데스
당신 덕분에 도움이 되었어요.	あなたのおかげで助かりました。 아나따노 오까게데 타스까리마시따
네, 마음대로 하세요.	はい、好きにしてください。 하이 스끼니 시떼 쿠다사이
죄송하지만, 지금은 안 되겠는데요.	すみません、今はできません。 스미마셍 이마와 데끼마셍
거절하지 마세요. 당신 도움이 필요해요.	断らないでください。あなたの助けが必要です。 코또와라나이데 쿠다사이 아나따노 타스께가 히쯔요-데스 = 断らないでください。 코또와라나이데 쿠다사이
무슨 문제라도?	なにか問題でも。 나니까 몬다이데모

すみません은 원래 '미안합니다'라고 사과할 때 쓰는 표현이지만, 상황에 따라 사람을 부르거나 불러 세울 때 '저기요, 여기요, 저기 잠깐만요'와 같이 해석하기도 한다.

● 기본표현 ●

Chapter 03 ‖ 일상 생활 ‖
にちじょう せいかつ

1. 질문과 대답

✽ 질문할 때 ✽

무엇입니까?	**なんですか?** 난데스까
얼마입니까?	**いくらですか?** 이꾸라데스까
누구입니까?	**だれですか?** 다레데스까
어디입니까?	**どこですか?** 도꼬데스까
몇 시입니까?	**なんじですか?** 난지데스까
어느 쪽입니까?	**どちらですか?** 도찌라데스까
무슨 뜻인지 아시겠어요?	**どういう意味か分かりますか。** 도-유 이미까 와까리마스까

● 기본표현

실용 회화

일상생활

무슨 말을 하고 싶으세요?	どんな話がしたいんですか。 돈나 하나시가 시따인데스까
무슨 용건이신가요?	何のご用件でしょうか。 난노 고요-껜데쇼-까
무슨 일로 나가세요?	何のご用件でお出掛けですか。 난노 고요-껜데 오데까께데스까
무엇부터 시작할까요?	何から始めましょうか。 나니까라 하지메마쇼-까
누구에게 그 이야기를 들었나요?	誰からその話を聞いたのですか。 다레까라 소노 하나시오 키-따노데스까
누구에게 물어보면 될까요?	誰に聞いたらいいですか。 다레니 키-따라 이이데스까
당신이 이야기했던 것은요?	あなたが言っていたことは。 아나따가 잇떼이따 코또와
더 하실 말씀 있으신가요?	もっとおっしゃることがありますか。 못또 옷샤루 코또가 아리마스까
더 확실히 말해줄래요?	もっとはっきり話してくれますか。 못또 학끼리 하나시떼 쿠레마스까
말하는 게 너무 빠른가요?	話すのが速すぎますか。 하나스노가 하야스기마스까

실용 회화 | 129

じつよう かいわ

✻ 질문할 때 ✻

새로운 일은 어떠신가요?	新しい仕事はどうですか。 아따라시이 시고또와 도-데스까
서울에는 얼마나 머무실 거예요?	ソウルにはどのくらい滞在されますか。 소우루니와 도노꾸라이 타이자이사레마스까
여러 이야기를 했습니다만, 알아들으셨어요?	いろいろ話しましたが分かってもらえましたか。 이로이로 하나시마시따가 와깟떼 모라에마시따까
왜 꾸물거리세요?	どうしてぐずぐずしているんですか。 도-시떼 구즈구즈시떼 이룬데스까
어느 것으로 할래요?	どれにしますか。 도레니 시마스까
어느 것이 맞나요?	どれが正しいのですか。 도레가 타다시-노데스까
어디 가세요?	どこへ行くんですか。 도꼬에 이꾼데스까
어디에 사세요?	どこにお住まいですか。 도꼬니 오스마이데스까

> 살고 있는 집을 말할 때는 **お住[す]まい**라는 표현을 쓰기도 한다.

●기본표현 ●

실용 회화

일상생활

나이가 어떻게 되세요?	**おいくつですか。** 오이꾸쯔데스까
어떻게 아세요?	**どうして分かるの。** 도-시떼 와까루노
언제 이사 오셨어요?	**いつ引越してきたのですか。** 이쯔 힉꼬시떼 키따노데스까
언제쯤 완성될까요?	**いつごろ出来上がりますか。** 이쯔고로 데끼아가리마스까
시간은 어느 정도 걸려요?	**時間はどのくらいかかりますか。** 지깡와 도노꾸라이 카까리마스까
여기서의 생활은 어떠세요?	**ここでの生活はどうですか。** 코꼬데노 세-까쯔와 도-데스까
왜 우울해요?	**どうしてゆううつなんですか。** 도-시떼 유-우쯔난데스까
우리 언제 떠날 거예요?	**私たちいつ経ちますか。** 와따시따찌 이쯔 타찌마스까
제가 언제 휴가를 낼 수 있을까요?	**私はいつ休暇をいただけますか。** 와따시와 이쯔 큐-까오 이따다께마스까

> **いただける**는 いただく(받다)의 가능형으로, '받을 수 있다' 라고 직역하기보다는 '~해 줄 수 있다' 라고 의역하는 것이 자연스럽다.

실용 회화 | 131

じつよう かいわ

✳ 질문할 때 ✳

이건 어때요?	**これはどうですか。** 코레와 도-데스까
이건 어떻습니까?	**これはいかがですか。** 코레와 이까가데스까
이제 알겠어요?	**これで分かりますか。** 코레데 와까리마스까
잠깐 시간을 내주시겠어요?	**ちょっとお時間をいただけますか。** 춋또 오지깡오 이따다께마스까
저건 도대체 뭐야?	**あれはいったい何だ。** 아레와 잇따이 난다
지금 무엇을 하고 있나요?	**今何をしているんですか。** 이마 나니오 시떼이룬데스까
진심으로 말하고 있는 거예요?	**本気で言っているんですか。** 홍끼데 잇떼 이룬데스까
질문 있으세요?	**質問ありますか。** 시쯔몽 아리마스까
차는 어떻게 드시겠어요?	**お茶はどのようになさいますか。** 오쨔와 도노요-니 나사이마스까
함께 안 할래요?	**一緒にやりませんか。** 잇쇼니 야리마셍까

132 | Total 일본어회화 사전

● 기본표현 ●

실용 회화

일상생활

지금까지 내가 한 말 이해하겠어요?	今まで私が話したことが分かりますか。 이마마데 와따시가 하나시따 코또가 와까리마스까
지금 바쁘세요?	今お忙しいですか。 이마 오이소가시이데스까
오타니 씨는 결혼했나요?	大谷さんは結婚していますか。 오-따니상와 켓꼰시떼 이마스까
그 옷은 아름다웠습니까?	その服はきれいだったのですか。 소노 후꾸와 키레이닷따노데스까
오다 씨는 야구를 할 수 있습니까?	織田さんは野球ができますか。 오다상와 야큐-가 데끼마스까
하마다 씨는 음악을 좋아합니까?	濱田さんは音楽が好きですか。 하마다상와 옹가꾸가 스끼데스까
다나까 씨는 어제 하마다씨를 만났습니까?	田中さんは昨日濱田さんにお会いましたか。 타나까상와 키노- 하마다상니 오아이마시따까
지하철역은 어떻게 가면 되나요?	地下鉄の駅にはどのように行けばいいでしょうか。 치까떼쯔노 에끼니와 도노 요-니 이께바 이이데쇼-까
이 근처에 식당이 있습니까?	この辺りにレストランはありますか。 코노 아따리니 레스토랑와 아리마스까

실용 회화 | 133

じつよう かいわ

＊ 질문할 때 ＊

당신은 우유를 좋아합니까?	あなたは牛乳が好きですか。
	아나따와 규-뉴-가 스끼데스까

당신은 우유를 좋아하지 않습니까?	あなたは牛乳が好きではないのですか。
	아나따와 규-뉴-가 스끼데와 나이노데스까

형제는 있습니까?	ご兄弟はいらっしゃいますか。
	고꾜-다이와 이랏샤이마스까

역은 어디에 있습니까?	駅はどこにありますか。
	에끼와 도꼬니 아리마스까

컴퓨터를 가지고 있나요?	パソコンをお持ちですか。
	파소콘오 오모찌데스까

좋아하는 음식은 무엇입니까?	好きな食べ物は何ですか。
	스끼나 타베모노와 난데스까

당신이 좋아하는 노래는 무엇입니까?	あなたの好きな歌は何ですか。
	아나따노 스끼나 우따와 난데스까

회사는 어디에 있습니까?	会社はどこにありますか。
	카이샤와 도꼬니 아리마스까

> **いらっしゃる**는 来る(오다)와 行く(가다)의 존경어입니다. 또한, いる(있다)의 존경어로도 쓰인다.

● 기본표현 ●

실용 회화

일상생활

＊ 대답할 때 ＊

예. 아니오.	**はい、いいえ。** 하이 이-에
그렇습니다.	**そうです。** 소-데스
알겠습니다.	**わかりました。** 와까리마시따
잘 모르겠습니다.	**よくわかりません。** 요꾸 와까리마셍
안 됩니다.	**だめです。** 다메데스
괜찮습니다.	**だいじょうぶです。** 다이죠-부데스
됐습니다.(거절) 괜찮습니다.(승낙)	**けっこうです。けっこうですね。** 켓꼬-데스 켓꼬-데스네

＊ 길을 물을 때 ＊

가는 법을 적어 주시겠어요?	**行き方を書いていただけますか。** 이끼까따오 카이떼 이따다께마스까
그곳은 길의 어느 쪽에 있나요?	**そこは道のどっち側にありますか。** 소꼬와 미찌노 돗찌가와니 아리마스까

실용 회화 | **135**

실용 かいわ

＊ 길을 물을 때 ＊

| 그곳이 호텔과 가까운가요? | そこはホテルと近いですか。
소꼬와 호테루또 치까이데스까 |

| 길을 잃었어요. 여기가 어디인가요? | 道に迷いました。ここはどこですか。
미치니 마요이마시따 코꼬와 도꼬데스까 |

| 다른 분에게 물어 보세요. | 他の方に聞いて見てください。
호카노 카따니 키-떼 미떼 쿠다사이 |

| 북쪽이 어디죠? | 北側はどちらですか。
키따가와와 도찌라데스까 |

| 여기서 더 가야 하나요? | ここからもっと行かなければなりませんか。
코꼬까라 못또 이까나께레바 나리마셍까 |

| 여기서 아주 먼가요? | ここからすごく遠いですか。
코꼬까라 스고꾸 토-이데스까 |

| 역이 어딘지 가르쳐 주시겠어요? | 駅がどこか教えていただけますか。
에끼가 도꼬까 오시에떼 이따다께마스까 |

| 오른쪽에 있나요, 왼쪽에 있나요? | 右側にありますか。左側にありますか。
미기가와니 아리마스까 히다리가와니 아리마스까 |

| 저는 이 지역을 잘 몰라요. | 私はこの地域はよく分かりません。
와따시와 코노 치이끼와 요꾸 와까리마셍 |

● 기본표현 ●

실용 회화

우체국은 어느 방향인가요?	郵便局はどちらの方向ですか。 유-빈쿄쿠와 도찌라노 호-꼬-데스까
이 지도에 그곳을 표시해 주세요.	この地図にそれを表示してください。 코노 치즈니 소레오 효-지시떼 쿠다사이
제게 약도를 그려주시겠어요?	私に略図を書いてくれませんか。 와따시니 랴꾸즈오 카이떼 쿠레마셍까
지름길을 아세요?	近道を知っていますか。 치까미찌오 싯떼 이마스까

✱ 길을 안내할 때 ✱

거기까지 가는데 얼마나 걸리나요?	そこまで行くのにどのくらいかかりますか。 소꼬마데 이꾸노니 도노꾸라이 카까리마스까
걷기에는 너무 먼 거리예요.	歩くにはとても遠い距離です。 아루꾸니와 토떼모 토-이 쿄리데스
교차로에서 우회전 하세요.	交差点で右折してください。 코-사뗑데 우세쯔시떼 쿠다사이
여기서 멀지 않아요.	ここから遠くはありません。 코꼬까라 토-꾸와 아리마셍
모퉁이로부터 세 번째 집이에요.	角から3番目の家です。 카도까라 산반메노 이에데스

실용 회화 | 137

* 길을 안내할 때 *

두 번째 모퉁이를 지나 가세요.	2番目の角を通り過ぎてください。 니반메노 카도오 토-리스기떼 쿠다사이
2시간 더 가셔야 해요.	二時間もっと行かなければなりません。 니지깐 못또 이까나께레바 나리마셍
이 길을 따라 20분 동안 운전해 가세요.	この道にそって20分間運伝して行ってください。 코노 미찌니 솟떼 니쥿뿡깐 운뗀시떼 잇떼 쿠다사이
이 길을 따라 곧장 가세요.	この道をずっとまっすぐ行ってください。 코노 미찌오 즛또 맛스구 잇떼 쿠다사이
이 화살표 방향을 따라 가세요.	この矢印の方向に従って行ってください。 코노 야지루시노 호-꼬-니 시따갓떼 잇떼 쿠다사이
잘 모르겠네요. 도와드리지 못해 죄송해요.	よく分かりません。助けになれなくてすみません。 요꾸 와까리마셍 타스께니 나레나꾸떼 스미마셍
저 건물 옆에 있어요.	あの建物の横にあります。 아노 타떼모노노 요꼬니 아리마스
저 주유소 건너편에 있어요.	あのガソリンスタンドの向かい側にあります。 아노 가소링스탄도노 무까이가와니 아리마스

● 기본표현

실용 회화

2. 시간·날짜·요일에 대해

＊ 시간 ＊

몇 시입니까?	何時ですか。 난지데스까
2시 35분입니다.	2時35分です。 니지 산쥬-고훈데스
2시 45분입니다.	2時45分です。 니지 욘쥬-고훈데스
3년이라는 시간은 길어요.	3年という時間は長いです。 산넨또유 지깡와 나가이데스
5시 15분전이에요.	5時15分前です。 고지 쥬-고훈마에데스
5시 반입니다.	五時半です。 고지한데스
6시입니다.	六時です。 로꾸지데스
7시 15분이에요.	7時15分です。 시찌지 쥬-고훈데스
7시간 느립니다.	7時間遅いです。 시찌지깐 오소이데스

일상생활

실용 회화 | 139

じつよう かいわ

* 시간 *

7시간 빠릅니다.	7時間早いです。 시찌지깐 하야이데스
9시 10분전이에요.	9時10分前です。 쿠지 줏뿐마에데스
9시 15분이 지났어요.	9時15分過ぎです。 쿠지 쥬-고훈 스기데스
9시 5분입니다.	9時5分です。 쿠지 고훈데스
9시 정각이에요.	9時ちょうどです。 쿠지 쵸-도데스
그 일을 빨리 처리해 주세요.	その仕事を早く処理してください。 소노 시고또오 하야꾸 쇼리시떼 쿠다사이
낭비할 시간이 없어요.	無駄な時間はありません。 무다나 지깡와 아리마셍
시간이 없어요. 5시 5분전이에요.	時間がありませんよ。5時5分前です。 지깡가 아리마셍요 고지 고훈마에데스
당신 시계는 좀 빠른 것 같아요.	あなたの時計はちょっと早いと思います。 아나따노 토케-와 춋또 하야이또 오모이마스

● 기본표현 ●

실용 회화

일상생활

내 시계는 5분 빨라요.	私の時計は5分進んでいます。 와따시노 토케-와 고훈 스슨데 이마스
내 시계는 시간이 잘 맞아요.	私の時計の時間は正確です。 와따시노 토케-노 지깡와 세-까꾸데스
다 하려면 아직 멀었어요.	全部するならまだまだです。 젠부 스루나라 마다마다데스
LA는 시간이 어떻게 되죠?	ロスは何時ですか。 로스와 난지데스까
당신 시계는 맞게 맞춰져 있나요?	あなたの時計は正確ですか。 아니따노 토께-와 세-까꾸데스까
몇 시에 약속이 있나요?	何時に約束がありますか。 난지니 야꾸소꾸가 아리마스까
몇 시에 일이 끝나세요?	何時に仕事が終わりますか。 난지니 시고또가 오와리마스까
시간이 참 안 가네요.	時間のたつのが本当に遅いですね。 지깐노 타쯔노가 혼또-니 오소이데스네
오후 4시 30분쯤일 거예요.	午後4時30分頃だと思います。 고고 요지 산줏뿐고로다또 오모이마스
이 시계는 정확한가요?	この時計はあってますか。 코노 토께-와 앗떼 마스까

실용 회화 | 141

* 시간 *

이제 슬슬 밤이 깊어지는군요.	そろそろ真夜中になりますよ。 소로소로 마요나까니 나리마스요
저 급해요. 시간이 없어요.	私は忙しいです。時間がありません。 와따시와 이소가시이데스 지깡가 아리마셍
저는 시계 안 차고 다녀요.	私は時計はしません。 와따시와 토께-와 시마셍
정각 정오입니다.	ちょうど正午です。 쵸-도 쇼-고데스
제 시계는 11시입니다.	私の時計では11時です。 와따시노 토께-데와 쥬-이찌지데스
제 시계는 5분 느립니다.	私の時計は5分遅いです。 와따시노 토께-와 고훈 오소이데스
제 시계는 5분 빠릅니다.	私の時計は5分早いです。 와따시노 토께-와 고훈 하야이데스
제 시계는 정확합니다.	私の時計は正確です。 와따시노 토께-와 세-까꾸데스
한국과는 시차가 얼마나 나지요?	韓国とは時差がどのくらいありますか。 캉꼬꾸또와 지사가 도노꾸라이 아리마스까

● 기본표현

실용 회화

일상생활

지금 몇 시인가요?	今何時ですか。 이마 난지데스까
지금은 3시 반이에요.	今は3時半です。 이마와 산지항데스
지금은 5시 15분전이에요.	今は5時15分前です。 이마와 고지 쥬-고훈마에데스
현지시간은 몇 시죠?	現地時間は何時ですか。 겐찌지깡와 난지데스까

✽ 날짜와 요일 ✽

25일인 것 같아요.	25日だと思います。 니쥬-고니찌다또 오모이마스
7일이 무슨 요인인가요?	七日は何曜日ですか。 나노까와 난요-비데스까
내일은 며칠이에요?	明日は何日ですか。 아시따와 난니찌데스까
당신 생일은 언제인가요?	あなたのお誕生日はいつですか。 아나따노 오딴죠-비와 이쯔데스까
오늘이 당신 생일이잖아요?	今日はあなたの誕生日じゃないですか。 쿄-와 아나따노 탄죠-비쟈나이데스까

실용 회화 | 143

* 날짜와 요일 *

마감은 9월말입니다.	締め切りは9月末です。 시메끼리와 쿠가쯔마쯔데스
마감일이 매월 15일이에요.	締切日が毎月十五日です。 시메끼리비가 마이게쯔 쥬-고니찌데스
몇 월입니까?	何月ですか。 난가쯔데스까
밸런타인데이가 언제인가요?	バレンタインデーはいつですか。 바렌타인데-와 이쯔데스까
시험은 언제부터인가요?	試験はいつからですか。 시껭와 이쯔까라데스까
오늘은 12월 2일입니다.	今日は12月2日です。 쿄-와 쥬-니가쯔 후쯔까데스
오늘은 9일입니다.	今日は9日です。 쿄-와 코꼬노까데스
오늘은 며칠인가요?	今日は何日ですか。 쿄-와 난니찌데스까
오늘은 몇 월 며칠인가요?	今日は何月何日ですか。 쿄-와 난가쯔 난니찌데스까
오늘은 무슨 요일인가요?	今日は何曜日ですか。 쿄-와 난요-비데스까

● 기본표현 ●

실용 회화

일상생활

오늘은 월요일입니다.	今日は月曜日です。 쿄-와 게쯔요-비데스
오늘이 무슨 특별한 날인가요?	今日は何か特別な日ですか。 쿄-와 나니까 토꾸베쯔나 히데스까
월요일이에요.	月曜日です。 게쯔요-비데스
이번 토요일이 며칠인가요?	今度の土曜日は何日ですか。 콘도노 도요-비와 난니찌데스까
제 생일은 10월 19일입니다.	私の誕生日は10月19日です。 와따시노 탄죠-비와 쥬-가쯔 쥬-꾸니찌데스
올해에는 내 생일이 크리스마스와 겹쳐요.	今年の誕生日はクリスマスと重なっています。 코또시노 탄죠비와 쿠리스마스또 카사낫떼 이마스
지불일은 언제인가요?	支払日はいつですか。 시하라이비와 이쯔데스까
오늘은 며칠이죠?	今日は何日ですか。 쿄-와 난니찌데스까
오늘은 무슨 요일이죠?	今日は何曜日ですか。 쿄-와 난요-비데스까
생년월일은 언제입니까?	生年月日はいつですか。 세-넨갓삐와 이쯔데스까

실용 회화 | 145

● 기본 표현 ●

‖ 만남 ‖
ミーティング

1. 약속

✽ 약속을 제안할 때 ✽

| 내일 저녁 시간 있으세요? | 明日の夜は時間ありますか。
아시따노 요루와 지깡 아리마스까 |

| 드릴 말씀이 있는데 찾아뵈어도 될까요? | お話ししにうかがってもいいですか。
오하나시시니 우까갓떼모 이이데스까 |

| 시간 꼭 지켜주세요. | 時間を必ず守ってください。
지깡오 카나라즈 마못떼 쿠다사이 |

| 어제는 무슨 이유로 안 오신 거예요? | 昨日はどんな理由でいらっしゃらなかったんですか。
키노-와 돈나 리유-데 이랏샤라나깟딴데스까 |

| 언제 시간이 되시면 뵙고 싶습니다만. | いつかお時間があればお目にかかりたいのですが。
이쯔까 오지깡가 아레바 오메니 카까리따이노데스가 |

| 언제 한번 만나요. | いつか会いましょう。
이쯔까 아이마쇼- |

| 언제 함께 식사라도 합시다. | いつか一緒に食事でもしましょう。
이쯔까 잇쇼니 쇼꾸지데모 시마쇼- |

● 기본표현 ●

실용 회화

오늘 밤 같이 식사하러 가시겠어요?	今晩一緒に食事をしに行きませんか。 콘방 잇쇼니 쇼꾸지오 시니 이끼마셍까
이번 주 금요일에 무슨 계획이 있나요?	今週の金曜日何か計画はありますか。 콘슈-노 킨요-비 나니까 케-까꾸와 아리마스까
이번에 저도 함께 데리고 가 주세요.	今度は私も一緒に連れて行ってください。 콘도와 와따시모 잇쇼니 쯔레떼 잇떼 쿠다사이
잠깐 만날 수 있나요?	ちょっとお会いできますか。 촛또 오아이 데끼마스까
조금 있다가 뵐 수 있을까요?	のちほどお目にかかれますでしょうか。 노찌호도 오메니 카까레마스데쇼-까
지금 방문해도 될까요?	これからお邪魔してもいいでしょうか。 코레까라 오쟈마시떼모 이이데쇼-까
토요일 밤은 시간이 되세요?	土曜の夜は都合がいいですか。 도요-노 요루와 쯔고-가 이이데스까
오늘 밤에 시간 있어요?	今晩お時間がございますか。 콘방 오지깡가 고자이마스까
퇴근 후에 시간 있어요?	退社後にお時間はありますか。 타이샤고니 오지깡와 아리마스까

만남

실용 회화 | **147**

실용 회화

✱ 약속을 제안할 때 ✱

이번 토요일에 시간 있어요?	今度の土曜日にお時間がございますか。 콘도노 도요-비니 오지깡가 고자이마스까
이번 주말에 바쁘세요?	今度の週末はお忙しいですか。 콘도노 슈-마쯔와 오이소가시이데스까
지금 당장 야마모또 씨를 만날 수 있을까요?	今すぐ山本さんにお会いできますか。 이마스구 야마모또상니 오아이데끼마스까
언제가 편하십니까?	ご都合はいつがよろしいでしょうか。 고쯔고-와 이쯔가 요로시이데쇼-까
몇 시에 만날까요?	何時にお会いしましょうか。 난지니 오아이시마쇼-까
5시에 가능합니까?	五時に可能でしょうか。 고지니 카노-데쇼-까
5시에 만납시다.	五時にお会いしましょう。 고지니 오아이시마쇼-
어디에서 만날까요?	どこでお会いしましょうか。 도꼬데 오아이시마쇼-까
제가 5시에 데리러 갈게요.	私が五時にピックアップしに行きます。 와따시가 고지니 핏크앗푸시니 이끼마스

기본표현 — 실용 회화

다나까 씨의 사무실 근처에서 만나요.	田中さんの事務所の近くでお会いしましょう。 타나까상노 지므쇼노 치까크데 오아이시마쇼-
이번 일요일에 무슨 계획 있어요?	今度の日曜日何か計画がございますか。 콘도노 니찌요-비 나니까 케-까꾸가 고자이마스까
금요일이 괜찮겠습니까?	金曜日がよろしいでしょうか。 킨요-비가 요로시이데쇼-까
다음주 화요일에 전화해도 될까요?	来週の火曜日にお電話してもよろしいでしょうか。 라이슈-노 카요-비니 오뎅와시떼모 요로시이데쇼-까
내일은 시간이 비어 있습니까?	明日はお時間が空いていますか。 아시따와 오지깡가 아이떼 이마스까

＊ 약속을 정할 때 ＊

7시 어떠세요?	7時はどうですか。 시찌지와 도-데스까
7시에 사무실 앞에서 만날까요?	7時に事務所の前で会いましょうか。 시찌지니 지무쇼노 마에데 아이마쇼-까
갑작스러운 일이라 믿기질 않네요	あまりにも突然なことで信じられません。 아마리니모 토쯔젠나 코또데 신지라레마셍

만남

* 약속을 정할 때 *

거긴 너무 멀어요. 중간쯤에서 만나요.	そこはとても遠いです。中間あたりで会いましょう。 소꼬와 토떼모 토-이데스 쮸깡 아따리데 아이마쇼-
격식을 갖춘 모임인가요?	格式ある集まりですか。 카꾸시끼 아루 아쯔마리데스까
괜찮은 모임 장소가 있나요?	いい集まり場所はありますか。 이이 아쯔마리바쇼와 아리마스까
그곳에 몇 시에 가야 하나요?	そこに何時にいけばいいんですか。 소꼬니 난지니 이께바 이인데스까
그럼, 그 시간에 기다릴게요.	では、その時間にお待ちしています。 데와 소노 지깡니 오마찌시테이마스
금요일 오후 5시는 어떠세요?	金曜日の午後5時はどうですか。 킹요-비노 고고 고지와 도-데스까
내 스케줄을 당신에게 맞출게요.	私のスケジュールをあなたに合わせます。 와따시노 스케쥬-루오 아나따니 아와세마스
다른 약속이 있으세요?	他の約束がありますか。 호까노 야꾸소꾸가 아리마스까
신주쿠 역에서 2시 무렵에 만나기로 해요.	新宿駅で2時ごろ待ち合わせましょう。 신쥬꾸 에끼데 니지고로 마찌아와세마쇼-

● 기본표현 ● 실용 회화

당신이 장소를 정하세요.	あなたが場所を決めてください。 아나따가 바쇼오 키메떼 쿠다사이
몇 시까지 시간이 비어 있나요?	何時まで時間があいてますか。 난지마데 지깡가 아이떼 마스까
몇 시에 가면 될까요?	何時に行けばいいですか。 난지니 이께바 이이데스까 ＝何時に会いましょうか。 난지니 아이마쇼-까
약속을 어기지 마세요.	約束を破らないでください。 야꾸소꾸오 야부라나이데 쿠다사이
어디든 좋아요.	どこでもいいですよ。 도꼬데모 이이데스요
어디서 만나는 게 가장 좋겠어요?	どこがいちばん都合がいいですか。 도꼬가 이찌방 쯔고-가 이이데스까
어디에서 만날까요?	どこで会いましょうか。 도꼬데 아이마쇼-까
언제 가장 시간이 좋으세요?	いつがいちばん都合がいいですか。 이쯔가 이찌방 쯔고-가 이이데스까
저는 아무 때나 좋아요. 당신이 결정해요.	私はいつでもいいです。あなたが決めてください。 와따시와 이쯔데모 이이데스 아나따가 키메떼 쿠다사이

만남

실용 회화 | 151

じつよう かいわ

✱ 약속을 정할 때 ✱

언제 만나 뵐 수 있을까요?
いつお会いできますか。
이쯔 오아이데끼마스까

오늘 약속이 꽉 찼는데요.
今日は約束が一杯なんですが。
쿄-와 야꾸소꾸가 입빠이난데스가

오늘 오후는 안 되겠어요.
今日の午後はだめなんです。
쿄-노 고고와 다메난데스

저는 어디든지 좋아요.
私はどちらでもいいですよ。
와따시와 도찌라데모 이이데스요

저도 그 때가 좋겠습니다.
私もそれで都合がいいです。
와따시모 소레데 쯔고-가 이이데스

좋아요. 그럼 그때 만나요.
いいですよ。じゃ、その時に会いましょう。
이이데스요 쟈 소노 토끼니 아이마쇼-

✱ 약속시간에 늦었을 때 ✱

그곳에 제 시간에 도착하셨어요?
そこに時間通りに到着しましたか。
소꼬니 지깡도-리니 토-쨔꾸시마시따까

너 도대체 어디야? 빨리 와.
あなた一体どこなの? 早く来て。
아나따 잇따이 도꼬나노 하야꾸 키떼

늦어서 죄송해요.
遅くなってすみません。
오소꾸 낫떼 스미마셍

●기본표현●

실용 회화

당신 또 늦었군요!	**あなたまた遅刻ですね。** 아나따 마따 찌꼬꾸데스네
시간 꼭 지키세요.	**必ずお時間をお守りください。** 카나라즈 오지깡오 오마모리 쿠다사이
그가 나를 바람맞혔어요.	**彼にふられました。** 카레니 후라레마시따
앞으로는 시간을 잘 지키겠습니다.	**これからは時間をちゃんと守ります。** 코레까라와 지깡오 챤또 마모리마스 =**これからは決まった時間に来るようにしてください。** 코레까라와 키맛따 지깡니 쿠루 요-니 시떼 쿠다사이
약속을 깜박했어요.	**約束をうっかりしていました。** 야꾸소꾸오 웃까리시떼 이마시따
약속을 어겨서 미안해요.	**約束をまもれなくてごめんなさい。** 야꾸소꾸오 마모레나꾸떼 고멘나사이
언제나 변명거리가 많군요.	**いつも弁解が多いですね。** 이쯔모 벤까이가 오오이데스네
여기에 3시 정각에 왔습니다.	**三時ちょうどにここに来ました。** 산지 쵸-도니 코꼬니 키마시따
왜 그렇게 늦었어요?	**なぜそんなに遅くなったのですか。** 나제 손나니 오소꾸 낫따노데스까

만남

실용 회화 | **153**

✽ 약속시간에 늦었을 때 ✽

| 기다리게 해서 미안합니다. | お待たせしてすみません。
오마따세시떼 스미마셍
= お待たせして申し訳ございません。
오마따세시떼 모-시와께고자이마셍 |

| 저는 30분전에 도착했습니다. | 私は30分前に到着しました。
와따시와 산줏뿐마에니 토-쨔꾸시마시따 |

| 저는 제 시간에 왔습니다. | 私は時間に間に合いました。
와따시와 지깡니 마니아이마시따 |

✽ 약속을 변경할 때 ✽

| 다른 날 약속하는 게 좋을 것 같군요. | 別の日に約束した方がいいと思います。
베쯔노히니 야꾸소꾸시따 호-가 이이또 오모이마스 |

| 약속을 변경합시다. | 約束を変えましょう。
야꾸소꾸오 카에마쇼- |

| 한 시간 늦게 만납시다. | 一時間遅くお会いしましょう。
이찌지깡 오소꾸 오아이시마쇼- |

| 약속시간을 변경할 수 있을까요? | お約束の時間を変更できますか。
오야꾸소꾸노 지깡오 헨꼬-데끼마스까 |

| 한 시간 빨리 만납시다. | 一時間早めてお会いしましょう。
이찌지깡 하야메떼 오아이시마쇼- |

● 기본표현

실용 회화

다음으로 미룰 수 있을까요?	次に延ばせますか。 쯔기니 노바세마스까
그렇다면 내일은 어때요?	そうしたら明日はどうですか。 소-시따라 아시따와 도-데스까
제가 지금 바쁜데, 오후는 어떠세요?	私は今忙しいので午後はいかがでしょうか。 와따시와 이마 이소가시이노데 고고와 이까가데쇼-까
다음으로 미룹시다.	次に延ばしましょう。 쯔기니 노바시마쇼-
다음주에 아마도 출장을 떠날 것 같아서요.	たぶん来週出張に出そうです。 타분 라이슈- 슛쵸-니 데소-데스
괜찮으시다면 약속을 조금 늦췄으면 합니다.	よろしければお約束の時間を少し遅らせたいのです。 요로시께레바 오야꾸소꾸노 지깡오 스꼬시 오꾸라세따이노데스
좀더 일찍 만날 수 있을까요?	もう少し早く会えますか。 모-스꼬시 하야꾸 아에마스까
금요일 빼고 언제든 좋습니다.	金曜日を除けばいつでもいいです。 킨요-비오 노조께바 이쯔데모 이이데스
괜찮다면, 약속을 조금 늦췄으면 해요.	よろしければ、約束を少し延ばしたいんですが。 요로시께레바 야꾸소꾸오 스꼬시 노바시따인데스가

만남

실용 회화 | 155

＊ 약속을 변경할 때 ＊

약속 시간을 다시 정할 수 있을까요?	**約束時間をまた決め直せますか。** 야꾸소꾸지깡오 마따 키메나오세마스까
그럼 토요일은 어떠세요?	**それでは土曜日はどうですか。** 소레데와 도요-비와 도-데스까
오시기로 해놓고, 왜 안 오셨어요?	**来る事にしておきながらなぜ来なかったのですか。** 쿠루 코또니 시떼 오끼나가라 나제 코나깟따노데스까
약속시간을 좀 당기면 어떨까요?	**お約束の時間を早めたらどうでしょうか。** 오야꾸소꾸노 지깡오 하야메따라 도-데쇼-까
그럼, 다음에 하죠.	**それじゃ次にしましょう。** 소레쟈 쯔기니 시마쇼-
다음 달까지 연기해 주실 수 없나요?	**来月まで延ばしていただけませんか。** 라이게쯔마데 노바시떼 이따다께마셍까
다음 기회로 미룰 수 있을까요?	**またの機会に延ばすことはできますか。** 마따노키까이니 노바스 코또와 데끼마스까
괜찮아요. 언제든지 좋은 시간에 만나요.	**いいんですよ。いつでもお好きなときにどうぞ。** 이인데스요 이쯔데모 오스끼나 토끼니 도-조
그럼 연락을 기다리겠습니다.	**ではご連絡をお待ちしております。** 데와 고렌라꾸오 오마찌시떼 오리마스

● 기본표현

✳ 약속을 취소할 때 ✳

정말로 미안합니다만, 약속을 지킬 수 없습니다.	本当にすみませんがお約束を果たせません。 혼또-니 스미마셍가 오야꾸소꾸오 하따세마셍
선약이 있습니다.	先約があります。 센야꾸가 아리마스
약속을 취소해야겠습니다.	お約束をキャンセルさせて頂かなければなりません。 오야꾸소꾸오 칸세루사세떼 이따다까나께레바 나리마셍
갑자기 일이 생겼습니다.	急に用事ができました。 큐-니 요-지가 데끼마시따
약속을 연기해야겠습니다.	お約束を延ばして頂かねばなりません。 오야꾸소꾸오 노바시떼 이따다까네바 나리마셍
이번 주말까지 시간이 없어요.	今週末まで時間がありません。 콘슈-마쯔마데 지깡가 아리마셍
제가 내일 전화 드릴게요.	私が明日お電話します。 와따시가 아시따 오뎅와시마스
바빠요.	忙しいです。 이소가시이데스
이번에는 어쩔 수 없네요.	今度はしょうがなくて。 콘도와 쇼-가나꾸떼

만남

실용 회화 | 157

じつよう かいわ

＊ 약속을 취소할 때 ＊

미안해요. 아쉽게도 약속이 있어요.	**すみません。あいにく約束があります。** 스미마셍 아이니꾸 야꾸소꾸가 아리마스
나중에 전화할게요.	**あとで電話しましょう。** 아또데 뎅와시마쇼-
그녀가 나를 바람맞혔어요.	**彼女が私との約束をすっぽかしました。** 카노죠가 와따시또노 야꾸소꾸오 슷뽀까시마시따

mini 회화

A : **明日の夜時間がありますよ。**
아시따노 요루 지깡가 아리마스요
내일 저녁 시간 있어?

B : **ごめんなさい。明日から出張なので…。**
고멘나사이 아시따까라 슛쵸-나노데
죄송합니다. 내일부터 출장이라서….

A : **そう？仕方がないね。**
소- 시카따가 나이네
그래? 어쩔 수 없네.

B : **すみません。**
스미마셍
죄송합니다.

● 기본표현 ● 실용 회화

2. 초대와 방문

✱ 집으로 초대할 때 ✱

근간 함께 식사라도 하시지요.	そのうちいっしょに食事でもいたしましょうね。 소노우치 잇쇼니 쇼꾸지데모 이따시마쇼-네
저희 집 구경 좀 하시겠어요?	家見に行きましょうか。 우치 미니 이끼마쇼-까
오늘밤에 같이 식사하러 나가시겠습니까?	今晩一緒に食事に出かけますか。 콘방 잇쇼니 쇼꾸지니 데까께마스까
오늘밤에 저와 식사하는 건 어때요?	今晩私と食事はどうですか。 콘방 와따시또 쇼꾸지와 도-데스까
오늘 저녁에 초대하고 싶은데요.	今夜ご招待したいんですが。 콘야 고쇼-따이시따인데스가
저녁을 대접하게 해 주세요.	夕食をごちそうさせていただきます。 유-쇼꾸오 고찌소-사세떼 이따다끼마스
우리 집에 오지 않겠어요?	私の家に来ませんか。 와따시노 이에니 키마셍까
당신이 오셔야 해요.	あなたがいらっしゃらなければなりません。 아나따가 이랏샤라나께레바 나리마셍

✶ 집으로 초대할 때 ✶

우리 집에 식사하러 오지 않겠어요?	私の家に食事に来ませんか。 와따시노 이에니 쇼꾸지니 키마셍까
저희 집에도 꼭 오세요.	私のうちにもぜひ来てください。 와따시노 우치니모 제히 키떼 쿠다사이
언제 저희 집으로 초대하고 싶은데요.	いつか私の家にご招待したいのですが。 이쯔까 와따시노 이에니 고쇼−따이시따이노데스가
언제 놀러 오세요.	いつか遊びに来てください。 이쯔까 아소비니 키떼 쿠다사이
부인도 데려 오세요.	おくさまもお連れなさってください。 오꾸사마모 오쯔레 나삿떼 쿠다사이 ＝奥様と一緒に来てください。 오꾸사마또 잇쇼니 키떼 쿠다사이
기다리고 있을게요.	お待ちいたします。 오마치이따시마스
저희 집으로 초대하고 싶습니다.	私の家にご招待したいと思います。 와따시노 이에니 고쇼−따이시따이또 오모이마스
저녁 식사하러 오세요.	夕食にお越しください。 유−쇼꾸니 오코시 쿠다사이
집들이 할 거예요.	引越しパーティーをするつもりです。 힛꼬시파−티−오 스루쯔모리데스

저희와 함께 하시겠어요?	私たちと一緒にしますか。 와따시따찌또 잇쇼니 시마스까
한 번 들러주시지 않겠어요?	一度寄って頂けますか。 이찌도 욧떼 이따다께마스까

* 파티에 초대할 때 *

당신을 파티에 초대하고 싶어요.	あなたをパーティーにご招待したいんです。 아나따오 파-티-니 고쇼-따이시따인데스
당신이 와 주셨으면 합니다.	あなたに来て頂きたいのです。 아나따니 키떼 이따다끼따이노데스
이번 주 파티에 당신을 초대하고 싶어요.	今週パーティーにあなたを招待したいです。 콘슈- 파-티-니 아나따오 쇼-따이시따이데스
몇 명이나 옵니까?	何人来ますか。 난닌 키마스까
몇 시에 가면 될까요?	何時に行けばよろしいでしょうか。 난지니 이께바 요로시이데쇼-까
파티 장소는 어디인가요?	パーティーの場所はどこですか。 파-티-노 바쇼와 도꼬데스까
파티는 몇 시에 있나요?	パーティーは何時ですか。 파-티-와 난지데스까

じつよう かいわ

✱ 파티에 초대할 때 ✱

파티는 언제 엽니까?	パーティーはいつ開きますか。 파-티-와 이쯔 히라끼마스까
파티에 참석할 수 있나요?	パーティーに参加できますか。 파-티-니 상까데끼마스까
함께 하시겠어요?	ご一緒しますか。 고잇쇼시마스까
무엇이든 편안한 옷으로 입으세요.	何でも楽な服でいいですよ。 난데모 라꾸나 후꾸데 이이데스요
생일파티에 올래요?	誕生日パーティーにお越し頂けますか。 탄죠-비파-티-니 오꼬시이따다께마스까
성대한 생일 파티를 열 거예요.	盛大な誕生日パーティーを開きますよ。 세-다이나 탄죠-비파-티-오 히라끼마스요
오늘 무슨 날이에요?	今日は何の日ですか。 쿄-와 난노히데스까
오늘이 저희 결혼 10주년입니다.	今日が私たちの結婚十周年です。 쿄-가 와따시따찌노 켓꽁줏슈-넨데스
크리스마스 파티를 열기로 했어요.	クリスマスパーティーを開く事にしました。 쿠리스마스파-티-오 히라꾸코또니 시마시따

●기본표현●

실용 회화

정말 멋진 파티예요.	本当に素敵なパーティーですね。 혼또-니 스떼끼나 파-티-데스네
정장을 해야 합니다.	スーツを着なければ行けません。 스-츠오 키나께레바 이께마셍
제 생일 파티에 당신을 초대하고 싶어요.	私の誕生日パーティーにあなたをご招待したい。 와따시노 탄죠-비파-티-니 아나따오 고쇼-따이시따이
다나까 씨를 위한 환영 파티를 준비했어요.	田中さんのための歓迎パーティーを準備しました。 타나까상노 타메노 칸게-파-티-오 쥰비시마시따
다나까 씨와 하마다 씨도 초대했어요.	田中さんと濱田さんもご招待しました。 타나까상또 하마다상모 고쇼-따이시마시따

✳ 초대에 승낙할 때 ✳

고맙습니다. 기꺼이 그러죠.	ありがとうございます。喜んでそうしますよ。 아리가또-고자이마스 요로꼰데 소-시마스요
기꺼이 가겠어요.	喜んでうかがいます。 요로꼰데 우까가이마스
누가 거기에 오나요?	誰がそこに来ますか。 다레가 소꼬니 키마스까

만남

실용 회화 | 163

じつよう かいわ

✱ 초대에 승낙할 때 ✱

무슨 일이 있어도 꼭 갈게요.	何があっても必ず行きます。 나니가 앗떼모 카나라즈 이끼마스
가고 싶어요.	行きたい。 이끼따이
물론 저도 가야죠.	もちろん私も行きますよ。 모찌론 와따시모 이끼마스요
알겠어요. 그런데 어디 근처에요?	わかりました。でもどのあたりでしょうか。 와까리마시따 데모 도노 아따리데쇼-까
우린 늦을지 모르니까 기다리지 마세요.	私たち遅れるかもしれないので待たないでください。 와따시따찌 오꾸레루까모 시레나이노데 마따나이데 쿠다사이
재미있을 것 같군요.	面白そうですね。 오모시로소-데스네
저도 끼워주세요. 갈게요.	私も入れてください。行きます。 와따시모 이레떼 쿠다사이 이끼마스
제가 꼭 가겠습니다.	私が必ず行きます。 와따시가 카나라즈 이끼마스
좋아요. 갈게요.	分かりました。行きます。 와까리마시따 이끼마스

●기본표현●

실용 회화

제가 뭘 좀 가져갈까요?	私が何かちょっと持って行きましょうか。 와따시가 나니까 춋또 못떼 이끼마쇼-까
초대에 기꺼이 응하겠습니다.	ご招待に喜んで応じます。 고쇼-따이니 요로꼰데 오-지마스
초대해 주셔서 감사합니다.	ご招待頂きましてありがとうございます。 고쇼-따이 이따다끼마시떼 아리가또-고자이마스
폐가 되지 않다면 괜찮겠습니까?	ご迷惑にならなければよろしいのですが。 고메-와꾸니 나라나께레바 요로시이노데스가

✳ 초대에 사양할 때 ✳

가고는 싶지만 갈 수가 없네요.	行きたいですが行けそうにありません。 이끼따이데스가 이께소-니 아리마셍
고맙지만 선약이 있습니다.	恐れ入りますが先約があるんです。 오소레이리마스가 셍야꾸가 아룬데스
미안합니다. 다른 날로 해주실 수 없을까요?	すみません。別の日にしていただけないでしょうか。 스미마셍 베쯔노히니 시떼 이따다께나이데쇼-까
선약이 있어요. 다음 기회에 합시다.	先約があります。またの機会にしましょう。 셍야꾸가 아리마스 마따노 키까이니 시마쇼-

만남

실용 회화 | **165**

✽ 초대에 사양할 때 ✽

다음 기회에 하죠.	次の機会にしましょう。 쯔기노 키까이니 시마쇼-
다음 토요일로 할 수 있습니까?	次の土曜日にできますか。 쯔기노 도요-비니 데끼마스까
다음에 하면 어떨까요?	次にしたらどうでしょうか。 쯔기니 시따라 도-데쇼-까
미안하지만 안 되겠어요.	すみませんけどできないと思います。 스미마셍께도 데끼나이또 오모이마스
미안하지만 약속이 있어서요.	すみませんが約束があります。 스미마셍가 야꾸소꾸가 아리마스
안타깝게도 갈 수가 없네요.	残念ながら行けません。 잔넨나가라 이께마셍
죄송하지만 갈 수 없습니다.	申し訳ないのですが行けません。 모-시와께나이노데스가 이께마셍
유감스럽지만, 급한 일이 생겨서 갈 수 없습니다.	残念ながら急用ができてしまって行けません。 잔넨나가라 큐-요-가 데끼떼 시맛떼 이께마셍 =残念ですが行けなさそうです。 잔넨데스가 이께나사소-데스
오늘 스케줄이 꽉 차 있어요.	今日スケジュールが一杯です。 쿄- 스케쥬-루가 잇빠이데스

● 기본표현 ●

실용 회화

오늘은 좀 그런데, 내일은 어때요?	今日はちょっとまずいので明日はどうですか。 쿄-와 촛또 마즈이노데 아스와 도-데스까
미안하지만, 오늘은 하루 종일 바빠요.	すみませんが今日は一日中忙しいのです。 스미마셍가 쿄-와 이찌니찌쥬- 이소가시이노데스
이번 주에는 시간이 없어요.	今週は時間がないんです。 콘슈-와 지깡가 나인데스
일요일에는 다른 예정이 있습니다.	日曜日には他の予定があります。 니찌요-비니와 호까노 요떼-가 아리마스
참석하고 싶지만, 시간이 나지않아요.	出席したいのですが時間が取れません。 슛세끼시따이노데스가 지깡가 토레마셍
할 일이 좀 있어서요.	ちょっとしなければならない事があります。 촛또 시나께레바 나라나이 코또가 아리마스

만남

mini 회화

A : 今日、いっぱいどうですか。
쿄- 잇빠이 도-데스까
오늘 한 잔 할까?

B : ごめん。今日は調子が悪いから。
고멘 쿄-와 쵸-시가 와루이까라
미안해. 오늘은 몸이 안 좋아서.

＊ 초대에 방문할 때 ＊

고인은 우리 마음속에 영원히 살아 있을 것입니다.	故人は私の心の中で永遠に生き続けると思います。 코징와 와따시노 코꼬로노 나까데 에이엔니 이끼쯔즈께루또 오모이마스
고인을 알게 된 것은 영광이었습니다.	故人と出逢えたことは光栄でした。 코징또 데아에따코또와 코-에이데시따
기무라 씨 댁이 맞나요?	木村さんのお宅はこちらでしょうか。 키무라산노 오따꾸와 코찌라데쇼-까
두 분 정말 잘 어울리는 한 쌍이에요!	二人とも本当によくお似合いです。 후따리또모 혼또-니 요꾸 오니아이데스
두 사람 행복하길 빌어요!	二人の幸せを祈ります。 후따리노 시아와세오 이노리마스 ＝二人の幸せを願います。 　후따리노 시아와세오 네가이마스
두 사람이 결혼하다니 믿기지가 않아요.	二人が結婚するなんて信じられないです。 후따리가 켓꽁스루난떼 신지라레나이데스
집들이 선물을 가지고 왔어요.	引越し祝いのプレゼントを持って来ました。 힛꼬시이와이노 푸레젠토오 못떼 키마시따
마음에 들었으면 좋겠습니다만.	気に入って頂ければ良いのですが。 키니 잇떼 이따다께레바 요이노데스가

● 기본표현

맘에 드신다니 기쁘네요.	気に入って頂き嬉しいです。 키니 잇떼 이따다끼 우레시이데스
밝고 멋진 집이네요.	明るくてすてきなお住まいですね。 아까루꾸떼 스떼끼나 오스마이데스네
별거 아닙니다.	大したものではございません。 타이시따 모노데와 고자이마셍
신부가 참 아름다워요.	新婦が本当にきれいですね。 신뿌가 혼또-니 키레이데스네
약소하지만 받아주세요.	つまらないものですがお受け取りください。 쯔마라나이 모노데스가 오우께또리 쿠다사이
정말 좋은 집이군요, 부러워요.	本当にいい家ですね。羨ましいです。 혼또-니 이이 이에데스네 우라야마시이데스
제가 왔다고 전해주세요.	私が来たとお伝えください。 와따시가 키따또 오쯔따에쿠다사이
좀 일찍 왔나요?	ちょっと来るのが早すぎましたか。 촛또 쿠루노가 하야스기마시따까
초대해주셔서 감사해요.	ご招待してくださいましてありがとうございます。 고쇼-따이시떼 쿠다사이마시떼 아리가또- 고자이마스

초대에 방문할 때

행복한 커플을 보니까 기분이 좋아요.
幸せなカップルを見れてうれしいです。
시아와세나 캅푸루오 미레떼 우레시이데스

제가 뭐 도울 일이라도 있을까요?
私が手伝うことでもありますか。
와따시가 테쯔다우 코또데모 아리마스까

(선물 등을 내밀면서) 이거 받으세요.
これをどうぞ。
코레오 도-조

손님을 맞이할 때

결혼식에 와주셔서 정말 감사합니다.
結婚式に来て頂き本当にありがとうございます。
켓꽁시끼니 키떼 이따다끼 혼또-니 아리가또- 고자이마스
＝結婚式に出席して頂きうれしいです。
켓꽁시끼니 슛세끼시떼 이따다끼 우레시이데스

결혼식에 참석해 주셔서 기뻐요.
結婚式に出席して頂き嬉しいです。
켓꽁시끼니 슛세끼시떼이따다끼 우레시이데스

당신이 오니 좋군요.
あなたが来てくれたので嬉しいです。
아나따가 키떼쿠레따노데 우레시이데스

어서 오세요. 무척 기다리고 있었어요.
ようこそ。楽しみにお待ちしていました。
요-꼬소 타노시미니 오마찌시떼 이마시따
＝さあお入りください。
사아 오하이리 쿠다사이

기본표현 — 실용 회화

두 사람과 같은 대학을 다녔어요.	二人と同じ大学に通っていました。 후따리또 오나지 다이가꾸니 카욧떼 이마시따
신랑 신부와는 어떻게 아시는 사이세요?	新郎新婦とはどうい知り合いですか。 신로-신뿌또와 도-유 시리아이데스까
신혼여행은 어디로 간다고 해요?	新婚旅行はどこに行くと言っていましたか。 신꼰료꼬-와 도꼬니 이꾸또 잇떼 이마시따까
오신 것을 환영합니다.	お越し頂き歓迎致します。 오꼬시이따다끼 캉게-이따시마스
와 주셔서 감사합니다.	お越し頂き感謝致します。 오꼬시이따다끼 칸샤이따시마스
와 주셔서 정말 기쁩니다.	お越し頂き本当にうれしいです。 오꼬시이따다끼 혼또-니 우레시이데스
왜 이렇게 오래 걸렸어요?	なぜこんなに時間がかかったのですか。 나제 콘나니 지깡가 카깟따노데스까
위로해 주셔서 감사합니다.	慰めてくださってありがとうございます。 나구사메떼 쿠다삿떼 아리가또- 고자이마스
이런 거 안 해주셔도 되는데…. 고마워요.	こんなことなさらなくても良かったのに。ありがとう。 콘나코또 나사라나꾸떼모 요깟따노니 아리가또-

만남

じつよう かいわ

✳ 손님을 맞이할 때 ✳

자, 들어오세요.	どうぞお入りください。 도-조 오하이리 쿠다사이
이쪽으로 앉으세요.	こちらへおかけください。 고찌라에 오까께 쿠다사이
자 어서 들어와 앉으세요.	さあ早くお入りになりお掛けになってください。 사아 하야꾸 오하이리니나리 오까께니 낫떼 쿠다사이
자, 편히 하세요.	どうぞくつろいでください。 도-조 꾸쯔로이데 쿠다사이
잘 오셨어요.	ようこそいらっしゃいました。 요-꼬소 이랏샤이마시따
저녁식사 준비가 되었습니다.	夕食の準備ができました。 유-쇼꾸노 준비가 데끼마시따
코트는 저를 주세요.	コートは私にください。 코-또와 와따시니 쿠다사이
잘 오셨어요. 진심으로 환영합니다.	ようこそ。心より歓迎いたします。 요-꼬소 고꼬로요리 깡게- 이따시마스

> 회화에서는 **こちら, そちら, あちら, どちら**를 각각 줄여서 **こっち, そっち, あっち, どっち**라고 말한다.

기본표현 — 실용 회화

✳ 음식을 대접할 때 ✳

건배의 선창을 하겠습니다. 모두의 건강을 위하여, 건배!	乾杯の音頭をとらせていただきます。みなさまの健康を祈って、カンパイ! 칸빠이노 온도오 토라세떼 이따다끼마스 미나사마노 켄꼬-오 이놋떼 캄빠이
마실 것 좀 갖다 드릴게요.	飲み物をちょっとお持ちしますね。 노미모노오 촛또 오모찌시마스네
마음껏 드세요.	いっぱい召し上がってください。 잇빠이 메시아갓테 쿠다사이
무엇을 마실래요?	何をお飲みになりますか。 나니오 오노미니 나리마스까
이거 맛있네요. 누가 요리하셨어요?	これはおいしい。誰が料理したんですか。 코레와 오이시이 다레가 료-리시딴데스까
자, 마음껏 드세요.	どうぞご自由に召し上がってください。 도-조 고지유-니 메시아갓떼 쿠다사이
잘 먹었어요!	ご馳走様でした。 고찌소-사마데시따
즐거운 시간 되세요.	どうぞ楽しい時間を。 도-조 타노시이 지깡오 = どうぞ楽に。 도-조 라꾸니

실용 회화 | 173

じつよう かいわ

✱ 음식을 대접할 때 ✱

좀 더 드시겠어요?	**もうちょっと召し上がりますか。** 모우 촛또 메시아가리마스까
커피에 설탕과 크림을 넣으세요?	**コーヒーに砂糖とクリームを入れますか。** 코-히-니 사또-또 쿠리-무오 이레마스까
쿠키 좀 드세요.	**クッキーをどうぞ。** 쿳키-오 도-조
편히 하세요.	**ごゆっくりしてください。** 고윳꾸리시떼 쿠다사이
한 잔 더 갖다드릴까요?	**もう一杯お持ちしますか。** 모- 입빠이 오모찌시마스까

✱ 초대를 마치고 돌아갈 때 ✱

무척 즐거웠어요. 정말로 고마워요.	**とても楽しかったです。本当にありがとうございます。** 토떼모 타노시깟따데스 혼또-니 아리가또- 고자이마스
아주 맛있는 식사였습니다.	**とてもおいしい食事でした。** 토테모 오이시이 쇼꾸지데시따
정말 어울리는 한 쌍이군요!	**本当にお似合いのカップルですね。** 혼또-니 오니아이노 캅푸루데스네

실용 회화

● 기본표현 ●

오늘 매우 즐거웠어요.	今日はとても楽しかったです。 쿄-와 토떼모 타노시깟따데스
재미있게 보냈어요.	楽しく過ごしました。 타노시꾸 스고시마시따
정말 아름다운 결혼식이었어요!	本当にすばらしい結婚式でした。 혼또-니 스바라시이 켓꼰시끼데시따
당신은 정말 행운아예요!	あなたは本当に幸せ者です。 아나따와 혼또-니 시아와세 모노데스
멋진 저녁이었어요.	すばらしい夕食でした。 스바라시이 유-쇼꾸데시따
정말 죄송합니다만 먼저 실례하겠습니다.	まことに申し訳ございませんがお先に失礼させていただきます。 마꼬또니 모-시와께고자이마셍가 오사끼니 시쯔레이 사세떼 이따다끼마스
정말로 이야기 즐거웠어요.	本当に楽しくお話しできました。 혼또-니 타노시꾸 오하나시 데끼마시따
이렇게 오셔서 조의를 표해주시니 감사합니다.	このように来て頂いてありがとうございます。 코노 요-니 키떼이따다이떼 아리가또- 고자이마스
이제 좀 괜찮으신가요?	今はちょっと大丈夫になりましたか。 이마와 촛또 다이죠-부니 나리마시따까

만남

실용 회화 | 175

초대를 마치고 돌아갈 때

| 너무 시간이 늦어서요, 슬슬 일어나겠어요 | もう時間が遅いですから。そろそろおいとまします。
모- 지깐가 오소이데스까라 소로소로 오이또마시마스 |

| 다시 찾아뵙겠어요. | 改めてご訪問いたします。
아라따메떼 고호-몽 이따시마스 |

| 당신 생일이 특별한 날이었기를 바랄게요. | あなたの誕生日が特別な日になりますように。
아나따노 탄죠-비가 토꾸베쯔나 히니 나리마스요-니 |

손님을 배웅할 때

| 밤도 깊었는데 조심해서 들어가세요. | 夜も更けましたのでお気をつけてお帰りください。
요루모 후께마시따노데 오끼오 쯔께떼 오까에리 쿠다사이 |

| 시간도 늦었는데 막차에 늦지 않도록 하세요. | 時間も遅いですから終電に乗り遅れないようにしてください。
지깡모 오소이데스까라 슈-덴니 노리오꾸레나이요-니 시떼 쿠다사이 |

| 언제든지 또 오세요. | いつでもまた来てください。
이쯔데모 마따 키떼 쿠다사이 |

| 음식은 어떠셨어요? | お料理はいかがでしたか。
오료-리와 이까가데시따까 |

●기본표현

실용 회화

오늘은 정말 재미있었습니다. 또 만나요.	今日はとても楽しかったです。またお会いしましょう。 쿄-와 토떼모 타노시깟따데스 마따 오아이시마쇼-
와주셔서 저야말로 즐거웠어요.	来ていただいてこちらこそ楽しかったです。 키떼 이따다이떼 코찌라꼬소 타노시깟따데스 ＝いらっしゃっていただきうれしいです。 이랏샷떼 이따다끼 우레시이데스

만남

mini 회화

A : どうぞ召し上がってください。
도-조 메시아갓떼 쿠다사이
어서 많이 드세요.

B : はい。いただきます。
하이 이따다끼마스
네. 잘 먹겠습니다.

A : お口に合うといいのですが。
오꾸찌니 아우또 이이노데스가
입에 맞으면 좋겠습니다만.

B : 韓国の料理は初めてですが本当においしいです。
캉꼬꾸노 료-리와 하지메떼데스가 혼-또니 오이시이데스
한국의 요리는 처음인데, 정말 맛있습니다.

A : そうですか。よかったです。
소-데스카 요깟따데스
그렇습니까. 다행이네요.

chapter 05 :: 감정 표현 ::
かんじょう ひょうげん

● 기본표현 ●

1. 기쁨과 즐거움

* 기쁠 때 *

내 생애 최고의 날입니다.	私の生涯で最高の日です。 와따시노 쇼-가이데 사이꼬-노 히데스
너무 기뻐서 펄쩍 뛸 것 같아요!	飛び上がるほどうれしいです。 토비아가루호도 우레시이데스
눈물이 나올 정도로 기쁘다.	涙が出るほどうれしい。 나미다가 데루호도 우레시이
당신이 잘 돼서 나도 기뻐요!	あなたがうまくいって私もうれしいです。 아나따가 우마꾸잇떼 와따시모 우레시-데스
세상을 다 가진 기분이에요.	天にも昇る気持ちです。 텐니모 노보루 키모찌데스
오늘은 기분이 최고야.	今日は 気分が いいなあ。 쿄-와 끼분가 이-나-
기뻐서 기분이 들떠 있습니다.	嬉しくて気分がウキウキしています。 우레시꾸떼 키분가 우끼우끼시떼이마스

178 | Total 일본어회화 사전

● 기본표현 ●

실용 회화

하늘을 나는 기분입니다.	空を 飛ぶような 気持ちです。 소라오 토부 요-나 키모찌데스
그것은 기쁜 일이군요.	それはうれしいです。 소레와 우레시-데스
이만큼 기쁜 일은 없어요.	これほどうれしいことは ありません。 코레호도 우레시이 코또와 아리마셍
이보다 더 행복할 수는 없어요.	これ以上の幸せは ありません。 코레이죠-노 시아와세와 아리마셍
저는 지금 최고의 기분입니다.	私は今最高の気分です。 와따시와 이마 사이꼬-노 키분데스
졸업을 하게 되어 무척 기뻐요.	卒業する事が出来てとてもうれしいです。 소쯔교-스루 코또가 데끼떼 토떼모 우레시이데스
좋아 죽겠어요.	うれしくて たまりません。 우레시꾸떼 타마리마셍

mini 회화

A: 結婚日を決めましたか。
켓꼰비오 키메마시다가 결혼 날짜 잡았어요?

B: はい、これ以上いいことはありません。
하이 코레이죠- 이이꼬또와 아리마셍
네, 이보다 좋을 순 없어요.

* 즐거울 때 *

정말 즐거웠어요.	**本当に楽しかったです。** 혼또-니 타노시깟따데스
기분이 너무 좋아.	**とても気分が いい。** 토떼모 키분가 이이
기분이 최고야.	**最高の気分。** 사이꼬-노 끼분
기뻐서 어쩔 줄을 모르겠어.	**嬉しくてたまらない。** 우레시꾸떼 타마라나이
기쁘기 짝이 없습니다.	**これにまさる喜びはありません。** 코레니 마사루 요로꼬비와 아리마셍
꿈꾸는 듯한 기분이에요.	**夢を見ているような気分です。** 유메오 미떼 이루 요-나 키분데스
구름 위에 뜬 기분이에요.	**雲の上にいるような気分です。** 쿠모노 우에니 이루 요-나 키분데스
당신 행복해 보여요.	**あなたは幸せに見えます。** 아나따와 시아와세니 미에마스
매우 흥분돼요.	**とても興奮しています。** 토떼모 코-훈시떼 이마스
오늘 즐거웠습니다.	**今日楽しかったです。** 쿄- 타노시깟따데스

● 기본표현 ●

실용 회화

운이 좋았습니다.	運が良かったのです。 운가 요깟따노데스
잘 먹겠습니다.	いただきます。 이따다끼마스
잘 먹었습니다.	ごちそうさまでした。 고찌소-사마데시따
재미있는 영화를 봤어요.	面白い映画を見ました。 오모시로이 에-가오 미마시따
그거 좋군요.	それはいいですね。 소레와 이이데스네
정말 친절하시네요.	本当にご親切ですね。 혼또-니 고신세쯔데스네
즐거운 시간 보내세요.	楽しい時間をお過ごしください。 타노시이 지깡오 오스고시 쿠다사이
큰 도움이 되었습니다.	大変役に立ちました。 타이헨 야꾸니 타찌마시따
행복해요.	幸せです。 시아와세데스
재미있군요.	面白いですね。 오모시로이데스네

감정표현

실용 회화 | 181

2. 고마움

* 고마울 때 *

감사합니다.	感謝致します。 칸샤이따시마스

고맙습니다.	ありがとうございます。 아리가또-고자이마스 ＝ありがとう。 아리가또-

그 동안 감사했습니다.	長い間ありがとうございました。 나가이아이다 아리가또-고자이마시따

당신께 매우 감사하고 있습니다.	あなたに大変感謝申し上げております。 아나따니 타이헨 칸샤 모-시아게떼 오리마스

도와주셔서 감사합니다.	助けて頂きありがとうございます。 타스께떼 이따다끼 아리가또-고자이마스

뜻밖이군요. 너무 고마워요.	思いがけないことです。どうもありがとう。 오모이가께나이 코또데스 도-모 아리가또-

모든 것에 감사드립니다.	全てに感謝申し上げます。 스베떼니 칸샤 모-시아게마스

수고하셨습니다.	お疲れ様でした。 오쯔까레사마데시따

● 기본표현 ●

실용 회화

신세 많이 졌습니다.	大変お世話になりました。 타이헨 오세와니 나리마시따
친절에 감사드립니다.	ご親切に感謝申し上げます。 고신세쯔니 칸샤 모-시아게마스
어쨌든 고맙습니다.	とにかくありがとうございます。 토니까꾸 아리가또-고자이마스
정말 고맙습니다.	本当にありがとうございます。 혼또-니 아리가또-고자이마스
감동했어요.	感動しました。 칸도-시마시따
칭찬해 주셔서 고맙습니다.	ほめて頂きありがとうございます。 호메떼이따다끼 아리가또-고자이마스
호의를 베풀어주신 데 대해 감사드립니다.	ご好意に感謝申し上げます。 고꼬-이니 칸샤 모-시아게마스

감정표현

mini 회화

A : 合格、おめでとう。
고-까꾸 오메데또- 합격 축하해.

B : ありがとうございます。これからもがんばります。
아리가또-고자이마스 코레까라모감바리마스
고맙습니다. 앞으로도 열심히 하겠습니다.

3. 근심과 걱정

✽ 근심을 위로할 때 ✽

| 왜 어두운 얼굴을 하고 있어요? | なぜ暗い顔をしていますか。
나제 쿠라이 카오오 시떼 이마스까 |

| 걱정한다고 될 일이 아닙니다. | 心配して終わる問題ではありません。
심빠이시떼 오와루 몬다이데와 아리마셍 |

| 걱정한다고 문제가 해결되는 건 아닙니다. | 心配したからと言って問題が解決される訳ではありません。
심빠이시따까라또 잇떼 몬다이가 카이케쯔사레루 와께데와 아리마셍 |

| 그건 걱정할 일이 아닙니다. | それは心配する事ではありません。
소레와 심빠이스루 코또데와 아리마셍 |

| 누구에게나 있는 일입니다. 자책하지 마세요. | 誰にでもあることさ。自分を責めないで。
다레니데모 아루 코또사 지붕오 세메나이데 |

| 딱해라. | お気の毒に。
오끼노도꾸니 |

| 빨리 해결되길 바랍니다. | 早く解決できますようお祈り申し上げます。
하야꾸 카이께쯔데끼마스요- 오이노리 모-시아게마스 |

기본표현

실용 회화

무슨 걱정 있습니까?	何か心配事でもございますか。 나니까 심빠이고또데모 고자이마스까
비참한 기분이에요.	惨めな気分です。 미지메나 키분데스
슬퍼하지 마세요.	悲しまないでください。 카나시마나이데 쿠다사이
아무것도 하고 싶지 않아요.	何もしたくありません。 나니모 시따꾸 아리마셍
운이 없었군요.	ついてませんでしたね。 쯔이떼 마센데시따네
울지 말아요.	泣かないで。 나까나이데
잊어버리세요.	忘れてください。 와스레떼 쿠다사이
진심으로 애도를 드립니다.	心からお悔やみ申しあげます。 코꼬로까라 오꾸야미 모-시 아게마스
행운을 빕니다.	幸運をお祈り申し上げます。 코-운오 오이노리 모-시아게마스
동정합니다.	ごどうじょう いたします。 고도-죠-이따시마스

감정표현

＊ 걱정할 때 ＊

가슴이 아파요.	胸が痛いんです。 무네가 이따인데스
가여워라!	かわいそうに。 카와이소-니
걱정이 많은가봐요.	心配事が多いようですね。 심빠이고또가 오오이요-데스네
걱정입니다.	心配です。 심빠이데스
걱정하지 말아요.	くよくよしないで。 쿠요꾸요 시나이데
그 말을 들으니 유감스럽습니다.	その話を聞いて残念です。 소노 하나시오 키-떼 잔넨데스
그거 안 됐군요.	それはまずいですね。 소레와 마즈이데스네
기분이 좋지 않아요.	気分が良くないです。 키분가 요꾸 나이데스
너무 지나치게 생각하지 말아요.	あまり考えすぎないように。 아마리 캉가에스기나이요-니
낙심하지 마세요.	がっかりしないでください。 갓까리 시나이데 쿠다사이

기본표현

실용 회화

다시 하면 되요.	またやり直せばいいのです。 마따 야리나오세바 이이노데스
당신 몸 상태가 안 좋은 것 같이 보여요.	あなた体調が良くないように見えます。 아나따 타이쬬-가 요꾸 나이요-니 미에마스
슬퍼요.	悲しいです。 카나시이데스
애석하군요.	残念です。 잔넨데스
절망감이 들어요.	絶望感を感じます。 제쯔보-깐오 칸지마스
정말 슬픈 일이군요.	本当に悲しい出来事です。 혼또-니 카나시이 데끼고또데스
정말로 안 됐습니다.	本当にお気の毒です。 혼또-니 오끼노 도꾸데스

감정표현

mini 회화

A : 私はもう盛りを過ぎたよ。
와따시와 모-사까리오 스기따요 난 이제 한물갔어.

B : あまり落ち込まないで。あなたはまだ若く見えるよ。
아마리 오찌코마나이데 아나따와 마다 와까꾸 미에루요
너무 우울해 하지 마. 넌 아직도 젊어보여.

실용 회화 | 187

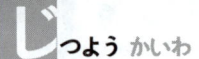

4. 슬픔과 위로

✳ 슬플 때 ✳

정말 슬픈 일이군요.	なんて悲しいんでしょう。 난떼 카나시인데쇼- ＝少し悲しいです。 스꼬시 카나시이데스
가슴 찢어지는 아픔이 었어요.	胸が張り裂ける思いでした。 무네가 하리사께루 오모이데시따
가슴이 너무 아파요.	胸がとても痛みます。 무네가 토떼모 이따미마스 ＝胸が裂けそうだよ。 무네가 사께소-다요
그 소식을 들으니 정말 우울해지네요.	その知らせを聞いて本当に憂鬱になります。 소노 시라세오 키-떼 혼또-니 유-우쯔니 나리마스
그거 슬프군요.	それは悲しいですね。 소레와 카나시이데스네
나는 계속 슬픔에 잠겼어요.	私はずっと悲しんでいるんです。 와따시와 즛또 카나신데 이룬데스
너무 마음이 아파요.	あまりにも心が痛いです。 아마리니모 코꼬로가 이따이데스
너무 우울해요.	とても憂鬱です。 토떼모 유-우쯔데스

● 기본표현 ● **실용 회화**

나는 너무 슬픕니다.	私はとても悲しいです。 와따시와 토떼모 카나시이데스 =とても悲しいです。 도떼모 카나시이데스
마음이 우울해.	気がめいる。 키가 메이루
비는 나를 우울하게 해요.	雨は私を憂鬱にします。 아메와 와따시오 유-우쯔니 시마스
슬퍼서 울고 싶은 심정이에요.	悲しくて泣きたい気持ちです。 카나시꾸떼 나끼따이 키모찌데스
오늘 기분 정말 꿀꿀해요.	今日は本当に気分がのらないです。 쿄-와 혼또-니 키분가 노라나이데스
오늘은 왠지 우울해요.	今日は何だか憂鬱です。 쿄-와 난다까 유-우쯔데스
오늘은 우울해요.	今日は憂鬱だ。 쿄-와 유-우쯔다
왜 우울해요?	どうして憂鬱なの。 도-시떼 유-우쯔나노
울고 싶어.	泣きたい。 나끼따이
절망적이에요.	絶望的です。 제쯔보-떼끼데스

감정 표현

실용 회화 | **189**

* 위로할 때 *

삼가조의를 표합니다.	お悔やみ申し上げます。 오꾸야미 모-시아게마스
자신을 믿으세요!	自分自身を信じてください。 지분지신오 신지떼 쿠다사이
정말 안됐습니다. 마음이 아프군요.	本当に残念です。胸中お察しいたします。 혼또-니 잔넹데스 쿄-츄- 오삿시 이따시마스
마음으로부터 명복을 빌겠습니다.	心からご冥福をお祈り申し上げます。 코꼬로까라 고메이후꾸오 오이노리 모-시아게마스
진심으로 애도의 뜻을 표하는 바입니다.	心よりお悔み申し上げます。 코꼬로요리 오꾸야미 모-시아게마스
힘드시겠지만 용기를 잃지 마세요.	どうかお力を落とされませんように。 도-까 오찌까라오 오또사레마셍요-니
위로해주셔서 고맙습니다.	慰めてくださいまして、ありがとうございます。 나구사메떼 쿠다사이마시떼 아리가또- 고자이마스
조금만 용기를 내면 되요.	もうちょっと勇気を出してください。 모- 촛또 유-끼오 다시떼 쿠다사이
당신 잘하고 있어요.	あなたはよくやっています。 아나따와 요꾸 얏떼 이마스

실용 회화 · 기본표현

뭐라고 감사를 드려야 할지 모르겠네요.	何と感謝すればいいのか分かりません。 난또 칸샤스레바 이이노까 와까리마셍
당신은 할 수 있어요!	あなたはできます！ 아나따와 데끼마스
용기를 가지세요.	勇気を出してください。 유-끼오 다시떼 쿠다사이
삼가 애도를 표합니다.	謹んでお悔やみを申しあげます。 쯔쯔신데 오꾸야미오 모-시아게마스
염려하지 마세요.	ご心配要りません。 고심빠이 이리마셍
자, 힘을 내세요.	さあ、元気を出して。 사- 겡끼오 다시떼
실망하지 마세요.	がっかりしないでください。 갓까리시나이데 쿠다사이
다 잘될 거예요.	全てうまく行くと思います。 스베떼 우마꾸 이꾸또 오모이마스
최선을 다해!	最善を尽くして。 사이젠오 쯔꾸시떼
포기하지 마!	あきらめないで。 아끼라메나이데

감정표현

5. 실망과 비난

※ 실망했을 때 ※

| 지금 농담할 기분이 아니에요. | 今冗談を言っている場合じゃない。
이마 죠-단오 잇떼이루 바아이쟈나이 |

당신한테는 실망했어요. あなたにはがっかりしました。
아나따니와 갓까리시마시따

배신당한 기분입니다. 裏切られた気分です。
우라기라레따 키분데스

아무 변명도 하지 마세요. 言い訳しないでください。
이-와께시나이데 쿠다사이

시시해요. 형편없어요. つまらないなあ。くだらないです。
쯔마라나이나- 쿠다라나이데스

이제 끝이다. もうだめだ。
모- 다메다

어이없군. 말도 안돼! あきれたね。
아끼레따네.

실망이군요. がっかりです。
갓까리데스
＝本当にがっかりしました。
혼또-니 갓까리시마시따

● 기본표현 ● 실용 회화

＊ 비난할 때 ＊

그는 정말 지긋지긋해요.	彼には本当うんざりです。 카레니와 혼또— 운자리데스
당신은 저를 몹시 화나게 합니다.	あなたは私をとても怒らせます。 아나따와 와따시오 토떼모 오꼬라세마스
당신을 이길 수는 없군.	あなたにはかなわない。 아나따니와 카나와나이
당신한테 화가 나요.	あなたに腹が立ちます。 아나따니 하라가 타찌마스
변명은 필요 없어요.	言い訳はいりません。 이—와께와 이리마셍
뻔뻔하군요.	図々しいです。 즈—즈—시이데스
이것은 몹시 불쾌해.	これはとても不愉快だ。 코레와 토떼모 후유까이다
이제 그만 둬. 적당히 해.	いい加減にしなさい。 이이까겐니 시나사이 ＝もう止めて。 모—야메떼
창피하게 그러지마!	恥をかかせるな。 하지오 카까세루나

감정표현

실용 회화 | 193

じつよう かいわ

＊ 비난할 때 ＊

창피한줄 아세요!
恥を知ってください。
하지오 싯떼 쿠다사이

창피해요!
恥ずかしいです。
하즈까시이데스

다나까 씨는 나를 실망시켰어요.
田中さんは私をがっかりさせました。
타나까상와 와따시오 갓까리사세마시따

＊ 핀잔을 줄 때 ＊

건방지게 굴지마!
生意気いうな！
나마이끼유나

철 좀 들어라.
大人になれ！
오또나니 나레

정신 좀 차려라!
しっかりしろ！
싯까리 시로
＝**ちゃんとやれ！** 챤또 야레

말도 안 돼!
信じられない！
신지라레나이

너는 아무런 도움이 안 돼.
君は何の足しにもならない。
키미와 난노 타시니모 나라나이

너는 도대체 무슨 생각을 하는 거니?
君はいったい何を考えているんだ。
키미와 잇따이 나니오 칸가에떼이룬다

● 기본표현 ●   실용 회화

6. 노여움과 불쾌

* 노여울 때 *

왜 그렇게 화가 났어요?	何でそんなにおこったんですか。 난데 손나니 오꼿딴데스까
이해가 안 됩니다.	理解できません。 리까이 데끼마셍
더 이상 참을 수 없어요.	これ以上耐えられません。 코레이죠- 타에라레마셍
나를 모욕하지 마.	私を侮辱するな。 와따시오 부죠꾸스루나
이제 더 이상 참을 수 없어요.	もうこれ以上耐えられません。 모- 코레이죠- 타에라레마셍 ＝もう我慢できないんです。 　모- 가만데끼나인데스
이제 끝난 일이에요.	もう終わったことです。 모- 오왓따 코또데스

* 불쾌할 때 *

생트집 잡지 마세요.	けちをつけないでください。 케찌오 쯔께나이데 쿠다사이
나는 싫어요.	私はいやです。 와따시와 이야데스

감정표현

* 불쾌할 때 *

그렇게 하지 마세요.	そうしないでください。 소- 시나이데 쿠다사이
기분이 그냥 그래요.	気分はまあまあです。 기붕와 마-마-데스
이 이야기는 그만 합시다.	この話はやめましょう。 코노 하나시와 야메마쇼-
말을 바꾸지 마세요.	話を変えないでください。 하나시오 카에나이데 쿠다사이
그럴 기분이 아니에요.	そんな気分じゃないです。 손나 키붕쟈 나이데스
이야기가 통하지 않는군요.	話が通じないですね。 하나시가 쯔-지나이데스네
그게 왜 제 탓인가요?	それがどうして私のせいですか。 소레가 도-시떼 와따시노 세-데스까
당신한테 정말 화났어요!	あなたに本当頭に来ました。 아나따니 혼또- 아따마니 키마시따
아, 지긋지긋해!	ああ、うんざりだよ。 아- 운자리다요
내게 명령하지 마.	私に命令しないで。 와따시니 메-레- 시나이데

● 기본표현 ●

그렇게 큰소리로 말하지 말아요.	そんなに大声で言わないでください。 손나니 오-고에데 이와나이데 쿠다사이
진심으로 말하고 있는 거예요?	本気で言っているんですか。 혼끼데 잇떼 이룬데스까
참는 것도 한계가 있어요.	我慢するのも限界があります。 가만스루노모 겡까이가 아리마스
당신 나한테 화났습니까?	あなた、私に腹が立ったんですか。 아나따 와따시니 하라가 탓딴데스까
아무 것도 할 마음이 생기지 않아요.	何もやる気がおきません。 나니모 야루 키가 오끼마셍
당신에게 정말 질투가 나는군요.	あなたに本当焼き餅を焼いてしまいます。 아나따니 혼또- 야끼모찌오 야이떼 시마이마스
넌 내 신경에 거슬려.	君はぼくの神経にさわるよ。 키미와 보꾸노 싱께-니 사와루요
네가 한 말은 납득이 안 돼.	君の言うことは腑に落ちない。 키미노 유 코또와 후니 오찌나이
후회스럽습니다.	後悔しています。 코-까이시떼 이마스

실용 회화
감정표현

7. 주의와 충고

✽ 주의를 줄 때 ✽

아니오, 안 됩니다.	いや、だめです。 이야 다메데스
계단조심하세요.	階段にご注意ください。 카이단니 고쮸-이 쿠다사이
들어가지 마시오.	入らないでください。 하이라나이데 쿠다사이
머리 조심하세요.	頭に気をつけてください。 아따마니 키오 쯔께떼 쿠다사이
소리를 좀 낮춰주세요.	お声を低くしてください。 오코에오 히꾸꾸 시떼 쿠다사이
아니오, 삼가해 주세요.	いいえ、ご遠慮ください。 이-에 고엔료 쿠다사이
어서 일이나 하세요.	早く仕事をしてください。 하야꾸 시고또오 시떼 쿠다사이
좀 생각해 봐요.	ちょっと考えてみてください。 촛또 캉가에떼 미떼 쿠다사이
주의하시오.	ご注意ください。 고쮸-이 쿠다사이

● 기본표현 ●

> 실용 회화

얘기를 좀 정리해서 말씀하세요.	内容を少しまとめて話してください。 나이요-오 스꼬시 마또메떼 하나시떼 쿠다사이
핸드폰을 진동으로 해 주세요.	携帯電話をバイブにしてください。 케-따이뎅와오 바이부니 시떼 쿠다사이

✽ 충고할 때 ✽

서두를 필요는 없습니다.	あわてる必要はありません。 아와떼루 히쯔요-와 아리마셍
용건만 간단히 하세요.	用件だけ簡単に話してください。 요-껜다께 칸딴니 하나시떼 쿠다사이
이왕 할 거면 빨리 하세요.	どうせやるのなら早くやってください。 도-세 야루노나라 하야꾸 얏떼 쿠다사이
잊으신 물건이 없도록 하세요.	忘れ物のないようにしてください。 와스레모노노 나이요-니 시떼 쿠다사이
적당히 하세요.	適当にしてください。 테끼또-니 시떼 쿠다사이
정하기 전에 다시 한번 생각해보세요.	決める前にもう一度よく考えてみてください。 키메루 마에니 모- 이찌도 요꾸 캉가에떼 미떼 쿠다사이
천천히 하세요.	ごゆっくりされてください。 고윳꾸리 사레떼 쿠다사이

감정표현

✳ 충고할 때 ✳

규칙적으로 운동을 하세요.	規則正しく運動をしてください。 키소꾸 타다시꾸 운도-오 시떼 쿠다사이
다시는 그런 일이 없도록 하세요.	二度とそんな事のないようにしてください。 니도또 손나 코또노 나이요-니 시떼 쿠다사이
당신이 느끼는 대로 이야기 하세요.	あなたが感じている通りに話してください。 아나따가 칸지떼 이루 토-리니 하나시떼 쿠다사이
매일 조금씩이라도 더 많이 하세요.	毎日少しずつでももっとたくさんやってください。 마이니찌 스꼬시즈쯔데모 못또 타꾸상 얏떼 쿠다사이
배운대로 하세요.	習った通りにしてください。 나랏따 토-리니 시떼 쿠다사이
네가 하고 싶은 걸 해.	自分がしたいことをして。 지분가 시따이 코또오 시떼
내 말을 명심하는 게 좋을 거야.	私の言葉を肝に銘じるといいよ。 와따시노 코또바오 키모니 메-지루또 이이요
저라면, 그 일 하지 않을 겁니다.	私があなたなら、そんなことはしません。 와따시가 아나따나라 손나 코또와 시마셍

● 기본표현

8. 긴장과 초초

＊ 긴장할 때 ＊

가슴이 두근두근합니다.	胸がドキドキします。 무네가 도끼도끼시마스
가능하면 하고 싶지 않아요.	できればやりたくないのですが。 데끼레바 야리따꾸 나이노데스가
그 이야기는 가능하면 지금 하고 싶지 않아요.	そのことはできたら今話したくないんです。 소노 코또와 데끼따라 이마 하나시따꾸 나인데스
그렇게 될 리 없어요!	そうなるはずがありません。 소-나루 하즈가 아리마셍
긴장된 분위기예요.	緊張した雰囲気です。 킨쪼-시따 훈이끼데스
긴장하지 말아요.	緊張しないでください。 킨쪼-시나이데 쿠다사이
내 눈을 믿을 수가 없었어요.	私の目を疑ってしまいました。 와따시노 메오 우따갓떼 시마이마시따
너무 기가 막혀서 말이 안 나와요.	あまりにもあきれて言葉も出ません。 아마리니모 아끼레떼 코또바모 데마셍

실용 회화 | 201

じつよう かいわ

✽ 긴장할 때 ✽

심장이 멈추는 줄 았았어요.	心臓が止まるかと思いました。 신조-가 토마루까또 오모이마시따
너무 긴장해요.	すごく緊張しています。 스고꾸 킨쪼-시떼 이마스
매우 불안합니다.	とても不安です。 토떼모 후안데스

✽ 초조할 때 ✽

스트레스 쌓인다!	ストレスがたまる。 스토레스가 타마루
큰소리 지르지 마세요!	大声を出さないで。 오-고에오 다사나이데
장난치지 마세요.	いたずらしないでください。 이따즈라시나이데 쿠다사이
두근거려.	わくわくするね。 와꾸와꾸스루네
어쩐지 으스스하다.	何だかものすごく恐ろしい。 난다까 모노스고꾸 오소로시이
어떻게 하면 좋을까?	どうしたらいいだろうか。 도-시따라 이이다로-까
그럴 리가 없어요.	そのような訳がない。 소노요-나 와께가 나이

9. 놀라움과 충격

✱ 놀랐을 때 ✱

깜짝 놀랐잖아.	**びっくりするじゃないか。** 빅꾸리스루쟈나이까
굉장하군요.	**すごいですね。** 스고이데스네
그 말을 듣고서 너무 놀랐습니다.	**その話を聞いて本当に驚きました。** 소노 하나시오 키이떼 혼또-니 오도로끼마시따
그거 놀랍군요.	**それは驚きましたね。** 소레와 오도로끼마시따네
놀라게 하지 말아요.	**びっくりさせないでよ。** 빅꾸리사세 나이데요
멋지네요.	**格好いいですね。** 캇꼬-이이데스네
믿을 수가 없어.	**信じられない。** 신지라레나이
아, 깜짝 놀랐어.	**ああ、びっくりした。** 아- 빅꾸리시따
앗, 정말이세요?	**あっ、本当ですか。** 앗 혼또-데스까

じつよう かいわ

✽ 놀랐을 때 ✽

이거 참 놀랐어요.
これは驚きましたね。
코레와 오도로끼마시따네

전혀 예상밖이었어요.
まったく意外でした。
맛따꾸 이가이데시따

✽ 충격 받았을 때 ✽

그 사고에 충격을 받았습니다.
その事故に衝撃を受けました。
소노 지꼬니 쇼-게끼오 우께마시따

그것은 금시초문인데요.
それは初耳です。
소레와 하쯔미미데스

농담하시는 건 아니겠죠?
冗談ではないですね。
죠-단데와 나이데스네

생각지도 못했습니다.
思ってもなかったのです。
오못떼모 나깟따노데스

설마.
まさか。
마사까

이것 참 뜻밖이군요!
これは本当に意外ですね。
코레와 혼또-니 이가이데스네

정말 충격적이었어요.
本当に衝撃的でした。
혼또-니 쇼-게끼떼끼데시따

● 기본표현 ● 실용 회화

10. 후회와 감탄

* 후회할 때 *

긍정적으로 생각해요.	前向きに考えてください。 마에무끼니 캉가에떼 쿠다사이
너무 화가 난다.	あまりにも腹が立つ。 아마리니모 하라가 타쯔
노력이 모두 헛되었어.	努力が全て無駄になったよ。 도료꾸가 스베떼 무다니 낫따요
손쓸 방법이 없습니다.	手の打ち様がないのです。 데노우찌요-가 나이노데스
어, 정말 바보같군!	おや、なんてばかな。 오야 난떼 바까나
저도 어쩔 수가 없었어요.	私もしょうがなかったんです。 와따시모 쇼-가 나깟딴데스
제가 한 행동이 부끄러워요.	私の行動が恥ずかしいです。 와따시노 코-도-가 하즈까시이데스
포기했어요.	あきらめました。 아끼라메마시따

감정표현

실용 회화 | 205

* 감탄했을 때 *

굉장할 것 같아요.	**すごそうです。** 스고소-데스
그 드레스 참 근사하네요.	**そのドレス本当に素敵ですね。** 소노 도레스 혼또-니 스떼끼데스네
멋지네요.	**素敵ですね。** 스떼끼데스네
그 옷은 당신한테 잘 어울립니다.	**その服はあなたによく似合います。** 소노 후꾸와 아나따니 요꾸 니아이마스
당신 아주 인상적이네요.	**あなたとても印象的です。** 아나따 토떼모 인쇼-떼끼데스
당신 이번엔 정말 잘했어요.	**あなた今回本当によくやりました。** 아나따 콘까이 혼또-니 요꾸 야리마시따
당신과 잘 어울려요.	**あなたにお似合いですね。** 아나따니 오니아이데스네
무엇이든 당신에게는 잘 어울립니다.	**あなたには何でも良く似合います。** 아나따니와 난데모 요꾸 니아이마스
정말 보기 좋아요.	**本当に格好いいです。** 혼또-니 칵꼬-이이데스
아주 젊어 보여요.	**とても若く見えますね。** 토떼모 와까꾸 미에마스네

● 기본표현 ●

실용 회화

새로 산 옷이 잘 어울립니다.	新しく買った服がよくお似合いです。 아따라시꾸 캇따 후꾸가 요꾸 오니아이데스
아주 재미있어요.	とても面白いです。 토떼모 오모시로이데스
머리 회전이 잘 되는군요.	頭の回転がいいです。 아따마노 카이뗀가 이이데스
일본어를 잘 하시네요.	日本語がペラペラですね。 니혼고가 페라페라데스네
재미있군요!	面白いですね。 오모시로이데스네
정말 잘했어.	よくやったね。 요꾸 얏따네
정말로 성실하군요.	本当にまじめですね。 혼또-니 마지메데스네
이 거리는 정말 번화하군요.	この通りはほんとうににぎやかですね。 코노 토-리와 혼또-니 니기야까데스네

감정표현

남의 성공을 인정하고 칭찬할 때 '(역시) 해냈구나' 라는 뜻으로 **やったね**라고 한다.

● 기본표현 ●

‡‡ 관광 ‡‡
かんこう

• 1. 관광 정보

* 관광 정보 수집 *	
가장 유명한 관광명소들은 어디인가요?	一番有名な観光名所はどこですか。 이찌방 유-메이나 캉코-메이쇼와 도꼬데스까
언제 승선하나요?	いつ乗船できますか。 이쯔 죠-센데끼마스까
한 사람입니다만 예약 가능합니까?	一人ですが、予約できますか。 히또리데스가 요야꾸데끼마스까
하토버스 일일투어는 어떤 코스가 있습니까?	はとバス一日ツアーにはどんなコースがありますか。 하또바스 이찌니찌쯔아-니와 돈나코-스가 아리마스까
이 A코스 관광투어는 어떤 곳에 갑니까?	このAコースの観光ツアーは、どのような所に行くんですか。 코노 A코-스노 캉코-쯔아와 도노요-나 토꼬로니 이꾼데스까
반나절 코스도 있습니까?	半日コースもありますか。 한니찌코-스모 아리마스까

208 | Total 일본어회화 사전

＊ 관광 안내소 ＊

관광지도 있나요?	観光地図はありますか。 캉코-찌즈와 아리마스까
안내책자 있어요?	観光案内のパンフレットください。 캉코-안나이노 판후렛토 쿠다사이
가장 가볼 만한 곳은 어디인가요?	一番の見所はどこですか。 이찌방노 미도꼬로와 도꼬데스까
버스시간표 주세요.	バスの時刻表をください。 바스노 지코꾸효-오 쿠다사이
여기서 예약할 수 있어요?	ここで予約できますか。 코꼬데 요야꾸데끼마스까
가부키를 보고 싶어요.	歌舞伎を見たいのですが。 카부끼오 미따이노데스가
시내 투어버스 있어요?	市内ツアーバスがありますか。 시나이쯔아바스가 아리마스까
이 투어 신청하고 싶은데요.	このツアー申し込みたいのですが。 코노 쯔아- 모-시꼬미따이노데스가
가이드를 고용할 수 있나요?	ガイドを雇うことができますか。 가이도오 야또우 코또가 데끼마스까
한국어 안내지도 있습니까?	韓国語の案内マップはありませんか。 캉꼬꾸고노 안나이맙푸와 아리마셍까

じつよう かいわ

※ 관광 안내소 ※

케이블카는 얼마나 빨리 올라가나요?	**ケーブルカーはどれくらい速く上りますか。** 케-부루카와 도레꾸라이 하야꾸 아가리마스까
어디서 유람선을 탈 수 있나요?	**どこで遊覧船に乗れますか。** 도꼬데 유-란센니 노레마스까

※ 관광 가이드 활용 ※

몇 군데 데려가 주실래요?	**何箇所か連れて行ってくれますか。** 난까쇼까 쯔레떼 잇떼 쿠레마스까
가이드가 영어를 할 줄 아나요?	**ガイドは英語を話せますか。** 가이도와 에-고오 하나세마스까
한국어가이드가 붙은 투어 있습니까?	**韓国語ガイドつきのツアーはありますか。** 캉꼬꾸고가이도쯔끼노 쯔아-와 아리마스까
일본어 설명을 좀 더 천천히 부탁드립니다.	**日本語の説明をもっとゆっくりお願いします。** 니홍고노 세쯔메-오 못또 윳꾸리 오네가이시마스
제 가이드가 되어 주실래요?	**私のガイドになってくれませんか。** 와따시노 가이도니 낫떼 쿠레마셍까
여기서 관광가이드를 고용할 수 있나요?	**ここで観光ガイドを雇えますか。** 코꼬데 캉꼬-가이도오 야또에마스까

● 기본표현 ●

실용 회화

※ 매표소 안내 ※

철도박물관 가는 버스는 어느 거예요?	鉄道博物館へ行くバスはどれですか。 테쯔도- 하꾸부쯔깐에 이꾸 바스와 도레데스까
관광객도 요금을 다 내야 하나요?	観光客も全額払わなければなりませんか。 캉꼬-꺄꾸모 젠가꾸 하라와나께레바 나리마셍까
오늘이라도 빈자리가 있으면 타겠습니다.	当日でも空席があれば乗れます。 토-지쯔데모 쿠-세끼가 아레바 노레마스
영어로 설명을 들을 수 있습니까?	英語で 説明を 聞けますか。 에-고데 세쯔메-오 키께마스까
여행 경비가 얼마나 들까요?	旅行費用はいくらくらいかかりますか。 료코-히요-와 이꾸라꾸라이 카까리마스까
그 곳은 학생할인을 해 주나요?	そこは学生割引をしてくれますか。 소꼬와 가꾸세이와리비끼오 시떼 쿠레마스까
단체 할인이 있나요?	団体割引はありますか。 단따이 와리비끼와 아리마스까

*現金割引[げんきんわりびき] 현금 할인
*半額割引[はんがくわりびき] 반액 할인
*早朝割引[そうちょうわりびき] 조조 할인
*学生割引[がくせいわりびき] 학생 할인

관광

2. 관광 안내

✻ 시내 관광할 때 ✻

| 이 근처에 한국식당이 있나요? | この近くに韓国料理屋はありますか。 |
| 코노 치까꾸니 캉꼬꾸료-리야와 아리마스까 |

가장 볼 만한 것이 뭔가요?
一番の見所は何ですか。
이찌방노 미도꼬로와 난데스까

관광안내소는 어디입니까?
観光案内所はどこですか。
캉꼬-안나이쇼와 도꼬데스까

시내구경을 하고 싶습니다.
市内の見物をしたいんです。
시나이노 켄부쯔오 시따인데스

이 패키지 투어의 가격은 어느 정도입니까?
このパッケージ・ツアーのお値段はどれくらいですか。
코노 팟케-지쯔아-노 오네단와 도레꾸라이데스까

예약은 어떻게 하시겠습니까?
予約はどうしますか。
요야꾸와 도-시마스까

레인보우브릿지부터 오다이바까지 걸을 수 있습니까?
レインボーブリッジからお台場まで歩けますか。
레인보- 브릿지까라 오다이바마데 아루께마스까

케이블카 요금은 얼마예요?
ケーブルカーの料金はいくらですか。
케-부루카-노 료-킨와 이꾸라데스까

● 기본표현

실용 회화

이 코스로 구경하는 것은 대채로 어떤 곳입니까?	このコースで見物（けんぶつ）するのはだいたいどんな所（ところ）ですか？ 코노 코-스데 켄부쯔스루노와 다이따이 돈나 토꼬로데스까
이 건물은 언제쯤 만들어졌습니까?	この建物（たてもの）はいつごろ作（つく）られたんですか。 코노 타떼모노와 이쯔고로 쯔꾸라레딴데스까
여기의 신은 어떤 신입니까?	ここの神様（かみさま）は何（なん）の神様（かみさま）ですか。 코꼬노 카미사마와 난노 카미사마데스까
오미쿠지라는 것은 무엇입니까?	おみくじというのは何（なん）ですか。 오미꾸지또유노와 난데스까
이 절에 얽힌 이야기를 들려주세요.	このお寺（てら）にまつわる話（はなし）を聞（き）かせてください。 코노 오떼라니 마쯔와루 하나시오 키까세떼 쿠다사이

mini 회화

A : いらっしゃいませ。
이랏샤이마세 어서오십시오.

B : 市内（しない）の観光（かんこう）についてお尋（たず）ねしたいのですが。
시나이노 캉꼬-니 쯔이떼 오따즈네시따이노데스가
시내 관광에 관해서 여쭙고 싶은데요.

A : はい。時間（じかん）と予算（よさん）はどのくらいですか。
하이 지깡또 요산와 도노꾸라이데스까 예. 시간과 예산은 얼마쯤일까요?

B : 午後（ごご）いっぱいかかります。費用（ひよう）は安（やす）ければ良（よ）いのですが。
고고 잇빠이 카까리마스 히요-와 야스께레바요이노데스가
오후 내내 예정입니다. 비용은 싸면 좋겠는데요.

관광

つよう かいわ

※ 개인·단체 관광할 때 ※	
식사비 포함 가격입니까?	食事代こみの価格ですか。 쇼쿠지다이꼬미노 카까꾸데스까
등산을 하려면 어떤 것에 주의해야 합니까?	登山の際にはどんなとこに注意しなければなりませんか。 토잔노 사이니와 돈나 토꼬니 쮸-이시나께레바 나리마셍까
가져오신 쓰레기는 각자 가지고 돌아가도록 해 주세요.	持ち込んだゴミは 名自 持ち帰るようにしましょう。 모치꼰다 고미와 카꾸지 모치까에루요-니시마쇼-
코스와 옵션에 따라서 예산이 다릅니다.	コースとオプションによって予算が違います。 코-스또오푸숀니 욧떼 요산가 찌가이마스
신주쿠 동쪽출구로부터 9시 반 출발입니다.	新宿東口から9時半出発となっております。 신쥬꾸히가시구찌카라 쿠지한 슛빠쯔또 낫떼 오리마스
어디에서 몇 시에 출발입니까?	どこから何時の出発ですか。 도꼬카라 난지노 슛빠쯔데스까
해수욕장은 언제부터 개장합니까?	海水浴場は何日からですか。 카이스이요꾸죠-와 난니찌까라데스까
축제는 언제부터 언제까지입니까?	お祭りはいつからいつまでですか。 오마쯔리와 이쯔까라 이쯔마데데스까

●기본표현●
실용 회화

이 산책코스를 돌면 시간은 어느 정도 걸립니까?	この散歩コースを回ると時間はどのくらいかかりますか。 고노 산뽀코-스오 마와루또 지캉와 도노꾸라이 카까리마스까
요새 가장 인기 있는 탈것은 무엇입니까?	いま一番人気のある乗り物はなんですか。 이마 이찌방 닌끼노 아루 노리모노와 난데스까
이 장소에는 어떤 유래가 있습니까?	この場所にはどのような由来があるんですか。 코노 바쇼니와 도노요-나 유라이가 아룬데스까
이 투어는 얼마입니까?	このツアーはおいくらですか。 코노 쯔아-와 오이꾸라데스까
이 관광지의 팜플렛을 받을 수 있을까요?	この観光地のパンフレットをもらえますか。 코노 캉꼬-찌노 판후렛토오 모라에마스까
버스는 어디에서 출발합니까?	バスはどこから出ますか。 바스와 도꼬까라 데마스까
이곳에서 볼만한 곳을 알려주세요.	ここの見所を教えてください。 코꼬노 미도꼬로오 오시에떼 쿠다사이
모이는 장소와 출발시각은 어떻게 되어 있습니까?	集合場所と出発時刻はどうなっていますか。 슈-고-바쇼또 슛빠쯔지꼬꾸와 도-낫떼 이마스까

관광

실용 회화 | 215

3. 관광지에서

✽ 관광하면서 ✽

비치파라솔을 빌리려면 뭔가 주문해야 합니까?	ビーチパラソルを借りるには何か注文しなければ なりませんか。 비-치파라소루오 카리루니와 나니까 츄-몽시나께레바 나리마셍까
어린이가 수영할 수 있는 얕은 여울은 있습니까?	子供の泳げる浅瀬はありますか。 코도모노 오요게루 아사세와 아리마스까
에마에 합격기원이라고 씁니다.	絵馬に合格祈願と書きます。 에마니 고-까꾸키강또 카끼마스 *えま : 말이 그려진 액자
이 건물에는 어떤 역사적 의의가 있습니까?	この建物にはどのような歴史的な意義があるんですか。 코노 타떼모노니와 도노요-나 레끼시떼끼나 이기가 아룬데스까
본오도리는 몇 시쯤부터 시작됩니까?	盆踊りは何時頃から始まりますか。 본오도리와 난지고로까라 하지마리마스까 *ぼんおどり : 밤에 남녀들이 모여서 추는 윤무
연기는 화산의 유황가스이니 그다지 마시지 않도록 해주세요.	煙は火山の硫黄ガスなのであまり吸わないように してください。 케무리와 카잔노 이오-가스나노데 아마리 스와나이요-니 시떼 쿠다사이
금붕어잡기를 합시다.	金魚すくいをしましょう。 킹교스꾸이오 시마쇼-

●기본표현●

실용 회화

이 신사에는 누가 모셔져 있습니까?	この神社には誰がまつられているんですか。 코노 진쟈니와 다레가 마쯔라레떼 이룬데스까
풍작을 기원하기 위해서 만들어졌다고 들었습니다.	豊作を祈願するために作られたと言われています。 호-사꾸오 키간스루 타메니 쯔꾸라레따또 이와레떼 이마스
오사카성의 안은 박물관입니다.	大阪城の中は博物館になっています。 오-사카죠-노 나까와 하꾸부쯔칸니 낫떼 이마스
먹이가 되는 벌레는 얕은 여울의 바위 밑에 많이 있습니다.	エサとなる虫は浅瀬の石の下にたくさんいますよ。 에사토 나루 무시와 아사세노 이시노 시따니 타꾸상 이마스요
샤워할 수 있는 탈의실은 어디 있습니까?	シャワーつきの脱衣所はどこにありますか。 샤와-쯔키노 다쯔이쇼와 도꼬니 아리마스까
이 키요미즈데라의 본당이 세워진 것은 언제입니까?	この清水寺の本堂が建てられたのはいつですか。 코노 키요미즈데라노 혼도-가 타떼라레따노와 이쯔데스까
호류지는 세계에서 가장 오래된 목조건축입니다.	法隆寺は世界最古の木造建築です。 호-류-지와 세까이사이꼬노 모꾸조-켕찌꾸데스
입장권은 어디서 사요?	入場券 売り場は どこですか。 뉴-죠-껜 우리바와 도꼬데스까

관광

실용 회화 | **217**

✽ 관광하면서 ✽

어른 두 장, 어린이 한 장 주세요.	おとな二枚 こども一枚 ください。 오또나 니마이 코도모 이찌마이 쿠다사이
학생할인은 안 되나요?	学生割引はありませんか。 가꾸세-와리비끼와 아리마셍까
흡연구역이 어디에요?	喫煙所はどこですか。 키쯔엔죠와 도꼬데스까
실례지만 공기 넣는 것을 빌려주세요.	すみません、空気入れを貸してください。 스미마셍 쿠-끼이레오 카시떼 쿠다사이
기념품은 어디서 팔아요?	おみやげはどこで 売ってますか。 오미야게와 도꼬데 웃떼 마스까
사진 좀 찍어 주시겠어요?	写真を撮ってくださいませんか。 샤신오 톳떼 쿠다사이마셍까
여길 누르면 돼요.	ここを押すだけです。 코꼬오 오스다께데스
함께 사진을 찍어도 될까요?	一緒に撮りませんか。 잇쇼니 토리마셍까
여기서 사진을 찍어도 됩니까?	ここで写真を撮ってもいいですか。 코꼬데 샤신오 톳떼모 이이데스까

● 기본표현 ●

실용 회화

4. 관광 관람

※ 공연 관람 ※

이 성을 세웠던 주인은 어떤 사람이었을까요?	この城を建てた主はどんな人だったんですか。 코노 시로오 타떼따 아루지와 돈나 히토닷딴데스까
이 강에는 어떤 물고기가 낚입니까?	この川ではどんな魚が釣れますか。 코노 카와데와 돈나 사까나가 쯔레마스까
불꽃놀이대회는 몇 시쯤부터입니까?	花火大会は何時頃からですか。 하나비타이까이와 난지고로까라데스까
이 풍령, 손에 잡아 봐도 됩니까?	この風鈴、手にとってみてもいいですか。 코노 후-링 테니 톳떼 미떼모 이이데스까 *ふうりん : 풍경과 같음
외국인이 함께 춤춰도 괜찮습니까?	外国人がいっしょに踊ってもいいですか。 가이꼬꾸징가 잇쇼니 오돗떼모 이이데스까
지금 표를 살 수 있어요?	今切符を買えますか。 이마 킵뿌오 카에마스까
앞자리로 부탁해요.	前のほうをお願いします。 마에노 호-오 오네가이시마스
좌석이 매진되었습니다.	座席が売り切れました。 자세끼가 우리끼레마시따

관광

실용 회화 | 219

じつよう かいわ

✱ 공연 관람 ✱

팜플렛 있어요?	パンフレットありますか。 판후렛토 아리마스까
이 자리 비어 있어요?	この席空いていますか。 코노세키 아이떼 이마스까
그림엽서 있어요?	絵葉書はありますか。 에하가끼와 아리마스까
다음 상영은 몇 시부터입니까?	次の上演は何時からですか。 쯔기노 죠-엥와 난지까라데스까
문 닫는 시간은 몇 시입니까?	閉園時刻は何時ですか。 헤이엔지꼬꾸와 난지데스까
배의 과학관이나 후지테레비의 견학을 하는 시간 등도 있습니까?	船の科学館やフジテレビの見学をする時間などもありますか。 후네노 카가꾸깐야 후지테레비노 켄가꾸오 스루 지깐나도모 아리마스까
이 캠핑장의 취사장과 화장실은 어디입니까?	このキャンピング場の炊事場とトイレはどこですか。 코노 칸핑구죠-노 스이지바또 토이레와 도꼬데스까
고무보트나 차양매트를 빌리는 것은 얼마입니까?	ゴムボートや日除けマットを借りるのはいくらですか。 고무보-토야 히요케맛또오 카리루노와 이꾸라데스까

＊ 박물관 관람 ＊

입장료가 얼마예요?	入場料はいくらですか。 뉴-죠-료-와 이꾸라데스까
입구는 어디예요?	入口はどこですか。 이리구찌와 도꼬데스까
안에서 사진 찍어도 돼요?	中で写真を 撮っても いいですか。 나까데 샤신오 톳떼모 이이데스까
사진촬영은 안 돼요.	写真撮影はできません。 샤신사쯔에-와 데끼마셍
그림엽서 있어요?	絵葉書はありますか。 에하가끼와 아리마스까
저 그림의 의미는 무엇입니까?	あの絵の意味は なんですか。 아노 에노 이미와 난데스까
이 고분이 만들어진 것은 언제쯤이라고 생각하십니까?	この古墳が作られたのはいつごろだと考えられていますか。 코노 코훙가 쯔쿠라레따노와 이쯔고로다또 캉가에라레떼 이마스까
누가 무슨 목적으로 만들었을까요?	誰が何の目的で作ったんですか。 다레가 난노 모꾸떼끼데 쯔꾸딴데스까
이 축제에는 어떤 내력이 있습니까?	このお祭りにはどんないわれがあるんですか。 코노 오마쯔리니와 돈나 이와레가 아룬데스까

5. 관광 버스와 렌터카 이용

＊ 관광 버스 이용 ＊

정말 아름다운 경치군요!	本当に美しい景色ですね。
	혼또-니 우쯔꾸시이 케시끼데스네

낙석입니다. 조심해요!	落石です。気をつけて!
	라쿠세끼데스 키오쯔께떼

난간에 기대지 마세요.	手すりに寄りかからないでください。
	테스리니 요리까까라나이데 쿠다사이

버스가 몇 시에 출발하나요?	バスは何時に出発しますか。
	바스와 난지니 슛빠쯔시마스까

이 코스는 어디어디를 돕니까?	このコースはどこどこを回るんですか。
	코노 코-스와 도꼬도꼬오 마와룬데스까

호텔 가는 셔틀버스 정류장은 어느 쪽입니까?	ホテルへのシャトルバスの乗り場はどちらのほうですか。
	호테루에노 샤토루바스노 노리바와 도찌라노 호-데스까

이 가면 써 봐도 됩니까?	このお面かぶってみてもいいですか。
	코노 오멘 카붓떼 미테모 이이데스까

이곳은 유료 주차장이에요.	ここは有料の駐車場です。
	코꼬와 유-료-노 쮸-샤죠-데스

✱ 렌터카 이용 ✱

대신 운전 좀 해 주시겠어요?	代わりに運転していただけますか。 카와리니 운텐시떼 이따다께마스까
차를 한 대 빌리고 싶어요.	車を一台借りたいです。 쿠루마오 이찌다이 카리따이데스
차를 어디에 반납해야 하나요?	車をどこに返却すればいいですか。 쿠루마오 도꼬니 헨꺄꾸스레바 이이데스까
주차요금은 시간당 얼마인가요?	駐車料金は一時間毎にいくらですか。 쮸-샤료-낑와 이찌지깡고또니 이꾸라데스까
소형차가 있나요?	軽自動車はありますか。 케-지도-샤와 아리마스까
차에서 이상한 소리가 나요.	車から変な音がします。 쿠루마까라 헨나 오또가 시마스
휘발유를 가득 채워 주세요.	ガソリンを満タンに入れてください。 가소링오 만땅니 이레떼 쿠다사이
여기서 세차해 주나요?	ここで洗車できますか。 코꼬데 센샤데끼마스까
차량 점검을 받고 싶어요.	車の点検を受けたいです。 쿠루마노 텡껜오 우께따이데스
기름이 다 떨어져 가고 있어요.	ガソリンが無くなりそうです。 가소링가 나꾸나리소-데스

관광

실용 회화

じつよう かいわ

＊ 렌터카 이용 ＊	
여기에 주차해도 될까요?	**ここに駐車してもいいですか。** 코꼬니 쮸-샤시떼모 이-데스까
일주일 요금은 얼마인가요?	**一週間の料金はいくらですか。** 잇슈-깡노 료-킹와 이꾸라데스까
전부 보험을 들어주세요.	**全部保検を掛けてください。** 젬부 호켕오 카께떼 쿠다사이

mini 회화

A : **ガソリンが なくなりますよ。**
가소링가 나꾸 나리마스요
기름(연료)가 다 떨어져 가요.

B : **近いガソリンスタンドによって行きましょう。**
치까이 가소린스탄도니 욧떼 이끼마쇼-
가까운 주유소에 들렀다 갑시다.

A : **どうしてエンジンオイルを確認しなかったんですか。**
도-시떼 엔징오이루오 카꾸닝시나깟딴데스까
왜 엔진오일을 확인하지 않았나요?

B : **しました。何か問題ありますか。**
시마시따 나니까 몬다이 아리마스까
했어요. 무슨 문제 있나요?

6. 기념 촬영

* 사진 찍을 때 *

움직이지 마세요.	**動かないでください。** 우고까나이데 쿠다사이
어떤 사이즈의 사진을 찍고 싶습니까?	**どのサイズの写真を撮りますか。** 도노 사이즈노 샤신오 토리마스까
사진 좀 찍어주시겠어요?	**ちょっと写真を撮っていただけますか。** 촛또 샤싱오 톳떼 이따다께마스까
이번엔 눈을 감지 마세요.	**今度は目をつぶらないでください。** 콘도와 메오 쯔부라나이데 쿠다사이
카메라를 준비할 테니 잠시 기다리세요.	**カメラを用意しますので少々お待ちください。** 카메라오 요-이시마스노데 쇼-쇼- 오마찌 쿠다사이
배경은 어떤 걸 원하세요?	**背景はどんなのをお望みですか。** 하이께-와 돈나노오 오노조미데스까
카메라를 보고 웃어 주세요.	**カメラに向かって笑ってください。** 카메라니 무캇떼 와랏떼 쿠다사이
남자는 여자 어깨에 손 좀 올려 주시겠어요?	**男性は女性の肩に手を置いて頂けますか。** 단세이와 죠세이노 카따니 테오 오이떼 이따다께마스까

실용 회화 | 225

じつよう かいわ

* 사진 찍을 때 *

여기를 누르기만 하면 됩니다.
ここを押すだけでいいんです。
코꼬오 오스다께데 이이인데스

한 장 더 부탁합니다.
もう一枚おねがいします。
모- 이찌마이 오네가이시마스

배경 앞에 서세요.
背景の前に立ってください。
하이께-노 마에니 탓떼 쿠다사이

실례지만 저와 함께 사진을 찍어주시겠습니까. 기념으로 하고 싶습니다.
すみませんが私といっしょに写真を撮ってくださいませんか記念にしたいんです。
스미마셍가 와따시또 잇쇼니 샤싱오 톳떼 쿠다사이마셍까 키넹니 시따인데스

카메라 렌즈를 봐 주세요.
カメラのレンズを見てください。
카메라노 렌즈오 미떼 쿠다사이

알겠습니다. 이쪽으로 오세요.
分かりました。こちらへどうぞ。
와까리마시따 코찌라에 도-조

* 사진 찾을 때 *

사진이 모두 나오지는 않았습니다.
写真はまだ出来上がっていません。
샤신와 마다 데끼아갓떼 이마셍

이 사진을 저 크기로 확대시켜 주세요.
この写真をあの大きさに拡大してください。
코노 샤신오 아노 오-끼사니 카꾸다이시떼 쿠다사이

● 기본표현 ●

실용 회화

이 사진은 흐릿합니다.	この写真はぼやけています。 코노 샤신와 보야께테 이마스
이 사진은 근사하게 나왔네요.	この写真は格好よく映っていますね。 코노 샤신와 캇꼬-요쿠 우쯧떼 이마스네
잘못 나온 사진은 돈을 받지 않습니다.	出来上がりの悪い写真は代金は要りません。 데끼아가리노 와루이 샤신와 다이낀와 이리마셍
보통 디카메모리 몇 GB 짜리를 사용하나요?	普通デーカメモリー何GBものを使うんですか。 후쯔 데카메모리 난기가바이토모노오 쯔까운데스까
이 카메라에 맞는 필름을 주세요.	このカメラに合っているフィルムをください。 코노 카메라니 앗떼이루 휘루무오 쿠다사이
36장짜리 필름을 2통 주세요.	36枚撮りのフィルムを2本ください。 산쥬-로꾸마이도리노 휘루무오 니혼 쿠다사이
사진은 다 나왔습니까?	写真は出来上がっていますか。 샤신와 데끼아갓떼 이마스까
메모리는 디카전용으로만 사용해야 합니다.	メモリーはデーカー専用だけで使わなければなりません。 메모리와 데카센요-다께데 쯔까와나께레바나리마셍
사진을 찾으러 왔습니다.	写真を受け取りに来ました。 샤신오 우께또리니 키마시따

관광

실용 회화 | **227**

＊ 사진 현상할 때 ＊

이 필름을 현상하고 인화해 주세요.	このフィルムを現像して焼き付けてください。 코노 휘루무오 겐조-시떼 야끼쯔께떼 쿠다사이
언제까지 해 주실 수 있어요?	いつまでにやって頂けますか。 이쯔마데니 얏떼 이따다께마스까
이 필름 현상하는 데 시간이 얼마나 걸립니까?	このフィルムを現像するのにどのくらい掛かりますか。 코노 휘루무오 겐조-스루노니 도노꾸라이 카까리마스까
각각 세 장씩 뽑고 싶습니다.	それぞれ三枚ずつほしいのです。 소레조레 산마이즈쯔 호시-노데스
언제까지 필요하시죠?	いつまでに必要ですか。 이쯔마데니 히쯔요-데스까
한 시간 안에 현상할 수 있어요?	一時間以内に現像して頂けますか。 이찌지깡이나이니 겐조-시떼 이따다께마스까
하루 만에 할 수 있습니까?	一日でできますか。 이찌니찌데 데끼마스까
두 장씩 빼 주세요.	二枚ずつお願いします。 니마이즈쯔 오네가이시마스
이 사진을 확대하고 싶어요.	この写真を拡大したいです。 코노 샤싱오 카꾸다이시따이데스

● 기본표현 ●

실용 회화

토요일 아침까지 인화가 될까요?	土曜日の朝までに焼き付けてくれますか。 도요-비노 아사마데니 야끼쯔께떼 쿠레마스까
한 장씩 인화해 주시겠습니까?	一枚ずつ焼き付けて頂けますか。 이찌마이즈쯔 야끼쯔께떼 이따다께마스까
무슨 사이즈를 원하세요?	どのサイズをお望みですか。 도노 사이즈오 오노조미데스까
사람 숫자대로 뽑아 주세요.	写真の人数分お願いします。 샤신노 닌즈-분 오네가이시마스
이것 좀 확대해 주시겠어요?	これを少し拡大して頂けますか。 코레오 스꼬시 카꾸다이시떼 이따다께마스까
이것들을 슬라이드로 만들어 주실 수 있습니까?	これらをスライドにして頂けますか。 코레라오 스라이도니 시떼 이따다께마스까
잘된 것만 인화해 주십시오.	よく映っているものだけ焼き付けてください。 요꾸 우쯧떼 이루모노다께 야끼쯔께떼 쿠다사이
얼마나 시간이 걸릴까요?	どのくらい時間が掛かりますか。 도노꾸라이 지깡가 카까리마스까

* **デジタル カメラ = デジカメ** 디지털 카메라
* **デジタル スチル カメラ** 디지털 스틸 카메라
* **デジタル ビデオ カメラ** 디지털 비디오 카메라

관광

7. 관광 쇼핑

✽ 면세점에서 ✽

이거 넣을 박스 좀 얻을 수 있을까요?	これを入れるボックスをちょっと頂けますか。 코레오 이레루 봇쿠스오 촛또 이따다께마스까
제 호텔까지 배달해 줄 수 있습니까?	私のホテルまで配達して頂けますか。 와따시노 호테루마데 하이따쯔시떼 이따다께마스까
한국으로 부쳐주실 수 있습니까?	韓国に送って頂けますか。 캉꼬꾸니 오꿋떼 이따다께마스까
이 주소로 보내주세요.	この住所に送ってください。 고노 쥬-쇼니 오꿋떼 쿠다사이
노점은 몇 시까지 하고 있습니까?	出店は何時までやっていますか。 데미세와 난지마데 얏떼 이마스까
종이백에 넣어주세요.	紙のバッグに入れてください。 카미노 밧구니 이레떼 쿠다사이
여성용은 비키니도 있습니다.	女性用はビキニもあります。 죠세이요-와 비키니모 아리마스
이것들을 따로따로 싸주십시오.	これらを別々に包んでください。 코레라오 베쯔베쯔니 쯔쯔ㄴ데 쿠다사이

● 기본표현 ●

봉지를 주세요.	袋をください。 후꾸로오 쿠다사이
선물용으로 포장해 드릴까요?	ギフト用に包装しましょうか。 기후토요-니 호-소-시마쇼-까
같이 포장해 주세요.	一緒に包装してください。 잇쇼니 호-소-시떼 쿠다사이
선물용으로 포장해 주세요.	ギフト用に包装してください。 기후토요-니 호-소-시떼 쿠다사이

mini 회화

B : あの小さい壁かけを見せてください。
아노 찌-사이 카베까께오 미세떼 쿠다사이
저 작은 벽걸이를 보여 주십시오.

A : はい、これでございますか。
하이 코레데 고자이마스까 네. 이것 말입니까?

B : ええ、いくらですか。
에- 이꾸라데스까 네, 얼마입니까?

A : 千五百円です。
센고햐꾸엔데스 1,500엔입니다.

B : みやげ用に別々に包んでください。
미야게요-니 베쯔베쯔니 쯔츤데 쿠다사이
선물용으로 따로따로 포장해 주십시오.

A : お待たせしました。ありがとうございます。
오마따세시마시따 아리가또-고자이마스
오래 기다리셨습니다. 감사합니다.

8. 관광중 질병 발생

✱ 관광중에 아플 때 ✱

소화불량 증상이 있는 것 같아요.	消化不良の症状があるようです。 쇼-까후료-노 쇼-죠-가 아루요-데스
기침이 멈추지 않습니다.	咳が止まりません。 세끼가 토마리마셍
병원에 가 봐요.	病院に行って見てください。 뵤-인니 잇떼 미떼 쿠다사이
친구와 떨어져 버렸습니다. 호출방송을 할 수 있을까요?	友人とはぐれてしまったんです。 呼び出しのアナウンスをしてもらえませんか。 유-진또 하구레떼 시맛딴데스 요비다시노 아나운스오 시떼 모라에마셍까
이 근처에 병원이 있습니까?	この近くに病院がありますか。 코노 치까꾸니 뵤-인가 아리마스까
콧물이 나옵니다.	鼻水が出ます。 하나미즈가 데마스
한기가 듭니다.	寒気がします。 사무께가 시마스
저를 병원에 데려다 주세요.	私を病院に連れて行ってください。 와따시오 뵤-인니 쯔레떼 잇떼 쿠다사이

● 기본표현

당신은 좀 쉬어야 해요.	あなたはちょっと休んだ方がいいですよ。 아나따와 촛또 야슨다 호-가 이이데스요
감기 기운이 있어요.	風邪気味です。 카제기미데스
몸을 따뜻하게 해요.	お体を温めてください。 오까라다오 아따따메테 쿠다사이
배 멀미가 날까봐 걱정이에요.	船酔いしそうで心配です。 후나요이시소우데 신빠이데스
현기증이 납니다.	目まいがします。 메마이가 시마스

mini 회화

A : どうしましたか。
  도- 시마시따까 어떻게 오셨나요?

B : のども痛いし鼻水が出ます。
  노도모 이따이시 하나미즈가 데마스
  목이 아프고 콧물이 납니다.

A : どんな症状ですか。
  돈나 쇼-죠-데스까 증상이 어떻게 되시죠?

B : かぜをひきました。
  카제오 히끼마시다 감기 걸렸어요.

Chapter 07 ‡‡ 교육 ‡‡

きょういく

●기본표현●

---

1. 학교 생활

＊ 중고등 학교 생활 ＊

몇 학년인가요?	何年生ですか。 난넨세-데스까
우리는 고교 동창입니다.	私たちは高校の同窓です。 와따시따찌와 코-꼬-노 도-소-데스
어느 고등학교 다니셨습니까?	どこの高校へ通いましたか。 도꼬노 코-꼬-에 카요이마시따까
우리는 고등학교 동문입니다.	私たちは同じ高校を卒業しました。 와따시따찌와 오나지 코-꼬-오 소쯔교-시마시따
고등학교 2학년입니다.	高校二年です。 코-꼬-니넨데스
우리 학교는 8시에 시작됩니다.	私たちの学校は八時に始まります。 와따시따찌노 각꼬-와 하찌지니 하지마리마스
우리 학교는 폭력문제가 그다지 없습니다.	私たちの学校は暴力の問題は あまりありません。 와따시따찌노 각꼬-와 보-료꾸노 몬다이와 아마리 아리마셍

● 기본표현 ●

실용 회화

나는 학교 밴드에서 클라리넷을 연주합니다.	私は学校のブラスバンドでクラリネットを演奏しています。 와따시와 각꼬-노 부라스반도데 쿠라리넷토오 엔소-시떼 이마스
학교 수업은 아침 8시부터 저녁 6시까지 있습니다.	学校の授業は朝八時から夕方六時までです。 각꼬-노 쥬교-와 아사 하찌지까라 유-가따 로꾸지 마데데스
우리 학교에서는 교복을 입어야 합니다.	私の学校ではユニフォームを着なければなりません。 와따시노 각꼬-데와 유니훠-무오 키나께레바 나리마셍

* 학교 생활 정보 *

지원하는 데 뭐가 필요한가요?	志願するのに何が必要ですか。 시간스루노니 나니가 히쯔요-데스까
준비해야 할 서류가 너무 많아요.	準備しなければならない書類がとても多いです。 쥰비시나께레바 나라나이 쇼루이가 토떼모 오오이데스
입학에 필요한 것은 무엇인가요?	入学に必要なものは何ですか。 뉴-가꾸니 히쯔요-나 모노와 난데스까
외국 학생을 위한 안내서가 있나요?	留学生のための案内書がありますか。 류-가꾸세-노 타메노 안나이쇼가 아리마스까

교육

실용 회화 | 235

✳ 학교 생활 정보 ✳

일본에 있는 대학에 대해 알고 싶어요.	日本にある大学について知りたいです。 니혼니 아루 다이가꾸니 쯔이떼 시리따이데스
추천서를 좀 써 주시겠습니까?	推薦書をちょっと書いていただけますか。 스이센쇼오 촛또 카이떼 이따다께마스까
저는 3학년입니다.	私は三年生です。 와따시와 산넨세-데스
전문학교에 진학하고 싶습니다.	専門学校に進学したいです。 센몽각꼬-니 신가쿠시따이데스
장학금제도가 있나요?	奨学金制度がありますか。 쇼-가꾸낀세이도가 아리마스까
일본어 선생님이 되고 싶습니다.	日本語の先生になりたいです。 니홍고노 센세-니 나리따이데스
IT관련 기술을 공부하려고 합니다.	IT関連の技術を勉強しようとしています。 아이티 칸렌노 기쥬쯔오 벵쿄-시요-또시떼 이마스
저는 2학년입니다.	私は二年生です。 와따시와 니넨세-데스
합격했습니다.	合格しました。 고-까꾸시마시따

● 기본표현

실용 회화

실례합니다만, 어느 대학교 졸업하셨어요?	失礼ですがどちらの大学を卒業しましたか。 시쯔레-데스가 도찌라노 다이가꾸오 소쯔교-시마시따까
너 몇 학년이니?	君は何年生なの？ 키미와 난넨세-나노
그 사람은 제 선배입니다.	その人は私の先輩です。 소노히또와 와따시노 센빠이데스
그 학교가 1지망이에요.	その学校が第一希望です。 소노 각꼬-가 다이이찌 키보-데스
저는 영문학을 공부할 거예요.	私は英文学を勉強するつもりです。 와따시와 에-분가꾸오 벵쿄- 스루 쯔모리데스
대학에서 합격 통지서를 받았어요.	大学から合格通知書をもらいました。 다이가꾸까라 고-까꾸쯔-찌쇼오 모라이마시따
어느 대학에 지원할 예정인가요?	どの大学に志願する予定ですか。 도노 다이가꾸니 시간스루 요떼-데스까
입학 조건은 어떻게 됩니까?	入学条件はどうなりますか。 뉴-가꾸조-껜와 도-나리마스까
우리는 1984년도 졸업생입니다.	私たちは1984年の卒業生です。 와따시따찌와 센뀨-햐꾸하찌쥬-요넨노 소쯔교-세-데스

교육

실용 회화 | 237

※ 학교 생활 정보 ※

전공은 정했나요?	専攻は決めましたか。 센꼬-와 키메마시타까
저는 대학생입니다.	私は大学生です。 와따시와 다이가꾸세-데스
지원하는 데 필요한 모든 정보를 보내드리겠습니다.	志願するときに必要なすべての情報をお送りします。 시간스루 토끼니 히쯔요-나 스베떼노 죠-호-오 오오꾸리시마스
나는 그와 대학 동창입니다.	私は彼と同じ大学です。 와따시와 카레또 오나지 다이가꾸데스
어느 대학에 다니세요?	どこの大学に通っていますか。 도꼬노 다이가꾸니 카욧떼 이마스까
그 사람은 제 후배입니다.	その人は私の後輩です。 소노히또와 와따시노 꼬-하이데스
오사카 대학에 다닙니다.	大阪大学に通っています。 오오사까다이가꾸니 카욧떼 이마스
학기는 언제 시작하나요?	学期はいつ始まりますか。 각끼와 이쯔 하지마리마스까
여기에서 담배를 피워서는 안 됩니다.	ここでたばこを吸ってはなりません。 코꼬데 타바꼬오 슷떼와 나리마셍

실용 회화 • 기본표현

✻ 대학 생활 ✻

교육학을 전공하고 있습니다.	教育学を専攻しています。 쿄-이꾸가꾸오 센꼬-시떼 이마스
그 교수는 점수가 후합니다.	その教授は点が甘いです。 소노 쿄-쥬와 텐가 아마이데스
그 교수님은 성적평가가 매우 엄격합니다.	その教授は成績評価がとても厳しいです。 소노 쿄-쥬와 세-세끼효-까가 토떼모 키비시이데스
그 교수님의 출석에 아주 엄격해요.	その教授は出欠に関してはかなり厳しいです。 소노 쿄-쥬와 슛께쯔니 칸시떼와 카나리 끼비시이데스
그 교수님의 수업을 전에 들은 적이 있나요?	以前その教授の授業を聞いた事がありますか。 이젠 소노 쿄-쥬노 쥬교-오 카-따 코또가 아리마스까
그 기숙사는 여학생 전용이에요.	その寄宿舎は女学生専用です。 소노 키슈꾸샤와 죠가꾸세-센요-데스
다음 학기에는 휴학을 할 겁니다.	次の学期は休学の予定です。 쯔기노 각끼와 큐-가꾸노 요떼-데스
대학원에 진학하고 싶습니다.	大学院に進学したいと思います。 다이가꾸인니 신가꾸시따이또 오모이마스
시험이 끝나니, 홀가분합니다.	試験が終わると気が楽です。 시껭가 오와루또 키가 라꾸데스

교육

실용 회화 | 239

* 대학 생활 *

내일은 영어 시험이 있어서 긴장됩니다.	明日英語の試験があるため緊張しています。 아시따 에-고노 시껜가 아루 타메 킨쪼-시떼 이마스
방학 중에도 기숙사를 이용할 수 있나요?	休み中にも寄宿舎を利用することができますか。 야스미쮸-니모 키슈꾸샤오 리요-스루 코또가 데끼마스까
시험결과는 내가 예상했던 것과는 많이 달랐어요.	試験結果は私の予想とは かなり違っていました。 시껜켁까와 와따시노 요소-또와 카나리 치갓떼 이마시따
아직 전공을 정하지 않았습니다.	まだ専攻を 決めていません。 마다 센꼬-오 키메떼 이마셍
역사와 철학을 복수 전공하고 있습니다.	歴史と哲学の両方を専攻しています。 레끼시또 테쯔가꾸노 료-호-오 센꼬-시떼 이마스
우리 학교는 남녀공학입니다.	私たちの学校は男女共学です。 와따시따찌노 각꼬-와 단죠쿄-가꾸데스
우리 학교는 다양한 동아리가 있습니다.	私たちの学校は色々なクラブがあります。 와따시따찌노 각꼬-와 이로이로나 쿠라브가 아리마스
한 학기 기숙사 비용이 얼마인가요?	1学期の寄宿舎の費用はいくらですか。 이찌각끼노 키슈꾸샤 히요-와 이꾸라데스까

● 기본표현 ●

우리 학교는 매년 10월에 축제가 있습니다.	私たちの学校は毎年十月に学園祭があります。 와따시따찌노 각꼬-와 마이또시 쥬-가쯔니 가꾸엔사이가 아리마스
일본에 관한 논문을 준비하고 있습니다.	日本についての論文を準備しています。 니홍니 쓰이떼노 롱붕오 쥰비시떼 이마스
저는 대학에서 경제학을 전공했습니다.	私は大学で経済学を専攻しました。 와따시와 다이가꾸데 케-자이가꾸오 센꼬-시마시따
저는 심리학을 전공했습니다.	私は心理学を専攻しました。 와따시와 신리가꾸오 센꼬-시마시따
저는 영문학을 전공하고 있습니다.	私は英文学を専攻しています。 와따시와 에-붕가꾸오 센꼬-시떼 이마스
저는 전공을 바꾸고 싶습니다.	私は専攻を変えたいと思います。 와따시와 센꼬-오 카에따이또 오모이마스
전공이 뭔가요?	専攻は何ですか。 센꼬-와 난데스까
제가 장학금을 받게 됐어요!	私が奨学金をもらうようになりました。 와따시가 쇼-가꾸낑오 모라우요-니 나리마시따
졸업하고 무엇을 하시겠습니까?	卒業後何をするつもりですか。 소쯔교-고 나니오 스루 쯔모리데스까

실용 회화 | 241

＊ 대학 생활 ＊

졸업 후의 계획은 아직 없습니다.
卒業後の計画はまだありません。
소쯔교-고노 케-까쿠와 마다 아리마셍

다나까 선생님은 9시 정각에 출석을 체크합니다.
田中先生は九時ちょうどに出欠をチェックします。
타나까센세-와 쿠지쵸-도니 슛께쯔오 첵쿠시마스

학교 생활은 재밌나요?
学校生活は面白いですか。
각꼬-세-까쯔와 오모시로이데스까

＊ 수업 시간 ＊

5번 문제 대답해 볼까요?
5番の問題答えてみてください。
고방노 몬다이 코따에떼 미떼 쿠다사이

교실에서 잡담하지 마세요.
教室で雑談しないでください。
쿄-시쯔데 자쯔단시나이데 쿠다사이

기말 고사가 언제가요?
期末考査がいつですか。
키마쯔코-사가 이쯔데스까

나머지는 다음 시간에 합시다.
残りは次の時間にしましょう。
노꼬리와 쯔기노 지깐니 시마쇼-

누가 먼저 발표하겠어요?
誰が先に発表しますか。
다레가 사끼니 합뾰-시마스까

답안지를 제출하세요.
答案用紙を提出してください。
토-안요-시오 테-슈쯔시떼 쿠다사이

기본표현 · 실용 회화

대리출석은 하지 말아 주세요.	代理出席はしないでください。 다이리슛세끼와 시나이데 쿠다사이
1학기가 끝나기 전까지 리포트를 내주세요.	一学期が終わるまでにレポートを出してください。 이찌각끼가 오와루마데니 레포-토오 다시떼 쿠다사이
리포트 분량은 어느 정도 되어야 하나요?	レポートの分量はどの位にならないとだめですか。 레포-토노 분료-와 도노꾸라이니 나라나이또 다메데스까
리포트는 언제까지 내야 하나요?	レポートはいつまでに出さなけらばならないですか。 레포-토와 이쯔마데니 다사나께레바 나라나이데스까
무엇에 관한 리포트인가요?	何に関するレポートですか。 나니니 칸스루 레포-토데스까
부정행위는 안 됩니다.	不正行為はだめです。 후세-코-이와 다메데스
선생님 질문이 있습니다.	先生、質問があります。 센세- 시쯔몽가 아리마스
선생님과 면담하고 싶어요.	先生と面談したいです。 센세-또 멘단시따이데스
성적이 떨어지고 있군요.	成績が落ちていますね。 세-세끼가 오찌떼 이마스네

교육

* 수업 시간 *

성적이 향상되고 있군요.	成績が上がっていますね。 세-세끼가 아갓떼 이마스네
수업 일정이 어떻게 됩니까?	授業の日程はどうなりますか。 쥬교-노 닛떼-와 도-나리마스까
수요일까지 제출해 주세요.	水曜日までに提出してください。 수이요-비마데니 테-슈쯔시떼 쿠다사이
숙제는 모레까지 내주세요.	宿題はあさってまでに出してください。 슈꾸다이와 아삿떼마데니 다시떼 쿠다사이
시험 성적은 어때요?	試験の成績はどうですか。 시껜노세-세끼와 도-데스까
시험 시간이 너무 부족했어요.	試験時間がとても足りませんでした。 시껜지깡가 토떼모 타리마센데시따
시험 준비는 어떻게 했어요?	試験準備はどのようにしましたか。 시껜준비와 도노요-니 시마시따까
시험을 잘 봤습니다.	試験は良く見ました。 시껭와 요꾸 미마시따
시험이 어려웠어요.	試験が難しかったです。 시껭가 무즈까시깟따데스
오늘은 수업이 없어요.	今日は授業がないです。 쿄-와 쥬교-가 나이데스

●기본표현

실용 회화

수업 시간에 늦지 않도록 하세요.	授業時間に遅れないようにしてください。 쥬교-지깐니 오꾸레나이요-니 시떼 쿠다사이	
어제는 왜 안 왔나요?	昨日はどうして来なかったのですか。 키노-와 도-시떼 코나깟따노데스까	
여기까지 알겠어요?	ここまで分かりますか。 코꼬마데 와까리마스까	
오늘 조퇴하고 싶은데요.	今日早引きしたいんですが。 쿄- 하야비끼시따인데스가	
오늘은 여기까지입니다. 나가도 좋아요.	今日はここまでです。行ってもいいです。 쿄-와 코꼬마데데스 잇떼모 이이데스	
이 문제에 대해서 토론합시다.	この問題について討論しましょう。 코노 몬다이니 쯔이떼 토-론시마쇼-	
잘 들으세요.	よく聞いてください。 요꾸 키-떼 쿠다사이	
저는 시험이 있으면 조금 스트레스를 받습니다.	私は試験があると少しストレスを受けます。 와따시와 시껭가 아루또 스꼬시 스토레스오 우께마스	
죄송합니다, 선생님. 다신 안 늦을게요.	すみません、先生。もう遅れないようにします。 스미마셍 센세- 모- 오꾸레나이요-니 시마스	

실용 회화 | **245**

じつよう かいわ

✷ 수업 시간 ✷

적어 놓으세요.	書いておいてください。 카이떼 오이떼 쿠다사이
적어도 5장은 써야 합니다.	少なくても５枚は書かなければならないです。 스쿠나꾸떼모 고마이와 카까나께레바 나라나이데스
전부 다 너무 어려웠어요.	全部とても難しかったです。 젠부 토떼모 무즈까시갓따데스
조용히 해 주세요.	静かにしてください。 시즈까니 시떼 쿠다사이
중간고사는 어땠어요?	中間試験はどうでしたか。 쥬–깐시껭와 도–데시따까
지난 시간에 어디까지 했나요?	この前はどこまでしましたか。 코노마에와 도꼬마데 시마시따까
질문 있나요?	質問ありますか。 시쯔몽 아리마스까
집중하세요.	集中してください。 슈–쮸–시떼 쿠다사이
핸드폰은 진동으로 해 주세요.	携帯電話はマナーモードにしてください。 케–따이뎅와와 마나–모–도니시떼 쿠다사이

기본표현 — 실용 회화

책은 집어 넣으세요.	本は入れてください。 혼와 이레떼 쿠다사이
출석을 부르겠어요.	出席をとります。 슛세끼오 토리마스

※ 강의와 성적 관리 ※

145학점을 이수해야 합니다.	145単位を履修しなければなりません。 하꾸욘주-고땅이오 리슈-시나께레바 나리마셍
그 과목은 전공 필수입니다.	その科目は専攻必須です。 소노 카모꾸와 센꼬-힛스데스
몇 학점 신청할 거예요?	何単位申し込むつもりですか。 난땅이 모-시꼬무 쯔모리데스까
선택 과목입니다.	選択科目です。 센따꾸 카모꾸데스
수강 과목을 변경할 수 있나요?	受講科目を変更することができますか。 쥬꼬- 카모꾸오 헨꼬-스루 코또가 데끼마스까
여섯 과목 정도 신청할까 생각 중이에요.	6科目ほど申し込もうか考え中です。 로꾸까모꾸호도 모-시꼬모-까 강가에쮸-데스
오늘 학교에서 수학시험 만점을 받았어요.	今日学校の数学の試験で満点を取りました。 쿄- 각꼬-노 스-가꾸노시껜데 만뗀오 토리마시따

교육

실용 회화 | 247

＊ 강의와 성적관리 ＊

이번 학기 수강 시간은 몇 시간입니까?	今学期の受講時間は何時間ですか。 콩각끼노 쥬꼬-지깡와 난지깡데스까
이번 학기에 한 과목 낙제했습니다.	今学期一科目落第してしまいました。 콩각끼 히또카모꾸 라꾸다이시떼 시마이마시따
이번 학기에는 몇 과목이나 수강신청을 했습니까?	今学期には何科目を申し込みましたか。 콩각끼니와 낭까모꾸오 모-시꼬미마시따까
이번 학기에는 어떤 과목들을 들을 거예요?	今学期はどんな科目をうけるつもりですか。 콩각끼와 돈나 카모꾸오 우께루 쯔모리데스까
이번 학기의 학점은 어때요?	今学期の点数はどうですか。 콩각끼노 텐수-와 도-데스까
저는 지금의 전공을 좋아하지 않습니다.	私は今の専攻が好きではありません。 와따시와 이마노 센꼬-가 스끼데와 아리마셍
졸업하려면 몇 학점을 들어야 하나요?	卒業するためには何単位をとらなければならないですか。 소쯔교-스루 타메니와 난땅이오토라나께레바 나라나이데스까
후기등록은 언제 끝나나요?	後期登録はいつ締め切りですか。 코-끼 토-로꾸와 이쯔 시메끼리데스까

2. 도서관 생활

✻ 도서관 안내 ✻

도서관에서는 조용히 하세요.	**図書館では静かにしなさい。** 토쇼깐데와 시즈까니 시나사이
도서관은 몇 시에 개관하나요?	**図書館は何時に開館しますか。** 토쇼깐와 난지니 카이깡시마스까
도서관은 몇 시에 문을 닫습니까?	**図書館は何時に閉まりますか。** 토쇼깐와 난지니 시마리마스까
연체료 200엔이 있습니다.	**二百円の延滞料があります。** 니햐꾸엔노 엔따이료-가 아리마스
연체료는 얼마입니까?	**延滞料はいくらですか。** 엔따이료-와 이꾸라데스까
이 책들은 열람만 가능합니다.	**これらの本は閲覧のみ可能です。** 코레라노 혼와 에쯔란노미 카노-데스
이 책들을 대출하고 싶어요.	**この本を貸りたいんです。** 코노 혼오 카리따인데스
이 책들의 대출을 연장하고 싶습니다.	**これらの本の貸し出しを延長していただきたいのです。** 코레라노 혼노 카시다시오 엔쬬-시떼 이따다끼따이노데스

じつよう かいわ

＊ 도서관 안내 ＊

| 이 책을 대출할 수 있습니까? | この本を貸していただけますか。
코노 혼오 카시떼 이따다께마스까 |

| 이 책이 있는지 확인해 주세요. | この本があるか確認してください。
코노 혼가 아루까 카꾸닝시떼 쿠다사이 |

| 참고서 서고에는 가방을 가지고 들어 갈 수 없습니다. | 参考書の書庫にはかばんを持ちこめません。
산꼬-쇼노 쇼꼬니와 카방오 모찌꼬메마셍 |

| 책을 예약하고 싶습니다. | 本を予約したいのです。
혼오 요야꾸시따이노데스 |

＊ 도서관 카드 이용 ＊

| 대출기한은 얼마인가요? | 貸し出しの期限はどのくらいですか。
카시다시노 키겐와 도노꾸라이데스까 |

| 대출카드가 있으신가요? | 貸し出しカードはありますか。
카시다시카-도와 아리마스까 |

| 대출카드를 발급해 주시겠어요? | 貸し出しカードを発行してくださいますか。
카시다시카-도오 핫꼬-시떼 쿠다사이마스까 |

| 도서관 카드를 먼저 만드셔야 됩니다. | 先に図書館カードを作らなければなりません。
사끼니 토쇼깐카-도오 쯔꾸라나께레바 나리마셍 |

기본표현 · 실용 회화

도서관 카드나 신분증 좀 주실래요?	図書館カードあるいは身分証をいただけますか。 토쇼깐카-도 아루이와 미분쇼-오 이따다께마스까
반납기일 안에 책을 반납해 주지 않으면, 연체료를 내야 합니다.	返却期日内に本を返さないと延滞料を払わなければ いけません。 헨꺄꾸키지쯔나이니 혼오 카에사나이또 엔따이료-오 하라와나께레바 이께마셍
사진이 붙은 신분증과 현주소의 증명이 필요합니다.	写真の付いている身分証と現住所の証明が必要です。 샤신노 쯔이떼이루 미분쇼-또 겐쥬-쇼노 쇼-메이가 히쯔요-데스
이 도서관 대출카드를 만들 수 있습니까?	この図書館の貸し出しカードを作れますか。 코노 토쇼깐노 카시다시카-도오 쯔꾸레마스까
이 도서관에서는 카드 없이는 아무것도 할 수가 없습니다.	この図書館ではカードなしでは何もできません。 코노 토쇼깐데와 카-도나시데와 나니모 데끼마셍
저자나 책 제목을 아십니까?	著者あるいは本の題目をご存じですか。 쵸샤 아루이와 혼노 다이모꾸오 고존지데스까
죄송합니다만, 이미 대출이 되었네요.	申し訳ありませんがすでに貸し出しております。 모-시와께아리마셍가 스데니 카시다시떼 오리마스

교육

✽ 도서관 카드 이용 ✽

정기간행물은 어디에 있습니까?	定期刊行物はどこにありますか。 테-끼칸꼬-부쯔와 도꼬니 아리마스까
참고서 서고는 어디인가요?	参考書のセクションはどこですか。 산꼬-쇼노 세쿠숀와 도꼬데스까
책 몇권 좀 대출하려고 하는데요.	本を何冊か貸していただきたいのですが。 혼오 난사쯔까 카시떼 이따다끼따이노데스가
책을 대출하려면, 대출 카드가 있어야 합니까?	本を借りるためには貸し出しカードがなければいけないのですか。 혼오 카리루 타메니와 카시다시카-도가 나께레바 이께나이노데스까
책을 잃어버리면 어떻게 되나요?	本を無くしてしまいますとどうなるのですか。 혼오 나꾸시떼 시마이마스또 도-나루노데스까
카드를 만드는데 돈을 내야 하나요?	カードを作るのにお金がかかりますか。 카-도오 쯔꾸루노니 오까네가 카까리마스까
카드목록을 컴퓨터로 검색해 보는 건 어떠세요?	カードの目録をパソコンで検索して見るのは いかがですか。 카-도노 모꾸로꾸오 파소콘데 켄사꾸시떼 미루노와 이까가데스까
한 번에 몇 권까지 빌릴 수 있나요?	一度に何冊まで借りられますか。 이찌도니 난사쯔마데 카리라레마스까

실용 회화

● 기본표현 ●

* 도서 대여 *

나중에 내도 됩니까?	**あとでお支払いしてもいいですか。** 아또데 오시하라이시떼모 이이데스까
이 책이 언제 반납될 예정인지 알 수 있습니까?	**この本はいつ頃返却されるのかご存じですか。** 코노 혼와 이쯔고로 헨꺄꾸사레루노까 고존지데스까
이 책 언제까지 반납해야 하나요?	**この本はいつまでに返さなければなりませんか。** 코노 혼와 이쯔마데니 카에사나께레바 나리마셍까
이 책들을 대출하고 싶은데요.	**この本を借りたいのですが。** 코노 혼오 카리따이노데스가
이 책들을 얼마 동안 대출할 수 있나요?	**この本はどのくらい借りることができますか。** 코노 혼와 도노꾸라이 카리루 코또가 데끼마스까

* 도서 찾기 *

어떻게 하면 이 주제에 관한 책을 찾을 수 있을까요?	**どうすればこの主題に関する本を見つけられますか。** 도-스레바 코노 슈다이니 칸스루 혼오 미쯔께라레마스까
생물학에 관한 책은 어디에 있습니까?	**生物学に関する本はどこにありますか。** 세-브쯔가꾸니 칸스루 혼와 도꼬니 아리마스까

교육

실용 회화 | **253**

じつよう かいわ

* 도서 찾기 *

나쯔메 소세키의 책을 찾고 있는데요.	夏目漱石の本を探しています。 나쯔메소-세끼노 혼오 사가시떼 이마스
어디에도 이 책들을 찾을 수가 없습니다.	どこにもこれらの本を見つけられません。 도꼬니모 코레라노 혼오 미쯔께라레마셍
이 책을 찾도록 도와주시겠어요?	この本を見つけられるよう手伝っていただけますか。 코노 혼오 미쯔께라레루요- 테쯔닷떼 이따다께마스까
이 책이 있는지 확인해 주세요.	この本があるか確認してください。 코노 혼가 아루까 카꾸닌시떼 쿠다사이
제가 찾는 책이 책장에 없습니다.	私の探している本が本棚にありません。 와따시노 사가시떼 이루 혼가 혼다나니 아리마셍
책을 몇 권 찾고 있는데요. 좀 도와주시겠어요?	本を何冊か探しているのですがちょっと手伝っていただけますか。 혼오 난사쯔까 사가시떼 이루노데스가 촛또 테쯔닷떼 이따다께마스까
컴퓨터에 관한 책들을 찾고 있는데요.	パソコンに関する本を探しています。 파소콘니 칸스루 혼오 사가시떼 이마스
한국 역사에 대한 자료가 필요합니다.	韓国の歴史に関する資料が必要です。 캉꼬꾸노 레끼시니 칸스루 시료-가 히쯔요-데스

● 기본표현 ●

실용 회화

＊ 도서 반납 ＊	
기한을 한 주 넘겼습니다.	一週間 期限を越えました。 잇슈-깐 키겐오 코에마시따
빌려간 책을 반납하러 왔습니다.	借りていた本をお返しします。 카리떼 이따 혼오 오까에시시마스
이 책을 어디에 반납해야 하나요?	この本をどこに返却すればいいですか。 코노 혼오 도꼬니 헨꺄꾸스레바 이이데스까
책 반납일을 연기할 수 있습니까?	本の返却日を延ばしていただけませんか。 혼노 헨꺄꾸비오 노바시떼 이따다께마셍까
책을 늦게 반납하면 벌금이 얼마입니까?	本の返却が遅れると罰金はいくらですか。 혼노 헨꺄꾸가 오꾸레루또 밧낑와 이꾸라데스까
책 반납은 언제 해야 하나요?	本の返却は いつですか。 혼노 헨꺄꾸와 이쯔데스까
기일 내에 반납하지 않으시면 연체료가 있습니다.	返却が遅れると延滞料があります。 헨꺄꾸가 오꾸레루또 엔따이료-가 아리마스
반납할 때 도서관 카드가 필요한가요?	返却の時図書館カードが必要ですか。 헨꺄꾸노 토끼 토쇼깡카-도가 히쯔요-데스까

교육

실용 회화 | **255**

3. 컴퓨터 활용

＊ 기초 이론 ＊

나는 컴퓨터를 잘 합니다.	私はパソコンが得意です。 와따시와 파소콘가 토꾸이데스
내 컴퓨터 부팅하는데 너무 오래 걸려요.	私のパソコンは立ち上げるのにかなり時間が掛かります。 와따시노 파소콘와 타찌아게루노니 까나리 지깐가 카까리마스
당신 컴퓨터는 무슨 기종입니까?	あなたのパソコンはどんな機種ですか。 아나따노 파소콘와 돈나 키슈데스까
당신 컴퓨터의 자료가 필요합니다.	あなたのパソコンの中のデーターが必要です。 아나따노 파소콘노 나까노 데-타-가 히쯔요-데스
당신의 컴퓨터는 한국어를 사용할 수 있나요?	あなたのパソコンは韓国語が使えますか。 아나따노 파소콘와 캉꼬꾸고가 쯔까에마스까
데이터를 입력할 줄 아세요?	データーを入力できますか。 데-타-오 뉴-료꾸데끼마스까
모든 데이터가 날아갔습니다.	全てのデーターが飛んでしまいました。 스베떼노 데-타-가 톤데 시마이마시따

●기본표현●

실수로 데이터를 모두 지워버렸습니다.	ミスでデーターを全部消してしまいました。 미스데 데-타-오 젠부 케시떼 시마이마시따
어떤 종류의 프린터를 가지고 있습니까?	どんな種類のプリンターをお持ちですか。 돈나 슈루이노 푸린타-오 오모찌데스까
어떤 프로그램을 사용하세요?	どんなプログラムを使っていますか。 돈나 푸로그라무오 쯔깟떼 이마스까
이 문서를 두 장씩 프린트 해 주세요.	この文書を二枚ずつプリントしてください。 코노 분쇼오 니마이즈쯔 푸린토시떼 쿠다사이
이 컴퓨터는 메모리가 충분치 않습니다.	このパソコンはメモリーが十分ではありません。 코노 파소콘와 메모리-가 쥬-분데와 아리마셍
이것 좀 복사할 수 있습니까?	これをコピーしてもらえますか。 코레오 코피-시떼 모라에마스까
컴퓨터 사용할 줄 아십니까?	パソコンを操作できますか。 파소콘오 소-사데끼마스까
저는 컴퓨터를 생산하는 회사에 근무합니다.	私はパソコンを生産する会社に勤めています。 와따시와 파소콘오 세-산스루 카이샤니 쯔또메떼 이마스

じつよう かいわ

＊ 기초 이론 ＊

저는 컴퓨터에 관심이 매우 많습니다.	私はパソコンに大変関心があります。 와따시와 파소콘니 타이헨 칸신가 아리마스
저는 컴퓨터를 어떻게 작동시키는지 잘 모릅니다.	私はパソコンをどのように作動するのかよくわかりません。 와따시와 파소콘오 도노요-니 사도-스루노까 요꾸 와까리마셍
저는 컴퓨터에 대해서, 많은 것을 알고 있습니다.	私はパソコンについては多くの事を知っています。 와따시와 파소콘니 쯔이떼와 오오꾸노 코또오 싯떼 이마스
조작방법을 잊어버렸어요.	操作方法を忘れてしまいました。 소-사호-호-오 와스레떼 시마이마시따
최근에 컴퓨터를 하는 시간이 많아졌습니다.	最近パソコンをする時間が多くなっています。 사이낀 파소콘오 스루 지깡가 오오꾸 낫떼 이마스
컴퓨터를 주로 무슨 일에 사용하십니까?	パソコンは主にどんな事に使っていますか。 파소콘와 오모니 돈나 코또니 쯔깟떼 이마스까
컴퓨터는 잘 모릅니다.	パソコンはよく分かりません。 파소콘와 요꾸 와까리마셍
프린트할 줄 아세요?	プリントの仕方は知っていますか。 푸린토노 시까따와 싯떼 이마스까

기본표현 · 실용 회화

| 컴퓨터를 켜는 방법을 아세요? | パソコンをつける方法を知っていますか。
파소콘오 쯔께루 호-호-오 싯떼 이마스까 |

저는 컴퓨터에 대해서 요모조모 잘 알고 있습니다.
私はパソコンについては細かい事までよく知っています。
와따시와 파소콘니 쯔이떼와 코마까이 코또마데 요꾸 싯떼 이마스

컴퓨터에 프린터를 연결할 줄 아세요?
パソコンにプリンターを接続できますか。
파소콘니 푸린타-오 세쯔조꾸데끼마스까

프로그램 다운 받는 법을 아세요?
プログラムのダウンロードの方法を知っていますか。
푸로구라무노 다운로-도노 호-호-오 싯떼 이마스까

* 데이터 관리 *

CD에 백업해 놨어요.
CDにバックアップして置きました。
씨디니 바쿠압푸시떼 오끼마시따

그 이름으로 저장한 게 확실한가요?
その名前で保存したのは確かですか。
소노나마에데 호존시따노와 타시까데스까

모든 컴퓨터 데이터는 USB메모리에 저장해 두는 게 좋아.
全てのパソコンデーターはUSBメモリーに保存した方がいい。
스베떼노 파소콘데-타-와 유에스비메모리-니 호존시따 호-가 이이

실용 회화 | 259

じつよう かいわ

* 데이터 관리 *	
그것을 제 USB메모리에 복사해 주세요.	それを私のＵＳＢメモリーにコピーしてください。 소레오 와따시노 유에스비메모리-니 코피-시떼 쿠다사이
데이터를 다 잃어버린 것 같아요.	データを全部なくしてしまったようです。 데-타오 젠부 나꾸시떼 시맛따요-데스
데이터를 저장하셨습니까?	データーを保存しましたか。 데-타-오 호존시마시따까
어디 폴더에 저장시키셨어요?	どこのフォルダーに保存しましたか。 도꼬노 훠루다-니 호존시마시따까
이 파일을 하드디스크에 저장해 주세요.	このファイルをハードディスクに保存してください。 고노 화이루오 하-도디스쿠니 호존시떼 쿠다사이
컴퓨터로 입력한 것을 프린트 해 주시겠어요?	パソコンで入力したものをプリントしてもらえますか。 파소콘데 뉴-료꾸시따 모노오 푸린토시떼 모라에마스까
저는 더 이상 그 데이터는 필요없습니다.	私はこれ以上そのデーターは要りません。 와따시와 코레이죠- 소노 데-타-와 이리마셍
자주 저장을 해야 합니다.	時々保存をしなければなりません。 토끼도끼 호존오 시나께레바 나리마셍

파일 이름을 뭐라고 지정했어요?	ファイルの名前を何と保存しましたか。 화이루노 나마에오 난또 호존시마시따까

* 소프트웨어 *

그림 스캔 받는 법을 아세요?	絵のスキャンのやり方は知っていますか。 에노 스칸노 야리까따와 싯떼 이마스까
내가 알고 있는 한, 이것은 가장 복잡합니다.	私の知っている限りではこれは一番複雑です。 와따시노 싯떼 이루카기리데와 코레와 이찌방 후꾸자쯔데스
당신의 하드디스크는 거의 다 찼어요.	あなたのハードディスクはほぼいっぱいです。 아나따노 하―도디스쿠와 호보 잇빠이데스
당신이 가지고 있는 소프트웨어는 무슨 버전인가요?	あなたが持っているソフトはどのバージョンですか。 아나따가 못떼 이루 소후토와 도노 바―죤데스까
소프트웨어 프로그램은 매번 업그레이드를 해줘야 하나요?	ソフトはその都度アップグレードする必要がありますか。 소후토와 소노쯔도 앗푸구레―도스루 히쯔요―가 아리마스까
새로운 프로그램 설치했어요?	新しいプログラムを設置しましたか。 아따라시이 푸로구라무오 셋찌시마시따까

실용 회화 | 261

じつようかいわ

＊ 소프트웨어 ＊

설정아이콘을 누르기만 하면 됩니다.	設定のアイコンを押すだけでいいのです。 셋떼-노 아이콘오 오스다께데 이이노데스
이 문서를 다섯 장씩 출력해 주세요.	この文書を5枚ずつプリントしてください。 코노 분쇼오 고마이즈쯔 푸링토시떼 쿠다사이
이 서류를 인쇄해야 해요.	この書類を印刷しなければなりません。 코노 쇼루이오 인사쯔시나께레바 나리마셍
이 소프트웨어 사용법을 알려주실래요?	このソフトの使い方を教えてもらえますか。 코노 소후토노 쯔까이까따오 오시에떼 모라에마스까
이 소프트웨어는 약간 복잡합니다.	このソフトは少し複雑です。 코노 소후토와 스꼬시 후꾸자쯔데스
이 소프트웨어를 사용하려면 패스워드가 필요합니까?	このソフトを使うためにはパスワードが必要ですか。 코노 소후토오 쯔까우타메니와 파스와-도가 히쯔요-데스까
이 소프트웨어에는 편리한 기능이 많이 있어요.	このソフトには便利な機能がたくさんあります。 코노 소후토니와 벤리나 키노-가 타꾸상 아리마스
이 파일을 인쇄하고 싶어요.	このファイルを印刷したいです。 코노 화이루오 인사쯔시따이데스

이 프로그램을 다운로드 받고 싶어요.	このプログラムをダウンロードしたいです。 코노 푸로그라무오 다운로-도시따이데스
이건 정말 멋진 워드프로세서 소프트웨어네요.	これは本当にいいワープロのソフトですね。 코레와 혼또-니 이이 와-푸로노 소후토데스네
인쇄는 해 두었나요?	印刷して置きましたか。 인사쯔시떼 오끼마시따까
종이를 어떤 식으로 넣어야 하나요?	紙をどのように入れればいいですか。 카미오 도노요-니 이레레바 이이데스까
패스워드 입력했나요?	パスワードを入力しましたか。 파스와-도오 뉴-료꾸시마시따까
프로그램 설치하는 법을 아세요?	プログラムのインストールの方法を知っていますか。 푸로구라무노 인스토-루노 호-호-오 싯떼 이마스까
하드 디스크에서 오래된 파일을 삭제하세요.	ハードディスクから古いファイルを削除してください。 하-도디스쿠까라 후루이 화이루오 사꾸죠시떼 쿠다사이
흑백 출력밖에 안 돼요.	白黒プリントしかできません。 시로꾸로푸린토시까 데끼마셍

✽ 인터넷 활용 ✽

| 고속 모뎀을 사용하지 않아서 그래요. | 高速モデムを使ってないからです。
코-소꾸모데무오 쯔깟떼 나이까라데스 |

| 그 파일 지금 저한테 보내주시겠어요? | そのファイル今私にお送りいただけますか。
소노 화이루 이마 와따시니 오오꾸리이따다께마스까 |

| 그냥 인터넷을 하고 있는 중이에요. | ただインターネットをしているだけです。
타다 인타-넷토오 시떼이루 다께데스 |

| 당신 컴퓨터로 자료를 다운 받으려면 시간이 오래 걸려요. | あなたのパソコンで資料をダウンロードするには かなり 時間が かかります。
아나따노 파소콘데 시료-오 다운로-도스루니와 카나리 지깡가 카까리마스 |

| 당신은 인터넷을 할 수 있습니까? | あなたはインターネットができますか。
아나따와 인타-넷토가 데끼마스까 |

| 메신저를 할 수 있나요? | メッセンジャーはできますか。
멧센자-와 데끼마스까 |

| 어떻게 하면 접속을 할 수 있죠? | どうすれば接続できますか。
도-스레바 세쯔조꾸데끼마스까 |

| 요즘 제 주 관심사는 인터넷입니다. | この頃 私の主な関心はインターネットです。
코노고로 와따시노 오모나 칸신와 인타-넷토데스 |

● 기본표현

실용 회화

우리는 때때로 인터넷에서 채팅하기도 해요.	我々は時々インターネットを通しチャットをしています。 와레와레와 토끼도끼 인타-넷토오 토-시 찻토오 시떼이마스
인터넷 서비스 제공회사에 알아보셔야 해요.	インターネットのサービス提供会社にお問い合わせいただけますか。 인타-넷토노 사-비스 테-쿄-가이샤니 오또이아와세 이따다께마스까
인터넷 이용자의 수가 엄청나게 증가하고 있죠. 그렇지 않은가요?	インターネット利用者の数が非常に増えています。そうではないですか。 인타-넷토 리요-샤노 카즈가 히죠-니 후에떼 이마스 소-데와 나이데스까
인터넷에 접속하는 법을 가르쳐 줄래요?	インターネットに接続する方法を教えていただけますか。 인타-넷토니 셋쯔조꾸스루 호-호-오 오시에떼 이따다께마스까
인터넷에 접속하는데 시간이 많이 걸려요.	インターネットに接続するのにかなり時間がかかっています。 인타-넷토니 셋쯔조꾸스루노니 카나리 지깡가 카깟떼 이마스
자세한 것은 회사 홈페이지를 보세요.	詳細なことは会社のホームページをご覧ください。 쇼-사이나고또와 카이샤노호-무페-지오 고란쿠다사이
회사 홈페이지가 있습니까?	会社のホームページはありますか。 카이샤노 호-무페-지와 아리마스까

교육

실용 회화 | **265**

💬 실용 かいわ

✱ 인터넷 활용 ✱

| 전 인터넷을 통해 친구들과 연결되어 있어요. | **私はインターネットを通し友達とつながっています。**
와따시와 인타-넷토오 토-시 토모다찌또 쓰나갓떼 이마스 |

| 제 홈페이지를 만들까 생각하고 있어요. | **私のホームページを作ろうと思っています。**
와따시노 호-무페-지오 쓰꾸로-또 오못떼 이마스 |

| 지금 인터넷에 접속되어 있으세요? | **今インターネットに接続していますか。**
이마 인타-넷토니 셋쯔조꾸시떼 이마스까 |

✱ 이메일 주고 받기 ✱

| 그 파일 지금 저한테 보내주시겠어요? | **そのファイルを今私に送ってもらえますか。**
소노 화이루오 이마 와따시니 오꿋떼 모라에마스까 |

| 제가 나중에 이메일을 보내겠습니다. | **のちほど私からメールします。**
노찌호도 와따시까라 메-루시마스 |

| 제게 다시 메일을 보내주세요. | **私にもう一度メールを送ってください。**
와따시니 모-이찌도 메-루오 오꿋떼 쿠다사이 |

| 전자우편 계정을 가지고 있습니까? | **イーメールアカウントをお持ちですか。**
이메-루아카운토오 오모찌데스까 |

● 기본표현 ●

실용 회화

전자우편 계정은 어떻게 되세요?	イーメールーアカウントはどうなりますか。 이-메-루아카운토와 도-나리마스까
그럼 메신저로 보내주세요.	それならメッセンジャーで送ってください。 소레나라 멧센쟈-데 오꿋떼 쿠다사이
그냥 메신저로 보내지 그래요?	ただメッセンジャーで送ってくれてもいいですよ。 타다 멧센쟈-데 오꿋떼 쿠레떼모 이이데스요
낯선 사람으로부터 온 이메일을 열어보면 안 됩니다.	見知らぬ人からのメールは開いてはいけません。 미시라누 히또까라노 메-루와 히라이떼와 이께마셍
당신 메일의 글씨가 깨졌습니다.	あなたのメールは文字化けしています。 아나따노 메-루와 모지바께시떼 이마스
이 스팸메일은 다 어디서 오는 걸까요?	これらの迷惑メールはどこから来るものでしょうか。 코레라노 메이와꾸메-루와 도꼬까라 쿠루모노데쇼-까
이메일에 첨부해 주신 파일을 열 수 없습니다.	メールに添付されているファイルが開けません。 메-루니 템뿌사레떼 이루 화이루가 히라께마셍

ネチケット 네티켓. 인터넷이나 이메일로 정보 교환을 할 때 지켜야 할 예절.

교육

실용 회화 | **267**

じつよう かいわ

※ 장애가 생겼을 때 ※

| 바이러스 제거하는 법을 아십니까? | ウイルスを取り除く方法を知っていますか。
우이루스오 토리노조꾸 호-호-오 싯떼 이마스까 |

| 스크린이 움직이지 않아. | 画面が動かない。
가멘가 우고까나이 |

| 시스템에 장애가 생겼어요. | システムに障害が出て来ました。
시스테무니 쇼-가이가 데떼 키마시따 |

| 백업 파일을 만들어 뒀어요? | バックアップファイルを作って置きましたか。
박쿠압푸화이루오 쯔꿋떼 오끼마시따까 |

| 이 컴퓨터는 바이러스에 감염되었습니다. | このパソコンはウイルスに感染しています。
코노 파소콘와 우이루스니 칸센시떼 이마스 |

| 인터넷에 접속이 안 됩니다. | インターネットに接続ができません。
인타-넷토니 세쯔조꾸가 데끼마셍 |

| 재시동하면 모든 데이터를 잃게 될 거예요. | 改めて立ち上げると全てのデーターを失ってしまいます。
아라따메떼 타찌아게루또 스베떼노 데-타-오 우시낫떼 시마이마스 |

| 컴퓨터를 고치려면 어떻게 해야 합니까? | パソコンを直すためにはどのようにすればよろしいですか。
파소콘오 나오스 타메니와 도노요-니 스레바 요로시이데스까 |

● 기본표현 ●

실용 회화

제가 실수로 자료를 모두 지워버렸어요.	私が間違って資料を全部消してしまいました。 와따시가 마찌갓떼 시료-오 젬부 케시떼 시마이마시따
컴퓨터가 고장났습니다.	パソコンが故障しました。 파소콘가 코쇼-시마시따
컴퓨터에 무슨 문제 있나요?	パソコンに何か問題がありますか。 파소콘니 나니까 몬다이가 아리마스까
키보드가 말을 안 들어요.	キーボードが正常に動きません。 카-보-도가 세-죠-니 우고끼마셍
프린터가 고장입니다.	プリンターが故障しています。 푸린타-가 코쇼-시떼 이마스
흑백 출력밖에 안 돼요.	白黒プリントしかできません。 시로쿠로프린트시까 데끼마셍
컴퓨터에 시스템 장애가 있어요.	パソコンにシステム障害があります。 파쇼콘니시스템쇼-가이가 아리마스
데이터를 다 잃어버린 것 같아요.	データを全部 なくしてしまったようです。 데-타오 젬부나꾸시떼 시맛따요-데스

교육

Chapter 08 쇼핑 かいもの

●기본표현●

1. 쇼핑 장소

✱ 상가를 찾을 때 ✱

쇼핑센터는 어디에 있습니까?	ショッピングセンターはどこにありますか。 숏핑구센타-와 도꼬니 아리마스까
백화점이라면 역 앞에 있어요.	デパートなら駅前のほうにありますよ。 데파-토나라 에끼마에노 호-니 아리마스요
그 가게 개점시간은 몇 시입니까?	その店の開店時間は何時ですか。 소노 미세노 카이뗀지깡와 난지데스까
그 가게는 오늘 열려 있습니까?	その店は今日やっていますか。 소노 미세와 쿄- 얏떼 이마스까
여기에서 멉니까?	ここから遠いですか。 코꼬까라 토-이데스까
할인점은 어디에 있습니까?	割引店はどこにありますか。 와리비끼뗀와 도꼬니 아리마스까
이 근처에 백화점은 없습니까?	この近くにデパートはありませんか。 코노 치까꾸니 데파-토와 아리마셍까

● 기본표현 ●

실용 회화

이 건물에 스포츠용품점이 있습니까?	この建物にスポーツ用品店はありますか。 코노 타떼모노니 스포-츠요-힌뗀와 아리마스까
이 주변에 백화점이 있나요?	この辺りにデパートはありますか。 코노 아따리니 데파-토와 아리마스까
죄송하지만 가장 가까운 책방은 어디입니까?	すみません最寄りの本屋さんはどこですか。 스미마셍 모요리노 혼야상와 도꼬데스까

✽ 매장을 찾을 때 ✽

가전제품 매장은 어디에 있나요?	家電製品売場はどこにありますか。 카덴세-힝우리바와 도꼬니 아리마스까
그 가게는 오늘 문을 열었나요?	その店は今日開いていますか。 소노 미세와 쿄- 아이떼 이마스까
기념품은 어디에서 파나요?	記念品はどこで売っていますか。 키넹힝와 도꼬데 웃떼이마스까
더 작은 게 있나요?	もっと小さいのはありますか。 못또 치-사이노와 아리마스까
면세점은 있습니까?	免税店はありますか。 멘제-뗀와 아리마스까
디지털제품코너는 어디입니까?	デジタル製品コーナーはどこですか。 데지타루세-힝코-나-와 도꼬데스까

실용 회화 | 271

じつよう かいわ

＊ 매장을 찾을 때 ＊

| 몇 층에 식당가가 있습니까? | 何階に食堂街がありますか。
난까이니 쇼꾸도-가이가 아리마스까 |

| 무엇을 찾으세요? | 何かお探しですか。
나니까 오사가시데스까 |

| 문구 매장을 찾고 있습니다. | 文房具屋さんを探しています。
분보-구야상오 사가시떼이마스 |

| 서적코너는 어디입니까? | 書籍コーナーはどこですか。
쇼세끼코-나-와 도꼬데스까 |

| 신사복 매장은 어디입니까? | 男性服のコーナーはどこですか。
단세-후꾸노코-나-와 도꼬데스까 |

| 어디에서 살 수 있습니까? | どこで買えますか。
도꼬데 카에마스까 |

| 에스컬레이터가 어디에 있는지 보이질 않는군요. | エスカレーターがどこにあるのか見つかりません。
에스카레-타-가 도꼬니 아루노까 미쯔까리마셍 |

| 여성복은 몇 층입니까? | 女性服は何階ですか。
죠세-후꾸와 난가이-데스까 |

| 교환처는 어디에 있나요? | 交換カウンターは どこですか。
고-깐 카운따-와 도꼬데스까 |

2. 상품 고르기

* 물건을 고를 때 *

| 구경만 하고 있어요. | 見てるだけです。
미떼루다께데스 |

그냥 둘러보는 거예요.
ただ見ているだけです。
타다 미떼 이루다께데스

13살짜리 여자아이에게는 뭐가 좋을까요?
十三歳の女の子には何がいいでしょうか。
쥬-산사이노 온나노코니와 나니가 이이데쇼-까

같은 것을 두 개 주세요.
同じものを二つください。
오나지모노오 후따쯔 쿠다사이

같은 디자인으로 다른 색상이 있나요?
同じデザインで他の色はありますか。
오나지데자인데 호까노 이로와 아리마스까

그 상품은 다 팔렸어요.
その商品は売り切れになりました。
소노 쇼-힝와 우리끼레니나리마시따

남성용 화장품을 보고 싶습니다.
男性用の化粧品を見たいのです。
단세-요-노 케쇼-힝오 미따이노데스

친구에게 줄 선물을 사고 싶어요.
友達へのお土産を買いたいんですが。
토모다찌에노 오미야게오 카이따인데스가

じつよう かいわ

✻ 물건을 고를 때 ✻

다른 걸로 보여주시겠어요?	他の物も見せてもらえますか。 호까노모노모 미세떼 모라에마스까
다른 곳을 돌아보고 없으면, 다시 오겠습니다.	他をまわってみて、なかったらまた来ます。 호까오 마왓떼 미떼 나깟따라 마따 키마스
다른 디자인은 있나요?	他のデザインはありますか。 호까노데자잉와 아리마스까
당신에게 잘 어울려요.	あなたによく似合います。 아나따니 요꾸 니아이마스
더 큰 게 있나요?	もっと大きいのはありますか。 못또 오-끼이노와 아리마스까
몇 가지 보여주세요.	いくつか見せてください。 이꾸쯔까 미세떼 쿠다사이
무슨 색이 있나요?	何色がありますか。 나니이로가 아리마스까
물세탁이 가능한가요?	水洗いできますか。 미즈아라이 데끼마스까
용건이 있으면 말씀해 주세요.	ご用がございましたら声をおかけください。 고요-가 고자이마시따라 코에오 오까께 쿠다사이

●기본표현

뭘 찾으십니까?	何をお探しですか。 나니오 오사가시데스까
사이즈를 재주시겠어요?	サイズを測っていただけますか。 사이즈오 하깟떼 이따다께마스까
샤넬은 있습니까?	シャネルはありますか。 샤네루와 아리마스까
손님, 뭔가 찾으시는게 있으세요?	お客様。何かお探しでしょうか。 오꺄꾸사마 나니까 오사가시데쇼-까
아내의 선물을 찾고 있습니다.	家内のプレゼントを探しています。 카나이노프레젠토오 사가시떼 이마스
아버지 선물을 찾고 있어요.	父へのギフトを探しています。 치찌에 노기후토오 사가시떼 이마스
아이들에게 줄 선물을 사고 싶어요.	子供へのおみやげを買いたいんですが。 코도모에노 오미야게오 카이따인데스가
어느 분이 사용하실 거예요?	どなたがお使いになりますか。 도나따가 오쯔까이니 나리마스까
어떤 종류를 찾고 계신가요?	どんな種類をお探しですか。 돈나 슈루이오 오사가시데스까
여기 잠깐 봐 주시겠어요?	ここちょっと見ていただけますか。 코꼬 촛또 미떼 이따다께마스까

실용 회화 | 275

じつよう かいわ

✱ 물건을 고를 때 ✱

이 가방을 보여주시겠어요?	このバッグを見せてもらえますか。 코노 박구오 미세떼 모라에마스까
어떤 종류의 액세서리가 있습니까?	どんな種類のアクセサリーがありますか。 돈나 슈루이노 아쿠세사리-가 아리마스까
이 도시의 특산물은 무엇인가요?	この町の特産物は何ですか。 코노 마찌노 토꾸산부쯔와 난데스까
이 상품이 가장 잘 나가요.	この商品が一番売れてます。 코노쇼-힝가 이찌방 우레떼마스
이건 무슨 향인가요?	これは何の香りですか。 코레와 난노 카오리데스까
이건 여성용인가요?	これは女性用ですか。 코레와 죠세-요-데스까
마음에 두고 계시는 게 있으세요?	お気に入りのものでもございますか。 오끼니이리노 모노데모 고자이마스까
이것과 같은 것은 있습니까?	これと同じものは ありますか。 코레또 오나지모노와 아리마스까
죄송하지만 다른 것을 찾아보겠습니다.	すみません、違うものを探してみます。 스미마셍 치가우 모노오 사가시떼 이마스

기본표현 · 실용 회화

이것으로 하겠습니다.	これにします。 코레니 시마스
이것은 가죽으로 만들어졌나요?	これは革でできていますか。 코레와 카와데 데끼떼 이마스까
이것은 도금 처리한 건가요?	これはメッキ処理してあるんですか。 코레와 멧키쇼리시떼 아룬데스까
입어봐도 될까요?	着てみてもいいですか。 키떼 미떼모 이이데스까
좀 더 큰 것이 있나요?	もう少し大きいものはありますか。 모- 스꼬시 오-끼이모노와 아리마스까
천천히 골라보세요.	ごゆっくりご遠慮無くどうぞ。 고육꾸리 고엔료나꾸 도-조
향수 좀 보여 주세요.	香水をちょっと見せください。 코-수이오 춋또 미세떼 쿠다사이
이걸로 하겠어요. 20개 주세요.	これにします。20個ください。 코레니 시마스 니쥭꼬 쿠다사이
저 파란 것을 보여 주십시오.	あの青いのを見せてください。 아노 아오이노오 미세떼 쿠다사이
그밖에 무엇이 있습니까?	ほかになにがありますか。 호까니 나니가 아리마스까

쇼핑

✱ 가격을 흥정할 때 ✱

더 싸게 해 주실래요?	**もっと安くしてくれませんか。** 못또 야스꾸 시떼 쿠레마셍까
더 싼 것은 없나요?	**もっと安い物はありませんか。** 못또 야스이 모노와 아리마셍까
20% 할인해 드리고 있어요.	**20％割引しています。** 니쥽파ー센토 와리비끼시떼 이마스
너무 비싸요. 깎아주실래요?	**高すぎます。負けてくれますか。** 타까스기마스 마께떼 쿠레마스까
손님, 이 정도 선은 어떻습니까.	**お客さんこれぐらいの線でどうでしょう。** 오꺄꾸상 코레구라이노 센데 도ー데쇼ー
면세품에도 소비세가 부과됩니까?	**免税品にも消費税がつきますか。** 멘제ー힝니모 쇼ー히제ー가 쯔키마스까
바가지 씌우는 건 아니겠죠?	**ぼったくるのではないですよね。** 봇따꾸루노데와 나이데스요네
세일은 언제 하나요?	**バーゲンセールはいつですか。** 바ー겐세ー루와 이쯔데스까
세일은 얼마 동안 해요?	**バーゲンセールの期間はどのぐらいですか。** 바ー겐세ー루노 키깡와 도노구라이데스까

● 기본표현 ●

실용 회화

손님, 이것으로 최대한 깎아드렸습니다.	お客さんこれでせいいっぱい値引きさせていただいてるんです。 오꺄꾸상 코레데 세-잇빠이 네비끼사세떼 이따다이떼룽데스
얼마나 할인이 되나요?	いくら割引されますか。 이꾸라 와리비끼사레마스까
이것은 세금포함 가격입니까?	これは税込み価格ですか。 코레와 제-꼬미카까꾸데스까
이것은 얼마인가요?	これはいくらですか。 코레와 이꾸라데스까
저는 여기 단골이에요.	私はここの常客です。 와따시와 코꼬노 죠-까꾸데스
전부 얼마입니까?	ぜんぶでおいくらですか。 젬부데 오이꾸라데스까
제가 생각했던 것보다 비싸요.	私が思っていたより高いです。 와따시가 오못떼 이따요리 타까이데스
좀 더 깎아주실 수는 없습니까?	もっと値引きしてもらえませんか。 못또 네비끼시떼 모라에마셍까 =もっとまけてください。 못또 마께떼 쿠다사이
현금으로 지불하면 더 싸게 해주시나요?	現金払いなら安くなりますか。 겡낑바라이나라 야스꾸 나리마스까

*現金取引[げんきんとりひき] 현금거래

쇼핑

실용 회화 | 279

3. 계산하기

※ 계산할 때 ※

계산은 어디에서 합니까?	**レジはどこですか。** 레지와 도꼬데스까
계산이 잘못 된 것 같은데요.	**計算が間違っているようです。** 케-산가 마찌갓떼 이루요-데스
대금은 이미 지불했어요.	**代金はもう払いました。** 다이낑와 모- 하라이마시따
모두 얼마입니까?	**全部で いくらですか。** 젬부데 이꾸라데스까
세금 환불받는 방법을 알려 주세요.	**税金を返してもらう方法を教えてください。** 제-낑오 카에시떼 모라우 호-호-오 오시에떼 쿠다사이
세금이 포함된 가격입니까?	**税込みの価格ですか。** 제-꼬미노 카까꾸데스까
손님, 카드십니까? 아니면 현금이십니까?	**お客さま、カードですか。それともキャッシュになさいますか。** 오꺄꾸사마 카-도데스까 소레도모 캇슈니 나사이마스까
3개월 할부로 하고 싶습니다만.	**三か月分割払いにしたいのですが。** 산까게쯔 분까쯔바라이니 시따이노데스가

기본표현 — 실용 회화

신용카드로 지불하겠습니다.	クレジットカードで支払います。 쿠레짓토카-도데 시하라이마스
여행자 수표로 지불할 수 있습니까?	トラベラーズチェックで払えますか。 토라베라-즈첵쿠데 하라에마스까
영수증은 여기에 있어요.	領収書はここにあります。 료-슈-쇼와 코꼬니 아리마스
우리 예산에서 벗어나지 않습니다.	我々の予算を超えていません。 와레와레노 요산오 코에떼 이마셍
이것도 계산에 넣어주세요.	これも計算に入れてください。 코레모 케-산니 이레떼쿠다사이
적당한 가격인 것 같군요.	手頃な価格のようですね。 테고로나 카까꾸노 요-데스네
전부해서 얼마입니까?	全部でいくらになりますか。 젬부데 이꾸라니 나리마스까
지금 세일 중입니까?	今セール中ですか。 이마 세-루쮸-데스까
카드로 계산하겠어요.	カードで払います。 카-도데 하라이마스
현금으로 지불하면 더 싸게 됩니까?	現金で支払えば もっと安くなりますか。 겐낑데 시하라에바 못또 야스꾸 나리마스까

じつようかいわ

※ 계산할 때 ※

지금 잔돈이 없는데 10000엔권으로 지불해도 됩니까?

いま小銭がないんですが10000円札で払ってもいいですか。
이마 코제니가 나인데스가 이찌만엔사쯔데 하랏떼모 이이데스까

할부로 살 수 있습니까?

分割払いで買えますか。
분까쯔바라이데 카에마스까

---

mini회화

A: **全部で くらですか。**
젬부데 이꾸라데스까
모두 얼마예요?

B: **お支払いは現金ですか、カードですか。**
오시하라이와 겡낑데스까 카ー도데스까
지불은 현금입니까, 카드입니까?

A: **クレジットカードでも支払えますか。**
쿠레짓토카ー도데모 시하라에마스까
신용카드 받나요?

B: **はいできます。こちらにサインをおねがいします。**
하이 데끼마스 코찌라니 사인오 오네가이시마스
네 그렇습니다. 여기 서명 부탁드립니다

A: **6ケ月分割にします。**
록까게쯔붕까쯔니 시마스
6개월 할부로 하겠습니다.

B: **はい、かしこまりました。**
하이 카시꼬마리마시따 예, 알겠습니다.

실용 회화

● 기본표현 ●

4. 포장과 배달

✱ 포장을 부탁할 때 ✱

포장해 주시겠어요?	包装してくださいますか。 호-소-시떼 쿠다사이마스까
담당자분과 얘기하고 싶습니다만.	担当者とお話ししたいのですが。 탄또-샤또 오하나시시따이노데스가
따로따로 포장해 주세요.	別々に包んでください。 베쯔베쯔니 쯔쯔ㄴ데 쿠다사이
이 메모를 첨부해서 보내주세요.	このメモをつけて送ってください。 코노 메모오 쯔께떼 오꿋떼 쿠다사이
이걸 선물용으로 포장해 주실래요?	これをギフト用に包んでもらえますか。 코레오 기후토요-니 쯔쯔ㄴ데 모라에마스까

✱ 배달을 부탁할 때 ✱

가능한 한 빨리 물건을 받아야 합니다.	できるだけ早く品物を受け取らなければなりません。 데끼루다께 하야꾸 시나모노오 우께또라나께레바 나리마셍
곧 재고를 확인해 보겠습니다.	すぐ在庫を確認して見ます。 스구 자이꼬오 카꾸닌시떼 미마스

쇼핑

실용 회화 | 283

じつよう かいわ

✱ 배달을 부탁할 때 ✱

금요일까지 100박스를 배달해 주시겠습니까?	金曜日までに百箱を配達してくれますか。 킨요-비마데니 햐꾸하꼬오 하이따쯔시떼 쿠레마스까
내일까지 배달해 주었으면 하는데요.	あしたまでに配達していただきたいのですが。 아시따마데니 하이따쯔시떼 이따다끼따이노데스가
따로따로 배달되나요?	別々に配達できますか。 베쯔베쯔니 하이따쯔데끼마스까
배달해 주시겠어요?	出前をしてくれますか。 데마에오시떼 쿠레마스까
배편으로 부탁합니다.	船便でお願いします。 후나빈데 오네가이시마스
별도의 요금이 듭니까?	別料金がかかりますか。 베쯔료-낀가 카까리마스까
빠르면 빠를수록 좋습니다.	早ければ早いほどいいです。 하야께레바 하야이호도 이이데스
언제 물건을 배달해 주실 수 있습니까?	いつ品物を届けてくれますか。 이쯔 시나모노오 토도께떼 쿠레마스까
원하시는 배송 날짜가 있으세요?	希望する配送の日はありますか。 키보-스루 하이소-노 히와 아리마스까

● 기본표현 ●

이 주소로 보내 주세요.	この住所に届けてください。 코노쥬-쇼니 토도께떼 쿠다사이
이것을 반품하고 싶은데요.	これを返品したいのです。 코레오 헨삔시따이노데스
제품에 대해 문의드리고 싶습니다.	製品についてお問い合わせしたいと思います。 세-힌니 쯔이떼 오또이아와세시따이또 오모이마스
지금은 재고가 없습니다.	今は在庫が ありません。 이마와 자이꼬가 아리마셍
집까지 배달되나요?	家まで配達できますか。 이에마데 하이따쯔데끼마스까
한국까지 며칠 정도 걸립니까?	韓国まで何日くらいかかりますか。 캉꼬꾸마데 난니찌꾸라이 카까리마스까
항공편으로 보내주세요.	航空便で送ってください。 코-꾸-빈데 오꿋떼 쿠다사이
항공편이면 얼마나 듭니까?	航空便ならどのくらいかかりますか。 코-꾸-빈나라 도노꾸라이 카까리마스까
포장해 주시겠어요?	包装してくださいますか。 호-소-시떼 구다사이마스까

쇼핑

じつよう かいわ

✽ 배달에 대한 불만 ✽

구입한 게 아직 배달되지 않았습니다.	購入した物がまだ配達されていません。 코-뉴-시따모노가 마다 하이따쯔사레떼 이마셍
구입한 물건하고 다릅니다.	購入した商品と違います。 코-뉴-시따 쇼-힌또 치가이마스
주문을 취소하고 싶습니다.	注文を取り消したいと思います。 츄-몬오 토리께시따이또 오모이마스
아직 그 물품들을 인수하지 못했습니다.	まだその品物を受け取っておりません。 마다 소노 시나모노오 우께톳떼 오리마셍
주문한 물건이 세 개 덜 왔습니다.	注文の数量が三個足りません。 츄-몬노 스-료-가 산꼬 타리마셍

mini 회화

A: 昨日買ったばかりなのに割れていました。
新しい製品に交換してください。
키노- 캇따바까리나노니 와레떼 이마시따
아따라시이 세-힝니 코-깐시떼 쿠다사이
어제 샀는데 깨져 있었습니다. 새것으로 바꿔주세요.

B: もちろんです。ご不便申し訳ありません。
모찌론데스 고후벤 모-시와께아리마셍
물론입니다. 불편을 끼쳐드려 죄송합니다.

5. 교환과 환불

✻ 교환을 요청할 때 ✻

교환처는 어디에 있나요?	**交換カウンターはどこですか。** 코-깐카운타-와 도꼬데스까
교환할 수 있습니까?	**交換していただけますか。** 코-깐시떼 이따다께마스까
교환해 주세요.	**交換してください。** 코-깐시떼 쿠다사이
다른 것으로 교환하고 싶어요.	**他の物に交換したいです。** 호까노 모노니 코-깐시따이데스
다른 색으로 바꿔주세요.	**ほかの色に変えてください。** 호까노 이로니 카에떼 쿠다사이
사이즈가 맞지 않았어요.	**サイズが合いませんでした。** 사이즈가 아이마센데시따
샀을 때는 몰랐어요.	**買ったときには気がつきませんでした。** 캇따 토끼니와 키가 쯔끼마센데시따
더 큰 치수의 물건과 바꾸어 주실 수 있습니까?	**一回り大きいサイズと取り替えていただけますか。** 히또마와리 오-끼이사이즈또 토리까에떼 이따다께마스까

＊ 교환을 요청할 때 ＊

새 것으로 바꿔드리겠습니다.	新しいものとお取り替えします. 아따라시이모노또 오또리까에시마스
셔츠를 다른 것과 교환하시겠습니까?	シャツを他のものと交換されますか. 샤츠오 호까노 모노또 코-깐사레마스까
이 셔츠를 바꾸고 싶은데요.	このシャツを換えたいのです. 코노 샤츠오 카에따이노데스
이 카메라를 교환할 수 있을까요?	このカメラを交換していただけますか. 코노 카메라오 코-깐시떼 이따다께마스까
이것을 교환하고 싶어요.	これを交換したいんですが. 코레오 코-깐시따인데스가
이것을 언제 사셨어요?	これをいつ買われましたか. 코레오 이쯔 카와레마시따까
이것을 저것과 교환 할 수 있습니까?	これをあれと交換できますか. 코레오 아레또 코-깐데끼마스까
죄송하지만 이거 반품하고 싶습니다.	すみません、これを返品したいんですが. 스미마셍 코레오 헴삥시따인데스가
손님, 영수증과 카드를 가져오셨습니까?	お客さま、レシートとカードをお持ちになりましたか. 오꺄꾸사마 레시-토또 카-도오 오모찌니 나리마시따까

✱ 환불을 요청할 때 ✱

환불해 주실래요?	返金してもらえますか。 헹낀시떼 모라에마스까
반품하고 싶은데요.	返品したいのですが。 헴뻰시따이노데스가
받은 제품은 주문한 제품이 아닙니다.	受け取った製品は注文したものと違います。 우께톳따 세-힌와 츄-몬시따 모노또 찌가이마스
소매 부분에 얼룩이 있습니다.	袖のところにシミがあるんです。 소데노토꼬로니 시미가 아룬데스
수리해 주든지, 환불해 주시겠어요?	修理するか、お金を返していただけますか。 슈-리스루까 오까네오 카에시떼 이따다께마스까
영수증 가지고 계십니까?	レシートはお持ちですか。 레시-토와 오모찌데스까
영수증은 갖고 있지 않습니다.	レシートは持っていません。 레시-토와 못떼 이마셍
옷자락 부분이 벌어졌습니다.(실이 풀렸습니다.)	すそのところにほころびがあるんです。 스소노토꼬로니 호꼬로비가 아룬데스
원래 이곳에 흠집이 있었어요.	もともとここに傷がありました。 모또모또 코꼬니 키즈가 아리마시따

✽ 환불을 요청할 때 ✽

| 꽤 오래전에 사셨군요. | かなり前にお買いになったようですね。
카나리마에니 오까이니 낫따요-데스네 |

이건 정상으로 작동하지 않습니다.
これは正常に作動していません。
코레와 세-죠-니 사도-시떼 이마셍

이것은 파손되어 있습니다.
これは壊れています。
코레와 코와레떼 이마스

작동되지 않습니다.
作動していません。
사도-시떼 이마셍

전지를 넣어도 움직이지 않습니다.
電池を入れても動かないんです。
덴찌오 이레떼모 우고까나인데스

제품품질에 문제가 있습니다.
製品の品質に問題があります。
세-힌노 힌시쯔니 몬다이가 아리마스

죄송하지만 이것은 좀 작아서 맞지 않습니다.
すみませんこれちょっと小さくて合わないんです。
스미마셍 코레 춋또 찌-사꾸떼 아와나인데스

최근에 품질이 나빠졌습니다.
最近品質が悪くなりました。
사이낀 힌시쯔가 와루꾸 나리마시따

환불 가능합니까?
払い戻しできますか。
하라이모도시 데끼마스까

● 기본표현 ●

실용 회화

6. 특정 가게에서

✳ 구두 가게에서 ✳

진짜 가죽인가요?	本物の革ですか。 혼모노노 카와데스까
너무 큰데요.	大き過ぎます。 오-끼스기마스
너무 화려하군요.	おしゃれすぎます。 오샤레스기마스
어떤 스타일을 찾으세요?	どんなスタイルをお探しですか。 돈나 스타이루오 오사가시데스까
다른 색상으로 보여 주세요.	他の色を見せてください。 호까노 이로오 미세떼 쿠다사이
다른 디자인으로 보여 주세요.	他のデザインを見せてください。 호까노 데자인오 미세떼 쿠다사이
이것은 어떠세요?	これは いかがですか。 코레와 이까가데스까
사이즈를 잘 모르는데요.	サイズがよくわかりません。 사이즈가 요꾸 와까리마셍
저것을 보여 주세요.	あれを見せてください。 아레오 미세떼 쿠다사이

쇼핑

실용 회화 | 291

じつよう かいわ

✽ 구두 가게에서 ✽

이것으로 좀더 작은 사이즈 있습니까?
これよりもっと小さいサイズはありますか。
코레요리 못또 찌-사이 사이즈와 아리마스까

✽ 선물 가게에서 ✽

뭔가 매우 일본적인 물건을 찾고 있는데요.
何かすごく日本的なものを探しているんですが。
나니까 스고꾸 니혼떼끼나 모노오 사가시떼 이룬데스가

포장지로 포장해 주시겠어요?
包装紙で包んでもらえますか。
호-소-시데 쯔츤데 모라에마스까

이 지방의 기념품에는 어떤 것이 있나요?
この地方の記念品にはどんな物かありますか。
고노 찌호-노 끼넨힝니와 돈나 모노가 아리마스까

선물하기에 적당한 것을 찾고 있는데요.
お土産に良いものを探しているんですが。
오미야게니 요이 모노오 사가시떼 이룬데스가

손님, 이것은 어떠세요?
お客さま、これはいかがでしょうか。
오까꾸사마 코레와 이까가데쇼-까

✽ 시계 가게에서 ✽

다른 제품도 보여 주세요.
他の製品も見せてください。
호까노 세-힌모 미세떼 쿠다사이

이것은 인기상품입니다.
これは人気商品です。
코레와 닌끼쇼-힌데스

● 기본표현 ●

실용 회화

이것은 어느 회사 제품입니까?	これはどんな会社の製品ですか。 코레와 돈나 카이샤노 세-힌데스까
얼마까지 면세가 됩니까?	どのくらい免税になりますか。 도노꾸라이 멘제-니 나리마스까
이것은 일본제입니까?	これは日本製ですか。 코레와 니혼세-데스까

* 카메라 가게에서 *

디지털 카메라를 보여 주세요.	デジカメを見せてください。 데지카메오 미세떼쿠다사이
이것이 최신 디지털 카메라입니다.	これが最新のデジカメです。 코레가 사이신노 데지카메데스
소재는 무엇입니까?	素材は何ですか。 소자이와 난데스까
어느 나라에서 만들어진 것입니까?	どこの国で作られたものですか。 도꼬노 쿠니데 쯔꾸라레따 모노데스까
좀 봐도 될까요?	ちょっと見てもよろしいでしょうか。 촛또 미떼모 요로시이데쇼-까
좀더 저렴한 것을 보여주세요.	もっと安い物を見せてください。 못또 야스이 모노오 미세떼 쿠다사이

쇼핑

실용 회화 | 293

✽ 옷 가게에서 ✽

손님한테 어울릴 것 같은데요.	お客様に似合いそうです。 오까꾸사마니 니아이소-데스
사이즈가 얼마죠?	サイズはどうなりますか。 사이즈와 도-나리마스까
뭔가 찾으시는 게 있으세요?	何かお探しのものはございますか。 나니까 오사가시노 모노와 고자이마스까
입어 봐도 될까요?	着てもよろしいでしょうか。 키떼모 요로시이데쇼-까
이것보다 수수한 것을 찾고 있습니다.	これより地味なものを探しています。 코레요리 지미나 모노오 사가시떼 이마스
이 블라우스는 나한테 잘 안 어울려요.	このブラウスは私にはあまり似合いません。 코노 부라우스와 와따시니와 아마리 니아이마셍
한 번 입어 보세요.	一度試着をしてみてください。 이찌도 시짜꾸오 시떼 미떼 쿠다사이
작은 것을 입어 봐도 되겠습니까?	小さいのを着てみてもいいですか。 치-사이노오 키떼 미떼모 이이데스까
저기요. 이거 입어 봐도 될까요?	すみません。これ着てみてもいいですか。 스미마셍 코레 키떼 미떼모 이이데스까

● 기본표현 ●

실용 회화

손님, 탈의실은 저쪽입니다.	お客さま、試着室はあちらでございます。 오꺄꾸사마 시챠꾸시쯔와 아찌라데고자이마스
이런 종류로 다른 색이 있습니까?	こんな種類でほかの色はありますか。 콘나 슈루이데 호까노 이로와 아리마스까 *こんな 이런「このような」보다 구어적인 표현

＊ 전자 상가에서 ＊

노트북을 보여 주세요.	ノートパソコンを見せてください。 노-토파소콘오 미세떼 쿠다사이
영어 발음이 나오는 것은 없습니까?	英語の発音が出るのはありますか。 에이고노 하쯔옹가 데루노와 아리마스까
이것은 최신모델 상품인가요?	これは最新モデルの商品ですか。 코레와 사이신모데루노 쇼-힌데스까
이걸 면세로 살 수 있습니까?	これを免税で買えますか。 코레오 멘제-데 카에마스까
전자수첩형 사전을 찾고 있습니다만.	電子手帳型の辞書を探しているんですが。 뎅시테쪼-가따노 지쇼오 사가시떼 이룬데스가
좀더 품질이 좋은 것을 보여 주세요.	もっといい品質のものを見せてください。 못또 이이 힌시쯔노 모노오 미세떼 쿠다사이

쇼핑

실용 회화 | 295

じつよう かいわ

✶ 전자 상가에서 ✶

품질은 괜찮습니까?
品質は大丈夫ですか。
힌시쯔와 다이죠-부데스까

한국산 컬러 TV를 취급하나요?
韓国製のカラーテレビを取り扱っていますか。
캉꼬꾸세-노 카라-테레비오 토리아쯔깟떼 이마스까

한국어사전이 들어있는 것은 없습니까?
韓国語の辞書が入っているのはありませんか。
캉꼬꾸고노 지쇼가 하잇떼 이루노와 아리마셍까

✶ 면세점에서 ✶

이 다이아몬드는 진짜입니까?
このダイアは本物ですか。
코노 다이아와 혼모노데스까

어머니께 드릴 선물입니다만 좀 더 수수한 디자인을 원합니다.
母へのプレゼントなんですが、もっと地味なデザインのものがほしいんですが。
하하에노 푸레젠토난데스가 못또 지미나 데자인노 모노가 호시인데스가

이 시계는 일본제입니까?
この時計は日本製ですか。
코노 토께-와 니혼세-데스까

품질관리에는 빈틈이 없을 것입니다.
品質管理は抜け目なくしています。
힝시쯔칸리와 누께메나꾸 시떼 이마스

● 기본표현 ●

실용 회화

* 슈퍼마켓에서 *

| 가장 인기있는 일본술은 무엇입니까? | いちばん人気のある日本酒は何ですか。
이찌방 닌끼노 아루 니혼슈와 난데스까 |

| 과일은 어느 쪽에 있습니까? | 果物はどこにありますか。
쿠다모노와 도꼬니 아리마스까 |

| 소고기를 한 근 주세요. | 牛肉を一斤 ください。
규-니꾸오 잇낀 쿠다사이 |

| 손님, 죄송하지만 자동판매기에서 사주세요. | お客さんすみませんが自動販売機で買ってください。
오꺄꾸상 스미마셍가 지도-항바이끼데 캇떼 쿠다사이 |

| 쌀을 주세요. | お米をください。
오꼬메오 쿠다사이 |

| 어떤 식으로 자르면 됩니까? | どのように切ればいいですか。
도노요-니 키레바 이이데스까 |

| 이 생선은 어떤 식으로 조리합니까? | この魚はどのように調理しますか。
코노 사까나와 도노요-니 쵸-리시마스까 |

| 이 식빵을 6장으로 잘라주세요. | この食パンを6枚切りにしてください。
코노 쇼꾸팡오 로꾸마이기리니 시떼 쿠다사이 |

| 치즈 빵은 있습니까? | チーズパンはありますか。
치-즈팡와 아리마스까 |

쇼핑

실용 회화 | 297

じつよう かいわ

＊ 슈퍼마켓에서 ＊

이 일본풍 과자의 재료는 무엇입니까?	この和菓子の材料は何ですか。 코노 와가시노 자이료-와 난데스까
이것은 생으로도 먹을 수 있습니까?	これは生でも食べられますか。 코레와 나마데모 타베라레마스까

＊ 서점에서 ＊

만화책은 어디 있습니까?	漫画はどこにありますか。 망가와 도꼬니 아리마스까
신간코너는 어느 쪽입니까?	新書のコーナーはどこですか。 신쇼노 코-나-와 도꼬데스까
어학서적은 어디 있습니까?	語学の本はどこにありますか。 고가꾸노 혼와 도꼬니 아리마스까
검색해 주시겠어요?	検索していただけますか。 켄사꾸시떼 이따다께마스까
중고는 전부 100엔입니다.	古本は全部で100円です。 후루혼와 젬부데 햐꾸엔데스

mini 회화

A : 今日の午後何をするつもりですか。
쿄-노 고고 나니오 스루쯔모리데스까 오늘 오후에 뭐할 거예요?

B : 小説を買いに行くつもりです。
쇼-세쯔오 카이니 이꾸쯔모리데스 소설책 좀 사러 갈 거예요.

● 기본표현 ●

실용 회화

● 필수 단어 ●

검다	黒(くろ)い 쿠로이	희다	白(しろ)い 시로이
빨갛다	赤(あ)かい 아까이	파랗다	青(あお)い 아오이
노랗다	黄色(きいろ)い 키-로이		
넓다	広(ひろ)い 히로이	좁다	狭(せま)い 세마이
길다	長(な)がい 나가이	짧다	短(みじ)かい 미지까이
크다	大(おお)きい 오-끼이	작다	小(ちい)さい 찌이사이
많다	多(おお)い 오-이	적다	少(すく)ない 스꾸나이
이르다	早(はや)い 하야이	빠르다	速(はや)い 하야이
높다, 비싸다	高(た)かい 타까이	낮다.	低(ひく)い 히꾸이
		싸다	安(やす)い 야스이
가늘다	細(ほそ)い 호소이	두껍다	太(ふと)い 후또이
깊다	深(ふか)い 후까이	얕다	浅(あさ)い 아사이
새롭다	新(あたら)しい 아따라시이	오래다	古(ふる)い 후루이
가깝다	近(ちか)い 찌까이	멀다	遠(とお)い 토-이
덥다	暑(あつ)い 아쯔이	춥다	寒(さむ)い 사무이
따뜻하다	暖(あたた)かい 아따따까이	시원하다	涼(すず)しい 스즈시이
뜨겁다	熱(あつ)い 아쯔이	차갑다	冷(つめ)たい 쯔메따이
강하다	強(つよ)い 쯔요이	약하다	弱(よわ)い 요와이
자잘하다	細(こま)かい 코마까이	상세하다	詳(くわ)しい 쿠와시이
둥글다	丸(まる)い 마루이	각지다	角(しかく)い 시까꾸이
기쁘다	嬉(うれ)しい 우레시이	슬프다	悲(かな)しい 카나시이
외롭다, 쓸쓸하다	寂(さび)しい 사비시이	즐겁다	樂(たの)しい 타노시이
무섭다	恐(こわ)い 코와이	바르다	正(ただ)しい 타다시이
쉽다	易(やさ)しい 야사시이	어렵다	難(むずか)しい 무즈까시이
부드럽다	柔(やわら)かい 야와라까이	딱딱하다	固(かた)い 카따이
좋다	良(よ)い 요이	나쁘다	悪(わる)い 와루이
밝다	明(あかる)い 아까루이	어둡다	暗(くら)い 쿠라이
없다	無(な)い 나이		

쇼핑

Chapter 09 ‡‡ 병원 ‡‡
びょういん

● 기본표현 ●

1. 건강 관리

* 몸이 아플 때 *	
저는 일찍 자고 일찍 일어나는 게 건강의 비결이에요.	私は早寝早起きが健康の元です。 와따시와 하야네 하야오끼가 켄꼬-노 모또데스
제가 아무래도 무리를 하고 있는 것 같아요.	私はどうも無理をしているようです。 와따시와 도-모 무리오 시떼 이루요-데스
감기약을 먹었지만 전혀 효과가 없습니다.	風邪薬を飲んだのですが、全然効きません。 카제구스리오 논다노데스가 젠젠 키끼마셍
당신한테 감기가 옮은 것 같아요.	あなたから風邪を移されたようです。 아나따까라 카제오 우쯔사레따요-데스
더 이상 악화되지 않았으면 좋겠습니다만.	これ以上悪くならないといいのですが。 코레이죠- 와루꾸 나라나이또 이이노데스가
머리가 깨질 것 같아요.	頭が割れそうです。 아따마가 와레소-데스
모토즈 씨는 감기에 걸려 누워있어요.	本図さんは風邪で寝込んでいます。 모또즈상와 카제데 네꼰데 이마스

●기본표현● **실용 회화**

무슨 일 있어요? 피곤해 보이는군요.	なにかあったんですか。疲れて見えます。 나니까 앗딴데스까 쯔까레떼 미에마스
약은 먹었어요?	薬は飲みましたか。 쿠스리와 노미마시따까
의사한테 가 봤나요?	お医者さんに見てもらいましたか。 오이샤상니 미떼 모라이마시따까
이번 감기는 잘 떨어지지 않아요.	今回の風邪はなかなか治りません。 콘까이노 카제와 나까나까 나오리마셍
일이 손에 잡히지 않아요.	仕事が手につきません。 시고또가 테니 쯔끼마셍
입안에 염증이 났어요.	口内炎ができました。 코-나이엥가 데끼마시따
좀 누워있는게 어때요?	ちょっと横になったらどうですか。 촛또 요꼬니 낫따라 도-데스까
매일 샤워해야 합니다.	毎日シャワーを浴びなければなりません。 마이니찌 샤와-오 아비나께레바 나리마셍
담배를 끊어야 합니다.	たばこをやめなければなりません。 타바꼬오 야메나께레바 나리마셍 *권련 巻煙[まきタバコ] *엽궐련 葉巻[はまきタバコ] *연초 煙草[タバコ]

병원

실용 회화 | 301

2. 병원 안내

✲ 진료를 예약할 때 ✲

예약이 필요합니까?	予約が必要ですか。 요야꾸가 히쯔요-데스까
이번이 처음입니다.	今回が初めてです。 콘까이가 하지메떼데스
진료 예약을 하고 싶어요.	診療の予約をしたいです。 신료-노 요야꾸오 시따이데스
내일 오후라면 가능합니다.	あしたの午後なら可能です。 아시따노 고고나라 카노-데스
몇 시에 선생님에게 진찰받을 수 있나요?	何時に先生に診ていただけますか。 난지니 센세-니 미떼 이따다께마스까
병원은 몇 시부터 몇 시까지인가요?	病院は何時から何時までですか。 뵤-잉와 난지까라 난지마데데스까
어느 정도 기다리면 만날 수 있을까요?	どのくらい待てばお会いできますか。 도노꾸라이 마떼바 오아이데끼마스까
외래 입구는 어디인가요?	外来の入口はどこですか。 가이라이노 이리구찌와 도꼬데스-까
좋은 치과의사를 알고 있습니까?	いい歯医者さんを知っていますか。 이이하이샤상오 싯떼 이마스까

● 기본표현 ●

실용 회화

죄송합니다만, 예약이 다 되어 있습니다.	すみませんが予約でいっぱいです。 스미마셍가 요야꾸데 잇빠이데스
치과의사를 추천해 주시겠어요?	歯医者さんを推薦していただけますか。 하이샤상오 스이센시떼 이따다께마스까

✻ 접수 창구에서 ✻

가능하면 빨리 진찰을 받고 싶어요.	できましたら早めに診察をお願いします。 데끼마시따라 하야메니 신사쯔오 오네가이시마스
예약하셨습니까?	予約しましたか。 요야꾸시마시따까
그보다 더 빨리는 안 될까요?	それよりもっと早くはできないですか。 소레요리 못또 하야꾸와 데끼나이데스까
예약이 되어 있지는 않은데요, 급합니다.	予約はしてないのですがちょっと急いでいます。 요야꾸와 시떼 나이노데스가 촛또 이소이데 이마스
오늘 오후에 그 분이 시간이 되시나요?	今日の午後その方は時間が空いていますか。 쿄-노 고고 소노 카따와 지깡가 아이떼 이마스까
몇 장인지, 용지에 기입을 부탁드립니다.	何枚かの用紙に記入をお願いします。 난마이까노 요-시니 키뉴-오 오네가이시마스

병원

じつようかいわ

＊ 접수 창구에서 ＊

| 오늘이 처음입니까? | 今日が初めてですか。
쿄-가 하지메떼데스까 |

| 보험증은 있습니까? | 保険証はありますか。
호껜쇼-와 아리마스까 |

| 약국은 어디에 있나요? | 薬局はどこにありますか。
약꾜꾸와 도꼬니 아리마스까 |

| 어떤 보험도 들지 않았는데요. | 何の保険にも入っていませんが。
난노 호껜니모 하잇떼 이마셍가 |

| 이름을 알려주시겠습니까? | お名前を教えていただけますか。
오나마에오 오시에떼 이따다께마스까 |

| 입원도 보험이 되나요? | 入院も保険がきくでしょうか。
뉴-인모 호껭가 키꾸데쇼-까 |

| 입원에는 어떤 수속이 필요한가요? | 入院にはどんな手続きが必要でしょうか。
뉴-인니와 돈나 테쯔즈끼가 히쯔요-데쇼-까 |

| 전에 오신 적이 있습니까? | 以前いらっしゃった事がありますか。
이젠 이랏샷따 코또가 아리마스까 |

| 한국어를 할 수 있는 의사분은 계신가요? | 韓国語のできるお医者さんはいらっしゃいますか。
캉꼬꾸고노 데끼루 오이샤상와 이랏샤이마스까 |

실용 회화

● 기본표현 ●

이찌까와 선생님과 예약을 하셨습니까?	**市川先生と予約をしましたか。** 이찌까와 센세-또 요야꾸오 시마시따까
접수는 어디에서 하나요?	**受け付けはどこですか。** 우께쯔께와 도꼬데스까
진찰을 받고 싶습니다.	**診察を受けたいです。** 신사쯔오 우께따이데스
처방전을 가지고 약국에 가세요.	**処方箋を持って薬局に行ってください。** 쇼호-셍오 못떼 약꾜꾸니 잇떼 쿠다사이

✽ 대기실에서 ✽

어디가 아프신가요?	**どこが痛いのですか。** 도꼬가 이따이노데스까
의사 선생님은 지금 계신가요?	**今お医者さんはいらっしゃいますか。** 이마 오이샤상와 이랏샤이마스까
머리가 깨지듯이 아파요.	**頭が割れるように痛みます。** 아따마가 와레루요-니 이따미마스
열이 많이 나네요.	**高熱を出しました。** 코-네쯔오 다시마시따
의사선생님을 만나려면 얼마나 기다려야 할까요?	**先生に会うためにはどのくらい待てばよろしいでしょうか。** 센세-니 아우 타메니와 도노꾸라이마떼바 요로시이 데쇼-까

병원

실용 회화 | 305

じつようかいわ

＊ 대기실에서 ＊	
저는 10시에 진찰 예약이 되어 있어요.	私は10時に予約をしてあります。 와따시와 쥬-지니 요야꾸오 시떼 아리마스
저는 정기 검진 환자예요.	私は定期健診の患者です。 와따시와 테-끼켄신노 칸쟈데스
제일 먼저 봐 주시겠어요?	一番先に診ていただけますか。 이찌방 사끼니 미떼이따다께마스까
저희 병원에 처음 오시는 건가요?	当病院へは初めてですか。 토-뵤-잉에와 하지메떼데스까
진찰실은 어디인가요?	診察室はどこですか。 신사쯔시쯔와 도꼬데스까
다나까 선생님과 2시에 만나기로 되어 있습니다.	二時に田中先生と会う事になっています。 니지니 타나까센세-또 아우 코또니 낫떼 이마스
다나까 선생님에게 진찰 예약을 하고 싶습니다.	田中先生に診察の予約をしたいです。 타나까센세-니 신사쯔노 요야꾸오 시따이데스
염려말고 편하게 하세요.	遠慮せずにどうぞお楽に。 엔료세즈니 도-조 오라꾸니
다음에는 언제 오면 될까요?	今度はいつ来たらいいでしょうか。 곤도와 이쯔 키따라 이-데쇼-까

306 | Total 일본어회화 사전

●기본표현● 실용 회화

3. 진찰

＊ 증상을 설명할 때 ＊

식욕이 없어요.	**食欲がありません。** 쇼꾸요꾸가 아리마셍
항상 얼굴이 부어요.	**いつも顔がむくんでいます。** 이쯔모 카오가 무꾼데 이마스
3일 전부터 아팠어요.	**3日前から痛くなりました。** 믹까마에까라 이따꾸 나리마시따
가려움이 멈추지 않아요.	**かゆみが止まりません。** 가유미가 토마리마셍
가슴이 답답해요.	**胸苦しいです。** 무나구루시이데스
귀에 물이 들어갔어요.	**耳に水が入ったんです。** 미미니 미즈가 하잇딴데스
귀에서 고름이 나와요.	**耳からうみが出ます。** 미미까라 우미가 데마스
해수욕으로 피부가 심하게 그을렸어요.	**海水浴でひどい日焼けをしました。** 카이스이요꾸데 히도이 히야께오 시마시따
깨진 유리조각을 밟았어요.	**ガラスの破片を踏みました。** 가라스노 하헹오 후미마시따

병원

* 증상을 말할 때 *

꽃가루 알레르기가 있어요.	花粉アレルギーがあります。 카훙아레루기-가 아리마스
두드러기가 심해요.	じんましんがひどいです。 짐마싱가 히도이데스
몸이 가려워요.	体がかゆいんです。 카라다가 카유인데스
몸이 안 좋아요.	気分が悪いんです。 키분가 와루인데스
무좀이 심해요	水虫がひどいです。 미즈무시가 히도이데스
밤새 잠을 못 자요.	一晩中眠れないんです。 히또방쥬- 네무레나인데스
변비가 있어요.	便秘があります。 벰삐가 아리마스
손을 데었어요.	手を火傷しました。 테오 카쇼-시마시따
스케일링 하러 왔어요.	スケーリングをしに来ました。 스케-링구오 시니 키마시따
혈압이 오른 것 같은데요.	血圧が上がっていると思いますが。 케쯔아쯔가 아갓떼 이루또 오모이마스가

● 기본표현 ●

실용 회화

늘 불면증에 고생하고 있어요.	いつも不眠症に悩んでいます。 이쯔모 후민쇼-니 나얀데 이마스
엉덩이에 종기가 생겼어요.	お尻におできができました。 오시리니 오데끼가 데끼마시따
여기가 아파요.	ここが痛いのです。 코꼬가 이따이노데스
통증이 심해서 잠을 자지 못해요.	痛みが激しくて眠れません。 이따미가 하게시꾸떼 네무레마셍
왼쪽 귀가 울려요.	左の耳が耳鳴りします。 히다리노미미가 미미나리시마스
얼굴에 여드름이 났어요.	顔ににきびが出ました。 카오니 니끼비가 데마시따
언제부터 아프기 시작하셨나요?	いつから痛み始めましたか。 이쯔까라 이따미하지메마시따까
안색이 안 좋은 것 같아요.	顔色がすぐれないようですね。 카오이로가 스구레나이요-데스네
오늘은 좀 어떠세요?	今日はちょっといかがですか。 쿄-와 춋또 이까가데스까
아픈 지 얼마나 됐나요?	痛み出してからどれくらい たちましたか。 이따미다시떼까라 도레꾸라이 타찌마시따까

병원

じつよう かいわ

＊ 증상을 물어볼 때 ＊

어디가 아프신가요?
どこが痛みますか。
도꼬가 이따미마스까

＝どこが悪いんですか。
도꼬가 와루인데스까

여기를 누르면 아픈가요?
ここを押すと痛いですか。
코꼬오 오스또 이따이데스까

＊ 진료를 받을 때 ＊

건강 관리는 어떻게 하세요?
健康管理はどうしていますか。
켕꼬-칸리와 도-시떼 이마스까

건강 유지를 위해 뭘 하세요?
健康維持のため何をしますか。
켕꼬-이지노 타메 나니오 시마스까

건강은 어떠신가요?
健康はいかがですか。
켕꼬-와 이까가데스까

검사결과를 알려주시겠어요?
検査の結果を教えていただけますか。
켄사노 켁까오 오시에떼 이따다께마스까

올해 들어서는 건강진단을 받지 않았어요.
今年になってからは健康診断を受けていません。
코또시니 낫떼까라와 켕꼬-신당오 우께떼 이마셍

> **どうしましたか** 는 병원등에서 환자에게 어디가 아파서 왔는지 물어볼 때 사용한다.

● 기본표현 ●

다른 증상이 있나요?	他の症状はありますか。 호까노 쇼-죠-와 아리마스까
다음에는 언제 오면 될까요?	今度はいつ来たらいいでしょうか。 콘도와 이쯔 키따라 이이데쇼-까
수술은 한 번도 받은 적이 없어요.	手術は一度も受けたことがありません。 슈쥬쯔와 이찌도모 우께따 코또가 아리마셍
며칠 정도면 다 낫겠어요?	何日ぐらい経つと完治しますか。 난니찌구라이 타쯔또 칸찌시마스까
변비에는 무엇이 좋을까요?	便秘に何がいいですか。 벰삐니 나니가 이이데스까
부작용은 없나요?	副作用はありませんか。 후꾸사요-와 아리마셍까
식간에 드세요.	食事と食事の間に飲んでください。 쇼꾸지또 쇼꾸지노 아이다니 논데 쿠다사이
식후 30분에 복용하세요.	食後30分に服用してください。 쇼꾸고 상줏뿐니 후꾸요-시떼 쿠다사이
어느 정도 복용하면 되나요?	どのくらい服用したらいいですか。 도노꾸라이 후꾸요-시따라 이이데스까
언제 먹으면 되나요?	いつ飲んだらいいですか。 이쯔 논다라 이이데스까

실용 회화
병원

진료를 받을 때

여행을 계속해도 되나요?	旅行を続けても いいですか。 료꼬-오 쯔즈께떼모 이이데스까
입원을 하셔야겠는데요.	入院した方がいいですね。 뉴-잉시따 호-가 이이데스네
저는 어디가 안 좋은가요?	私はどこが悪いのでしょうか。 와따시와 도꼬가 와루이노데쇼-까
지시하신 대로 꼭 따를 게요.	指示にはきちんと従います。 시지니와 키찐또 시따가이마스
진찰해 주셔서 감사합니다.	ご診察 ありがとうございます。 고신사쯔 아리가또-고자이마스
진통제는 들어 있나요?	痛み止めは入っていますか。 이따미도메와 하잇떼 이마스까
체온을 잴게요.	体温を測ります。 타이옹오 하까리마스
치료는 어떻게 하면 되나요?	治療はどうしたらいいですか。 치료-와 도-시따라 이이데스까
내일 또 와야 하나요?	あしたまた来なければなりませんか。 아시따 마따 코나께레바 나리마셍까
하루 두 번 복용하세요.	1日に2回服用してください。 이찌니찌니 니까이 후꾸요-시떼 쿠다사이

● 기본표현 | 실용 회화

4. 내과

증상을 설명할 때	
독감인 것 같은데요.	**インフルエンザのようですね。** 인후루엔자노요-데스네
감기에 걸렸어요.	**風邪をひいてしまいました。** 카제오 히이떼 시마이마시따 = **かぜぎみです。** 카제기미데스
코감기에 걸렸어요.	**鼻風邪を引いています。** 하나카제오 히-떼 이마스
콧물이 흐르고 열이 나요.	**鼻水が出て熱があります。** 하나미즈가 데떼 네쯔가 아리마스
경기가 있어요.	**引き付けがあるんです。** 히끼쯔께가 아룬데스
계속 콧물이 나요.	**ずっと鼻水が出るんです。** 줏또 하나미즈가 데룬데스
머리가 아프고 오한이 있어요.	**頭が痛くて寒気がします。** 아따마가 이따꾸떼 칸끼가 시마스
열이 있고 기침이 납니다.	**熱があって咳が出ます。** 네쯔가 앗떼 세끼가 데마스

병원

실용 회화 | 313

✱ 증상을 설명할 때 ✱

머리가 지끈지끈 아파요.	頭ががんがん痛みます。 아따마가 강강 이따미마스
목이 아파요.	のどが痛いです。 노도가 이따이데스
몸살이 났어요.	全身が痛いです。 젠신가 이따이데스
온 몸이 욱신욱신 쑤셔요.	全身がずきずきと痛みます。 젠신가 즈끼즈끼또 이따미마스
배가 아파요.	お腹が痛いです。 오나까가 이따이데스
배탈이 났어요.	お腹を壊しました。 오나까오 코와시마시따
설사가 심해요.	げりがひどいです。 게리가 히도이데스
아랫배가 살살 아파요.	下腹がしくしくと痛みます。 시땃빠라가 시꾸시꾸또 이따미마스
아이가 계속 기침을 하네요.	子供がずっと咳をするんです。 코도모가 즛또 세끼오 스룬데스
아이가 먹으면 토해요.	子供が食べたら吐きます。 코도모가 타베따라 하끼마스

●기본표현● **실용 회화**

숨이 차요.	息切れがします。 이끼기레가 시마스
식중독 같은데요.	食中毒のようです。 쇼꾸쮸-도꾸노 요-데스 = 食中毒になったみたいです。 쇼꾸쮸-도꾸니 낫따미따이데스
입원해야 합니까?	入院しなければならないですか。 뉴-인시나께레바 나라나이데스까
증상이 심각한가요?	症状が深刻ですか。 쇼-죠-가 신꼬꾸데스까
침을 삼키는 것도 힘들어요.	唾を飲むのも苦しいです。 쯔바오 노무노모 쿠루시이데스
토할 것 같아요.	吐気がします。 하끼께가 시마스
한기가 듭니다.	寒気がします。 사무께가 시마스
현기증이 납니다.	目まいがします。 메마이가 시마스
소화불량으로 힘들어하고 있어요.	消化不良に悩んでいます。 쇼-까후료-니 나얀데 이마스 = 消化ができません。 쇼-까가 데끼마셍

병원

＊ 진료실에서 ＊

기본적인 검사입니다.	基本的な検査です。 키혼떼끼나 켄사데스
붕대와 탈지면을 주세요.	包帯と脱脂綿をください。 호-따이또 닷시멩오 쿠다사이
엑스레이 촬영과 혈액 검사입니다.	レントゲン撮影と血液検査です。 렌토겐사쯔에이또 케쯔에끼켄사데스
여기를 만지면 아프십니까?	ここを触ると痛いですか。 코꼬오 사와루또 이따이데스까
운동은 건강과 장수의 관건이에요.	運動は健康と長生きの鍵です。 운도-와 켕꼬-또 나가이끼노 카기데스
웃옷을 벗으세요.	上着を脱いでください。 우와기오 누이데 쿠다사이
몇 가지 검사를 해봐야겠는데요.	いくつか検査をしなければなりません。 이꾸쯔까 켄사오 시나께레바 나리마셍
진찰하겠습니다.	診察します。 신사쯔시마스
체온을 재어 보겠습니다.	体温を測ってみます。 타이온오 하깟떼 미마스

● 기본표현 ●

실용 회화

5. 외과

＊ 증상을 설명할 때 ＊

허리가 아파서 움직일 수 없어요.	腰が痛くて動けません。 코시가 이따꾸떼 우고께마셍
허리를 삐었어요.	腰を抜かしました。 코시오 누까시마시따
감염될 염려가 있나요?	感染の恐れがありますか。 칸센노 오소레가 아리마스까
미끄러져 넘어졌어요.	滑ってころびました。 스벳떼 코로비마시따
발이 가끔 마비됩니다.	足がたまに麻痺するのです。 아시가 따마니 마히스루노데스
부딪친 곳이 아직 아파요.	打った所がまだ痛いんです。 웃따 토꼬로가 마다 이따인데스
상처는 소독했습니까?	傷口は消毒しましたか。 키즈구찌와 쇼-도꾸시마시따까
스키를 타다가 발을 삐었어요.	スキーをして足をくじきました。 스카-오 시떼 아시오 쿠지끼마시따
여기가 아픕니다.	ここが痛いです。 코꼬가 이따이데스

병원

실용 회화 | 317

じつよう かいわ

＊ 증상을 설명할 때 ＊	
오른팔이 부러진 것 같아요.	**右腕が折れたようです。** 미기우데가 오레따요-데스
요리를 하다가 손을 데었습니다.	**料理の時手に火傷をしました。** 료-리노 토끼 테니 야께도오시마시따
운동하다 다쳤어요.	**運動して怪我したんです。** 운도-시떼 케가시딴데스
응급조치가 필요합니다.	**応急手当が必要です。** 오-뀨-테아떼가 히쯔요-데스
이 처방전대로 약을 지어주세요.	**この処方箋で薬をください。** 코노 쇼호-셍데 쿠스리오 쿠다사이
축구를 하다가 발목을 삔 것 같아요.	**サッカーをした時に足首をくじきました。** 삿카-오 시따 토끼니 아시꾸비오 쿠지끼마시따
팔이 부러졌습니다.	**腕の骨が折れました。** 우데노 호네가 오레마시따
흉터가 남을까요?	**傷跡が残りますか。** 키즈아또가 노꼬리마스까
＊ 진료실에서 ＊	
깁스를 해야겠습니다.	**ギブスをします。** 기부스오 시마스

● 기본표현 ●

눈곱이 끼네요.	目脂がたまります。	
	메야니가 타마리마스	
다리가 부어올랐습니다.	足が腫れて来ました。	
	아시가 하레떼 키마시따	
바르는 약은 4시간 간격으로 바르세요.	塗り薬は4時間おきに塗ってください。	
	누리구스리와 요지깡 오끼니 눗떼 쿠다사이	
이렇게 하면 아픕니까?	このようにしたら痛いですか。	
	코노요-니 시따라 이따이데스까	
전신에 멍이 들었습니다.	全身にあざができました。	
	젠신니 아자가 데끼마시따	
주사 놓겠습니다.	注射を打ちます。	
	츄-샤오 우찌마스	
증상은 어떻습니까?	症状はいかがですか。	
	쇼-죠-와 이까가데스까	
진통제를 처방해 드릴까요?	鎮痛剤を処方しましょうか。	
	친쯔-자이오 쇼호-시마쇼-까	
한 번에 몇 알 먹으면 되나요?	一回に何錠 飲めばいいですか。	
	익까이니 난죠- 노메바 이이데스까	

* **ギプス**(깁스) 석고 붕대
* **ギプスのベッド**(깁스베드) 환자를 위하여 석고로 만든 침대

6. 안과

* 증상을 설명할 때 *	
눈이 가려워요.	**目がかゆいです。** 메가 카유이데스
눈이 쓰라리고 아파요.	**目がチクチクして痛いです。** 메가 찌꾸찌꾸시떼 이따이데스
눈이 아파서 눈물이 나와요.	**目が痛くて涙が出てきます。** 메가 이따꾸떼 나미다가 데떼 키마스
눈이 충혈되어 있어요.	**目が充血しています。** 메가 쥬-께쯔시떼 이마스
눈 상태가 좀 이상한 것 같습니다만.	**目の具合が少しおかしいのですが。** 메노 구아이가 스꼬시 오까시이노데스가
눈이 침침하고 안보이는데요.	**目がかすんでよく見えません。** 메가 카슨데 요꾸 미에마셍
당신의 시력은 어느 정도입니까?	**あなたの視力はどれくらいですか。** 아나따노시료꾸와 도레꾸라이이데스까
저는 근시입니다.	**私は近視です。** 와따시와 킨시데스
저는 난시예요.	**私は乱視です。** 와따시와 란시데스

● 기본표현 ●

실용 회화

저는 원시입니다.	私は遠視です。 와따시와 엔시데스
시력검사를 하러 왔습니다.	視力検査のために来ました。 시료꾸켄사노 타메니 키마시따
시력이 떨어진 것 같아요.	視力が落ちたようです。 시료꾸가 오찌따요-데스
안경을 맞추려고 하는데 검사 받을 수 있나요?	眼鏡を作りたいのですが検査を受けられますか。 메가네오 쯔꾸리따이노데스가 켄사오 우께라레마스까
안약이 필요한데요.	目薬がほしいのですが。 메구스리가 호시이노데스가
오른쪽 눈에 다래끼가 났습니다.	右の目にものもらいができました。 미기노 메니 모노모라이가 데끼마시따
오른쪽 눈이 따끔따끔 아파요.	右の目がちくちくと痛みます。 미기노 메가 찌꾸찌꾸또 이따미마스

* 진료실에서 *

네번째 줄은 읽으실 수 있습니까?	四番目の行は読めますか。 욘반메노 교-와 요메마스까
마지막으로 시력검사를 받은게 언제입니까?	最後に視力検査を受けたのはいつですか。 사이고니 시료꾸켄사오 우께따노와 이쯔데스까

병원

실용 회화 | 321

じつよう かいわ

✳ 진료실에서 ✳

시력검사표를 보세요.	視力検査表を見てください。 시료꾸켄사효-오 미떼 쿠다사이
눈에 염증이 생겼어요.	目が炎症しています。 메가 엔쇼-시떼 이마스
저는 시력이 좀 나빠요.	私は視力が少し悪い。 와따시와 시료꾸가 스꼬시 와루이
눈곱이 낍니다.	目脂がたまります。 메야니가 타마리마스
시력이 떨어지는 것만 같아요.	視力が衰えているようです。 시료꾸가 오또로에떼 이루요-데스
좀 봐도 되겠어요?	ちょっと見てもいいですか。 촛또 미떼모 이이데스까

mini 회화

A : 最悪だね。
사이아꾸다네
너무 끔찍해.

B : 心配しないですぐよくなるよ。
심빠이시나이데 스구 요꾸 나루요
걱정 마, 금방 나아질 거야.

7. 치과

※ 증상을 설명할 때 ※

식사할 때 이가 아픕니다.	食事の時に歯が痛みます。 쇼꾸지노 토끼니 하가 이따미마스
충치가 생긴 것 같아요.	虫歯ができたようです。 무시바가 데키따요-데스
치통이 있습니다.	歯が痛みます。 하가 이따미마스
음식물이 이에 잘 껴요.	食べ物がよく歯に挟まります。 타베모노가 요꾸 하니 하사마리마스
이가 몹시 아픕니다.	歯がとても痛いです。 하가 토떼모 이따이데스
이가 흔들려요.	歯が揺れます。 하가 유레마스
이를 때운 것이 빠졌어요.	歯の詰め物がとれてしまいました。 하노 쯔메모노가 토레떼 시마이마시따
잇몸에 염증이 있어요.	歯茎が炎症しています。 하구끼가 엔쇼-시떼 이마스
잇몸에서 피가 납니다.	歯茎から血が出ています。 하구끼까라 치가 데떼 이마스

실용 회화 | 323

じつよう かいわ

＊ 증상을 설명할 때 ＊

어떤 칫솔을 사용하면 좋을까요?	どんな歯ブラシを使うといいでしょうか。 돈나 하부라시오 쯔까우또 이이데쇼-까
진통제를 복용했어요.	鎮痛剤を飲みました。 진쯔-자이오 노미시따
통증을 없애 주세요.	痛みをなくしてください。 이따미오 나꾸시떼 쿠다사이

＊ 진료실에서 ＊

통증이 있나요?	痛みがありますか。 이따미가 아리마스까
뽑아버려야 될 것 같습니다.	抜かなければなりませんね。 누까나께레바 나리마셍네
입을 크게 벌리세요.	口を大きく開けてください。 쿠찌오 오-끼꾸 아께떼 쿠다사이
적어도 하루에 두 번은 이를 닦아야 합니다.	少なくとも一日に二回は歯を磨かなければなりません。 스꾸나꾸또모 이찌니찌니 니까이와 하오 미가까나께레바 나리마셍
이를 규칙적으로 닦으세요.	規則正しく歯を磨いてください。 키소꾸따다시꾸 하오 미가이떼 쿠다사이

● 기본표현 ●

실용 회화

8. 문병

* 병문안 갈 때 *

면회시간을 알고 싶은데요.	面会時間を知りたいのですが。 멩까이지깡오 시리따이노데스가
입원환자 병동은 어디에 있나요?	入院患者病棟はどこですか。 뉴-잉 칸쟈 뵤-또-와 도꼬데스까
환자에게 뭘 갖다 주면 될까요?	患者に何を持っていけばいいですか。 칸쟈니 나니오 못떼 이께바 이이데스까
곧 건강해질 거예요.	すぐ元気になりますよ。 스구 켕끼니 나리마스요
병과 싸워 이기세요.	病気に負けないでください。 뵤-끼니 마께나이데 쿠다사이
부디 몸조리 잘 하세요.	くれぐれもお大事に。 쿠레구레모 오다이지니
빨리 나으면 좋겠군요.	早く良くなるといいですね。 하야꾸 요꾸 나루또 이이데스네
생각보다 훨씬 건강해 보여요.	思ったよりずっと元気そうですね。 오못따요리 줏또 겡끼소-데스네

병원

실용 회화 | 325

교통

こうつう

●기본표현●

1. 길 안내

※ 길을 물어볼 때 ※

가까운 전철역은 어디인가요?	近い駅はどこですか。 치까이 에끼와 도꼬데스까
여기서 얼마나 먼가요?	ここからどのぐらいかかりますか。 코꼬까라 도노구라이 카까리마스까
여기서부터 걸어서 갈 수 있습니까?	ここから歩いて行けますか。 코꼬까라 아루이떼 이께마스까
그곳에 가는 가장 빠른 길은 뭔가요?	そこに行く一番早い道はどこですか。 소꼬니 이꾸 이찌방 하야이 미찌와 도꼬데스까
여기에 약도를 그려주실래요?	ここに略図を書いてください。 코꼬니 랴꾸즈오 카이떼 쿠다사이
역으로 가는 길을 가르쳐주세요.	駅へ行く道を教えてください。 에끼에 이꾸 미찌오 오시에떼 쿠다사이
우에노 공원은 이 길로 가면 되나요?	上野公園はこの道でいいんでしょうか。 우에노코-엔와 코노 미찌데 이인데쇼-까

● 기본표현 ●

실용 회화

교통

교토에는 몇 시에 도착하나요?	京都には何時に着きますか。 쿄-또니와 난지니 쯔끼마스까
긴자에는 어떻게 가야 하나요?	銀座へはどうやって行きますか。 긴자에와 도-얏떼 이끼마스까
걸어가기에는 조금 멉니다.	歩くにはちょっと遠いです。 아루꾸니와 촛또 토-이데스
걸어서 10분 정도 걸립니다.	歩いて10分くらいかかります。 아루이떼 줏뿐꾸라이 카까리마스
곧장 가세요.	まっすぐに行ってください。 맛스구니 잇떼 쿠다사이
길을 건너세요.	道を渡ってください。 미찌오 와땃떼 쿠다사이
길을 잃어버렸어요.	私は道に迷ってしまいました。 와따시와 미찌니 마욧떼 시마이마시따
길을 잘못 들었어요. 여기는 어디인가요?	道を間違えました。ここはどこですか。 미찌오 마찌가에마시따 코꼬와 도꼬데스까
다른 사람에게 물어보세요.	だれかほかの人に聞いてください。 다레까 호까노 히또니 키-떼쿠다사이
도로지도를 주실래요?	道路の地図をいただけますか。 도-로노 찌즈오 이따다께마스까

실용 회화 | 327

じつよう かいわ

✽ 길을 물어볼 때 ✽

미안해요, 전철역은 어떻게 가면 좋을까요?	すみません、駅へはどう行けば良いですか。 스미마셍 에끼에와 도- 이께바 요이데스까
실례지만, 제가 지금 있는 곳이 어디인가요?	すみませんが、私が今いる所はどこですか。 스미마셍가 와따시가 이마 이루 토꼬로와 도꼬데스까
실례합니다. 도서관을 찾고 있는데요.	すみません、図書館を探しているんですが。 스미마셍 토쇼깡오 사가시떼 이룬데스가
알겠습니다. 지금 계신 곳이 어디신가요?	分かりました。今どちらへいらっしゃいますか。 와까리마시따 이마 도찌라에 이랏샤이마스까
이 거리를 뭐라고 부르나요?	この通りは何といいますか。 코노 토-리와 난또 이-마스까
이 근처에 주유소가 있나요?	この近くにガソリンスタンドはありますか。 코노 치까꾸니 가소린스탄도와 아리마스까
이 길로 곧장 가세요.	この道をまっすぐ行ってください。 코노 미찌오 맛스구 잇떼 쿠다사이
저도 그쪽으로 가니 따라오세요.	私もそちらの方向へ行きますから連いて来てください。 와따시모 소찌라노 호-꼬-에 이끼마스까라 쯔이떼 키떼 쿠다사이

● 기본표현

실용 회화

교통

이 주변에 주차장이 있나요?	この辺に駐車場はありますか。 코노 헨니 쮸-샤죠-와 아리마스까
저것은 무슨 건물인가요?	あの建物は何ですか。 아노 타떼모노와 난데스까
제가 약도를 그려드릴게요.	私が略図を書いてあげます。 와따시가 랴꾸즈오 카이떼 아게마스
제일 가까이 있는 전철역은 어디입니까?	一番近くにある駅はどこですか。 이찌방 찌까꾸니 아루 에끼와 도꼬데스까
지하철 역은 어디인가요?	地下鉄の駅はどこですか。 치까떼쯔노 에끼와 도꼬데스까
직행버스 터미널은 어디에 있나요?	直通バスターミナルはどこにありますか。 쵸꾸쯔- 바스따-미나루와 도꼬니 아리마스까
집 주소를 보여주실래요?	おうちの住所を見せてもらえますか。 오우찌노 쥬-쇼오 미세떼 모라에마스까
찾기 쉬워요. 여기서 모퉁이를 돌면 있어요	見つけやすいです。ここの角を曲がるとあります。 미쯔께야스이데스 코꼬노 카도오 마가루또 아리마스
팔레스 호텔로 가는 길을 가르쳐주시겠어요?	パレスホテルへ行く道を教えてくれますか。 파레스호테루에 이꾸 미찌오 오시에떼 쿠레마스까

じつよう かいわ

＊ 길을 물어볼 때 ＊

첫 번째 모퉁이에서 왼쪽으로 도세요.

1つ目の角を左に曲がりなさい。
히또쯔메노 카도오 히다리니 마가리나사이

표는 어디서 사나요?

切符はどこで買いますか。
킵뿌와 도꼬데 카이마스까

＊ 교통 안내 방송 활용 ＊

잘못 돌았습니다. 되돌아가세요.

間違って曲がりました。戻ってください。
마찌갓떼 마가리마시따 모돗떼 쿠다사이

속도를 줄이세요.

スピードを落してください。
스피-도오 오또시떼 쿠다사이

현재 위치를 가르쳐주세요.

現在の位置を教えてください。
겡자이노 이찌오 오시에떼 쿠다사이

주유소까지는 약2,3킬로예요.

ガソリンスタンドまでほんの2,3キロです。
가소린스탄도마데 혼노 니 상 키로데스

mini 회화

A : **終着駅までどれくらいかかりますか。**
슈-챠쿠에끼마데 도레쿠라이 카까리마스까
종점까지 가는데 시간이 얼마나 걸리나요?

B : **1時間くらいかかります。**
이찌지깡쿠라이 카까리마스 한 시간 정도 걸립니다.

● 기본표현 ●

실용 회화

2. 자동차 이용

교통

* 운전할 때 *

기름이 다 떨어져 가고 있어요.	**ガソリンが無くなりそうです。** 가소링가 나꾸나리소-데스
안전벨트를 매세요.	**シートベルトを締めてください。** 시-토베루토오 시메떼 쿠다사이
트렁크를 열어 주시겠어요?	**トランクを開けていただけますか。** 토랑쿠오 아께떼 이따다께마스까
안전벨트를 매셨어요?	**シートベルトを締めましたか。** 시-토베루토오 시메마시따까
기름이 떨어져가네요.	**ガソリンが切れかかってます。** 가소린가 키레까갓떼 마스
지도를 가지고 있나요?	**地図を持っていますか。** 치즈오 못떼이마스까
길이 너무 막혔어요.	**道がとても混んでいました。** 미찌가 토떼모 콘데 이마시따
저는 초보운전자입니다.	**私は初歩ドライバーです。** 와따시와 쇼호 도라이바-데스
뒤 트렁크를 열어주실래요?	**うしろのトランクを開けてください。** 우시로노 토랑쿠오 아께떼 쿠다사이

실용 회화 | 331

じつよう かいわ

✱ 사고가 났을 때 ✱

제 차가 고장 났어요. 견인하러 오세요.	私の車が故障しました。取りに来てください。 와따시노 쿠루마가 코쇼-시마시따 토리니 키떼 쿠다사이
보험처리가 되나요?	保険処理ができますか。 호껜쇼리가 데끼마스까
저 사람이 갑자기 길로 뛰어들었어요.	あの人がいきなり道に飛び出したんです。 아노히또가 이끼나리 미찌니 토비다시딴데스
보험은 종합보험으로 하겠어요.	保険は総合保険にします。 호껜와 소-고-호껜니 시마스
충돌사고예요. 경찰 좀 불러주세요.	衝突事故です。警察の人を呼んでください。 쇼-또쯔지꼬데스 케-사쯔노 히또오 욘데 쿠다사이
교통사고를 당했어요.	交通事故にあいました。 코-쯔-지꼬니 아이마시따
제 과실이 아니예요.	私の過失じゃありません。 와따시노 카시쯔쟈 아리마셍
차가 고속도로에서 고장났어요.	車が高速道路で故障したんです。 쿠루마가 코-소꾸도-로데 쇼-시딴데스

* **迂回道路**[うかいどうろ] 우회 도로
* **有料道路**[ゆうりょうどうろ] 유료 도로
* **舗装路**[ほそうどうろ] 포장 도로

● 기본표현 ●

실용 회화

교통

※ 교통 위반했을 때 ※

여기 있어요. 제 국제 운전면허증이에요.	はいどうぞ私の国際運転免許証です。 하이 도-조. 와따시노 코꾸사이운뗑멩꾜쇼-데스
면허증을 좀 보여주시겠어요?	免許証を見せていただけますか。 멩꾜쇼-오 미세떼 이따다께마스까
상대 차가 신호를 무시했어요.	相手の車が信号を無視したんです。 아이떼노 쿠루마가 싱고-오 무시시딴데스
음주단속 중입니다. 협조 부탁드립니다.	飲酒違反取り締まり中です。ご協力おねがいします。 인슈이한 토리시마리쮸-데스 고꾜-료꾸 오네가이시마스
정지 신호를 무시하셨습니다.	停止信号を無視しました。 테-시신고-오 무시시마시따
과속하셨습니다.	スピード違反しました。 스피-도이한시마시따
차에서 내리십시오.	車から降りてください。 쿠루마까라 오리떼 쿠다사이
이번만 봐드리겠습니다.	今度だけ大目に見てあげます。 콘도다께 오-메니 미떼 아게마스
오늘은 운이 좋았어.	今日はついてるよ。 쿄-와 쯔이떼루요

실용 회화 | 333

じつよう かいわ

＊ 주유할 때 ＊	
가득 채워주세요.	満タンにしてください。 만탄니 시떼 쿠다사이
얼마나 넣어드릴까요?	どのくらい入れますか。 도노꾸라이 이레마스까
휘발유를 가득 채워 주세요.	ガソリンを満タンに入れてください。 가소린오 만탄니 이레떼 쿠다사이
이곳은 셀프서비스 주유소입니다.	ここはセルフサービスのガソリンスタンドです。 코꼬와 세루후사ー비스노 가소린스탄도데스
여기서 세차해 주나요?	ここで洗車できますか。 코꼬데 센샤데끼마스까
＊ 주차장에서 ＊	
주차장이 비었어요.	駐車場に空きがあります。 츄ー샤죠ー니 아끼가 아리마스
만차입니다.	満車です。 만샤데스
견인 지역입니다.	ここは駐車禁止地域です。 코꼬와 쮸ー샤킨시찌이끼데스
주차해 드리겠습니다.	駐車いたします。 츄ー샤이따시마스

● 기본표현 ●

실용 회화

교통

이곳은 유료(무료) 주차장이에요.	ここは有料(無料)の駐車場です。 코꼬와 유-료-무료-노 쮸-샤죠-데스
차 좀 빼 주세요.	車をちょっと 出してください。 쿠루마오 촛또 다시떼쿠다사이
주차요금은 시간당 얼마인가요?	駐車料金は1時間毎にいくらですか。 츄-샤료-낑와 이찌지깡고또니 이꾸라데스까
여기에 주차해도 되나요?	ここに車駐車してもいいですか。 코꼬니 쿠루마오 쮸-샤시떼모 이이데스까

* 카센타에서 *

부동액을 점검해 주세요.	不凍液を点検してください。 후또-에끼오 텐껜시떼 쿠다사이
브레이크가 말을 안 들어요.	ブレーキが利かないんです。 부레-키가 키까나인데스
수리 견적을 내주세요.	修理 見積りを出してください。 슈-리 미쯔모리오 다시떼 쿠다사이
수리하는 데 얼마나 걸리나요?	修理するのにどのくらいかかりますか。 슈-리스루노니 도노꾸라이 카까리마스까
시동이 안 걸려요.	エンジンがかからないんです。 엔진가 카까라나인데스 =ずっとエンジンがかかりません。 즛또 엔진가 카까리마셍

실용 회화 | 335

じつよう かいわ

✻ 카센타에서 ✻

| 엔진오일을 점검해 주세요. | エンジンオイルを点検してください。
엔진오이루오 텐껜시떼 쿠다사이 |

와이퍼를 바꿔야겠어요.
ワイパーを交換しなければなりません。
와이파-오 코-깡시나께레바 나리마셍

제 차는 언제 찾아갈 수 있나요?
私の車はいつ持って行けますか。
와따시노 쿠루마와 이쯔 못떼 이께마스까

차량 점검을 받고 싶어요.
車の点検を受けたいです。
쿠루마노 텐껜오 우께따이데스

차를 고치는 데 얼마나 걸리나요?
車を直すのにどのくらいかかりますか。
쿠루마오 나오스노니 도노꾸라이 카까리마스까

차에 어디가 이상이 있나요?
車のどこに異常がありますか。
쿠루마노 도꼬니 이죠-가 아리마스까

타이어가 펑크 났어요.
タイヤがパンクしました。
타이야가 팡쿠시마시따

타이어에 바람을 넣어 주세요.
タイヤに空気を入れてください。
타이야니 쿠-끼오 이레떼 쿠다사이

좋은 차를 가지고 계시군요.
いい車をお持ちですね。
이이쿠루마오 오모찌데스네

● 기본표현 ●

실용 회화

교통

✽ 렌터카 이용할 때 ✽

차를 한 대 빌리고 싶어요.	車を一台借りたいです。 쿠루마오 이찌다이 카리따이데스
1일 요금은 얼마인가요?	1日の料金はいくらですか。 이찌니찌노 료-낑와 이꾸라데스까
소형차가 있나요?	軽自動車はありますか。 케-지도-샤와 아리마스까
대신 운전 좀 해 주시겠어요?	代わりに運転していただけますか。 카와리니 운뗀시떼 이따다께마스까
렌터카 목록을 보여 주시겠어요?	レンタカーリストを見せてもらえますか。 렌타카- 리스토오 미세떼 모라에마스까
여기서 렌터카를 예약할 수 있나요?	ここでレンタカーの予約ができますか。 코꼬데 렌타카-노 요야꾸가 데끼마스까
사용한 후에는 어떻게 돌려드리나요?	使った後はどう返しますか。 쯔깟따 아또와 도- 카에시마스까
오토매틱밖에 운전하지 못해요.	オートマチックしか運転できません。 오-토마칙꾸시까 운뗀데끼마셍
차를 어디에 반납해야 하나요?	車をどこに返却すればいいですか。 쿠루마오 도꼬니 헹꺄꾸스레바 이이데스까

실용 회화 | 337

3. 대중교통 - 버스

✻ 매표소에서 ✻

거기에 가는 직행버스는 있나요?	そこへ行く直通バスはありますか。 소꼬에 이꾸 쪼꾸쯔-바스와 아리마스까
낮 보통시간대에는 5분부터 10분 간격으로 운행되고 있습니다.	昼の時間帯には5分から10分おきで運行されています。 히루노 지깡따이니와 고훈까라 줏뿐오끼데 운꼬-사레떼 이마스
버스는 얼마나 자주 오나요?	バスはどれくらいの間隔で来ますか。 바스와 도레꾸라이노 칸까꾸데 키마스까
도쿄타워엔 몇 번 버스가 가나요?	東京タワーには何番バスが行きますか。 토-꾜-타와-니와 난방바스가 이끼마스까
몇 번 버스를 타면 되나요?	何番バスに乗ればいいですか。 난방 바스니 노레바 이이데스까
버스는 어디에서 타나요?	バスはどこで乗りますか。 바스와 도꼬데 노리마스까
다음 버스는 몇 시인가요?	次のバスは何時ですか。 쯔기노 바스와 난지데스까
버스요금은 얼마입니까?	バス料金はいくらですか。 바스료-낑와 이꾸라데스까

실용 회화

● 기본표현 ●

교통

버스정류장은 어디인가요?	バス停はどこですか。 바스떼-와 도꼬데스까
시부야행 버스는 어디서 타면 됩니까?	渋谷行きのバスはどこで乗ればいいですか。 시부야유끼노바스와 도꼬데 노레바 이이데스까
이 노선버스는 몇 분 간격으로 옵니까?	この路線バスは何分おきに来ますか。 코노 로센바스와 난뿐오끼니 키마스까
이 버스는 와세다대학에 갑니까?	このバスは早稲田大学に行きますか。 코노 바스와 와세다다이가꾸니 이끼마스까

mini 회화

A: 運行スケジュールを見せてもらえますか。
운꼬-스케쥬루오 미세떼 모라에마스까
운행 스케줄을 볼 수 있을까요?

B: もちろんです。どうぞ。
모찌론데스 도-조
물론이죠. 여기에 있습니다.

昼の普通の時間帯には5分から10分おきで運行されています。
히로노후쯔-노지깡다이니와 고분까라 줏뿐오끼데 운꼬-사레떼 이마스
낮 보통 시간대에는 5분부터 10분 간격으로 운행되고 있습니다.

A: バス料金はいくらですか。
바스료-킹와 이꾸라데스까
버스요금은 얼마입니까?

버스를 이용할 때

다음에 내리면 됩니다.	次に降りたらいいですよ。 쯔기니 오리따라 이이데스요
도착하면 알려주세요.	着いたら教えてください。 쯔이따라 오시에떼 쿠다사이
버스에 탈 때에 승차권을 받아주세요.	バスに乗る時に乗車券を受け取ってください。 바스니 노루 토끼니 죠-샤껜오 우께톳떼 쿠다사이
시내로 가려면 어느 버스를 타야 하나요?	市内に行くにはどのバスに乗ればいいですか。 시나이니 이꾸니와 도노 바스니 노레바 이이데스까
시부야에 가고 싶습니다만, 어디서 내리면 됩니까?	渋谷に行きたいんですがどこで降りたらいいですか。 시부야니 이끼따인데스가 도꼬데 오리따라 이이데스까
시청에 가려면 어디서 내려야 하나요?	市庁に行くにはどこで降りればいいですか。 시쪼-니 이꾸니와 도꼬데 오리레바 이이데스까
신주쿠 쪽으로 가려면, 어디서 갈아타면 됩니까?	新宿のほうに行くにはどこで乗り換えたらいいですか。 신주꾸노 호-니 이꾸니와 도꼬데 노리까에따라 이이데스까
1000엔 지폐라도 괜찮습니까?	1000円札でもだいじょうぶですか。 센엔사쯔데모 다이죠-부데스까

● 기본표현

실용 회화

교통

어느 버스를 타면 되나요?	どのバスに乗ればいいですか。 도노 바스니 노레바 이이데스까
어디서 갈아타나요?	どこで乗り換えるのですか。 도꼬데 노리까에루노데스까
여기가 내려야 할 곳인가요?	ここが降りるところですか。 코꼬가 오리루 토꼬로데스까
여기서 가까워요.	ここから近いです。 코꼬까라 치까이데스
여기서 걸어서 약 5분 정도 걸려요.	ここから歩いてほんの5分ほどです。 코꼬까라 아루이떼 혼노 고훈호도데스
여기서 기다려 주실래요?	ここで待ってもらえませんか。 코꼬데 맛떼 모라에마셍까
이 버스 시내에 가나요?	このバスは市内に行きますか。 코노 바스와 시나이니 이끼마스까
이 버스는 공항에 가나요?	このバスは空港へ行きますか。 코노 바스와 쿠-꼬-에 이끼마스까
이 버스는 몇 시에 출발하나요?	このバスは何時に出発しますか。 코노 바스와 난지니 슛빠쯔시마스까
죄송하지만 내려주세요.	すみません降ろしてください。 스미마셍 오로시떼 쿠다사이

실용 회화 | **341**

じつよう かいわ

오늘 막차는 몇 시에 있나요?	今日の終電は何時ですか。 쿄-노 슈-덴와 난지데스까
요츠야 3쵸메에서 갈아 타면 됩니다.	四ツ谷三丁目で乗り換えるといいですよ。 요쯔야 산쬬-메데 노리까에루또 이이데스요
버스에 탈 때에 160엔을 통 안에 넣으면 됩니다.	バスに乗る時に160円を箱の中に入れればいいです。 바스니 노루 토끼니 햐꾸로꾸쥬-엔오 하꼬노 나까니 이레레바 이이데스

✽ 버스를 잘못 탔을 때 ✽

당신은 반대로 가고 있어요.	あなたは反対に行っています。 아나따와 한따이니 잇떼 이마스
버스를 잘못 탄 것 같아요.	バスを間違えて乗ったみたいです。 바스오 마찌가에떼 놋따미따이데스
실례합니다만, 얼마나 기다리셨습니까?	失礼ですがどれくらい待たれましたか。 시쯔레이데스가 도레꾸라이 마따레마시따까
후지산행 고속버스는 몇 번 승강장입니까?	富士山行きの高速バスは何番のりばですか。 후지산유끼노 코-소꾸바스와 난방노리바데스까
여기선 안 됩니다.	ここではだめです。 코꼬데와 다메데스

4. 대중교통-고속버스

※ 고속버스 이용할 때 ※

거기는 제 자리인데요.	そこは私の席です。 소꼬와 와따시노 세끼데스
그 버스의 좌석을 예약할게요.	そのバスの座席を予約します。 소노바스노 자세끼오 요야꾸시마스
왕복 운임은 얼마인가요?	往復運賃はいくらですか。 오-후꾸운찐와 이꾸라데스까
도중에 하차할 수 있나요?	途中下車はできますか。 토쮸-게샤와 데끼마스까

mini 회화

B : すみませんが、このバスは銀座へ行きますか。
스미마셍가 코노 바스와 긴자에 이끼마스까
미안하지만, 이 버스는 긴자에 갑니까?

A : はい、4番目の停留所です。
하이, 욘반메노 테-류-죠데스 네. 네번째 정류장입니다.

B : 切符はどこで買えますか。
킵뿌와 도꼬데 카에마스까 표는 어디서 살 수 있습니까?

A : 窓口で買ってください。
마도구찌데 캇떼 쿠다사이 창구에서 사 주십시오.

5. 대중교통-택시

＊ 택시를 부를 때 ＊

콜택시 전화번호 아는 거 있으세요?
コールタクシー会社の電話番号はありますか。
코-루타꾸시-가이샤노 뎅와방고- 아리마스까

택시를 불러주실래요?
タクシーを呼んでくれますか。
타꾸시-오 욘데 쿠레마스까

호텔까지 데리러 와 주나요?
ホテルまで迎えに来てくれるのですか。
호테루마데 무까에니 키떼 쿠레루노데스까

어디서 택시를 잡을 수 있습니까?
どこでタクシーが拾えますか。
도꼬데 타꾸시-가 히로에마스까

택시 한 대를 즉시 보내주시겠어요?
タクシーを一台すぐお願いできますか。
타꾸시-오 이찌다이 스구 오네가이데끼마스까

도쿄타워까지 부탁합니다.
東京タワーまでお願いします。
토-꾜-타와-마데 오네가이시마스

택시!
タクシー!
타꾸시-

타세요. 댁까지 모셔다 드릴게요.
乗ってください。お宅までお供いたします。
놋떼 쿠다사이 오따꾸마데 오또모이따시마스

● 기본표현 ●

실용 회화

교통

※ 택시를 이용할 때 ※	
(주소를 보여주며) 여기로 가 주세요.	ここへ行ってください。 코꼬에 잇떼 쿠다사이
공항까지 가는 데 얼마나 걸릴까요?	空港まで行くのにどのくらいかかりますか。 쿠-꼬-마데 이꾸노니 도노꾸라이 카까리마스까
공항까지 요금이 얼마나 나와요?	空港まで料金はいくらですか。 쿠-꼬-마데 료-낑와 이꾸라데스까
여기서 세워주세요.	ここで停めてください。 코꼬데 토메떼 쿠다사이
다음 신호에서 오른쪽으로 꺾어주세요.	次の信号を右に曲がってください。 쯔기노 신고-오 미기니 마갓떼 쿠다사이
미츠코시백화점 앞에서 잠깐 정차해주세요. 거기서 한사람 더 탑니다.	三越デパートの前で一時停車していただけませんか。そこでもう一人乗ります。 미쯔꼬시데파-토노마에데 이찌지 테-샤시떼 이따다께마셍까 소꼬데 모-히또리 노리마스
바쁜데 좀 빨리 가 주세요.	急いでいるのでちょっと速く行ってください。 이소이데 이루노데 촛또 하야꾸 잇떼 쿠다사이
이 고개를 다 올라가서 내려주세요.	この坂を登りきったところで降ろしてください。 코노 사까오 노보리킷따 토꼬로데 오로시떼 쿠다사이

실용 회화 | **345**

✽ 택시를 이용할 때 ✽

분명히 이 길에 있습니까?	本当にこの道であってますか。 혼또-니 코노 미찌데 앗떼 마스까
소요시간은 어느 정도입니까?	所要時間はどれぐらいですか。 쇼요-지깡와 도레구라이데스까
시간이 없으니 서둘러 주세요.	時間がないので急いでください。 지깡가 나이노데 이소이데 쿠다사이
아무래도 길을 잘못 들어버린 것 같습니다.	どうも道を間違えてしまったようです。 도-모 미찌오 마찌가에떼 시맛따요-데스
어디 가세요?	どこへ行かれるのですか。 도꼬에 이까레루노데스까
얼마나 걸려요?	どのくらいかかりますか。 도노꾸라이 카까리마스까
여기서 내려주세요.	ここで降ろしてください。 고꼬데 오로시떼 쿠다사이
조금 무거운데 도와주시지 않겠습니까?	少し重いので手伝ってもらえませんか。 스꼬시 오모이노데 테쯔닷떼 모라에마셍까
죄송하지만 속도를 조금 낮춰주시지 않겠습니까?	すみません。スピードを少し落としてくださいませんか。 스미마셍 스피-도오 스꼬시 오또시떼 쿠다사이마셍까

● 기본표현 ●

실용 회화

교통

이 주소에서 내려주시겠어요?	この住所に降ろしてくれませんか。 코노 주-쇼니 오로시떼 쿠레마셍까
저 모퉁이에서 왼쪽으로 들어가 주세요.	あの角を左に入ってください。 아노 카도오 히다리니 하잇떼 쿠다사이
이 근처 같으니까 스피드를 줄여주세요.	この近くだと思いますのでスピードを落としてください。 코노 찌까꾸다또 오모이마스노데 스피-도오 오또시떼 쿠다사이
조금 서둘러주세요.	少し急いでください。 스꼬시 이소이데 쿠다사이
좀더 앞까지 가주세요.	もう少し先まで行ってください。 모- 스꼬시 사끼마데 잇떼 쿠다사이
좀더 천천히 가주세요.	もっとゆっくり行ってください。 못또 육꾸리 잇떼 쿠다사이
짐이 있는데 트렁크에 실어도 되겠습니까?	荷物があるんですがトランクに積んでもいいですか。 니모쯔가 아룬데스가 토랑쿠니 츤데모 이이데스까
택시 타는 곳은 어디에 있나요?	タクシー乗り場はどこですか。 타꾸시- 노리바와 도꼬데스까
택시가 아직 안 왔어요.	タクシーがまだ来ていません。 타꾸시-가 마다 키떼 이마셍

실용 회화 | 347

じつよう かいわ

✼ 택시를 이용할 때 ✼

하얏트호텔까지 가 주세요.

ハイアットホテルまで行ってください。
하이앗토호테루마데 잇떼 쿠다사이

히터 좀 꺼 주시겠어요?

ヒーターをちょっと消していただけますか。
히-타-오 춋또 케시떼 이따다께마스까

힐튼 호텔로 가주세요.

ヒルトンホテルまでお願いします。
히루톤호테루마데 오네가이시마스

✼ 요금을 지불할 때 ✼

여기 있습니다. 거스름돈은 필요없어요.

ここにあります。おつりはいらないです。
코꼬니 아리마스 오쯔리와 이라나이데스

얼마 나왔어요?

おいくらですか。
오이꾸라데스까

영수증은 필요 없습니다.

領収書はいりません。
료-슈-쇼와 이리마셍

요금은 얼마 정도 듭니까?

料金はどれぐらいかかりますか。
료-낑와 도레구라이 카까리마스까

요금이 미터기와 다르군요.

料金がメーターと違います。
료-낑가 메-타-또 찌가이마스

●기본표현●

6. 대중교통-지하철

✽ 지하철 길 안내 ✽

지하철로 시청에 가려면 어떻게 가나요?	地下鉄で市庁へ行くにはどう行けばいいですか。 치까떼쯔데 시쬬-에 이꾸니와 도- 이께바 이이데스까
매표소는 어디입니까?	切符売り場はどこですか。 깁뿌우리바와 도꼬데스까
5번 출구가 어디인가요?	5番の出口はどこですか。 고방노 데구찌와 도꼬데스까
공항에 가려면 어느 출구로 나가야 합니까?	空港に行くにはどの出口から出ればいいですか。 쿠-꼬-니 이꾸니와 도노 데구찌까라 데레바 이이데스까
도쿄 디즈니랜드까지 얼마입니까?	東京ディズニーランドまでどのくらいですか。 토-꾜-디즈니-란도마데 도노꾸라이데스까
몇 분 정도 더 걸립니까?	あと何分くらいかかりますか。 아또난뿐꾸라이 카까리마스까
몇 번 선으로 갈아타야 하나요?	何番線に乗り換えればいいですか。 난반센니 노리까에레바 이이데스까
우에노로 가는 것은 어느 선인가요?	上野へ行くのはどの線ですか。 우에노에 이꾸노와 도노 센데스까

실용 회화
교통

실용 회화 | 349

じつよう かいわ

✱ 지하철 길 안내 ✱

신주쿠에 가려면 몇 번 선을 타면 되나요?	新宿へ行くには何番線に乗ればいいですか。 신쥬꾸에 이꾸니와 난방센니 노레바 이이데스까
전철 노선도를 주시겠어요?	電車の路線図をください。 덴샤노 로센즈오 쿠다사이
정기권을 사고 싶은데요.	定期券を買いたいんですが。 테-끼껭오 카이따인데스가
쿠니타치까지는 얼마나 더 걸립니까?	国立まではあとどれぐらいですか。 쿠니따찌마데와 아또 도레구라이데스까
특급도 탈 수 있습니까?	特急にも乗れますか。 톡뀨-니모 노레마스까
희망하시는 기간과 승차구간을 말씀해주세요.	ご希望の期間と乗車区間をおっしゃってください。 고끼보-노 키깡또 죠-샤쿠깡오 옷샷떼 쿠다사이
교통카드 좀 충전해 주세요.	この交通カードをチャージしてください。 코노 코-쯔-카-도오 챠-지시떼 쿠다사이
얼마나 충전해 드릴까요?	どれくらいチャージいたしましょうか。 도레꾸라이 챠-지이따시마쇼-까

＊交通[こうつう]カード 교통카드
＊バス乗換[のりかえ] 버스환승

● 기본표현 ●

실용 회화

교통

※ 매표소에서 ※		
교토까지 편도로 2장 주세요.	京都まで片道2枚お願いします。 쿄-또마데 카따미찌 니마이 오네가이시마스	
급행열차가 있나요?	急行列車がありますか。 큐-꼬-렛샤가 아리마스까	
다음 역은 어디인가요?	次の駅はどこですか。 쯔기노 에끼와 도꼬데스까	
마지막 전철은 몇 시입니까?	終電は何時ですか。 슈-뎅와 난지데스까	
매표기는 어디에 있나요?	切符販売機はどこですか。 킵뿌함바이끼와 도꼬데스까	
몇번 선에서 출발합니까?	何番線から出発しますか。 난방센까라 슛빠쯔시마스까	
미안합니다. 표를 잃어버렸어요.	すみません。切符をなくしました。 스미마셍 킵뿌오 나꾸시마시따	
자동판매기에서 사면 됩니다.	自動販売機で買ってください。 지도-함바이끼데 캇떼 쿠다사이	
자유석은 어디서 탑니까?	自由席はどこから乗りますか。 지유-세끼와 도꼬까라 노리마스까	
죄송하지만 정산을 부탁합니다.	すみませんが、精算をお願いします。 스미마셍가 세-상오 오네가이시마스	

실용 회화 | 351

✽ 매표소에서 ✽

시간표를 좀 봐도 될까요?
時間表をちょっと見てもいいですか。
지깡효-오 촛또 미떼모 이이데스까

첫차는 몇 시부터입니까?
始発は何時からですか。
시하쯔와 난지까라데스까

특급이라면 도착이 몇 시입니까?
特急だと到着は何時ですか。
톡큐-다또 토-짜꾸와 난지데스까

편도만으로 괜찮습니다.
片道だけでいいです。
카따미찌다께데 이이데스

✽ 지하철 방송 안내 ✽

열차가 도착하고 있습니다.
まもなく、列車がまいります。
마모나꾸 렛샤가 마이리마스

안전선 안쪽으로 한걸음 물러나 주세요.
白線の内側までお下がりください。
하꾸센노 우찌가와마데 오사가리 쿠다사이

발밑을 주의하시기 바랍니다.
足下にご注意ください。
아시모또니 고쥬-이- 쿠다사이

이번 정차할 역은 시청입니다.
次は市役所です。
쯔기와 시야꾸쇼데스

급행은 이 역에 정차하지 않습니다.
急行はこの駅に停車しません。
큐-꼬-와 코노 에끼니 테이샤시마셍

실용 회화

● 기본표현 ●

교통

✻ 지하철 이용할 때 ✻

정산해 주시겠습니까?	精算していただけますか。 세-산시떼 이따다께마스까
표를 보겠습니다. 150엔 추가되었습니다.	切符を拝見いたします。150円の追加になります。 킵뿌오 하이껭이따시마스 햐꾸고쥬-엔노 쯔이까니 나리마스
왕복표를 사버렸습니다만, 환불 가능합니까?	往復切符を買ってしまったんですが、払い戻しできますか。 오-후꾸킵뿌오 캇떼 시맛딴데스가 하라이모도시 데끼마스까
코라쿠엔 유원지에 가려면 어느 출구가 제일 가깝습니까?	後樂園遊園地に行くにはどの入リ口がいちばん近いですか。 코-라꾸엔 유-엔찌니 이꾸니와 도노 이리구찌가 이찌방 찌까이데스까
왕복표는 얼마입니까?	往復切符はおいくらですか。 오-후꾸킵뿌와 오이꾸라데스까

mini 회화

A : 地下鉄の駅までどう行きますか。
치까떼쯔노 에끼마데 도- 이끼마스까 지하철역까지 어떻게 가나요?

B : 申し訳ありませんが、私もよくわかりません。
모-시와께 아리마셍가 와따시모 요꾸 와까리마셍
죄송합니다만, 저도 잘 모르겠습니다.

실용 회화 | 353

じつよう かいわ

✽ 지하철 환승할 때 ✽

역을 몇 개 정도 지나야 하치오지에 도착합니까?	あと何駅ぐらいで八王子に着きますか。 아또 난에끼구라이데 하찌오-지니 쯔끼마스까
환승역에서 같은 표로 개찰구를 통과할 수 있습니까?	乗り換え駅で同じ切符で改札口を通れますか。 노리까에에끼데 오나지킵뿌데 카이사쯔구찌오 토-레마스까
도청방면은 어느 출구입니까?	都庁方面は何口ですか。 토쬬-호-멩와 나니구찌데스까
저쪽의 환승용 자동판매기에서 환승용 표를 사세요.	あちらの乗り換え用自動販売機で乗り換え用の切符を買ってください。 아찌라노 노리까에요- 지도-함바이끼데 노리까에요-노 킵뿌오 캇떼 쿠다사이

mini 회화

B: 切符はどこで買うんですか。
킵뿌와 도꼬데 카운데스까   표는 어디서 사나요?

A: あそこの 自動販売機で買ってください。
아소꼬노 지도-함바이끼데 캇떼 쿠다사이
저쪽 자동판매기에서 사 주십시오.

B: 東京駅に行く出口はどちらでしょうか。
토-쿄-에끼니 이꾸 데구찌와 도찌라데쇼-까
동경역으로 가는 출구는 어느 쪽입니까?

A: 左側のあの出口から出てください。
히다리가와노 아노 데구찌까라 데떼 쿠다사이
좌측의 저 출구로 나가십시오.

●기본표현● **실용 회화**

7. 대중교통 -기차

교통

✱ 매표소에서 ✱

다음 열차는 몇 시인가요?	次の列車は何時ですか。 쯔기노 렛샤와 난지데스까
1등석으로 주세요.	一等席をください。 잇또-세끼오 쿠다사이
특급열차가 있나요?	特急列車はありますか。 톡큐-렛샤와 아리마스까

✱ 기차를 이용할 때 ✱

식당차는 어디인가요?	食堂車はどこでしょうか。 쇼꾸도-샤와 도꼬데쇼-까
우리가 탈 기차가 30분 연착됐어요.	私たちが乗る汽車が30分遅れてました。 와따시다찌가 노루기샤가 산집뿡 오꾸레마시따
5번 홈은 어디인가요?	5番ホームはどこですか。 고방호-무와 도꼬데스까
몇 번 홈에서 타면 되나요?	何番ホームから乗ればいいですか。 난방 호-무까라 노레바 이이데스까
이곳이 신주쿠역으로 가는 플랫폼이 맞나요?	ここが新宿駅に行くプラットホームですか。 코꼬가 신주꾸에끼니 이꾸 푸랏토호-무데스까

실용 회화 | 355

Chapter 11 식당
レストラン

● 기본표현 ●

1. 식당을 찾을 때

가볍게 식사를 하고 싶어요.	軽い食事をしたいのです。 카루이 쇼꾸지오 시따이노데스
가장 가까운 식당은 어디입니까?	一番近いレストランはどこですか。 이찌방 치까이 레스토랑와 도꼬데스까
걸어서 갈 수 있습니까?	歩いて行けますか。 아루이떼 이께마스까
그 식당은 이 도시에서 유명해요.	そのレストランはこの都市で有名です。 소노 레스토랑와 코노 토시데 유-메이데스
그곳 음식이 아주 맛있습니다.	そこの食べ物はとてもおいしいです。 소꼬노 타베모노와 토떼모 오이시이데스
그곳은 이 지역에서 유명한 곳인가요?	そこはこの地域で有名な所ですか。 소꼬와 코노 치-끼데 유-메이나 토꼬로데스까
그다지 비싸지 않은 레스토랑이 좋아요.	あまり高くないレストランがいいです。 아마리 타까꾸 나이 레스토랑가 이이데스

356 | Total 일본어회화 사전

● 기본표현 ●

실용 회화

식당

그 가게는 매우 신선한 해산물을 사용해요.	その店はとても新鮮な海産物を使っています。 소노 미세와 토떼모 신센나 카이산부쯔오 쯔깟떼 이마스
근처에 한국 식당이 있나요?	近くに韓国料理屋はありますか。 치까꾸니 캉꼬꾸료-리야와 아리마스까
맛있는 일본요리집이 있나요?	おいしい日本料理屋がありますか。 오이시이 니혼료-리야가 아리마스까
맛있는 중국음식을 먹었으면 좋겠어요.	おいしい中国料理が食べたいです。 오이시이 쮸-고꾸료-리가 타베따이데스
맛있는 집을 소개해주세요.	何かおいしいお店を紹介してください。 나니까 오이시이 오미세오 쇼-까이시떼 쿠다사이
식당이 많은 곳은 어디입니까?	レストランの多い所はどこですか。 레스토랑노 오-이 토꼬로와 도꼬데스까
어디 좋은 데 없나요?	どこかいいところはありませんか。 도꼬까 이이 토꼬로와 아리마셍까
어디서 한 잔 하는 건 어때요?	どこかで一杯やるのはどう。 도꼬까데 입빠이 야루노와 도-
어떤 레스토랑에 가고 싶으세요?	どんなレストランに行きたいですか。 돈나 레스토랑니 이끼따이데스까

실용 회화 | 357

じつよう かいわ

오늘밤 한 잔 하러 가지 않을래요?	**今晩飲みに行きませんか。** 콤방 노미니 이끼마셍까	
이 근처에 괜찮은 레스토랑은 없습니까?	**このあたりにいいレストランはありませんか。** 코노 아따리니 이이 레스토랑와 아리마셍까	
이 근처에 맛있게 하는 음식점은 없습니까?	**この近くにおいしいレストランはありませんか。** 코노 찌까꾸니 오이시이 레스토랑와 아리마셍까	
이 근처에 중국 음식점은 없습니까?	**この辺りに中国レストランはありませんか。** 코노 아따리니 쮸-고꾸레스토랑와 아리마셍까	
이 근처에 한국 음식점이 있습니까?	**このへんに韓国料理のお店はありますか。** 코노 헨니 깡꼬꾸료-리노 오미세와 아리마스까	
이 도시에 괜찮은 식당이 있습니까?	**この都市に良いレストランはありますか。** 코노 또시니 요이 레스토랑와 아리마스까	
이 시간에 문을 연 가게가 있습니까?	**この時間に営業をしているレストランはありますか。** 코노 지깡니 에-교-오시떼 이루 레스토랑와 아리마스까	
이 지방의 명물 요리를 먹고 싶어요.	**この地方の名物料理が食べたいです。** 코노 찌호-노 메이부쯔료-리가 타베따이데스	

● 기본표현 ●

실용 회화

식당

이곳 사람들이 많이 가는 레스토랑이 있나요?	地元の人がよく行くレストランはありますか。 지모또노 히또가 요꾸 이꾸 레스토랑와 아리마스까
이곳에 한국 식당은 있습니까?	この辺りに韓国レストランはありますか。 코노 아따리니 캉꼬꾸레스토랑와 아리마스까
저 가게는 돈까스로 유명한 곳입니다.	あの店はとんかつが有名な所ですよ。 아노 미세와 톤까쯔가 유-메-나 토꼬로데스요
적당한 가격에 맛이 괜찮은 가게가 있나요?	手頃な価格でおいしい店は ありますか。 테고로나 카까꾸데 오이시이 미세와 아리마스까
점심은 무엇을 먹고 싶습니까?	昼食は何が食べたいですか。 츄-쇼꾸와 나니가 타베따이데스까
중국 음식점으로 갑시다.	中国レストランに行きましょう。 츄-고꾸레스토랑니 이끼마쇼-
특별히 가고 싶은 식당이 있나요?	特に行きたいレストランはありますか。 토꾸니 이끼따이 레스토랑와 아리마스까
특별히 정해 둔 식당이라도 있나요?	特に決めている食堂でもありますか。 토꾸니 키메떼 이루 쇼꾸도-데모 아리마스까

***食**[く]**い道楽**[どうらく] 식도락

2. 식당을 예약할 때

7시에 4명 자리를 부탁해요.	7時に4人席をお願いします。 시찌지니 요닌세끼오 오네가이시마스
7시에 갈 겁니다.	七時に行く予定です。 시찌지니 이꾸 요떼-데스
7시에 두 사람 예약했어요.	7時に二人予約しました。 시찌지니 후따리 요야꾸시마시따
7시에 예약했는데요.	7時に予約したんですが。 시찌지니 요야꾸시딴데스가
거기에는 어떻게 갑니까?	そこへはどのようにして行きますか。 소꼬에와 도노요-니 시떼 이끼마스까
그 식당을 예약해 주세요.	そのレストランを予約してください。 소노 레스토랑오 요야꾸시떼 쿠다사이
내가 예약할게요.	私が予約します。 와따시가 요야꾸시마스
그곳은 예약이 필요한가요?	そこにいくには予約が必要ですか。 소꼬니 이꾸니와 요야꾸가 히쯔요-데스까
금연석이 있습니까?	禁煙席がありますか。 킨엔세끼가 아리마스까

● 기본표현 ●

실용 회화

식당

미안합니다만 예약을 취소하고 싶습니다.	すみませんが予約を取り消したいのです。 스미마셍가 요야꾸오 토리께시따이노데스
몇 시면 자리가 납니까?	何時ぐらい席が空きますか。 난지구라이 세끼가 아끼마스까
복장에 규제는 있습니까?	服装に規制はありますか。 후꾸소-니 키세-와 아리마스까
여기서 예약할 수 있나요?	ここで予約できますか。 코꼬데 요야꾸데끼마스까
예약이 필요한가요?	予約が必要ですか。 요야꾸가 히쯔요-데스까
오늘밤 예약을 하고 싶습니다만.	今晩予約したいのですが。 콤방 요야꾸시따이노데스가
일행은 몇 분이십니까?	一行は何人ですか。 잇꼬-와 난닌데스까
전원 같은 자리로 해 주세요.	全員同じ席にしてください。 젠인 오나지 세끼니 시떼 쿠다사이
흡연석으로 부탁합니다.	喫煙席でお願いします。 키쯔엔세끼데 오네가이시마스
큰 테이블로 부탁합니다.	大きなテーブルをお願いします。 오-끼나 테-부루오 오네가이시마스

실용 회화 | **361**

3. 식당 입구에서 자리 안내할 때

자리 있습니까?	席がありますか。 세끼가 아리마스까
저기, 창가의 테이블로 부탁합니다.	あの窓際のテーブルをお願いします。 아노 마도기와노 테-부루오 오네가이시마스
저는 예약해 둔 기무라인데요.	私は予約しておいた木村ですが。 와따시와 요야꾸시떼오이따 기무라데스가
3인용 자리 있나요?	三人用の席はありますか。 산닌요-노 세끼와 아리마스까
더 기다려야 합니까?	待たなければなりませんか。 마따나께레바 나리마셍까
다른 데로 갈까요?	違う所に行きましょうか。 치가우 토꼬로니 이끼마쇼-까
더 큰 테이블은 없나요?	もっと大きい テーブルはありませんか。 못또 오-끼이 테-부루와 아리마셍까
다섯 사람 앉을 자리가 있나요?	5人席はありますか。 고닌 세끼와 아리마스까
동석해도 괜찮을까요?	相席してもいいでしょうか。 아이세끼시떼모 이이데쇼-까

● 기본표현

실용 회화

식당

저기 빈 테이블로 옮겨도 되겠습니까?	そこの空いているテーブルに移ってもよろしいでしょうか。 소꼬노 아이떼이루 테-부루니 우쯧떼모 요로시이데쇼-까
두 명입니다.	二人です。 후따리데스
몇 분 정도 기다려야 합니까?	何分ぐらい待つことになりますか。 난뿐구라이 마쯔 코또니 나리마스까
몇 분이십니까?	何名様ですか。 남메-사마데스까
바다가 보이는 테이블을 원하십니까?	海の見えるテーブルをお望みですか。 우미노 미에루 테-부루오 오노조미데스까
안내해 드릴 때까지 기다려 주십시오.	ご案内するまでお待ちください。 고안나이스루마데 오마찌 쿠다사이
안녕하세요. 예약하셨나요?	こんばんは。ご予約されていますか。 콤방와 고요야꾸사레떼 이마스까
이쪽에 앉아 조금만 기다려 주시겠습니까?	おかけになって少々お待ちになっていただけますか。 오까께니 낫떼 쇼-쇼- 오마찌니 낫떼 이따다께마스까
안쪽 자리로 하고 싶습니다.	奥のほうの席にしたいんですが。 오꾸노호-노 세끼니 시따인데스가

실용 회화 | 363

じつよう かいわ

어서 오세요. 몇 분이신가요?	いらっしゃいませ。何名様でしょうか。 이랏샤이마세 남메-사마데쇼-까
얼마나 기다려야 하나요?	どのくらい待てばいいですか。 도노꾸라이 마떼바 이이데스까
예약을 하지 않았습니다.	予約をしておりません。 요야꾸오 시떼 오리마셍
예약을 했습니다.	予約をしました。 요야꾸오 시마시따
이쪽으로 오세요.	こちらにお越しください。 코찌라니 오꼬시 쿠다사이
일행이 몇 분이십니까?	お連れ様は何名様ですか。 오쯔레사마와 남메-사마데스까
조용한 안쪽 자리를 부탁합니다.	静かな奥の席をお願いします。 시즈까나 오꾸노 세끼오 오네가이시마스
좌석까지 안내해 주실래요?	席まで案内していただけますか。 세끼마데 안나이시떼 이따다께마스까
흡연석으로 드릴까요, 금연석으로 드릴까요?	喫煙席にしましょうか、禁煙席にしましょうか。 키쯔엔세끼니 시마쇼-까 킨엔세끼니 시마쇼-까
흡연석으로 부탁해요.	喫煙席でお願いします。 키쯔엔세끼데 오네가이시마스

실용 회화

• 기본표현 •

지금 손님이 많아서 15분 정도 기다리셔야 합니다.	ちょうど今混みあっておりまして、ただいまの待ち時間は15分ほどとなっております。 쵸―도 이마 코미앗떼 오리마시떼 타다이마노 마찌지깡와 쥬―고훈호도또 낫떼 오리마스
창가 자리를 부탁합니다.	窓際の席をお願いします。 마도기와노 세끼오 오네가이시마스
창가 쪽 테이블로 부탁해요.	窓際のテーブルでおねがいします。 마도기와노 테―부루데 오네가이시마스
한잔 하면서 기다릴까요?	一杯やりながら待ちましょうか。 잇빠이 야리나가라 마찌마쇼―까

식당

mini 회화

B: 2人分のテーブル、ありますか。
니닝분노 테―부루 아리마스까
2인용 테이블, 있습니까?

A: 窓ぎわの席がいいです。
마도기와노 세끼가 이이데스
창 옆의 자리가 좋겠는데요.

B: 何名様でございますか。
남메―사마데고자이마스까 몇 분이십니까?

A: 席ができました。こちらへお越しください。
세끼가 데끼마시따. 코찌라에 오꼬시 쿠다사이
자리가 났습니다. 이쪽으로 오십시오.

실용 회화 | 365

4. 메뉴를 물을 때

메뉴 좀 보여주세요.	メニューを見せてください。 메뉴-오 미세떼 쿠다사이
메뉴를 주세요.	メニューをください。 메뉴-오 쿠다사이
메뉴판을 다시 가져다 주시겠어요?	メニューをもう一度持って来てくれますか。 메뉴-오 모-이찌도 못떼 키떼 쿠레마스까
어떤 음식을 좋아하세요?	どんな食べ物が好きですか。 돈나 타베모노가 스끼데스까
오늘의 특별요리가 있나요?	本日の特別料理はありますか。 혼지쯔노 토꾸베쯔료-리와 아리마스까
이 가게에서 잘하는 요리는 뭔가요?	この店の自慢料理は何ですか。 코노 미세노 지만료-리와 난데스까
가장 빨리 되는 요리가 뭔가요?	一番早く出せる料理は何ですか。 이찌방 하야꾸 다세루 료-리와 난데스까
이 집에서 잘하는 게 뭔가요?	この店のお勧めは何ですか。 코노 미세노 오스스메와 난데스까
이것은 무슨 요리인가요?	これはどういう料理ですか。 코레와 도-유 료-리데스까

● 기본표현 ●

실용 회화

식당

이곳의 이름난 요리는 뭔가요?	この土地の名物料理は何ですか。 코노 토찌노 메-부쯔료-리와 난데스까
일본요리 중에서 어느 것을 좋아하세요?	日本料理の中で何がお好きですか。 니혼료-리노 나까데 나니가 오스끼데스까
일본요리가 먹고 싶어요.	日本料理が食べたいです。 니혼료-리가 타베따이데스
주문은 정하셨습니까?	ご注文はお決まりですか。 고츄-몬와 오끼마리데스까
추천요리는 무엇인가요?	おすすめは何ですか。 오스스메와 난데스까
저쪽의 요리 맛있어 보이네요. 뭐라고 합니까?	あちらの料理 おいしそうですね。 何て言うんですか。 아찌라노 료-리 오이시소-데스네 난떼 윤데스까

mini 회화

B: メニューを見せてください。
메뉴-오 미세떼 쿠다사이 메뉴를 보여 주십시오.

A: 何を召し上がりますか。
나니오 메시아가리마스까 무엇을 드시겠습니까?

B: この定食にします。
코노 테-쇼꾸니시마스 이 정식으로 하겠습니다.

실용 회화 | 367

5. 음식을 주문할 때

(메뉴를 가리키며) 이것과 이것으로 주세요.	これとこれをお願いします。 코레또 코레오 오네가이시마스
(종업원을 부르며) 주문 좀 받으세요.	注文をしたいのですが。 츄-몽오 시따이노데스가
같은 것으로 주세요.	同じものにしてください。 오나지 모노니 시떼쿠다사이
그것으로 하겠습니다.	それにします。 소레니시마스
디저트는 나중에 주문하겠습니다.	デザートは後で注文します。 데자-토와 아또데 쮸-몬시마스
먼저 마실 것을 주문하고 싶은데요.	まず飲物を注文したいのですが。 마즈 노미모노오 쮸-몬시따이노데스가
아직 결정하지 못했습니다.	まだ決めてないです。 마다 키메떼 나이데스
무엇이든 잘 먹어요. 음식은 까다롭지 않아요.	何でも食べます。食べ物にはうるさくないんです。 난데모 타베마스 다베모노니와 우루사꾸 나인데스
빨리 되는 것 있습니까?	早く出来上がるものはありますか。 하야꾸 데끼아가루 모노와 아리마스까

● 기본표현

실용 회화

식당

빨리 좀 해 주세요.	早くやってください。 하야꾸 얏떼 쿠다사이
양파는 빼주세요.	玉ねぎは抜いてください。 타마네기와 누이떼 쿠다사이
오늘은 무엇이 좋습니까?	今日は何がいいですか。 쿄-와 나니가 이이데스까
이 식당에서 특히 잘하는 요리가 뭡니까?	このレストランでお勧めの料理は何ですか。 코노 레스토랑데 오스스메노 료-리와 난데스까
이것은 무슨 요리입니까?	これは何の料理ですか。 코레와 난노 료-리데스까
이것을 주세요.	これをください。 코레오 쿠다사이
저도 같은 것으로 주세요.	私にも同じ物をお願いします。 와따시니모 오나지 모노오 오네가이시마스
한국어로 된 메뉴가 있나요?	韓国語のメニューはありますか。 캉꼬꾸고노 메뉴-와 아리마스까

'밥, 식사'를 나타내는 일본어에는 **ご飯**[はん], **飯**[めし], **食事**[しょくじ]가 있다. 이 중에서 **めし**는 주로 남자들이 쓰는 거친 말이므로 여자들은 가급적 사용하지 않는다.

6. 음식을 주문 받을 때

주문하셨습니까?	注文しましたか。 츄-몬시마시따까
지금 주문 하시겠습니까?	今注文されますか。 이마 츄-몬사레마스까
그 외에 주문은 있습니까?	他にご注文はありますか。 호까니 고쥬-몬와 아리마스까
디저트는 어떻게 하시겠어요?	デザートはいかがなさいますか。 데자-토와 이까가 나사이마스까
스테이크는 어떻게 구워드릴까요?	ステーキはどのように焼きましょうか。 스테-키와 도노요-니 야끼마쇼-까

* **サーモンステーキ** 새먼 스테이크. 연어 구이

mini 회화

A : デザートはいかがですか。
　　데자-토와 이까가데스까
　　디저트는 무엇으로 하실까요?

B : コーヒーだけで けっこうです。
　　코-히-다께데 겟꼬-데스
　　커피만 있으면 됩니다.

● 기본표현 ●

실용 회화

7. 식사하면서

식당

고기가 연하네요. 아주 맛있어요.	お肉がやわらかいです。とてもおいしいです。 오니꾸가 야와라까이데스 도떼모 오이시이데스
군침이 도는군요.	よだれが出ますね。 요다레가 데마스네
나이프를 떨어뜨렸습니다.	ナイフを落としました。 나이후오 오또시마시따
냄새 좋은데요.	香りがいいですね。 카오리가 이이데스네
너무 맛있어요.	とてもおいしいです。 도떼모 오이시-데스
단골이에요.	お得意さんです。 오또꾸이산데스
디저트 좀 드시겠습니까?	デザートを召し上がりますか。 데자-토오 메시아가리마스까
디저트를 부탁합니다.	デザートをお願いします。 데자-토오 오네가이시마스
많이 집으세요.	たくさん取ってくださいね。 타꾸상 톳떼 쿠다사이네

실용 회화 | 371

じつよう かいわ

따뜻할 때 드세요.	温かいうちに召し上がってください。 아따따까이 우찌니 메시아갓떼 쿠다사이	
맛은 어떻습니까?	味はどうですか。 아지와 도-데스까	
빵을 좀 더 먹을 수 있을까요?	パンをもうちょっといただけますか。 팡오 모- 촛또 이따다께마스까	
소금과 후추를 건네주시겠습니까?	塩とこしょうを渡して頂けますか。 시오또 코쇼-오 와따시떼 이따다께마스까	
스테이크는 괜찮아요?	ステーキは大丈夫ですか。 스테-키와 다이죠-부데스까	
여기요.	ちょっとすみません。 촛또 스미마셍	
와인 맛이 어때요?	ワインの味はどうですか。 와인노아지와 도-데스까	
와인 한 잔 더 하실래요?	ワインもう一杯 いかがですか。 와인 모- 입빠이 이까가데스까	
이 식당 아주 좋네요.	このレストランいいですね。 코노 레스토랑 이이데스네	
이 음식 이름은 뭐예요?	この料理の名前は何ですか。 코노 료-리노 나마에와 난데스까	

• 기본표현

실용 회화

식당

이 음식은 어떻게 먹는 건가요?	この料理はどのように食べるのですか。 코노 료-리와 도노요-니 타베루노데스까
이 재료는 무엇입니까?	この材料は何ですか。 코노 자이료-와 난데스까
이거 맛 좀 볼래요?	これ味見してみますか。 코레 아지미시떼 미마스까
이건 어떻게 먹으면 되나요?	これはどうやって食べたらいいですか。 코레와 도-얏떼 타베따라 이이데스까
이것은 무슨 고기입니까?	これは何の肉ですか。 코레와 난노 니꾸데스까
저는 식성이 매우 까다로워요.	私は食べ物に好き嫌いが激しいです。 와따시와 타베모노니 스끼끼라이가 하게시이데스
싫으면 남기셔도 됩니다.	お嫌いでしたら残してもいいんですよ。 오끼라이데시따라 노꼬시떼모 이인데스요
후식은 무엇이 있습니까?	デザートは何がありますか。 데자-토와 나니가 아리마스까 =デザートは何になさいますか。 데자-토와 나니니 나사이마스까

실용 회화 | 373

8. 식사에 관한 화제

갈비를 드셔 보셨나요?	カルビを召し上がった事がございますか。
	카루비오 메시아갓따 코또가 고자이마스까

매운 음식을 좋아합니다.	辛い食べ物が好きです。
	카라이 타베모노가 스끼데스

맛은 어때요?	味はどうですか。
	아지와 도-데스까

뭐 먹고 싶어요?	何が食べたいですか。
	나니가 타베따이데스까

뭐든지 다 잘 먹어요.	好き嫌いはありません。
	스키끼라이와 아리마셍

미국음식이 입에 맞습니까?	アメリカ料理はお口に合いますか。
	아메리카료-리와 오꾸찌니 아이마스까

스테이크 어때요?	ステーキはいかがですか。
	스테-키와 이까가데스까

어떤 음식을 좋아하세요?	どんな食べ物がお好きですか。
	돈나 타베모노가 오스끼데스까

이 요리 맛있네요.	この料理おいしいですね。
	코노 료-리 오이시이데스네

● 기본표현 ●

실용 회화

식당

이 음식은 내게는 너무 맵습니다.	この食べ物は私には辛すぎます。 코노 타베모노와 와따시니와 카라스기마스
입에서 살살 녹아요.	口の中でそっと溶けます。 쿠찌노 나까데 솟또 토께마스
저는 기름진 음식은 싫습니다.	私は油っこいものは嫌いです。 와따시와 아부랏꼬이 모노와 키라이데스
특별히 좋아하는 음식이 있나요?	特に好きな食べ物はございますか。 토꾸니 스끼나 타베모노와 고자이마스까
한국요리 좋아하세요?	韓国料理は好きですか。 캉꼬꾸료-리와 스끼데스까
한국음식을 먹어본 적이 있나요?	韓国料理を食べた事がありますか。 캉꼬꾸료-리오 타베따 코또가 아리마스까
한국인들은 주식은 무엇입니까?	韓国人は主食は何ですか。 캉꼬꾸진와 슈쇼꾸와 난데스까
항상 그렇게 빨리 드세요?	いつもそんなに早く食べるんですか。 이쯔모 손나니 하야꾸 타베룬데스까
커피는 드시겠습니까?	コーヒーはいかがですか。 코-히-와 이까가데스까

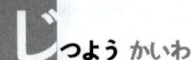

9. 필요한 것 주문할 때

개인접시를 부탁합니다.	取り皿をお願いします。 토리자라오 오네가이시마스
남은 음식 좀 싸 주실래요?	残った食べ物をちょっと包んでください。 노꼿따 타베모노오 촛또 쯔츤데 쿠다사이
냅킨을 더 주세요.	ナプキンをもっとください。 나푸킹오 못또 쿠다사이
물수건 좀 주세요.	おしぼりをください。 오시보리오 쿠다사이
미네랄워터는 어디 있나요?	ミネラルウォーターはどこにありますか。 미네라루 워-타- 와 도꼬니 아리마스까
미안합니다. 이걸 치워 주시겠어요?	すみません。これを下げてください。 스미마셍 코레오 사게떼 쿠다사이
빵을 좀더 주세요.	パンをもう少しください。 팡오 모-스꼬시쿠다사이
새 것으로 바꿔주세요.	新しいのと取り替えてください。 아따라시이노또 토리까에떼 쿠다사이 =新しいものに替えてください。 아따라시이모노니 카에떼 쿠다사이

소금 좀 갖다 주시겠어요?	塩をいただけますか。 시오오 이따다께마스까
여기요, 물 한 잔 더 주세요.	すみません、お水もう一杯お願いします。 스미마셍 오미즈 모- 입빠이 오네가이시마스
이 요리를 데워주세요.	この料理を温めてください。 코노 료-리오 아따따메떼 쿠다사이
젓가락을 떨어뜨렸어요.	はしを落としてしまいました。 하시오 오또시떼 시마이마시따
젓가락이 부러져버렸어요. 다른 것으로 주세요.	割りばしが折れてしまいました。別のをください。 와리바시가 오레떼 시마이마시따 베쯔노오 쿠다사이
한 잔 더 주실래요?	もう一杯いただけますか。 모- 입빠이 이따다께마스까

mini 회화

A : 何になさいますか。
나니니나사이마스까
주문하시겠습니까?

B : 今日のスペシャルメニューは何ですか。
쿄-노 스페샤루메뉴-와 난데스까
오늘의 특별 요리가 뭐지요?

10. 음식에 대한 불만

고기가 충분히 익지 않았는데요.	お肉が十分に火が通ってないんですが。 오니꾸가 쥬-분니 히가 토옷떼 나인데스가
수프에 뭔가 들어 있습니다.	スープに何か入っています。 스-푸니 나니까 하잇떼 이마스
요리에 무언가 들어 있어요.	料理に何か入ってます。 료-리니 나니까 하잇떼 마스
요리가 차가워요. 데워 주시겠어요?	料理が冷たいです。温めてください。 료-리가 쯔메따이데스 아따따메떼 쿠다사이
이 수프, 식어 있습니다만.	このスープさめているんですが。 코노 스-푸 사메떼 이룬데스가
이 스테이크, 안쪽이 좀 덜 익었어요.	このステーキ中のほうがちょっと生なんですけど。 코노 스테-키 나까노 호-가 촛또 나마난데스께도
이 스테이크는 약간 너무 구워졌습니다.	このステーキは少し焼き過ぎのようです。 코노 스테-키와 스꼬시 야끼스기노요-데스
이 전골 너무 짠 것 같아요.	このお鍋ちょっと塩辛すぎるんですが。 코노 오나베 촛또 시오까라스기룬데스가

11. 주문에 대한 불만

벌써 30분이나 기다리고 있습니다.	もう三十分も待ってます。 모- 산쥬ㅅ뿐모 맛떼 마스
어느 정도 기다려야 합니까?	どのくらい待つ必要がありますか。 도노꾸라이 마쯔 히쯔요-가 아리마스까
이건 주문하지 않았는데요.	これは注文していません。 코레와 쮸-몬시떼 이마셍
이것은 제가 주문한 게 아닌데요.	これは私が注文した物では ないです。 코레와 와따시가 쮸-몬시따 모노데와 나이데스
이젠 필요 없어요. 계산에서 빼주세요.	もう要りません。計算からはずしてください。 모-이리마셍 케-산까라 하즈시떼 쿠다사이
저는 다 익힌 스테이크를 주문했는데요.	私はウェルダンを注文したんですけど。 와따시와 웨루단오 쮸-몬시딴데스께도
좀 서둘러 주시겠어요?	ちょっと急いで頂けますか。 촛또 이소이데 이따다께마스까
좀 전에 부탁한 것을 빨리 내어주세요.	さっき頼んだものをはやくください。 삿끼 타논다모노오 하야꾸 쿠다사이

주문을 바꿔도 될까요?	注文を変えてもよろしいですか。	
	츄-몬오 카에떼모 요로시이데스까	
주문을 취소하고 싶은데요.	注文を取り消したいのですが。	
	츄-몬오 토리께시따이노데스가	
주문을 확인해 주시겠어요?	ご注文をご確認頂けますか。	
	고쥬-몬오 고까꾸닌 이따다께마스까	
주문한 요리가 아직 오지 않았습니다.	注文した料理がまだ来てません。	
	츄-몬시따 료-리가 마다 키떼마셍	

※ 음식과 관련해서 말할 때 ※

살짝 익혀주세요.	半焼きにしてください。	
	한야끼니 시떼 쿠다사이	
저는 식성이 까다로워요.	私は味にうるさいです。	
	와따시와 아지니 우루사이데스	
군침 도는데.	よだれが出そうだ。	
	요다레가 데소-다	
입맛에 맞으세요?	口に合いますか。	
	쿠찌니 아이마스까	
나 너무 많이 먹었어.	食べすぎたわ。	
	타베스기따와	

12. 식사를 마치면서

회는 가져가실 수 없도록 되어 있습니다.	お刺身はお待ち帰りになれないことになっております。 오사시미와 오모찌까에리니 나레나이 코또니 낫떼 오리마스
계산서를 나눠주실래요?	計算書は分けていただけますか。 케-산쇼와 와께떼 이따다께마스까
남은 것을 포장해서 가져가고 싶은데요.	残り物を包んで持って帰りたいんですが。 노꼬리모노오 쯔츤데 못떼 카에리따인데스가
매우 맛있었습니다. 잘 먹었습니다.	とてもおいしくいただきました。ごちそうさまでした。 토떼모 오이시꾸 이따다끼마시따 고찌소-사마데시따
매운 것은 괜찮으셨습니까?	辛いものはだいじょうぶでしたか。 카라이모노와 다이죠-부데시따까
요리는 입에 맞으셨습니까?	お料理はお口に合いましたでしょうか。 오료-리와 오꾸찌니 아이마시따데쇼-까
모두 정말 맛있게 먹었어요.	何もかも実においしくいただきました。 나니모까모 지쯔니 오이시꾸 이따다끼마시따

13. 계산할 때

각자 지불로 합시다.	割り勘にしましょう。 와리깡니 시마쇼-
거스름돈이 틀린 것 같은데요.	おつりが間違っているようですが。 오쯔리가 마찌갓떼 이루요-데스가
계산서 좀 가져다 주시겠어요?	勘定お願いします。 칸죠- 오네가이시마스
계산이 틀린 것 같습니다.	計算が間違っているようです。 케-산가 마찌갓떼 이루요-데스
따로따로 지불하고 싶은데요.	別々にお支払いしたいのですが。 베쯔베쯔니 오시하라이 시따이노데스가
봉사료는 포함되어 있습니까?	サービス料込みですか。 사-비스료-코미데스까
선불입니다.	前払いです。 마에바라이데스
신용카드는 받나요?	クレジットカードは使えますか。 쿠레짓토카-도와 쯔까에마스까
여기서 계산하나요?	ここで勘定しますか。 코꼬데 칸죠-시마스까

382 | Total 일본어회화 사전

● 기본표현 ●

여기요, 계산 부탁합니다.	すみません、お勘定をお願いします。 스미마셍 오깐죠-오 오네가이시마스
영수증을 주세요.	レシートください。 레시-토오 쿠다사이
예약하지 않았는데요.	予約はしておりません。 요야꾸와 시떼오리마셍
오늘 저녁은 제가 낼게요.	今夜は私のおごりです。 콩야와 와따시노 오고리데스
이 요금은 뭔가요?	この料金は何ですか。 코노 료-낑와 난데스까
이건 무슨 금액인가요?	この金額は何ですか。 코노 킨가꾸와 난데스까
이건 제가 내겠습니다.	これは私が支払います。 코레와 와따시가 시하라이마스
이것은 소비세 포함가격입니까?	これは消費税込みのお値段ですか。 코레와 쇼-히제-코미노 오네단데스까
전부해서 얼마인가요?	全部でおいくらですか。 젠부데 오이꾸라데스까
제 것은 제가 낼게요.	私の分は私が払います。 와따시노 분와 와따시가 하라이마스

실용 회화
식당

じつよう かいわ

제 몫은 얼마입니까?	私の分はいくらですか。
	와따시노 분와 이꾸라데스까

제가 모두 내겠어요.	私がまとめて払います。
	와따시가 마또메떼 하라이마스
	＝私が払いますよ。
	와따시가 하라이마스요

이건 무엇의 가격인가요?	これは何の値段ですか。
	코레와 난노 네단데스까

지불은 카드로 하시겠습니까?	お支払いはカードになさいますか。
	오시하라이와 카ー도니 나사이마스까

카드로 할인되는 서비스는 있습니까?	カードでの割引サービスはありますか。
	카ー도데노 와리비끼사ー비스와 아리마스까

카드를 사용할 수 있습니까?	カードは使えますか。
	카ー도와 쯔까에마스까

합계가 얼마입니까?	合計でいくらですか。
	고ー께ー데 이꾸라데스까

현금으로 하시겠어요, 카드로 하시겠어요?	現金にしますか。カードにしますか。
	겐낀니 시마스까 카ー도니 시마스까

● 기본표현 ●　실용 회화

14. 술집에서

식당

가기 전에 딱 한잔 더 하는 게 어때요?	行く前にもう一杯いかがですか。 이꾸 마에니 모- 입빠이 이까가데스까
가장 좋아하는 술은 무엇입니까?	一番好きなお酒は何ですか。 이찌방 스끼나 오사께와 난데스까
건강을 위하여, 건배!	ご健康を祈って、乾杯。 고껜꼬-오 이놋떼 캄빠이
건배해요. 건배!	乾杯しましょう。乾杯。 캄빠이시마쇼- 캄빠이
글라스로 주문됩니까?	グラスで注文できますか。 구라스데 츄-몬 데끼마스까
너무 많이 마신 것 같아요.	飲みすぎのようですね。 노미스기노 요-데스네
더 마실래요?	もっと飲みますか。 못또 노미마스까
맥주 한 병 주십시오.	ビール一本ください。 비-루 잇뽕 쿠다사이
맥주 한 잔 받아요.	ビールを一杯 どうぞ。 비-루오 입빠이 도-조

실용 회화 | **385**

じつよう かいわ

모두의 건강을 위하여, 건배!	**皆の健康のために乾杯。** 미나노 켄코-노 타메니 캄빠이	
와인목록 있습니까?	**ワインリストはありますか。** 와인리스토와 아리마스까	
이 술은 독한가요?	**このお酒は強いですか。** 코노 오사께와 쯔요이데스까	
이 지방 특산 술입니까?	**この地方特産のお酒ですか。** 코노 찌호- 토꾸산노 오사께데스까	
이쪽으로 앉으세요.	**こちらにお座りください。** 코찌라니 오스와리쿠다사이	
일단 건배합시다.	**まず乾杯しましょうか。** 마즈 캄빠이시마쇼-까	
맥주는 어떤 종류가 있나요?	**ビールにはどんな種類がありますか。** 비-루니와 돈나 슈루이가 아리마스까	
무엇을 마시겠습니까?	**何を飲みますか。** 나니오 노미마스까	
뭘 위해 건배할까요?	**何の乾杯をしましょうか。** 난노 캄빠이오 시마쇼-까	
생맥주 두 잔 주세요.	**生ビール二杯ください。** 나마비-루 니하이 쿠다사이	

● 기본표현 ●

실용 회화

식당

생맥주 한 잔 주세요.	生ビールを一杯ください。 나마비-루오 입빠이 쿠다사이
소주는 어때요?	焼酎はどうですか。 쇼-쮸-와 도-데스까
술 한잔 하실래요?	お酒一杯 いかがですか。 오사께 입빠이 이까가데스까
술은 어떤 종류가 있습니까?	お酒にはどんな種類がありますか。 오사께니와 돈나 슈루이가 아리마스까
아니요, 그다지 세지 않습니다.	いいえあまり強くないです。 이-에 아마리 쯔요꾸 나이데스
안주는 무엇으로 할까요?	おつまみは何にしましょうか。 오쯔마미와 나니니 시마쇼-까
어느 정도 술을 마시나요?	どのくらいお酒飲みますか。 도노꾸라이 오사께오 노미마스까
오늘은 마음껏 마십시다.	今日はガンガン飲みましょう。 쿄-와 강강 노미마쇼-
와인 한 잔 주십시오.	ワイン一杯ください。 와인 입빠이 쿠다사이
저는 술을 끊으려고 해요.	私はお酒をやめようと思っています。 와따시와 오사께오 야메요-또 오못떼 이마스

실용 회화 | 387

じつよう かいわ

저 사람은 술꾼이야.	あいつは大酒飲みだ。 아이쯔와 오-자께노미다
저는 술을 못하는 편이에요.	私はどちらかと言うと下戸です。 와따시와 도찌라까또 유또 게꼬데스
저는 위스키로 주세요.	私はウイスキーを ください。 와따시와 우이스키-오 쿠다사이
저는 좀 취하는 거 같은데요.	私は少し酔ったみたいです。 와따시와 스꼬시 욧따미따이데스
제가 한 잔 따르겠어요.	私が一杯注ぎます。 와따시가 입빠이 쯔기마스
제가 한 잔 사겠어요.	私が一杯おごります。 와따시가 입빠이 오고리마스
차가운 맥주는 어디 있나요?	冷たいビールはどこに ありますか。 쯔메따이 비-루와 도꼬니 아리마스까
한 잔 하러 가요.	飲みに行きましょう。 노미니 이끼마쇼-
한 잔 합시다. 건배!	一杯飲みましょう。乾杯。 입빠이 노미마쇼- 캄빠이
2차 가요!	2次会に行きましょう。 니지까이니 이끼마쇼-

✱ 추가 주문할 때 ✱

조금 맵게 해주세요.	**ちょっと辛めにしてください。** 촛-또 카라메니시떼 쿠다사이
그다지 맵지 않게 해주세요.	**あまり辛くしないでください。** 아마리 카라꾸시나이데 쿠다사이
얼음 넣은 위스키 한 잔 주세요.	**氷を入れたウイスキーを一杯ください。** 코-리오 이레따 우이스키-오 입빠이 쿠다사이
레몬사와 한 잔 주세요.	**レモンサワー1杯お願いします。** 레몬사와- 입빠이 오네가이시마스
맥주를 중간 크기 맥주컵에 2잔, 부탁합니다.	**ビールを中ジョッキで2杯お願いします。** 비-루오 츄-좃키데 니하이 오네가이시마스
모듬닭꼬치를 한 접시 더 주세요.	**焼き鳥の盛り合わせをもう一皿お願いします。** 야끼또리노 모리아와세오 모- 히또사라 오네가이시마스
생맥주 주세요.	**生ビールください。** 나마비-루 쿠다사이
바닐라 아이스크림과 커피로 하겠습니다.	**バニラアイスクリームとコーヒーをください。** 바니라 아이스쿠리-무또 코-히-오 쿠다사이

じつよう かいわ

✽ 추가 주문할 때 ✽	
아직 정하지 못했으니 조금만 기다려 주세요.	**まだ決めてないのでちょっと待ってください。** 마다 키메떼 나이노데 촛또 맛떼 쿠다사이
어떤 와인이 있습니까?	**どんなワインがありますか。** 돈나 와인가 아리마스까
음료는 무엇으로 하시겠습니까?	**飲み物は何にしますか。** 노미모노와 나니니 시마스까
이 기본안주 추가할 수 있습니까?	**このつきだしおかわりできませんか。** 코노 쯔끼다시 오까와리데끼마셍까
저것과 같은 것을 주세요.	**あれと同じものをください。** 아레또 오나지모노오 쿠다사이
추천하는 술이 있습니까?	**お酒はどんなものがおすすめですか。** 오사께와 돈나 모노가 오스스메데스까
콜라와 우롱차를 주세요.	**コーラとウーロン茶ください。** 코-라또 우-롱챠오 쿠다사이
그 밖에 다른 것은?	**他に何か。** 호까니 나니까

● 기본표현 ●

실용
회화

15. 커피숍에서

식당

리필 되나요?	**おかわりできますか。** 오까와리 데끼마스까
홍차나 커피는 하루에 몇 잔 정도 드세요?	**紅茶やコーヒーを1日何杯くらい飲みますか。** 코-쨔야 코-히-오 이찌니찌 남바이꾸라이 노미마스까
새로운 메뉴 있나요?	**新しいメニューはありますか。** 아따라시이 메뉴-와 아리마스까
커피 한 잔 마실까요?	**コーヒーを一杯飲みましょうか。** 코-히-오 입빠이 노미마쇼-까
무엇이 가장 인기가 있나요?	**何が一番人気がありますか。** 나니가 이찌방 닝끼가 아리마스까
콜라를 좀 더 주시겠습니까?	**コーラをもう少しいただけますか。** 코-라오 모-스꼬시 이따다께마스까
어디에서 주문합니까?	**どこで注文すればいいですか。** 도꼬데 츄-몬스레바 이이데스까
아이스커피 있습니까?	**アイスコーヒーはありますか。** 아이스코-히-와 아리마스까

실용 회화 | **391**

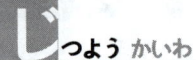

16. 패스트푸드에서

피자 어때요?	**ピザはどうですか。** 피자와 도-데스까
치즈버거 주세요.	**チーズバーガーをお願いします。** 치-즈바-가-오 오네가이시마스
감자튀김 중간 거랑 콜라 큰 거 주세요.	**フライドポテトMサイズとコーラLサイズをください。** 후라이도포테토 에무사이즈또 코-라 에루사이즈오 쿠다사이
3번 세트를 주세요.	**3番セットをお願いします。** 산방 셋토오 오네가이시마스
햄버거 두 개 주세요.	**ハンバーガー二つください。** 항바-가- 후따쯔 쿠다사이
어떤 세트 메뉴가 있나요?	**どんなセットメニューがありますか。** 돈나 셋토메뉴-가 아리마스까
여기에서 드실 건가요? 가져 가실 건가요?	**ここで召し上がりますか。お持ち帰りですか。** 코꼬데 메시아가리마스까 오모찌까에리데스까
포장해 주세요.	**包装してください。** 호-소-시떼 쿠다사이

● 기본표현 ●

실용 회화

식당

마요네즈를 바르시겠습니까?	マヨネーズをつけますか。 마요네-즈오 쯔께마스까
겨자를 발라 주세요.	からしをつけてください。 카라시오 쯔께떼 쿠다사이
케첩을 주세요.	ケチャップをください。 케찹푸오 쿠다사이
음료는요?	飲み物は。노미모노와
콜라에 얼음을 빼 주세요.	コーラに氷を入れないでください。 코-라니 꼬-리오 이레나이데쿠다사이
어느 사이즈로 하시겠습니까?	どのサイズにしますか。 도노 사이즈니 시마스까
큰 컵으로 콜라 두 개 주세요.	大きなコップでコーラ二つください。 오오끼나 콧프데 코-라 후따쯔쿠다사이
얼음 많이 넣어 주세요.	氷をたくさん入れてください。 코-리오 다꾸상 이레떼쿠다사이
그게 전부입니다.	それが全部です。 소레가 젬부데스
5분 정도 걸리니, 잠시만 기다려 주세요.	五分くらい掛かりますのでもうしばらくお待ちください。 고훈꾸라이 카까리마스노데 모- 시바라꾸 오마찌 쿠다사이

실용 회화 | 393

Chapter 12 ‡‡ 의견 ‡‡
いけん

●기본표현●

1. 의견을 제안할 때

| 그 밖에 의견은 있으십니까? | 他に意見はありますか。
호까니 이껜와 아리마스까 |

| 어떻게 생각하세요? | どのようにお考えですか。
도노요-니 오깡가에데스까 |

| 그걸 어떻게 하겠다는 거죠? | それをどのようにするというのですか。
소레오 도노요-니 스루또 유노데스까 |

| 당신의 의견은 어떻습니까? | あなたの意見はどうですか。
아나따노 이껜와 도-데스까 |

| 드라이브하는 것 어때? | ドライブに行かない。
도라이브니 이까나이 |

| 택시를 타고 가는 것이 어때요? | タクシーに乗って行くのはどうですか。
타꾸시-니 놋떼 이꾸노와 도-데스까 |

| 조찬을 겸해 만나는 것은 어떨까요? | 朝食を兼ねお会いするのはどうですか。
쵸-쇼꾸오 카네 오아이스루노와 도-데스까 |

394 | Total 일본어회화 사전

● 기본표현 ●

실용 회화

간단하게 뭐 좀 먹을까?	簡単にちょっと食べようか。 칸딴니 촛또 타베요-까
한잔 더 드시겠어요?	もう一杯飲みますか。 모- 입빠이 노미마스까
한잔 하시겠습니까?	一杯いかがでしょうか。 입빠이 이까가데쇼-까
퇴근 후에 한잔 할까요?	退社後に一杯どうですか。 타이샤고니 입빠이 도-데스까
산책하지 않을래요?	散歩しませんか。 산뽀시마셍까
수영하러 가는 게 어때?	水泳に行かない。 스이에이니 이까나이
영화보러 가는 게 어때?	映画を見に行かない。 에-가오 미니 이까나이
오늘은 이 정도로 하죠.	今日はこのくらいにしましょう。 쿄-와 코노 꾸라이니 시마쇼-
이것 좀 드세요?	これちょっと召し上がってください。 코레 촛또 메시아갓떼 쿠다사이
이것이 그렇게 불공평한가요?	これがそんなに不公平ですか。 코레가 손나니 후꼬-헤-데스까

의견

실용 회화 | 395

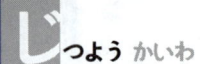

2. 의견을 물을 때

의견을 말씀해 주세요.	ご意見を話してください。 고이껜오 하나시떼 쿠다사이
다른 제안이 있으세요?	他に提案はありますか。 호까니 테-안와 아리마스까
뭐 좋은 생각이라도 떠오르세요?	なんかいい考えでも浮かんできましたか。 난까 이이깡가에데모 우깡데 키마시따까
왜 그렇게 생각하세요?	なぜそのようにお考えですか。 나제 소노요-니 오깡가에데스까
당신의 생각을 말해줘요.	あなたのお考えを話してください。 아나따노 오깡가에오 하나시떼 쿠다사이
이 계획에 대해서 어떻게 생각하세요?	この計画についてどうお考えですか。 코노 케-까꾸니 쯔이떼 도- 오깡가에데스까
대충만 말해줘요.	大まかに話してください。 오오마까니 하나시떼쿠다사이
저는 어느 쪽이라도 좋습니다.	私はどちらでもいいです。 와따시와 도찌라데모 이이데스

3. 자신의 의견을 말할 때

찬성입니까? 반대입니까?	賛成ですか。反対ですか。 산세-데스까 한따이데스까
좀 더 지켜봅시다.	もう少し見守ってみましょう。 모- 스꼬시 미마못떼 미마쇼-
이 구두 어때요?	この靴いかがですか。 코노 쿠쯔 이까가데스까
이렇게 하면 어떨까요?	こうしたらどうですか。 코-시따라 도-데스까
제 의견을 말씀 드리겠습니다.	私の意見を申し上げます。 와따시노 이껭오 모-시아게마스
제가 한마디 해도 될까요?	私が一言言ってもいいですか。 와따시가 히또코또 잇떼모 이이데스까
그것을 검토하려면, 좀 더 시간이 필요합니다.	それを検討するためにはもっと時間が必要です。 소레오 켄또-스루 타메니와 못또 지깡가 히쯔요-데스
우리가 할 수 있는 게 뭔지 상의해 보겠습니다.	私たちにできることが何なのか相談して見ます。 와따시따찌니 데끼루 코또가 난나노까 소-단시떼 미마스

じつよう かいわ

지금 결정 못하겠습니다.	今決められません。 이마 키메라레마셍
솔직하게 말씀 드려도 될까요?	正直にお話ししてもいいですか。 쇼-지끼니 오하나시시떼모 이이데스까
이 일은 다시 생각할 시간이 필요합니다.	この事はもう一度考える時間が必要です。 코노 코또와 모-이찌도 캉가에루 지깡가 히쯔요-데스
저는 당신 의견을 좀 더 듣고 싶은데요.	私は あなたの意見を もっと 聞きたいと 思います。 와따시와 아나따노 이껭오 못또 키끼따이또 오모이마스

mini 회화

A : なんかあったんですか。
난까 앗딴데스까 무슨 일 있었습니까?

B : いいえ、ちょっと疲れただけです。
이-에 촛또 쯔까레따다께데스
아니요. 조금 지쳤을뿐입니다.

A : ここで一休みしましょう。
코꼬라데 히또야스미시마쇼-
이쯤에서 잠깐 쉬고 합시다.

B : はい。
하이
네.

● 기본표현 ●

4. 상대방의 의견에 동의할 때

동의합니다.	同意します。 도-이시마스 =彼の意見に同意します。 카레노 이껭니 도-이시마스
그 점에 있어서는 동의합니다.	その点については同意します。 소노 텐니 쯔이떼와 도-이시마스
저도 같은 생각입니다.	私も同じ考えです。 와따시모 오나지 캉가에데스 =私もそのように思います。 와따시모 소노요-니 오모이마스
나는 당신 의견에 따를 거예요.	私はあなたの意見に従います。 와따시와 아나따노 이껭니 시따가이마스
당신 말이 맞습니다.	あなたのおっしゃる通りです。 아나따노 옷샤루 토-리데스
당신의 의견은 내 의견과 비슷하군요.	あなたの意見は私の意見と似ています。 아나따노 이껭와 와따시노 이껭또 니떼 이마스
왜 그의 의견에 동의하십니까?	なぜ彼の意見に同意するのですか。 나제 카레노 이껭니 도-이스루노데스까

5. 상대방의 의견에 반대할 때

| 저는 동의하지 않습니다. | 私は同意しません。
와따시와 도-이시마셍 |

| 저는 반대입니다. | 私は反対です。
와따시와 한따이데스 |

| 그 점에 대해서는 동의할 수 없습니다. | その点については同意できません。
소노텐니 쯔이떼와 도-이데끼마셍 |

| 그건 불가능한 일입니다. | それは不可能な事です。
소레와 후까노-나 코또데스 |

| 그건 터무니없어요. | それはとんでもない事です。
소레와 톤데모나이 코또데스 |

| 그것에 대해 반대입니다. | それに対し反対です。
소레니 타이시 한따이데스 |

| 바보 같은 소리 말아요. | 馬鹿みたいな事を言わないでください。
바까미따이나 코또오 이와나이데 쿠다사이 |

| 저는 당신이 틀렸다고 생각해요. | 私はあなたが間違っていると思います。
와따시와 아나따가 마치갓떼 이루또 오모이마스 |

| 저에게 다른 의견이 있습니다. | 私に他の意見があります。
와따시니 호까노 이껜가 아리마스 |

●기본표현●

그게 당신이 생각하는 것만큼 좋지는 않아요.	それはあなたが考えているほど良くはありません。 소레와 아나따가 캉가에떼 이루호도 요꾸와 아리마셍
난 당신이 틀렸다고 생각해요.	私はあなたが間違っていると思います。 와따시와 아나따가 마치갓떼 이루또 오모이마스
동의할 수 없는 점이 몇 가지 있습니다.	同意できない点がいくつかあります。 도-이데끼나이텐가 이꾸쯔까 아리마스
저의 견해는 조금 다릅니다.	私の見方は少し違います。 와따시노 미까따와 스꼬시 치가이마스
전 그걸 그런 식으로 보지 않아요.	私はその事をそのようには見ていません。 와따시와 소노 코또오 소노요-니와 미떼 이마셍

mini 회화

A : それが私たちができる最後の方法です。
소레가 와따시따찌가 데끼루 사이고노 호-호데스
그것이 우리가 할 수 있는 마지막 방법입니다.

B : これ以上同意できません。
코레이죠 도-이데끼마셍
이 이상 동의할 수가 없어요.

6. 자신의 판단을 말할 때

제가 한말을 취소하겠습니다.	私が言った事を取り消します。 와따시가 잇따 코또오 토리께시마스
전 그렇게 생각하지 않습니다.	私はそのように考えていません。 와따시와 소노요-니 캉가에떼 이마셍
그건 결과가 뻔한 일이에요.	それは結果が分かり切ったことです。 소레와 켁까가 와까리깃따 코또데스
딱 꼬집어서 말할 수 없군요.	はっきりとはいえないですね。 학끼리또와 이에나이데스네
아직 모르는 일이에요. 예측 못해요.	まだ分からない事です。予測できません。 마다 와까라나이 코또데스 요소꾸데끼마셍

mini 회화

A: あなたはそれが事実だと思う。
아나따와 소레가 지지쯔다또 오모우-
너는 그것이 사실일거라고 생각해?

B: そうだね。よくわからないけど可能性は50%だよ。
소-다네 요꾸 와까라나이께도 카노-세이와 50파-센토다요
글쎄 잘은 모르겠지만 가능성은 50대 50이야.

7. 상대방의 의견을 확인할 때

그 말이 무슨 뜻이죠?	それは何の意味ですか。 소레와 난노 이미데스까
다른 말로 설명해 주시겠어요?	他の言葉で説明して頂けますか。 호까노 코또바데 세쯔메이시떼 이따다께마스까
다시 한번 말씀해 주세요.	もう一度おっしゃってください。 모-이찌도 옷샷떼쿠다사이
무슨 말씀이신지 잘 모르겠습니다.	何とおっしゃっているのかよく分かりません。 난또 옷샷떼 이루노까 요꾸 와까리마셍
무엇에 대해 얘기하시는 거예요?	何についておっしゃっていますか。 나니니 쯔이떼 옷샷떼 이마스까
뭐라고 하셨어요?	何とおっしゃいましたか。 난또 옷샤이마시따까
여기에 좀 써 주십시오.	ちょっとここに書いてください。 촛또 코꼬니 카이테 쿠다사이
요점을 말씀하십시오.	ポイントを話してください。 포인토오 하나시떼 쿠다사이
잘못 들었습니다.	聞き間違えました。 키끼 마치가에마시따

じつよう かいわ

좀더 간단히 말씀해 주세요.	**もう少し簡単に話してください。** 모- 스꼬시 칸딴니 하나시떼 쿠다사이
좀더 똑똑하게 말씀해 주시겠어요?	**もう少しはっきり話して頂けますか。** 모- 스꼬시 핫끼리 하나시떼 이따다께마스까
좀더 자세히 말씀해 주시겠어요?	**もう少し詳しく話して頂けますか。** 모- 스꼬시 쿠와시꾸 하나시떼 이따다께마스까
좀더 천천히 말씀해 주시겠어요?	**もう少しゆっくり話して頂けますか。** 모- 스꼬시 윳꾸리 하나시떼 이따다께마스까
좀더 큰소리로 말씀해 주시겠어요?	**もう少し大きい声で話して頂けますか。** 모- 스꼬시 오-끼이 코에데 하나시떼 이따다께마스까
철자가 어떻게 되지요?	**スペルはどうなりますか。** 스페루와 도-나리마스까
좀더 명확하게 해 주시죠.	**もっと明確にしてください。** 못또 메-까꾸니 시떼 쿠다사이
이 문제는 너무 어려운 것 같습니다.	**この問題は難しすぎると思います。** 코노 몬다이와 무즈까시스기루또 오모이마스

> **どうなる**는 '어떻게 되다'라는 뜻인데, 가격이 얼마나 되는지 물을 때도 쓸 수 있다.

● 기본표현 ●

실용 회화

8. 상대방의 의견을 조율할 때

타협합시다.	妥協しましょう。 다꾜-시마쇼-
화해합시다.	仲直りしましょう。 나까나오리시마쇼-
조금씩 양보합시다.	少しずつ譲り合いましょう。 스꼬시즈쯔 유즈리아이마쇼-
방법이 있을 거예요.	方法があるはずです。 호-호-가 아루하즈데스
그렇다면 좋습니다.	それならいいですよ。 소레나라 이이데스요
서로 반씩 양보하여 타협을 하는 게 어떨까요?	お互いに半分ずつ譲って妥協するのはどうですか。 오따가이니 한분즈쯔 유즛떼 다꾜-스루노와 도-데스까
성급하게 타협하고 싶지 않습니다.	急いで妥協したくありません。 이소이데 다꾜-시따꾸 아리마셍
타협점을 찾도록 노력해 봅시다.	妥協点を見い出すよう努力して見ましょう。 다꾜-뗀오 미이다스요- 도료꾸시떼 미마쇼-

의견

실용 회화 | 405

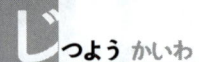

9. 상대방과 맞장구칠 때

결심 잘 하셨어요.	**よく決心しましたね。** 요꾸 켓신시마시따네
그것은 정말입니까?	**それは本当ですか。** 소레와 혼또-데스까
그래서?	**それで。** 소레데
그러게 말이야.	**それはそうだよ。** 소레와 소-다요
그러세요?	**そうですか。** 소-데스까 =**そうします。** 소-시마스
그럴 거라고 생각합니다.	**そうだろうと思います。** 소-다로-또 오모이마스
나도 그래요.	**私もそうです。** 와따시모 소-데스
과연.	**なるほど。／さすが。** 나루호도 / 사스가
그거 잘됐네.	**それはよかった。** 소레와 요깟따

406 | Total 일본어회화 사전

● 기본표현 ●

당신 추측이 딱 맞았어요.	あなたの推測がぴったりと合いました。 아나따노 스이소꾸가 핏따리또 아이마시따
그건 당연합니다.	それは当たり前です。 소레와 아따리마에데스
네, 그렇습니다.	はいそうです。 하이 소-데스
동감입니다.	同感です。 도-깐데스
말씀하신 대로입니다.	おっしゃる通りです。 옷샤루 토-리데스
맞아요.	その通りです。 소노 토-리데스 ＝もちろんです。 모찌론데스
보증합니다.	保障します。 호쇼-시마스
아마 그렇겠지요.	たぶんそうでしょうね。 타분 소-데쇼-네

실용 회화
의견

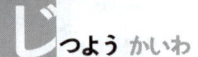

10. 자신을 확신할 수 없을 때

확신이 없습니다.	確信がありません。 카꾸신가 아리마셍 =はっきりこれだとは言えません。 핫끼리 코레다또와 이에마셍
말하기 곤란합니다.	言いにくいです。 이-니꾸이데스
생각해 봅시다.	考えてみましょう。 캉가에떼 미마쇼-
아마 아닐거예요.	たぶん違うでしょう。 타분 치가우데쇼-
아직 잘 모르겠는데요.	まだよく分かりません。 마다 요꾸 와까리마셍
어떻게 해야 할지 모르겠어요.	どうしていいか分かりません。 도-시떼 이이까 와까리마셍
경우에 따라 달라요.	場合によって違います。 바아이니 욧떼 찌가이마스
당신 좋을 대로 해요.	あなたのいいようにしてください。 아나따노 이이요-니 시떼 쿠다사이
이 문제는 다음으로 넘기기로 합시다.	この問題は棚上げにしましょう。 코노 몬다이와 타나아게니 시마쇼-

● 기본표현 ●

이렇다 할 이유는 없어요.	これと言った理由はありません。 코레또잇따 리유-와 아리마셍
잘 모르겠습니다.	よく分かりません。 요꾸 와까리마셍
저는 확신이 없어요.	私は確信がありません。 와따시와 카꾸신가 아리마셍
전 어느쪽도 아닙니다.	私はどっちでもありません。 와따시와 돗찌데모 아리마셍
전 이 문제는 중립입니다.	私はこの問題は中立の立場です。 와따시와 코노 몬다이와 츄-리쯔노 타찌바데스
지금 당장은 생각나지 않습니다.	今すぐは思い出せません。 이마스구와 오모이다세마셍

mini 회화

A : もっと詳しい情報もらえますか。
못또 쿠와시이죠-호- 모라에마스까
좀 더 자세한 정보를 받을 수 있을까요?

B : もちろん。いいですよ。
모찌론 이이데스요
그럼요.

11. 자신의 느낌을 표현할 때

그게 그렇게 간단치가 않습니다.	**それがそう簡単ではありません。** 소레가 소- 칸딴데와 아리마셍
그만 두는 게 좋을 것 같아요.	**止めた方がいいと思います。** 야메따 호-가 이이또 오모이마스
그다지 좋지 않습니다.	**あまり良くありません。** 아마리 요꾸 아리마셍
힘든 하루였어요.	**大変な一日でした。** 타이헨나 이찌니찌데시따
저는 다릅니다.	**私は違います。** 와따시와 치가이마스
잘 모르겠어요.	**よく分かりません。** 요꾸 와까리마셍
아니요, 그렇게 생각하지 않아요.	**いいえ、そうは思いません。** 이-에 소-와 오모이마셍
내가 아는 바가 아닙니다.	**私の知らない所です。** 와따시노 시라나이 토꼬로데스
기억이 나지 않습니다.	**覚えてないです。** 오보에떼 나이데스

기본표현 — 실용 회화

아니요, 그렇지 않습니다.	いいえ、そうではありません。 이-에 소-데와 아리마셍
그건 무리입니다.	それは無理です。 소레와 무리데스
이젠 틀렸어요.	もうだめです。 모- 다메데스
나는 그렇게는 생각하지 않습니다.	私はそうは思いません。 와따시와 소-와 오모이마셍
당치도 않아요.	とんでもないです。 톤데모 나이데스
그것은 안 됩니다.	それはいけません。 소레와 이께마셍
찬성할 수 없습니다.	賛成できません。 산세-데끼마셍
금시초문입니다.	初耳です。 하쯔미미데스
상관없습니다.	かまいません。 카마이마셍
아니 틀립니다.	いいえちがいます。 이-에 치가이마스

의견

● 기본 표현 ●

Chapter 13 :: 직장 생활 ::
しょくば せいかつ

● 1. 구직 생활

※ 구직 문의할 때 ※	
구인광고를 보고 전화했어요.	求人広告を見て電話しました。 큐-진코-꼬꾸오 미테 뎅와 시마시따
경력이 필요합니까?	経歴は必要ですか。 케-레끼와 히쯔요-데스까
지원서를 제출하고 싶어요.	志願書を提出 したいです。 시간쇼오 테-슈쯔 시따이데스
응모에 필요한 사항은 무엇입니까?	応募に必要な事項は何ですか。 오-보니 히쯔요-나 지꼬-와 난데스까
언제 면접을 보나요?	いつ面接をしますか。 이쯔 멘세쯔오 시마스까
그 모집은 아직도 하고 있습니까?	その募集はまだしていますか。 소노 보슈-와 마다 시떼 이마스까
그 직책에 지원하기 위한 조건은 무엇인가요?	その職責に志願するための条件は何ですか。 소노 쇼꾸세끼니 시간스루 타메노 죠-껭와 난데스까

실용 회화

• 기본표현 •

그 자리는 아직도 사람을 구하나요?	その仕事はまだ求人していますか。 소노 시고또와 마다 큐-징시떼 이마스까
근무는 언제 시작하나요?	勤務はいつからですか。 킨무와 이쯔까라데스까
귀사에 지원하고 싶습니다.	貴社に応募したいと思います。 키샤니 오-보시따이또 오모이마스
매니저를 모집하고 계십니까?	管理職を募集していますか。 칸리쇼꾸오 보슈-시떼이마스까
면접은 언제 봅니까?	面接はいつですか。 멘세쯔와 이쯔데스까
서류는 언제까지 보내야 합니까?	書類はいつまでに送らなければなりませんか。 쇼루이와 이쯔마데니 오꾸라나께레바 나리마셍까
실례지만 혹시 사람을 뽑으시는지요?	失礼ですがもしかして求人していますか。 시쯔레이데스가 모시까시떼 큐-징시떼 이마스까
어떤 종류의 일에 자리가 있는 건가요?	どのような職種を募集していますか。 도노요-나 쇼꾸슈오 보슈-시떼 이마스까
어떻게 응모하면 됩니까?	どのように応募すればいいですか。 도노요-니 오-보스레바 이이데스까

직장생활

✽ 구직 문의할 때 ✽

영문이력서와 한글이력서를 같이 보내나요?	英文履歴書とハングル履歴書を一緒に送りますか。 에-분리레끼쇼또 한구루리레끼쇼오 잇쇼니 오꾸리마스까
유감이지만 모두 마감되었어요.	残念ながらすべて締め切りしました。 잔넹나가라 스베떼 시메끼리마시따
이 자리에 지원하고 싶어요.	ここに志願したいです。 코꼬니 시간 시따이데스
이력서를 어디로 보낼까요?	履歴書はどちらへ送りましょうか。 리레끼쇼와 도찌라에 오꾸리마쇼-까
이력서를 우송해 주십시오.	履歴書を郵送してください。 리레끼쇼오 유-소-시떼 쿠다사이
이력서를 한통 제출해 주십시오.	履歴書を一通 提出してください。 리레끼쇼오 잇쯔- 테슈쯔시떼 쿠다사이
이메일로 이력서를 접수 받습니까?	イーメールで履歴書を受け付けていますか。 이-메-루데 리레끼쇼오 우께쯔께떼 이마스까
이력서를 다나까 씨에게 팩스로 넣어주세요.	履歴書を田中さんにファックスしてください。 리레끼쇼오 타나까상니 홧쿠스시떼 쿠다사이

● 기본표현 ●

실용 회화

※ 면접 시험 볼 때 ※

면접보러 왔습니다.	面接に来ました。 멘세쯔니 키마시따
1차 서류심사에 합격하셨습니다.	一次の書類審査に合格しました。 이찌지노 쇼루이신사니 고-까꾸시마시따
경력이 있으십니까?	経歴はありますか。 케-레끼와 아리마스까
고용계약은 2년간입니다.	雇用契約は二年です。 코요-케-야꾸와 니넨데스
ABC사에서 10년간 근무했습니다.	ABC社で十年間勤めました。 ABC샤데 쥬-넨간 쯔또메마시따
결과는 언제 알 수 있을까요?	結果はいつ分かりますか。 켓까와 이쯔 와까리마스까
그 업계에 대해, 충분히 알고 있습니다.	その業界については十分に知っています。 소노 교-까이니 쯔이떼와 쥬-분니 싯떼 이마스
그건 어떤 종류의 일인가요?	それはどのような種類の仕事ですか。 소레와 도노요-나 슈루이노 시고또데스까
업무내용에 관해서 설명해 주시겠어요?	業務の内容について説明して頂けますか。 교-무노 나이요-니 쯔이떼 세쯔메-시떼 이따다께마스까

직장생활

실용 회화 | 415

＊ 면접 시험 볼 때 ＊

그 일은 잔업이 많습니까?	その仕事は残業が多いですか。 소노 시고또와 잔교-가 오-이데스까
어느 부서에서 근무하기를 원하십니까?	どの部署で働きたいですか。 도노 부쇼데 하따라끼따이데스까
어느 정도의 급여를 원하십니까?	どのくらいの給料をお望みですか。 도노꾸라이노 큐-료-오 오노조미데스까
어떤 근로혜택이 제공됩니까?	どのような福利厚生がありますか。 도노요-나 후꾸리코-세-가 아리마스까
어떤 자격증을 가지고 있습니까?	どのような資格をお持ちですか。 도노요-나 시까꾸오 오모찌데스까
언제 일을 시작하실 수 있나요?	いつ仕事を始められますか。 이쯔 시고또오 하지메라레마스까
영어실력은 어느 정도입니까?	英語の実力はどのくらいですか。 에-고노 지쯔료꾸와 도노꾸라이데스까
왜 우리 회사에서 일하기를 원하십니까?	なぜ当社で働きたいのですか。 나제 토-샤데 하따라끼따이노데스까
월급날은 매달 20일입니다.	給料日は毎月二十日です。 큐-료-비와 마이쯔끼 하쯔까데스
1년에 세 번 보너스가 지급됩니다.	一年に三回ボーナスが支給されます。 이찌넨니 산까이 보-나스가 시뀨-사레마스

● 기본표현 ●

실용 회화

직장생활

일본어로 의사소통하는데 큰 문제는 없습니다.	日本語での意思疎通はそんなに問題ありません。 니혼고데노 이시소쯔-와 손나니 몬다이 아리마셍
자기소개를 해 보세요.	自己紹介をしてください。 지꼬쇼-까이오 시떼 쿠다사이
저는 영업직에 관심이 있습니다.	私は営業職に関心があります。 와따시와 에-교-쇼꾸니 칸신가 아리마스
제가 회사 규칙에 관해 설명하겠습니다.	私が会社のルールについてご説明させて頂きます。 와따시가 카이샤노 루-루니 쯔이떼 고세쯔메-사세떼 이따다끼마스
처음 석달은 수습기간입니다.	最初の三か月間は見習いです。 사이쇼노 산까게쯔깐와 미나라이데스
컴퓨터는 잘 다루시나요?	パソコンはうまく操作できますか。 파소콘와 우마꾸 소-사데끼마스까
특별한 기술이 있습니까?	何か特別な技術はお持ちですか。 나니까 토꾸베쯔나 기쥬쯔와 오모찌데스까
나는 아직도 일을 할 수 있어요.	私はまだまだ働けますよ。 와따시와 마다마다 하따라께마스요

* 働く [はたら] 일하다
* 働ける [はたら] 일할 수 있다

실용 회화 | 417

2. 직장에 대해

✽ 직업을 소개할 때 ✽

| 차를 운전한 지 얼마나 되셨습니까? | 車の運転を始めてからどのくらいになりますか。
쿠루마노 운뗑오 하지메떼까라 도노꾸라이니 나리마스까 |

| 어떤 업종에 종사하십니까? | どんな業種にお勤めですか。
돈나 교-슈니 오쯔또메데스까 |

| 무슨 회사에 다니십니까? | どんな会社にお勤めですか。
돈나 카이샤니 오쯔또메데스까 |

| 무엇을 가르치고 있나요? | 何を教えていますか。
나니오 오시에떼 이마스까 |

| 어떤 일을 하세요? | どんなお仕事をされていますか。
돈나 오시고또오 사레떼 이마스까 |

| 일은 마음에 드십니까? | お仕事は気に入っていますか。
오시고또와 키니 잇떼 이마스까 |

| 이 직업의 어떤 점이 마음에 드십니까? | この職業のどんな点が気に入っていますか。
코노 쇼꾸교-노 돈나 텡가 키니 잇떼 이마스까 |

| 저는 기술자입니다. | 私はエンジニアです。
와따시와 엔지니아데스 |

실용 회화

• 기본표현 •

실업가입니다.	実業家です。 지쯔교-까데스
회사원입니다.	会社員です。 카이샤인데스
컴퓨터 프로그래머입니다.	コンピュータープログラマーです。 콤퓨-타-푸로구라마-데스
저는 치과의사입니다.	私は歯医者です。 와따시와 하이샤데스
저는 교사입니다.	私は教師です。 와따시와 쿄-시데스
저는 택시 기사입니다.	私はタクシーの運転手です。 와따시와 타꾸시-노 운뗀슈데스
이 일은 아르바이트 삼아 하는 것입니다.	この仕事はアルバイトとしてやっています。 코노 시고또와 아르바이토또시떼 얏떼 이마스
저는 직업을 바꿀까 생각중입니다.	私は職業を変えようかと考えています。 와따시와 쇼꾸교-오 카에요-까또 캉가에떼 이마스
나는 공무원입니다.	私は公務員です。 와따시와 코-무인데스

실용 회화 | **419**

じつよう かいわ

＊ 회사 소개할 때 ＊

당신 회사의 웹 사이트가 있나요?	あなたの会社のウェブサイトがありますか。 아나따노 카이샤노 웨브사이토가 아리마스까
당신은 회사가 마음에 듭니까?	あなたは会社が気に入っていますか。 아나따와 카이샤가 키니 잇떼 이마스까
당신의 회사는 어디에 있습니까?	あなたの会社はどこにありますか。 아나따노 카이샤와 도꼬니 아리마스까
실례합니다만, 어떤 직위를 담당하고 계십니까?	失礼ですがどのようなポストをご担当されているのですか。 시쯔레-데스가 도노요-나 포스토오 고딴또-사레떼 이루노데스까
어디서 일하십니까?	どこで働いていますか。 도꼬데 하따라이떼 이마스까
저는 LK자동차 회사에서 일합니다.	私はLK自動車会社で働いています。 와따시와 LK(에루케-)지도-샤가이샤데 하따라이떼 이마스
현재 근무하는 곳은 어떻습니까?	現在働いている所はどうですか。 겐자이 하따라이떼 이루 토꼬로와 도-데스까
언제 지금 회사에 입사했습니까?	いつ今の会社に入社されましたか。 이쯔 이마노 카이샤니 뉴-샤사레마시따까

420 | Total 일본어회화 사전

● 기본표현 ●

실용 회화

저는 영업부서에서 일합니다.	私は営業部で働いています。 와따시와 에-교-부데 하따라이떼 이마스
컴퓨터 업계는 어떻습니까?	パソコン業界はいかがですか。 파소콘교-까이와 이까가데스까

* 근무 시간에 대해 *

근무시간은 어떻게 됩니까?	勤務時間はどのようになりますか。 킨무지깡와 도노요-니 나리마스까
일은 몇 시부터 몇 시까지입니까?	お仕事は何時から何時までですか。 오시고또와 난지까라 난지마데데스까
저는 7시에 출근합니다.	私は七時に出社しています。 와따시와 시찌지니 슛샤시떼 이마스
몇 시에 퇴근하십니까?	何時に退社していますか。 난지니 타이샤시떼 이마스까
사원을 위해 어떤 복지제도가 있습니까?	社員の為のどのような福利厚生制度がありますか。 샤인노 타메노 도노요-나 후꾸리코-세-세-도가 아리마스까
우리는 주 5일 근무입니다.	うちは週五日制です。 우치와 슈-이쯔까세-데스
저는 종종 늦게까지 근무합니다.	私は時々遅くまで仕事をしています。 와따시와 토끼도끼 오소꾸마데 시고또오 시떼 이마스

직장생활

실용 회화 | 421

✱ 근무 시간에 대해 ✱

| 토요일은 격주로 쉽니다. | 土曜日は隔週で休みます。
도요-비와 카꾸슈-데 야스미마스 |

| 몇 시에 근무가 시작됩니까? | 何時に仕事が始まりますか。
난지니 시고또가 하지마리마스까 |

| 저는 매일 칼퇴근합니다. | 私は毎日定時に退社します。
와따시와 마이니찌 테-지니 타이샤시마스 |

| 일 때문에 바빠서, 시간을 낼 수 없습니다. | 仕事で忙しく時間を作れません。
시고또데 이소가시꾸 지깡오 쯔꾸레마셍 |

| 일정이 너무 빠듯해요. | 日程がとてもぎりぎりです。
닛떼-가 토떼모 기리기리데스 |

| 지금은 전혀 짬이 없어요. | 今は全然暇がないです。
이마와 젠젱 히마가 나이데스 |

| 일 때문에 스트레스가 많은 것 같네요. | 仕事でストレスが多いようですね。
시고또데 스토레스가 오오이요-데스네 |

✱ 직장과 거리 관계 ✱

| 사무실 가까이에 지하철역이 없습니다. | 事務所の近くに地下鉄の駅がありません。
지무쇼노 치까꾸니 치까떼쯔노 에끼가 아리마셍 |

| 집이 직장과 가깝습니까? | 家は職場に近いですか。
이에와 쇼꾸바니 치까이데스까 |

● 기본표현 ●

실용 회화

직장생활

당신은 직장에 갈 때 어떻게 가나요?	あなたは職場に行く時にどのようにして行きますか。 아나따와 쇼꾸바니 이꾸 토끼니 도노요-니시떼 이끼마스까
보통 지하철을 타고 갑니다만, 가끔 버스도 탑니다.	普通地下鉄に乗りますがたまにバスにも乗ります。 후쯔- 치까떼쯔니 노리마스가 타마니 바스니모 노리마스

❋ 동료에게 도움을 청할 때 ❋

지금 바쁘세요?	今忙しいですか。 이마 이소가시이데스까
너무 바쁩니다.	忙しすぎます。 이소가시스기마스
이것을 복사해 주시겠어요?	これをコピーしてもらえますか。 코레오 코피-시떼 모라에마스까
일이 밀려 있어요.	仕事がたまっています。 시고또가 타맛떼 이마스
제 업무를 대신 맡아 주시겠어요?	私の仕事を代わりにやってもらえますか。 와따시노 시고또오 카와리니 얏떼 모라에마스까
잔업을 해야 합니다.	残業をしなければなりません。 잔교-오 시나께레바 나리마셍

じつよう かいわ

※ 동료에게 도움을 청할 때 ※

저 혼자서는 못하겠어요.	私一人ではできません。 와따시 히또리데와 데끼마셍
사무실 지도를 제게 팩스로 보내주세요.	事務所の地図を私にファックスで送ってください。 지무쇼노 찌즈오 와따시니 확쿠스데 오꿋떼 쿠다사이
컴퓨터에 대해 잘 아나요?	パソコンについてよく知っていますか。 파소콘니 쯔이떼 요꾸 싯떼 이마스까
수리하는 사람 좀 바로 불러줄래요?	修理する人を早く呼んでくれますか。 슈-리스루 히또오 하야꾸 욘데 쿠레마스까
오늘밤에 잔업을 할 수 있어요?	今晩残業できますか。 콘방 잔교-데끼마스까
우리가 함께 일하면 오늘 그 일을 끝마칠 수 있을 거예요.	私たちが一緒に働けば今日その仕事を終わらせることができます。 와따시따찌가 잇쇼니 하따라께바 쿄- 소노 시고또오 오와라세루 코또가 데끼마스
우체국에 좀 다녀오실 수 있어요?	郵便局に行って来てもらえますか。 유-빈꾜꾸니 잇떼 키떼 모라에마스까
이 보고서를 타이핑해 주시겠어요?	この報告書をタイピングしてもらえますか。 코노 호-꼬꾸쇼오 타이핑구시떼 모라에마스까

● 기본표현 ●

이 서류를 팩스 보내 줄 수 있어요?	この書類をファックスしてもらえますか。 코노 쇼루이오 확쿠스시떼 모라에마스까
이 서류철들을 정리해 주시겠어요?	この書類を整理していただけますか。 코노 쇼루이오 세-리시떼 이따다께마스까
이 소프트웨어 사용법을 알려주실래요?	このソフトウェアの使用方を教えてくれますか。 코노 소후토웨아노 시요-호-오 오시에떼 쿠레마스까
이 소프트웨어 쓸 줄 아나요?	このソフトウェアの使い方を知っていますか。 코노 소푸토웨아노 쯔까이까따오 싯떼 이마스까
이 업무를 도와줄 시간이 있나요?	この業務を手伝う時間がありますか。 코노 교-무오 테쯔다우 지깡가 아리마스까
이 일 좀 도와줄래요?	この仕事少し手伝ってくれますか。 코노 시고또 스꼬시 테쯔닷떼 쿠레마스까

mini 회화

A : はい、買ってきましたよ。
하이, 캇떼 키마시다 자, 사왔습니다.

B : ありがとう。あれっ、これ、違いますよ。
아리가또 아렛 고레 치가이마스요 어, 이거, 아니에요.

A : えっ。
엣 네엣.

3. 업무 처리

※ 업무 능력에 대해 ※

새 프로젝트에 대해 설명하려고 왔습니다.	新しいプロジェクトについて説明する為に来ました。 아따라시이 프로제크토니 쯔이떼 세쯔메-스루 타메니 키마시따
서류를 또 고쳐야 하나요?	書類をまた直さないとだめですか。 쇼루이오 마따 나오사나이또 다메데스까
서류를 준비하는 데 2주일이 필요합니다.	書類を準備する為に二週間かかります。 쇼루이오 쥰비스루 타메니 니슈-깐 카까리마스
교섭은 제대로 진행되고 있습니다.	交渉はうまく進んでいます。 코-쇼-와 우마꾸 스슨데 이마스
그 건에 대해 제가 할 수 있는 일이 있나요?	その件について私ができることがありますか。 소노 켄니 쯔이떼 와따시가 데끼루 코또가 아리마스까
그 시험결과에 큰 기대를 걸고 있어요.	その試験結果に大変期待しています。 소노 시껜켁까니 타이헨 키따이시떼 이마스
그 일은 계획대로 진행되고 있습니다.	その仕事は計画通りに進んでいます。 소노 시고또와 케-까꾸도-리니 스슨데 이마스

● 기본표현 ●

실용 회화

그걸 전부 저 혼자 해야 하나요?	それを全部私一人でしなければならないのですか。 소레오 젬부 와따시 히또리데 시나께레바 나라나이 노데스까
내일 아침까지 이 일을 끝내야 해요.	明日の朝までにこの仕事を終わらせなければなりません。 아시따노 아사마데니 코노 시고또오 오와라세나께레바 나리마셍
신상품 판매는 어떤가요?	新商品の販売はどうですか。 신쇼-힌노 한바이와 도-데스까
예상했던 것보다 훨씬 더 잘 되네요.	予想よりはるかにうまくいっています。 요소-요리 하루까니 우마꾸 잇떼 이마스
오늘 끝내야 할 일이 아주 많이 있어요.	今日終わらせなければならない仕事がとてもたくさんあります。 쿄- 오와라세나께레바 나라나이 시고또가 토떼모 타꾸상 아리마스
오늘 프레젠테이션 준비 다 됐나요?	今日のプレゼンテーションの準備は全部 できましたか。 쿄-노 푸레젠테-숀노 쥰비와 젬부 데끼마시따까
일은 잘 되어 가나요?	仕事はうまくいっていますか。 시고또와 우마꾸 잇떼 이마스까
저는 그것의 작동법을 잊어버렸어요.	私はその使い方を忘れました。 와따시와 소노 쯔까이까따오 와스레마시따

직장생활

실용 회화 | 427

＊ 업무 능력에 대해 ＊

요구에 부응하도록 최선을 다하겠습니다.
要求に応えるよう最善を尽くします。
요-뀨-니 코따에루요- 사이젠오 쯔꾸시마스

우리는 전혀 새로운 사업을 시작하려고 합니다.
我々はまったく新しい事業を始めようとしています。
와레와레와 맛따꾸 아따라시이 지교-오 하지메요-또 시떼 이마스

이 상황을 어떻게 처리할 겁니까?
この状況をどうやって処理するつもりですか。
코노 죠-꾜-오 도-얏떼 쇼리스루쯔모리데스까

이 프로젝트는 분명히 우리가 해볼 만한 일입니다.
このプロジェクトは確かに私たちがしてみるのに値する仕事です。
코노 푸로제쿠토와 타시까니 와따시따찌가 시떼미루노니 아따이스루 시고또데스

이제 곧 우리 신제품이 시장에 나올 것입니다.
もうすぐ我々の新製品が市場に出ます。
모- 스구 와레와레노 신세-힌가 시죠-니 데마스

인터넷에서 찾아보는 게 어때요?
インターネットで探してみるのはどうですか。
인타-넷토데 사가시떼 미루노와 도-데스까

저는 마감일에 맞출 수 없을 것 같아요.
私は締め切り日に間に合うことができなさそうです。
와따시와 시메끼리비니 마니아우 코또가 데끼나사소-데스

기본표현 · 실용 회화

저는 인터넷에서 이 정보를 수집했어요.	私はインターネットでこの情報を集めました。 와따시와 인타-넷또데 코노 죠-호-오 아쯔메마시따
전에 이 데이터베이스 사용해보신 적 있어요?	前にこのデータベースを使用したことがありますか。 마에니 코노 데-타베-스오 시요-시따 코또가 아리마스까
제가 이 프로젝트를 담당하고 있어요.	私がこのプロジェクトを担当しています。 와따시가 코노 푸로제쿠토오 탄또-시떼 이마스
컴퓨터로 뭘 만들고 있죠?	パソコンで何を作っていますか。 파소콘데 나니오 쯔꿋떼 이마스까
텍스트 파일로 다시 한 번 보내주세요.	テキストファイルでもう一度送ってください。 테키스토화이루데 모-이찌도 오꿋떼 쿠다사이
프레젠테이션용 자료를 만들고 있어요.	プレゼンテーション用の材料を作っています。 푸레젠테-숑요-노 자이료-오 쯔꿋떼 이마스
프로젝트 준비는 잘 돼가고 있습니까?	プロジェクトの準備はうまく行っていますか。 푸로제쿠또노 쥰비와 우마꾸 잇떼 이마스까
현재 상황에 대해 좀 더 물어봐도 될까요?	現況についてもう少し聞いてもよろしいですか。 겐꾜-니 쯔이떼 모-스꼬시 카-떼모 요로시이데스까

실용 회화 | 429

※ 업무 능력에 대해 ※

| 첫번째 시도치고는 결과는 나쁘지 않습니다. | 始めての試みとは言え結果はそんなに悪くはありません。
하지메떼노 코꼬로미또와이에 켁까와 손나니 와루꾸와 아리마셍 |

※ 업무 능력 평가할 때 ※

| 회의준비는 다 됐나요? | 会議の準備は全部できましたか。
카이기노 준비와 젬부 데끼마시따까 |

| 회의는 연기되었습니다. | 会議は延ばされました。
카이기와 노바사레마시따 |

| 그 분야에서는 그가 최고예요. | その分野では彼が一番です。
소노 분야데와 카레가 이찌방데스 |

| 그는 업무에 필요한 모든 자질을 다 갖추고 있습니다. | 彼は業務に必要な全ての資質を備えています。
카레와 교-무니 히쯔요-나 스베떼노 시시쯔오 소나에떼 이마스 |

| 그는 이런 일에는 아주 능숙합니다. | 彼はこのような仕事がとても上手です。
카레와 코노 요-나 시고또가 토떼모 죠-즈데스 |

| 그처럼 일을 빨리 처리하는 당신의 능력은 훌륭해요. | そのように仕事を早く処理できるあなたの能力はすばらしいですね。
소노요-니 시고또오 하야꾸 쇼리데끼루 아나따노 노-료꾸와 스바라시이데스네 |

● 기본표현 ● 실용 회화

그가 정직하다는 것은 모두가 알고 있습니다.	彼が正直なのはだれもが知っています。 카레가 쇼-지끼나노와 다레모가 싯떼 이마스
그는 그 일에 적격입니다.	彼はその仕事に適格です。 카레와 소노 시고또니 테끼까꾸데스
누가 새 업무에 적합하다고 생각하세요?	誰が新しい業務に合っていると思いますか。 다레가 아따라시이교-무니 앗떼 이루또 오모이마스까
새로운 프로젝트는 어떻게 진행되고 있습니까?	新しいプロジェクトはどのように進行していますか。 아따라시이푸로제크또와 도노요-니 신꼬-시떼 이마스까
야마모토 씨는 일을 적당히 할 사람이 아닙니다.	山本さんは仕事を適当にする人ではありません。 야마모또상와 시고또오 테끼또-니 스루히또데와 아리마셍
이 일을 맡기기에는 당신이 적격입니다.	この仕事にはあなたが適格です。 코노 시고또니와 아나따가 테끼까꾸데스
이찌카와 씨의 능력을 평가하기는 어렵습니다.	市川さんの能力を評価するのは難しいです。 이찌까와상노 노-료꾸오 효-까스루노와 무즈까시이데스

* **過大評価**[かだいひょうか] 과대평가
* **評価**[ひょうか]**を 受**[う]**ける** 평가를 받다

직장생활

4. 거래 관계

※ 거래처 방문할 때 ※

내일 오후에 사무실로 찾아뵈도 될까요?	明日の午後、事務所にお伺いしてもよろしいですか。
	아시따노 고고 지무쇼니 오우까가이시떼모 요로시이데스까

방문하실 거라는 연락을 받았습니다.	ご訪問の連絡は受けております。
	고호-몬노 렌라꾸와 우께떼 오리마스

약속하셨습니까?	お約束していますか。
	오야꾸소꾸시떼 이마스까

3시는 어떠세요?	三時はいかがですか。
	산지와 이까가데스까

다나카는 곧 올 겁니다.	田中はすぐ来ます。
	타나까와 스구 키마스

너무 오래 기다리게 해서 죄송해요.	とても長くお待たせしてすみません。
	토떼모 나가꾸 오마따세시떼 스미마셍

이쪽으로 오십시오.	こちらへどうぞ。
	코찌라에 도-조

일부러라도 와 주셔서 감사합니다.	わざわざお越しいただき ありがとうございます。
	와자와자 오꼬시이따다끼 아리가또-고자이마스

●기본표현● **실용 회화**

당신에게 얘기하고 싶은 게 있습니다.	あなたにお話したい事があります。 아나따니 오하나시시따이 코또가 아리마스
당신이 오셨다고 야마모토 부장님께 말씀드리겠습니다.	あなたがいらっしゃっていると山本部長にお伝えします。 아나따가 이랏샷떼 이루또 야마모또부쪼-니 오쯔따에시마스
수출부는 어디에 있습니까?	輸出部はどこにありますか。 유슈쯔부와 도꼬니 아리마스까
책임자를 만날 수 있습니까?	責任者にお会いできますか。 세끼닌샤니 오아이데끼마스까
안녕하세요. 저는 K사의 다나카입니다.	こんにちは。私はK社の田中です。 콘니찌와 와따시와 K샤노 타나까데스
야마구찌는 다른 의뢰인과 미팅중입니다.	山口はただ今他のお客様と打ち合わせ中です。 야마구찌와 타다이마 호까노 오꺄꾸사마또 우찌아와세쮸-데스
이찌카와 씨가 바쁘시면, 내일 다시 오겠습니다.	今市川さんがお忙しいようでしたら、明日改めて参ります。 이마 이찌까와상가 오이소가시-요-데시따라 아시따 아라따메떼 마이리마스
저희 신상품을 보여 드리고 싶습니다.	我々の新商品をお見せしたいです。 와레와레노 신쇼-힌오 오미세시따이데스

직장생활

실용 회화 | **433**

じつよう かいわ

＊ 상담할 때 ＊

사업 얘기를 시작해 볼까요?
ビジネスの話を始めましょうか。
비지네스노 하나시오 하지메마쇼-까

가격이 가장 중요해요.
価格が一番重要です。
카까꾸가 이찌방쥬-요-데스

가격은 수량에 따라 달라집니다.
価格は数量によって変わります。
카까꾸와 수-료-니 욧떼 카와리마스

가격을 그렇게 내리는 것은 곤란합니다.
価格をそんなに下げるのは困ります。
카까꾸오 손나니 사게루노와 코마리마스

얼마나 주문하실 겁니까?
どのくらい注文するつもりですか。
도노꾸라이 쮸-몬스루쯔모리데스까

괜찮으시면 먼저 카탈로그를 보내드리겠어요.
よろしければ先にカタログを送ってくれます。
요로시께레바 사끼니 카타로구오 오꿋떼 쿠레마스

귀사에는 이 제품이 가장 적당하다고 생각합니다.
貴社にはこの製品が一番合っていると思います。
키샤니와 코노 세-힝가 이찌방 앗떼 이루또 오모이마스

그 아이템에 대해 좀 더 자세하게 설명해 주시겠어요?
そのアイテムについてもう少し詳しく説明してくれませんか。
소노 아이테무니 쯔이떼 모-스꼬시 쿠와시꾸 세쯔메-시떼 쿠레마셍까

434 | Total 일본어회화 사전

기본표현 · 실용 회화

그 제품에 대해 좀 더 자세한 정보를 드리겠어요.	その製品についてもうちょっと詳しい情報をくれますか。 소노 세-힌니 쯔이떼 모- 춋또 쿠와시이 죠-호-오 쿠레마스까
제가 오늘 아침에 보낸 메일 보셨습니까?	私が今朝送ったメールみましたか。 와따시가 케사 오꿋따 메-루 미마시따까
만족하실 거라고 확신합니다.	ご満足いただけると確信しています。 고만조꾸 이따다께루또 카꾸신시떼 이마스
문의사항이 있으면 알려주시기 바랍니다.	問い合わせ事項がありましたら知らせてください。 토이아와세지꼬-가 아리마시따라 시라세떼 쿠다사이
이 디자인이 전체 중에서 가장 매력적으로 보이는군요.	このデザインが全体の中で一番魅力的に見えますね。 코노 데자인가 젠따이노 나까데 이찌방 미료꾸떼끼니 미에마스네
이 모델은 젊은이들 사이에서 훨씬 인기가 좋아요.	このモデルは若者達の間でもっとも人気があります。 코노 모데루와 와까모노따찌노 아이다데 못또모 닌끼가 아리마스
이 소프트웨어에는 편리한 기능들이 많아요.	このソフトウェアには便利な機能が多いです。 코노 소후토웨아니와 벤리나 키노-가 오-이데스

직장생활

실용 회화 | 435

✽ 상담할 때 ✽

괜찮으시다면, 통역자를 쓰겠습니다.	よろしければ通訳を入れます。 요로시께레바 쯔-야꾸오 이레마스
이것은 저희 최신 제품입니다.	これは当社の最新の製品です。 코레와 토-샤노 사이신노 세-힌데스
이것은 저희 회사의 최고 인기 모델 중 하나입니다.	これは私どもの会社で人気モデルの中の一つです。 코레와 와따시도모노 카이샤데 닌끼모데루노 나까노 히또쯔데스
신제품 몇 가지를 보여 드리고 싶습니다.	新製品をいくつかお見せしたいと思います。 신세-힌오 이꾸쯔까 오미세시따이또 오모이마스
얼마 동안 품질보증이 되나요?	どのぐらい品質保障ができますか。 도노구라이 힌시쯔 호쇼-가 데끼마스까
이것이 최신 홍보책자입니다.	これが最新のパンフレットです。 코레가 사이신노 팜후렛토데스
저희 서비스에 만족하실 것으로 확신해요.	私どものサービスに満足されることと確信します。 와따시도모노사-비스니 만조꾸사레루 코또또 카꾸신시마스
조작이 매우 간단합니다.	操作はとても簡単です。 소-사와 토떼모 칸딴데스

● 기본표현 ●

실용 회화

카탈로그 좀 보여주세요.	カタログをちょっと見せてください。
	카타로구오 촛또 미세떼 쿠다사이

자세한 내용은 저희 홈페이지를 참조하세요.	詳しい内容はホームページを参考にしてください。
	쿠와시이나이요-와 호-무페-지오 산꼬-니 시떼 쿠다사이

mini 회화

A : ご予算はいくらほどにお考えんですか。
고요산와 이꾸라호도니 오캉가에데스까 예산은 어느 정도 생각하십니까?

B : 20万円程度でしたいんですが。
니쥬-만엔 테이도데 시다인데스가 20만엔 정도로 하고 싶습니다만.

A : 何かご希望の機種がございますか。
나니까 고끼보-노 키슈가 고자이마스까 무슨 희망기종이 있으신가요?

B : 子供部屋が狭いので、大きいパソコンを置くスペースがないんです。
코도모베야가 세마이노데 오-끼이 파소콘오 오꾸 스페-스가 나인데스
애들방이 좁기 때문에 큰 컴퓨터를 놓을 공간이 없습니다.

A : でしたら、ノートブック型のパソコンが よろしいでしょうね。
데시따라 노-토북쿠가따노 파소콘가 요로시이데쇼-네
그러시다면 노트북이 괜찮겠군요.

B : じゃ、その パソコンを見せてください。
자, 소노 파소콘오 미세떼 쿠다사이 그럼 컴퓨터를 보여주세요.

A : はい、では、こちらにどうぞ。
하이 데와 코찌라니 도-조 네 그럼 이쪽으로 오십시오.

じつよう かいわ

＊ 계약할 때 ＊

당신과 계약하게 되어 매우 기쁩니다.	あなたと契約 することになりとてもうれしいです。 아나따또 케-야꾸스루 코또니 나리 토떼모 우레시이데스
이번 주 중으로 답변 드리겠습니다.	今週中に返事さしあげます。 콘슈-츄-니 헨지 사시아게마스
이것이 우리가 제시할 수 있는 최선의 조건입니다.	これが私たちが提示することができる最善の条件です。 코레가 와따시따찌가 테-지스루 코또가 데끼루 사이젠노 죠-껜데스
자세한 내용은 이메일로 알려드릴게요.	詳しい内容はEメールで知らせます。 쿠와시이 나이요-와 이메-루데 시라세마스
이 계약은 언제까지 유효합니까?	この契約はいつまで有効ですか。 코노 케-야꾸와 이쯔마데 유-꼬-데스까
여기 사인을 부탁드립니다.	ここにサインをお願いします。 코꼬니 사인오 오네가이시마스
믿고 맡겨주셔서 감사합니다.	信じて任せてくださりありがとうございます。 신지떼 마까세떼 쿠다사리 아리가또- 고자이마스

＊ 교섭 관계를 유지할 때 ＊

본론으로 들어갑시다.	本題に入りましょう。 혼다이니 하이리마쇼-

●기본표현●

실용 회화

가격에 관해 생각해 놓으신 게 있습니까?	価格に関して考えている事はありますか。 카까꾸니 칸시떼 캉가에떼 이루 코또와 아리마스까
가격에 대한 당신의 의견을 말씀해 주시겠습니까?	価格に対するあなたの意見を話してくれますか。 카까꾸니 타이스루 아나따노 이껜오 하나시떼 쿠레마스까
결정하면 연락해 주시겠어요?	決まりましたら連絡していただけますか。 키마리마시따라 렌라꾸시떼 이따다께마스까
귀사의 기대를 충족시킬 수가 없습니다.	貴社の期待にお応えできません。 키샤노 키따이니 오꼬따에데끼마셍
당사 가격은 다른 곳보다 쌉니다.	当社の価格は他の会社より安いです。 토-샤노 카까꾸와 호까노 카이샤요리 야스이데스
당사는 견적서를 받고 싶습니다.	当社は見積書をもらいたいと思います。 토-샤와 미쯔모리쇼오 모라이따이또 오모이마스
배송료는 누가 부담하나요?	配送料はだれが負担しますか。 하이소-료-와 다레가 후딴시마스까
앞으로 우리 관계가 더 발전하기를 바랍니다.	これから私たちの関係がもっと発展するようねがいます。 코레까라 와따시따찌노 칸께-가 못또 핫뗀스루요- 네가이마스

직장생활

실용 회화 | 439

じつよう かいわ

※ 교섭관계를 유지할 때 ※

우리의 제안은 어떠세요?	我々の提案はどうですか。 와레와레노 테-안와 도-데스까
우리의 주된 관심사는 가격 문제입니다.	我々の主な関心事は価格問題です。 와레와레노 오모나 칸신고또와 카카꾸몬다이데스
조만간 연락해주시길 기다리겠습니다.	近い間に連絡されるのをお待ちしております。 치까이아이다니 렌라꾸 사레루노오 오마찌시떼 오리마스
지난번 주문과 같은 조건을 유지하고 싶습니다.	前回の注文と同じ条件を維持したいと思います。 젠까이노 쮸-몬또 오나지죠-껜오 이지시따이또 오모이마스
최저가를 제안해 주십시오.	お手頃な価格にしてください。 오테고로나 카까꾸니 시떼 쿠다사이
할인율을 더 높여 주시기를 희망합니다.	もっとまけてください。 못또 마케떼 쿠다사이
출하 예정을 세워 봅시다.	出荷予定を立ててみましょう。 슛까요떼-오 타테떼 미마쇼-
회사에 돌아가서 전화 드리겠습니다.	会社に帰ってから電話 いたします。 카이샤니 카엣떼까라 뎅와 이따시마스

의견을 절충할 때

계약기간은 어떻게 합니까?	契約期間はどうしますか。 케-야꾸키깐와 도-시마스까
계약의 세부사항에 대해 논의해 봅시다.	契約の詳細について議論しましょう。 케-야꾸노 쇼-사이니 쯔이떼 기론시마쇼-
귀사와 계약을 체결하게 되어 기쁩니다.	貴社と契約を結ぶ事ができうれしいです。 키샤또 케-야꾸오 무스부 코또가 데끼 우레시이데스
그 계약의 갱신에 대해 어떻게 생각하세요?	その契約の更新についてどうお考えですか。 소노 케-야꾸노 코-신니 쯔이떼 도-오깡가에데스까
그 계획은 조금 수정이 필요합니다.	その契約は 少し修正が必要です。 소노 케-야꾸와 스꼬시 슈-세-가 히쯔요-데스
우리는 대체로 의견이 일치합니다.	私たちは大体意見が一致しています。 와따시따찌와 다이따이 이껜가 잇찌시떼 이마스
우리의 전략에 과감한 변화가 필요합니다.	私たちの戦略に果敢な変化が必要です。 와따시따찌노 센랴꾸니 카깐나 헨까가 히쯔요-데스
제안이 있으시면 언제든지 해주시기 바랍니다.	提案がありましたらいつでも話してください。 테-안가 아리마시따라 이쯔데모 하나시떼 쿠다사이

* 의견을 절충할 때 *

이 조항에 몇 가지 덧붙이고 싶습니다.
いくつかこの条項に対し付け加えたいと思います。
이꾸쯔까 코노 죠-꼬-니타이시 쯔께꾸와에따이또 오모이마스

이것에 대한 의견 있으세요?
これに対する意見はありますか。
코레니타이스루 이껭와 아리마스까

이번 협상이 성공적으로 끝나게 되어 기쁩니다.
今回の交渉が成功に終わりうれしく思います。
콘까이노 코-쇼-가 세-꼬-니 오와리 우레시꾸 오모이마스

표현을 약간 변경하는 것이 어떻습니까?
表現を少し変えるのはいかがですか。
효-겐오 스꼬시 카에루노와 이까가데스까

* 문제를 해결할 때 *

즉시 처리하겠습니다.
すぐ処理します。
스구 쇼리시마스

그 문제는 처리됐습니다.
その問題は解決済みです。
소노 몬다이와 카이께쯔즈미데스

이 일을 부장님과 먼저 의논해야 할 것 같군요.
この仕事は部長と先に議論するほうがいいとおもいます。
코노 시고또와 부쪼-또 사끼니 기론스루 호-가 이이또오모이마스

● 기본표현

실용 회화

그 사고는 제 불찰입니다.	その事故は私のミスです。 소노 지꼬와 와따시노 미스데스
그것은 저희 실수였습니다.	それは我々のミスでした。 소레와 와레와레노 미스데시따
대체품을 즉시 보내드리겠습니다.	代わりのものをすぐお送りします。 카와리노 모노오 스구 오오꾸리시마스
우리가 그 문제를 처리하겠습니다.	我々がその問題を処理します。 와레와레가 소노 몬다이오 쇼리시마스
폐를 끼쳐드려서 죄송합니다.	ご迷惑をお掛けして、申し訳ありません。 고메−와꾸오 오까께시떼 모−시와께 아리마셍
이제 모든 것을 해결했습니다.	もう全てを解決しました。 모− 스베떼오 카이께쯔시마시따
즉시 주문한 제품을 보내드리겠습니다.	すぐにご注文の製品を送ります。 스구니 고쮸−몬노 세−힌오 오꾸리마스
확인해 보고 연락드리겠습니다.	確認の上連絡致します。 카꾸닌노 우에 렌라꾸이따시마스

* **御迷惑[ごめいわく]を 掛[か]けました**
  폐를 끼쳤습니다
* **近所[きんじょ]の 迷惑[めいわく]に なる**
  이웃에 폐가 되다

직장생활

실용 회화 | 443

전화 でんわ

●기본표현●

1. 전화 통화할 때

10분 후에 다시 전화하겠습니다.	十分後に再度お電話させていただきます。 줏뿐고니 사이도 오뎅와사세떼 이따다끼마스
30분 후에 다시 전화해주시겠어요?	三十分後にもう一度お電話いただけますか。 산줏뿐고니 모-이찌도 오뎅와 이따다께마스까
경리부에 있는 아무 분과 통화하고 싶은데요.	経理部のどなたかとお話ししたいんですが。 케-리부노 도나따까또 오하나시시따인데스가
안녕하세요. 마리 씨 있나요?	こんにちは。まりさんいますか。 콘니찌와 마리상 이마스까
기무라 선생님은 계신가요?	木村先生はおられますか。 키무라센세-와 오라레마스까
통화할 수 있어서 기쁩니다.	電話でき嬉しいです。 뎅와데끼 우레시이데스
미안하지만, 지금 아주 바쁩니다.	すみませんが、今とても忙しいです。 스미마셍가 이마 토떼모 이소가시이데스

444 | Total 일본어회화 사전

● 기본표현 ●

실용 회화

바로 다시 전화 드리겠습니다.	すぐもう一度お電話させていただきます。 스구 모-이찌도 오뎅와사세떼 이따다끼마스
그냥 안부 전화한 거예요.	ただ あいさつのお電話をしたんですよ。 타다 아이사쯔노 오뎅와오 시딴데스요
다시 전화드리면 어떨까요?	再度お電話してもよろしいでしょうか。 사이도 오뎅와시떼모 요로시이데쇼-까
당신 메시지 받았어요.	あなたのメッセージを受け取りました。 아나따노 멧세-지오 우께또리마시따
용건만 간단히 말씀해 주세요.	用件だけ簡単にお話しください。 요-껜다께 칸딴니 오하나시 쿠다사이
이렇게 일찍 전화해서 미안해요.	こんなに早く電話して申し訳ありません。 콘나니 하야꾸 뎅와시떼 모-시와께 아리마셍
이만 전화 끊겠습니다.	これでお電話を切らせていただきます。 코레데 오뎅와오 키라세떼 이따다끼마스
전화번호 안내는 몇 번인가요?	電話番号の案内は何番ですか。 뎅와방고-노안나이와 난반데스까
전화번호가 어떻게 되세요?	電話番号がどうなりますか。 뎅와방고-가 도-나리마스까

전화

실용 회화 | 445

じつよう かいわ

밤늦게 전화해서 미안해요.	夜遅く電話をして申し訳ありません。 요루 오소꾸 뎅와오시떼 모-시와께 아리마셍
전화해줘서 고마워요.	お電話いただきましてありがとうございます。 오뎅와 이따다끼마시떼 아리가또-고자이마스
좀 더 일찍 전화해 주었더라면 좋았을 텐데.	もうちょっと早く電話してくれたら良かったのに。 모-촛또 하야꾸 뎅와시떼 쿠레따라 요깟따노니
지금 막 당신에게 전화하려던 중이었어요.	ただ今あなたに電話をするところでした。 타다이마 아나따니 뎅와오스루 토꼬로데시타
지금 전화해도 괜찮아요?	今電話をかけても大丈夫ですか。 이마 뎅와오카께떼모 다이죠-부데스까
토요일 약속 때문에 전화했어요.	土曜日の約束のため電話しました。 도요-비노 야꾸소꾸노 타메 뎅와시마시따
종일 전화했었습니다.	一日中電話しました。 이찌니찌쥬- 뎅와시마시따
휴대폰도 꺼놓고 뭐 하세요?	携帯も切って何してるんですか。 케-따이모 킷떼 나니시떼룬데스까 *モバイル 휴대전화

● 기본표현 ●

2. 전화를 걸 때

여보세요. 접니다.	もしもし。私です。 모시모시 와따시데스
여보세요, 다나카 씨 부탁해요.	もしもし田中さんをお願いします。 모시모시 타나까상오 오네가이시마스
예, 그렇습니다. 누구십니까?	はいそうです。どなた様でしょうか。 하이 소-데스 도나따사마데쇼-까
여보세요, 요시다 씨 댁인가요?	もしもし吉田さんのお宅ですか。 모시모시 요시다상노 오따꾸데스까
여보세요. 야마다씨입니까?	もしもし山田さんですか。 모시모시 야마다상데스까
여보세요. 전 다나카입니다.	もしもし私は田中です。 모시모시 와따시와 타나까데스
거기 경찰서 아닙니까?	そちら警察署ではありませんか。 소찌라 케-사쯔쇼데와 아리마셍까
거기가 야마모토 씨 댁입니까?	そちらは山本さんのお宅でしょうか。 소찌라와 야마모또상노 오따꾸데쇼-까
거기가 하마다 씨 사무실입니까?	そちらは濱田さんの事務所でしょうか。 소찌라와 하마다상노 지무쇼데쇼-까

じつよう かいわ

경리과장님과 통화하고 싶습니다.	経理課長と電話をしたいのですがお願いします。	케-리카쪼-또 뎅와오 시따이노데스가 오네가이시마스
마케팅을 담당하고 계신 분을 좀 바꿔 주시겠습니까?	マーケティングの担当者に代わっていただけますか。	마-케팅구노 탄또-샤니 카왓떼 이따다께마스까
수출부로 전화연결 부탁드리겠습니다.	輸出部に電話をお願いします。	유슈쯔부니 뎅와오 오네가이시마스
아까 전화한 다나카입니다.	さっき電話した田中です。	삭끼 뎅와시따 타나까데스
야마구찌 씨 부탁드립니다.	山口さんをお願いします。	야마구찌상오 오네가이시마스
야마구찌 씨 좀 바꿔주시겠어요?	ちょっと山口さんに代わっていただけますか。	촛또 야마구찌상니 카왓떼 이따다께마스까
야마구찌 씨의 방 좀 연결해 주시겠어요?	山口さんのお部屋につないでいただけますか。	야마구찌상노 오헤야니 쯔나이데 이따다께마스까
이찌카와 씨와 지금 통화할 수 있을까요?	今市川さんとお電話できますか。	이마 이찌까와상또 오뎅와데끼마스까

3. 전화를 받을 때

AD사입니다. 무엇을 도와드릴까요?	AD社です。どのようなご用でしょうか。 AD샤데스 도노요-나 고요-데쇼-까
전데요.	私です。 와따시데스
곧 갈게요.	すぐ行きます。 스구 이끼마스
전화 좀 받으실래요?	電話にちょっと出てくれますか。 뎅와니 촛또 데떼 쿠레마스까
전화가 연결되었습니다.	電話が繋がりました。 뎅와가 쯔나가리마시따
내 방에서 받을게요.	私の部屋で電話に出ます。 와따시노 헤야데 뎅와니데마스
내가 전화 받을 게요.	私が電話に出ます。 와따시가 뎅와니 데마스
누구십니까?	どなた様でしょうか。 도나따사마데쇼-까
누구한테서 왔어요?	誰からですか。 다레까라데스까

실용 회화 | 449

담당자를 바꾸겠습니다.	担当者に代わります。 탄또-샤니 카와리마스
몇 번에 거셨나요?	何番にお掛けですか。 난방니 오까께데스까
성함을 알려주시겠습니까?	お名前を教えていただけますか。 오나마에오 오시에떼 이따다께마스까
용건은 무엇입니까?	どのようなご用件でしょうか。 도노요-나 고요-껜데쇼-까
잠시만 기다리세요.	少々お待ちください。 쇼-쇼- 오마찌 쿠다사이
2번 전화입니다.	2番の電話です。 니반노 뎅와데스
전화 받으시는 분은 누구신가요?	どちらさまでしょうか。 도찌라사마데쇼-까
전화 좀 받아볼래요?	電話にちょっと出ていただけますか。 뎅와니 촛또 데떼 이따다께마스까
전화의 용건을 물어 보세요.	電話の用件を聞いてください。 뎅와노 요-껜오 키-떼 쿠다사이
다나카 씨, 전화 왔습니다.	田中さん電話です。 타나까상 뎅와데스

● 기본표현 ●

실용 회화

기다리게 해서 죄송해요. 무슨 용건이신가요?	お待たせしてすみません。どんなご用件でしょうか。 오마따세시떼 스미마셍 돈나 고요-껜데쇼-까
접니다만, 누구십니까?	私ですが、どちら様でしょうか。 와따시데스가 도찌라사마데쇼-까
조금만 천천히 말씀해 주세요.	もう少しゆっくり話してください。 모-스꼬시 윳꾸리 하나시떼 쿠다사이
콜렉트콜로 해주시겠어요?	コレクトコールにしてくれますか。 코레쿠토 코-루니 시떼 쿠레마스까

mini 회화

A : もしもし金先生のおたくですか。
모시모시 키무센세-노 오따꾸데스까
여보세요. 김선생님 댁입니까?

B : はいそうですが、どなたさまですか。
하이 소-데스가 도나따사마데스까
네, 그렇습니다만, 누구십니까?

A : わたしは朴と申しますが、先生いらっしゃいますか。
와따시와 파쿠또 모-시마스가 센세- 이랏샤이마스까
저는 박이라고 합니다만, 선생님 계십니까?

B : はいおります。少々おまちください。
하이 오리마스 쇼쇼 오마찌 쿠다사이
네, 있습니다. 잠시 기다려 주십시오.

전화

실용 회화 | 451

4. 전화를 바꿔줄 때

곧 기무라 씨를 바꿔드리겠어요.	ただいま木村さんと代わります。 타다이마 키무라상또 카와리마스
기무라 씨, 다나카 씨에게 전화입니다.	木村さん田中さんからお電話です。 키무라상 타나까상까라 오뎅와데스
누구를 바꿔드릴까요?	だれにお代わり致しましょうか。 다레니 오까와리 이따시마쇼-까
당신에게 전화가 왔네요.	あなたにお電話です。 아나따니 오뎅와데스
수화기를 내려놓고 기다려주십시오.	受話器をおいてお待ちください。 쥬와끼오 오이떼 오마찌 쿠다사이
야마다 씨로부터 수신자 부담 전화가 왔어요.	山田さんからコレクトコールです。 야마다상까라 코레쿠토코-루데스
잠깐 기다려 주세요. 그분을 바꿔 드릴게요.	少しお待ちください。その方にかわります。 스꼬시 오마찌 쿠다사이 소노 카따니 카와리마스
전화 거시는 분은 누구신가요?	電話をかけた方はどなたさまでしょうか。 뎅와오 카께따 카따와 도나따사마데쇼-까

● 기본표현 ●

실용 회화

5. 부재중일 때

그녀는 지금 휴가 중이에요.	彼女は今休暇中です。 카노죠와 이마 큐-까츄-데스
그는 아직 출근하지 않았어요.	彼はまだ出社しておりません。 카레와 마다 슛샤시떼 오리마셍
그는 이번주에 출장 중이어서 안 계세요.	彼は今週出張中なのでいません。 카레와 콘슈- 슛쵸-쮸나노데 이마셍
그는 퇴근했어요.	彼は退勤致しました。 카레와 타이킹 이따시마시따
나중에 다시 걸어주시겠어요?	あとでかけなおしていただけますか。 아또떼 카께나오시떼 이따다께마스까
무슨 연락할 방법은 없나요?	何とか連絡する方法はありませんか。 난또까 렌라꾸스루 호-호-와 아리마셍까
미안합니다. 지금 회의 중이세요.	すみません。ただいま会議中です。 스미마셍 타다이마 카이기쮸-데스
방금 나갔는데요.	たった今出掛けました。 탓따이마 데까께마시따
야마모또 씨는 곧 돌아올 거예요.	山本さんはすぐ帰ります。 야마모또상와 스구 카에리마스

전화

실용 회화 | 453

じつよう かいわ

공교롭게도 나카다 씨는 외출중입니다.	あいにく中田さんは外出しています。 아이니꾸 나까다상와 가이슈쯔시떼 이마스
잠깐 나가셨어요. 곧 돌아오실 거예요.	ちょっと出かけましたが、すぐ戻ると思います。 촛또 데까께마시따가 스구 모도루또 오모이마스
잠깐 자리를 비웠어요.	ちょっと席をはずしております。 촛또 세끼오 하즈시떼 오리마스
죄송합니다. 오늘 안 나오셨어요.	すみません。今日出てないんです。 스미마셍 쿄- 데떼 나인데스
지금 부재중이신데요.	ただいま、留守にしております。 타다이마, 루스니시떼 오리마스
지금 자리에 안계십니다.	ただいま席を外しております。 타다이마 세끼오 하즈시떼 오리마스

mini 회화

A: 田中から電話があったと伝えてください。
타나까까라 뎅와가 앗따또 쯔따에떼 쿠다사이
다나카가 전화했었다고 좀 전해주세요.

B: そうします。
소-시마스
그럴게요.

● 기본표현 ●

6. 통화중일 때

하마다는 통화중입니다.	濱田は電話中です。 하마다와 뎅와츄-데스
계속해서 통화중입니다.	ずっと電話中です。 즛또 뎅와츄-데스
지금 다른 전화를 받고 있습니다.	ただいま他の電話に出ています。 타다이마 호까노 뎅와니 데떼 이마스
다나카 씨는 지금 다른 전화를 받고 있어요.	田中さんは今別の電話に出ております。 타나까상와 이마 베쯔노 뎅와니 데떼 오리마스
10분 후에 다시 전화해 주시겠어요?	十分後に再度お電話いただけますか。 줏뿐고니 사이도 오뎅와 이따다께마스까
30분 후에 다시 걸어 주시겠어요?	30分後にかけなおしていただけますか。 산줏뿐고니 카께나오시떼 이따다께마스까
그는 지금 당장은 전화 받을 수 없어요.	彼は今すぐには電話に出ることができません。 카레와 이마스구니와 뎅와니 데루 코또가 데끼마셍
5분 후에 다시 걸게요.	5分後にかけなおします。 고훈고니 카께나오시마스

じつよう かいわ

그는 지금 통화중이에요. 기다려 주시겠어요?	彼は今通話中です。お待ちしていただけますか。	카레와 이마 쯔-와쮸-데스 오마찌시떼 이따다께마스까
기다리시겠어요, 다시 거시겠어요?	お待ちになりますか、またかけなおしますか。	오마찌니 나리마스까 마따 카께나오시마스까
기다리시겠어요?	お待ちいただけますか。	오마찌 이따다께마스까
나중에 다시 전화해 주시겠어요?	後で再度お電話いただけますか。	아또데 사이도 오뎅와 이따다께마스까
좀 급한데요, 기다려도 될까요?	ちょっと急ぎですがお待ちしてもよろしいでしょうか。	촛토 이소기데스가 오마찌시떼모 요로시이데쇼-까
다나카 씨의 통화가 끝나려면 얼마나 기다리면 될까요?	田中さんの電話が終わるまでどのくらい待てばいいでしょうか。	타나까상노 뎅와가 오와루마데 도노꾸라이 마떼바 이이데쇼-까
메시지를 전해드릴까요?	伝言をお伝えしましょうか。	덴곤오 오쯔따에시마쇼-까
전화드리라고 할까요?	お電話するようお伝えしましょうか。	오뎅와스루요- 오쯔따에시마쇼-까

7. 잘못 걸었을 때

죄송합니다만, 그 번호는 실려 있지 않습니다.	すみませんが、その番号は載っていません。 스미마셍가 소노 반고-와 놋떼 이마셍
미안합니다만, 여기는 그런 분은 없어요.	すみませんが、ここにはそういう方はいません。 스미마셍가 코꼬니와 소-유-카따와 이마셍
전화번호를 다시 한번 확인해 보십시오.	電話番号をもう一度お確かめください。 뎅와방고-오 모-이찌도 오따시까메 쿠다사이
거긴 몇 번이세요?	そちらは何番ですか。 소찌라와 난방데스까
몇 번에 거셨어요?	何番にお掛けですか。 난방니 오까께데스까
전화 잘못 거셨습니다.	電話番号を間違えています。 뎅와방고-오 마찌가에떼이마스
322-1234 아닌가요?	322-1234ではありませんか。 산니-니-노 이찌니-산욘데와 아리마셍까
여기 그런 사람 없는데요.	ここにはそのような名前の方はいません。 코꼬니와 소노요-나 나마에노 카따와 이마셍

じつよう かいわ

다나카의 전화번호는 두 달 전에 바뀌었어요.	田中の電話番号は二か月前に変わりました。
	타나까노 뎅와방고-와 니까게쯔마에니 카와리마시따

| 미타라는 이름은 목록에 없는데요. | 三田という名前はリストにありません。 |
| | 미따타또유-나마에와 리스토니 아리마셍 |

| 그런 이름을 가진 사람은 없는데요. | そのような名前の者はおりません。 |
| | 소노요-나 나마에노 모노와 오리마셍 |

| 번호가 틀린 것 같습니다만. | 番号をお間違えのようですが。 |
| | 방고-오 오마찌가에노 요-데스가 |

| 전화번호는 맞는데 그런 사람은 없습니다. | 電話番号は合っていますがそのような人はいません。 |
| | 뎅와방고-와 앗떼이마스가 소노요-나 히또와 이마셍 |

| 전화번호가 틀린 것 같습니다. | 電話番号が間違っているようです。 |
| | 뎅와방고-가 마찌갓떼 이루요-데스 |

mini 회화

A: 332-1234じゃありませんか。
산산니-노이찌니-산시쟈 아리마셍까 332-1234 아닌가요?

B: ちがった番号にお電話されましたね。1234じゃなくて2233です。
지갓따 방고니 오뎅와사레마시따네 이찌니-산욘쟈나꾸떼 니-니-산산데스
잘못된 번호로 전화하셨네요. 1234번이 아니고 2233이에요.

8. 연결 상태가 나쁠 때

전화가 불통이에요.	電話が不通です. 뎅와가 후쯔-데스
잘 안 들리네요.	よく聞こえません。 요꾸 키꼬에마셍
전화 감이 좀 먼데요.	ちょっと電話が遠いです。 촛또 뎅와가 토-이데스
전화가 끊겼어요.	電話が切れてしまいました。 뎅와가 키레떼시마이마시따
전화가 혼선입니다.	電話が混線しています。 뎅와가 콘센시떼 이마스
전화에 잡음이 많습니다.	電話に雑音が多いです。 뎅와니 자쯔온가 오-이데스
수화기를 더 가까이 대세요.	受話器を近づけてください。 쥬와끼오 찌까즈께떼 쿠다사이
연결상태가 아주 나쁘군요.	接続状態がとても悪いですね。 세쯔조꾸죠-따이가 토떼모 와루이데스네
이 전화는 고장입니다.	この電話は故障しています。 코노 뎅와와 코쇼-시떼 이마스

9. 전화를 끊을 때

제가 문자 보낼게요.	私がメールを送ります。 와따시가 메-루오 오꾸리마스
바쁘신 것 같은데 이만 끊을게요.	忙しそうなのでこれで切ります。 이소가시소-나노데 코레데 키리마스
제 휴대전화 번호예요. 아무 때나 전화하세요.	私の携帯番号です。いつでもお電話ください。 와따시노 케-따이방고-데스 이쯔데모 오뎅와 쿠다사이
이 번호는 밤에 연락이 가능해요.	この番号に夜連絡できます。 코노 방고-니 요루 렌라꾸데끼마스
일하는데 방해해서 미안해요.	お仕事の邪魔をしてすみません。 오시고또노 쟈마오 시떼 스미마셍

mini 회화

A: あら私たちが通話してから、もう一時間過ぎたね。
아라 와따시따찌가 쯔와시떼까라 모- 이찌지깡 스기따네
어머나, 전화 통화한 게 벌써 한 시간이 넘었네.

B: 本当! 全然 知らなかった。
혼또- 젠젠 시라나깟따
우리가 그랬어? 나도 몰랐네.

● 기본표현

10. 메시지를 전할 때

돌아오면 전화드리라고 할까요?	帰ったら電話するように言いましょうか。 카엣따라 뎅와스루요-니 이-마쇼-까
그렇게 전할게요.	そうお伝えします。 소- 오쯔따에시마스
전화 왔다고 전해주세요.	電話があったとお伝えください。 뎅와가앗따또 오쯔따에 쿠다사이
기무라 씨에게 말씀을 전하겠어요.	木村さんに伝言をお伝えします。 키무라상니 뎅공오 오쯔따에시마스
메모 좀 할게요.	ちょっとメモを取ります。 촛또 메모오 토리마스
메시지를 남겨도 되나요?	メッセージを残してもいいですか。 멧세-지오 노꼬시떼모 이이데스까
알겠습니다. 메시지를 전해 드리겠어요.	わかりました。伝言をお伝えしておきます。 와까리마시따 뎅공오 오쯔따에시떼 오끼마스
전하실 말씀이 있으세요?	伝言がありますか。 뎅공가 아리마스까

11. 용건을 전할 때

기무라가 전화했었다고 전해 주세요.	木村が電話したと伝えてください。 키무라가 뎅와시따또 쯔따에떼 쿠다사이
급한 용무래요.	急用だそうです。 큐-요-다소-데스
나한테 전화 온 것 없었나요?	私に電話はありませんでしたか。 와따시니 뎅와와 아리마셍데시따까
누구시라고 전해 드릴까요?	どちら様だとお伝えしましょうか。 도찌라사마다또 오쯔따에시마쇼-까
다시 전화 걸겠습니다.	再度お電話させていただきます。 사이도 오뎅와사세떼 이따다끼마스
두세 건의 전화가 왔었어요.	二、三件の電話がありました。 니 산껜노 뎅와가 아리마시따
메시지를 부탁해도 될까요?	伝言をお願いしてもよろしいでしょうか。 뎅곤오 오네가이시떼모 요로시이데쇼-까
메시지를 전해드릴게요.	伝言をお伝えします。 뎅곤오 오쯔따에시마스
바로 연락드리라고 전할게요.	すぐ連絡するように伝えます。 스구 렌라꾸스루요-니 쯔따에마스

●기본표현●

실용 회화

모토즈 씨가 다시 전화 하겠대요.	本図さんが再度電話すると言っていました。 모또즈상가 사이도 뎅와스루또 잇떼 이마시따
모토즈 씨는 무슨 용건으로 전화했던가요?	本図さんは何のご用で電話したのですか。 모또즈상와 난노 고요-데 뎅와시따노데스까
삐 소리가 난 후에 이름을 남겨 주세요.	ピーと鳴りましたらお名前をお話しください。 삐-또 나리마시따라 오나마에오 오하나시 쿠다사이
성함을 말씀해주세요.	お名前をお願いします。 오나마에오 오네가이시마스
여기 전화번호요.	ここに電話番号があります。 코꼬니 뎅와반고-가 아리마스
이찌카와씨가 제 전화번호를 압니다.	市川さんが私の電話番号を知っています。 이찌까까와상가 와따시노 뎅와반고-오 싯떼 이마스
저한테 전화해 달라고 전해주세요.	私に電話するようお伝えください。 와따시니 뎅와스루요- 오쯔따에 쿠다사이
전화상으로는 그 말밖에 안 하던데요.	電話ではそれしか言っていませんでした。 뎅와데와 소레시까 잇떼 이마셍데시따
전화왔었다고 전해드릴게요.	電話があったとお伝えします。 뎅와가 앗따또 오쯔따에시마스

전화

실용 회화 | 463

じつよう かいわ

제 사무실로 전화 달라고 전해 주시겠어요?	私の事務所に連絡してくださいと伝えていただけますか。 와따시노 지무쇼니 렌라꾸시떼 쿠다사이또 쯔따에떼 이따다께마스까
제 전화번호를 말씀드리겠습니다.	私の電話番号を申し上げます。 와따시노 뎅와반고-오 모-시아게마스
책상에 메모 올려놨어요.	机の上にメモを置きました。 쯔꾸에노 우에니 메모오 오끼마시따
다나카가 그쪽 전화번호를 알고 있나요?	田中はそちらの電話番号を知っていますか。 타나까와 소찌라노 뎅와반고-오 싯떼 이마스까
하마다 씨에게서 전화왔었다고 전해주시겠어요?	濱田さんから電話があった事をお伝えいただけますか。 하마다상까라 뎅와가 앗따 코또오 오쯔따에 이따다께마스까

mini 회화

A: 後で話し合おうよ。
아또데 하나시아오-요
나중에 다시 얘기하자.

B: 電話くれてありがとう。さよなら。
뎅와쿠레떼 아리가또- 사요나라
전화 줘서 고마워, 안녕.

12. 교환 전화로 걸 때

교환을 통해야 하나요?	交換をしなければなりませんか。 코-깐오 시나케레바 나리마센까
끊어졌는데, 다시 한번 연결해주세요.	切ってしまったので、もう一度つないでください。 킷떼 시맛따노데 모-이찌도 쯔나이데 쿠다사이
이 전화를 그의 사무실로 돌려주시겠어요?	この電話を彼の事務所に回してくれますか。 코노 뎅와오 카레노 지무쇼니 마와시떼 쿠레마스까
교환입니다. 무엇을 도와드릴까요?	オペレーターです。どんなご用件ですか。 오페레-타-데스 돈나 고요-껜데스까
총무부로 연결해 주시겠어요?	総務部へつないでいただけませんか。 소-무부에 쯔나이데 이따다께마셍까
통화가 끝나는 대로 연결해 드릴게요.	通話がすみ次第お繋ぎ致します。 쯔-와가 스미시다이 오쯔나기이따시마스
여보세요, 기무라 씨와 통화하고 싶은데요.	もしもし、木村さんとお話ししたいんですが。 모시모시 키무라상또 오하나시시따인데스가
담당 부서로 연결해 드릴게요.	担当の部署にお繋ぎ致します。 탄또-노 부쇼니 오쯔나기이따시마스

じつよう かいわ

기무라 씨에게 전화를 돌려 드리겠어요.	木村さんに電話をかわります。
	키무라상니 뎅와오 카와리마스

어디로 연결해 드릴까요?	どちらへお繋ぎ致しましょうか。
	도찌라에 오쯔나기이따시마쇼-까

내선 5번을 부탁해요.	内線の5番をお願いします。
	나이센노 고방오 오네가이시마스

mini 회화

B: 韓国へ国際電話をかけたいんですが。
캉꼬꾸에 코꾸사이뎅와오 카께따인데스가
한국에 국제 전화를 걸고 싶은데요.

A: 少々お待ちください。4,5分後におつなぎします。
쇼-쇼- 오마찌 쿠다사이 시고훈고니 오쯔나기시마스
잠시만 기다리십시오. 4,5분 후에 연결해드리겠습니다.

B: はい。分かりました。
하이 와까리마시따   예. 알겠습니다.

A: はい。どうぞお話しください。
하이 도-조 오하나시 쿠다사이
전화가 나왔습니다. 어서 말씀하십시오.

B: 料金はコレクトコールにしてください。
료-낑와 코레쿠토코-루니 시떼 쿠다사이
요금은 컬렉트콜로 해 주십시오.

A: はい。かしこまりました。
하이 카시꼬마리마시따   예. 알았습니다.

● 기본표현 ●

실용 회화

13. 남의 전화를 사용할 때

실례합니다. 전화를 사용해도 될까요?	失礼します。お電話お使いできますか。 시쯔레-시마스 오뎅와 오쯔까이데끼마스까
전화를 빌릴 수 있나요?	電話をお借りできますか。 뎅와오 오까리데끼마스까
휴대폰을 진동으로 해 주세요.	携帯をマーナーモードにしてください。 케-따이오 마-나-모-도니 시떼쿠다사이
누구와 통화하시겠습니까?	誰におつなぎしましょうか。 다레니 오쯔나기시마쇼-까
연결됐습니다. 말씀하세요.	つながりました。お話しください。 쯔나가리마시따 오하나시 쿠다사이

mini 회화

A : お話し中すみません。
오하나시츄- 스미마셍 말씀중에 죄송합니다.

B : いいえいいですよ。
이-에 이이데스요 아니오, 괜찮습니다.

A : 電話を使ってもいいですか。
뎅와오 쯔깟떼모 이이데스까 전화를 써도 될까요?

B : どうぞ使ってください。
도-조 쯔깟떼 쿠다사이 자, 쓰세요.

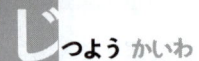

14. 국제 전화를 걸 때

교환은 몇 번입니까?	交換は何番ですか。 코-깐와 난반데스까
근처에 공중전화가 있나요?	近くに公衆電話はありますか。 치까꾸니 꼬-슈-뎅와와 아리마스까
뉴욕의 지역번호는 몇 번입니까?	ニューヨークの地域番号は何番でしょうか。 뉴-요-쿠노찌-끼방고-와 난방데쇼-까
서울과 통화 도중에 전화가 끊어졌어요.	ソウルと電話の途中切れました。 소우루또 뎅와노 토쥬- 키레마시따
서울로 전화를 신청하고 싶습니다.	ソウルへ電話を申し込みたいのです。 소우루에 뎅와오 모-시꼬미따이노데스
수신자 부담으로 전화하고 싶습니다.	コレクトコールで電話したいです。 코레쿠토코-루데 뎅와시따이데스
여기에서 전화카드를 팝니까?	ここでテレフォンカードを売っていますか。 코꼬데 테레훤카-도오 웃떼 이마스까
수화기를 들고 동전을 넣으세요.	受話器を持ってコインを入れてください。 쥬와끼오 못떼 코인오 이레떼 쿠다사이

● 기본표현 ●

실용 회화

일요일엔 요금이 싼가요?	日曜日は料金が安いですか。 니찌요-비와 료-낑가 야스이데스까
장거리 전화를 걸고 싶은데요.	長距離電話を掛けたいのですが。 쵸-쿄리뎅와오 카께따이노데스가
전화를 끊고 기다려 주세요.	電話を切ってお待ちください。 뎅와오킷떼 오마찌 쿠다사이
전화번호와 받는 분 성함을 말씀해 주시겠습니까?	電話番号と受取人のお名前を教えていただけますか。 뎅와방고-또 우께또리닌노오나마에오 오시에떼 이따다께마스까
제 방에서 한국으로 직접 전화를 할 수 있습니까?	私の部屋から直接韓国へお電話できますか。 와따시노헤야까라 쵸꾸세쯔 캉꼬꾸에 오뎅와데끼마스까
통화를 취소해주세요.	通話を取消してください。 쯔-와오 토리께시떼 쿠다사이
통화후에 요금을 알려주세요.	電話の後料金を教えてください。 뎅와노아또 료-낀오 오시에떼 쿠다사이
11시 이후엔 5%의 할인을 받을 수 있나요?	11時以降は5%の割引ですか。 쥬-이찌지이꼬-와 고파-센토노 와리비끼데스까

전화

Chapter 15 ‡‡ 여가와 취미 ‡‡
よかと しゅみ

● 기본 표현 ●

1. 여가 활용

❋ 여가 시간 활용 ❋

| 여가시간을 어떻게 보내세요? | 余暇時間をどう過ごしますか。
요까지깡오 도- 스고시마스까 |

좋아하는 스포츠가 뭐예요?
好きなスポーツは何ですか。
스끼나 스포-츠와 난데스까

스포츠라면 뭐든지 좋아합니다.
スポーツなら何でも好きです。
스포-츠나라 난데모 스끼데스

요리하는 것을 좋아합니다.
料理が好きです。
료-리가 스끼데스

탁구는 아주 재미있어요.
卓球はとてもおもしろいです。
탓뀨-와 토떼모 오모시로이데스

휴일 어떻게 보냈어요?
休日はどのように過ごされましたか。
큐-지쯔와 도노요-니 스고사레마시따까

가족들을 위해서 채소를 재배하고 있어요.
家族のために野菜を栽培しています。
카조꾸노 타메니 야사이오 사이바이시떼 이마스

470 | Total 일본어회화 사전

● 기본표현 ●

실용 회화

사이클링과 승마를 좋아해요.	サイクリングと乗馬が好きです。 사이쿠링구또 죠-바가 스끼데스
한가할 때는 무엇을 하십니까?	暇な時には何をしていますか。 히마나 토끼니와 나니오 시떼이마스까
쉬는 날에는 주로 뭐하세요?	休みの日には主に何をしますか。 야스미노 히니와 오모니 나니오 시마스까
주말 어떻게 보냈어요?	週末はどのように過ごされましたか。 슈-마쯔와 도노요-니 스고사레마시따까
퇴근 후에는 뭐하세요?	退社後には何をしていますか。 타이샤고니와 나니오 시떼 이마스까
스포츠를 좋아하세요?	スポーツは好きですか。 스포-츠와 스끼데스까
무슨 스포츠를 잘 하세요?	どんなスポーツが特意ですか。 돈나 스포-츠가 토꾸이데스까
매주 토요일은 거의 외출을 해요.	毎週土曜日はだいたい外出します。 마이슈- 도요-비와 다이따이 가이슈쯔시마스
그냥 집에 있었습니다.	家にいました。 이에니 이마시따
공을 사용하는 스포츠는 모두 좋아합니다.	ボールを使うスポーツは何でも好きです。 보-루오 쯔까우 스포-츠와 난데모 스끼데스

여가와 취미

실용 회화 | 471

じつよう かいわ

＊ 여가 시간 활용 ＊

| 저는 열렬한 농구팬이에요. | 私は熱烈なバスケットボールのファンです。
와따시와 네쯔레쯔나 바스켓토보-루노 환데스 |

| 컴퓨터에 흥미가 있습니다. | コンピューターに興味を持っています。
콤퓨-타-니 쿄-미오 못떼 이마스 |

| 어디 여행이라도 갈까 해요. | どこか旅行にでも行こうかと思っています。
도꼬가 료꼬-니데모 이꼬-까또 오못떼 이마스 |

＊ TV 보기 ＊

| 어떤 TV 프로그램을 좋아하세요? | どんなテレビ番組が好きですか。
돈나 테레비반구미가 스끼데스까 |

| 어젯밤에 TV 채널 몇 번을 봤어요? | 昨夜テレビは何チャンネルを見ましたか。
사꾸야 테레비와 난챤네루오 미마시따까 |

| 지난주 그 드라마는 보셨어요? | 先週そのドラマを見ましたか。
센슈- 소노 도라마오 미마시따까 |

| 여기서는 어떤 채널을 볼 수 있나요? | ここではどんなチャンネルが見られますか。
코꼬데와 돈나 챤네루가 미라레마스까 |

| 텔레비전 자주 보세요? | テレビは良く見ますか。
테레비와 요꾸 미마스까 |

● 기본표현 ● 실용 회화

나는 저녁식사 후에 TV를 봐요.	私は夕食後にテレビを見ます。 와따시와 유-쇼꾸고니 테레비오 미마스
한가할 때 나는 TV를 봅니다.	暇な時に私はテレビを見ます。 히마나토끼니 와따시와 테레비오 미마스
나는 TV 게임쇼를 좋아합니다.	私はテレビゲームショーが好きです。 와따시와 테레비게-무쇼-가 스끼데스
저는 그 배역이 정말 싫어요.	私はその配役が本当に嫌いです。 와따시와 소노 하이야꾸가 혼또-니 키라이데스
내가 좋아하는 장르는 코미디입니다.	私の好きなジャンルはコメディです。 와따시노 스끼나 쟝루와 코메디-데스
저 배우는 연기를 잘 해요.	あの俳優は演技がうまいです。 아노 하이유-와 엥기가 우마이데스
그저 느긋하게 앉아서 TV나 봐요.	ただくつろいで座リテレビでも見ます。 다다 쿠쯔로이데 스와리 테레비데모 미마스
이 드라마는 여성에게 인기가 있어요.	このドラマは女性に人気があるんですよ。 코노 도라마와 죠세-니 닝끼가 아룬데스요
이 드라마는 끝이 너무 지루해요.	このドラマは終わりがとても退屈でした。 코노 도라마와 오와리가 토떼모 타이꾸쯔데시따

여가와 취미

じつよう かいわ

* TV 보기 *

| 가끔 비디오가게에서 빌려오는 경우도 있어요. | 時々レンタルビデオの店から借りてくることもあります。
토끼도끼 렌타 루비데오노 미세까라 카리떼 쿠루 코또모 아리마스 |

| 채널을 바꾸지 마세요. | チャンネルを変えないでください。
챤네루오 카에나이데 쿠다사이 |

| 이 프로 정말 재미없어요. | この番組は本当におもしろくないです。
코노 방구미와 혼또-니 오모시로꾸 나이데스 |

| 매우 재미있었어요. | とても面白かったです。
토떼모 오모시로깟따데스 |

| 저는 연속극 팬이에요. | 私は連続ドラマのファンです。
와따시와 렌조꾸도라마노 환데스 |

* 스포츠(골프) *

| 저는 골프를 아주 좋아해요. | 私はゴルフがとても好きです。
와따시와 고루후가 토떼모 스끼데스 |

| 골프를 10년 넘게 치고 있습니다. | ゴルフを十年以上やっています。
고루후오 쥬-넨이죠- 얏떼 이마스 |

| 나는 골프를 쳐보지 않았습니다. | 私はゴルフをやった事がありません。
와따시와 고루흐오 얏따 코또가 아리마셍 |

474 | Total 일본어회화 사전

● 기본표현 ●

실용 회화

골프와 야구를 즐겨요.	ゴルフと野球をやります。 고루후또 야뀨-오 야리마스
날려버려! 날려버려!	かっ飛ばせー！かっ飛ばせー！ 캇또바세- 캇또바세-
대단한 접전이었어요.	すごい接戦でしたね。 스고이 셋센데시따네
레슨을 받을 수 있습니까?	レッスンを受けられますか。 렛슨오 우께라레마스까
매일 운동을 해서 그래요.	毎日運動をしてこうなりました。 마이니찌 운도-오 시떼 코-나리마시따
여기는 코스가 좋군요.	ここはコースがいいですね。 코꼬와 코-스가 이이데스네
이용자 수칙에는 어떤 것이 있습니까?	利用者の心得にはどんなものがありますか。 리요-샤노 코꼬로에니와 돈나 모노가 아리마스까
코치를 붙여 주시겠습니까?	コーチをつけてもらえますか。 코-치오 쯔케떼 모라에마스까
휴일에는 골프를 치러 갑니다.	休日はゴルフに行きます。 큐-지쯔와 고루후니 이끼마스

여가와 취미

* 스포츠(수영) *

수영할 줄 아세요?	水泳できますか。 스이에- 데끼마스까
샤워하는 곳은 어디인가요?	シャワー室はどこですか。 샤와-시쯔와 도꼬데스까
가슴 운동에 집중하고 있어요.	胸の運動に集中しています。 무네노 운도-니 슈-쮸-시떼 이마스
그 동안 헬스를 열심히 하셨나봐요.	その間筋トレを頑張ってしたみたいですね。 소노 아이다 낀토레오 간밧떼 시따미따이데스네
너무 무리하지 마세요.	あんまり無理しないでください。 안마리 무리시나이데 쿠다사이
네, 수영 잘해요.	はい、上手です。 하이 죠-즈데스
저는 살을 좀 빼야겠어요.	私はちょっと体重を減らさないと。 와따시와 춋또 타이쥬-오 헤라사나이또
상당히 근육질이군요.	すごい筋肉質ですね。 스고이 킨니꾸시쯔데스네
운동하기 전에 준비운동하는 거 잊지마세요.	運動する前に準備運動するのを忘れないでください。 운도-스루 마에니 준비운도-스루노오 와스레나이데 쿠다사이

기본표현 — 실용 회화

몸에 신경 좀 써야겠어요.	体にちょっと神経を使った方がいいです。 카라다니 촛또 신께-오 쯔깟따 호-가 이이데스
저는 몸매를 좀 가꾸려고 해요.	私はいい体を作ろうとしています。 와따시와 이이 카라다오 쯔꾸로-또 시떼 이마스
이두박근 운동중이에요.	二頭膊筋の運動中です。 니또-학낀노 운도-츄-데스
샤워실과 탈의실은 어디입니까?	シャワー室と脱衣室はどこですか。 샤와-시쯔또 다쯔이시쯔와 도꼬데스까

* 스포츠(스키) *

겨울에는 스키나 스케이트를 타러 가요.	冬はスキーやスケートに行きます。 후유와 스키-야 스케-토니 이끼마스
스노우보드를 빌려주세요.	スノーボードをかしてください。 스노-보-도오 카시떼 쿠다사이
스노클링 해본 적 있으세요?	スノークーリングをした事がありますか。 스노-쿠-링구오 시따 코또가 아리마스까
스키는 몇 년 정도 타셨어요?	スキーは何年くらいしましたか。 스키-와 난넨꾸라이 시마시따까
시설은 어때요?	施設はどうですか。 시세쯔와 도-데스까

여가와 취미

じつよう かいわ

* 스포츠(스키) *

| 어떤 근력운동을 더해야 합니까? | どんな筋トレをもっとすればいいですか。
돈나 킨토레오 못또 스레바 이이데스까 |

| 어느 팀을 응원하고 있나요? | どちらのチームを応援していますか。
도찌라노 치-무오 오-엔시떼 이마스까 |

| 이 근처에서 스키를 탈 수 있나요? | このあたりでスキーができますか。
코노 아따리데 스키-가 데끼마스까 |

* 스포츠(야구) *

| 입장료는 얼마인가요? | 入場料はいくらですか。
뉴-죠-료-와 이꾸라데스까 |

| 다음 시합은 언제 있습니까? | 次の試合はいつありますか。
쯔기노 시아이와 이쯔 아리마스까 |

| 야구관람 즐겨하세요? | 野球を見るのはお好きですか。
야뀨-오 미루노와 오스끼데스까 |

| 어느 팀을 응원합니까? | どんなチームを応援していますか。
돈나 치-무오 오-엔시떼 이마스까 |

| 외야석을 3장 주세요. | 外野席を3枚ください。
가이야세끼오 상마이 쿠다사이 |

| 응원관련 상품은 어디서 팔고 있습니까? | 応援関連グッズはどこで売っていますか。
오-엔칸렌굿즈와 도꼬데 웃떼 이마스까 |

기본표현 — 실용 회화

응원용 메가폰 주세요.	応援用のメガホンください。 오-엔요-노 메가혼 쿠다사이
자이언트의 열렬한 팬입니다.	ジャイアンツの大ファンです。 쟈이안츠노 다이환데스
지금 TV에서 야구중계를 하는 것은 없습니까?	今テレビで野球中継はやってないのですか。 이마 테레비데 야꾸-쮸-께-와 얏떼 나이노데스까
지금은 만루입니다.	今は満塁です。 이마와 만루이데스
스포츠 관람 좋아하세요?	スポーツ観戦はお好きですか。 스포-츠칸센와 오스끼데스까
타자는 누구인가요?	バッターは誰ですか。 밧타-와 다레데스까
홈런, 홈런!	ホームラン、ホームラン! 호-무란 호-무란
1번 타자는 삼진이군요.	トップバッターは三振ですね。 톱푸바타-와 산신데스네
지난밤 야구경기에서 누가 이겼습니까?	昨夜の野球の試合でどっちが勝ちましたか。 사꾸야노 야꾸-노 시아이데 돗찌가 카찌마시따까
9회 말이 되었어요.	9回の裏になりました。 큐-까이노 우라니 나리마시따

여가와 취미

* 스포츠(축구) *

어느 팀을 응원하세요?	**どのチームを応援しますか。** 도노 치-무오 오-엔시마스까
입장권은 어디서 사면 됩니까?	**入場券はどこで買えばいいですか。** 뉴-죠-껜와 도꼬데 카에바 이이데스까
어느 편이 이겼어요?	**どっちの方がかちましたか。** 도찌노 호-가 카치마시따까
3대 3으로 비겼어요.	**3対3で引き分けました。** 산따이산데 히끼와께마시따
지금 득점은 몇 점인가요?	**今得点は何点ですか。** 이마 토꾸뗑와 난뗀데스까
누가 이길 것 같아요?	**誰が勝つと思いますか。** 다레가 카쯔또 오모이마스까
경기는 막상막하였어요.	**競技は五分五分でした。** 쿄-기와 고부고부데시따
오늘밤은 어디와 어디의 시합입니까?	**今晩はどことどこの試合ですか。** 콘방와 도꼬또 도꼬노 시아이데스까
이거 재미있어지는데요.	**これは面白くなってきましたね。** 코레와 오모시로꾸 낫떼 키마시따네
이겨라, 이겨라, 코리아	**フレー、フレー、コリア！** 후레- 후레- 코리아

● 기본표현 ●

실용 회화

우리 팀이 2대 0으로 이겼어요.	私たちのチームが２対０で勝ちました。 와따시따찌노 치-무가 니따이레이데 카찌마시따
한국 팀이 쉽게 승리했어요.	韓国チームが圧倒的に勝利しました。 캉꼬꾸치-무가 앗또-떼끼니 쇼-리시마시따
좋아, 그 자세! 파이팅! 파이팅!	いいぞその調子! ファイト、ファイト! 이이조 소노 쪼-시 화이토 화이토
힘내라 한국! 힘내라 코리아!	がんばれ韓国! がんばれ、コリア! 감바레 캉꼬꾸 간바레 코리아

✱ 연극 관람 ✱

연극이 몇 시에 막이 오르나요?	演劇は何時に幕を上げますか。 엔게끼와 난지니 마꾸오 아게마스까
당일권을 지금 사면, 바로 들어갈 수 있습니까?	当日券をいま買えばすぐ入れますか。 토-지쯔껜오 이마 카에바 스구 하이레마스까
연극 보러 가는 거 어떠세요?	演劇を見に行くのはどうですか。 엔게끼오 미니 이꾸노와 도-데스까
오늘 표는 아직 남아 있나요?	今日の切符はまだありますか。 쿄-노 킵뿌와 마다 아리마스까
팜플렛을 주세요.	パンフレットをください。 판후렛토오 쿠다사이

여가와 취미

실용 회화 | 481

じょうよう かいわ

＊ 연극 관람 ＊

발코니 좌석을 구할 수 있나요?
バルコニー席を買えますか。
바루코니-세끼오 카에마스까

무대 가까이로 좌석을 얻도록 해보세요.
舞台に近い席を取ってください。
부따이니 치까이 세끼오 톳떼 쿠다사이

실례지만 여기는 지정석이라고 생각하는데요.
すみませんがここは指定席だと思うんですが。
스미마셍가 코꼬와 시떼-세끼다또 오모운데스가

남은 자리에서 가장 좋은 자리로 2장 주세요.
残っている席で、一番いいところを2枚ください。
노꼿떼 이루세끼데 이찌방 이이 토꼬로오 니마이 쿠다사이

실례지만 이 자리 비어 있습니까?
すみませんがこの席あいてますか。
스미마셍가 코노 세끼 아이떼 마스까

좋아하는 배우는 누구예요?
好きな俳優は誰ですか。
스끼나 하이유-와 다레데스까

＊ 콘서트 관람 ＊

우리 콘서트 보러 갈까요?
コンサートの切符が2枚ありますが行ってみませんか。
콘사-토노 킵뿌가 니마이 아리마스가 잇떼 미마셍까

토요일 밤에 공원에서 연주회가 있어요
土曜日の夜に公園で演奏会があります。
도요-비노 요루니 코-엔데 엔소-까이가 아리마스

실용 회화

• 기본표현 •

콘서트에 가실래요?	コンサートに行きましょうか。 콘사-토니 이끼마쇼-까
이 자리는 누구 있습니까?	この席は誰かいますか。 코노 세끼와 다레까 이마스까
이 티켓의 번호대로라면 여기는 제 자리가 아닐까하는데요.	このチケットの番号だとここは、私の席じゃないか思うんですが。 코노 치켓토노 방고-다또 코꼬와 와따시노 세끼쟈 나이까또 오모운데스가
가장 좋아하는 가수는 누구예요?	一番好きな歌手は誰ですか。 이찌방 스끼나 카슈와 다레데스까
오늘 저녁에는 누가 연주하나요?	今夜は誰が演奏するんですか。 콘야와 다레가 엔소-스룬데스까

✽ 전람회 관람 ✽

개관시간은 언제부터 언제까지입니까?	開館時間は何時から何時までですか。 카이깡지깡와 난지까라 난지마데데스까
근처 백화점에서 골동품 전시회를 하고 있습니까?	この近くのデパートで骨董品の展示会をやっていますか。 코노 찌까꾸노 데파-토데 콧또-힌노 텐지까이오 얏떼 이마스까
기념 스탬프를 찍고 싶습니다만, 괜찮습니까?	記念スタンプを押したいんですがいいですか。 키넨스탐푸오 오시따인데스가 이이데스까

여가와 취미

じつよう かいわ

＊ 전람회 관람 ＊

기념엽서를 사고 싶습니다만.	記念はがきを買いたいんですが。 키넨하가끼오 카이따인데스가
나는 그림 그리기를 좋아합니다.	私は絵を描くのが好きです。 와따시와 에오 카꾸노가 스끼데스
이 그림 어때요?	この絵画はどうですか。 코노 카이가와 도-데스까
이 그림의 색깔이 맘에 들어요.	この絵の色が気に入りました。 코노 에노이로가 키니 이리마시따
다음 주는 무슨 좋은 전시회를 하나요?	来週は何かいい展示会をやってますか。 라이슈-와 나니까 이이텐지까이오 얏떼 마스까
어떤 버튼을 눌러야 한국어 안내가 나옵니까?	どのボタンを押せば韓国語の案内が出るんですか。 도노 보탄오 오세바 캉꼬꾸고노 안나이가 데룬데스까
영어 안내를 들으려면 어떻게 해야 합니까?	英語の案内を聞くにはどうすればいいんですか。 에-고 안나이오 키꾸니와 도-스레바 이인데스까
이 박물관은 몇 시에 닫습니까?	この博物館は何時に閉まりますか。 코노 하꾸부쯔깡와 난지니 시마리마스까
이거, 시험해 봐도 됩니까?	これ試してみてもいいですか。 코레 타메시떼 미떼모 이이데스까

● 기본표현 ●

실용 회화

지금 인기 있는 전람회는 어떤 미술관에서 하고 있습니까?	いま人気の展覧会はどの美術館でやっていますか。 이마 닌끼노 텐란까이와 도노 비쥬쯔깡데 얏떼 이마스까
이건 누구 작품인가요?	これはだれの作品ですか。 코레와 다레노 사꾸힌데스까
인상적인데요. 누가 그린 거예요?	印象的ですね。誰が描いたんですか。 인쇼-떼끼데스네 다레가 에가이딴데스까
정말 훌륭한 작품이군요!	本当にすばらしい作品ですね。 혼또-니 스바라시이사꾸힌데스네
좋은 그림을 수집하고 있어요.	すばらしい絵を集めています。 스바라시이에오 아쯔메떼 이마스

* 오락실 이용 *

교환소는 어디입니까?	交換所はどこですか。 코-깡쇼와 도꼬데스까
블랙잭은 어떻게 하는 거예요?	ブラックジャックはどうやるんですか。 부락쿠쟉쿠와 도- 야룬데스까
오늘은 어떤 기계가 나와 있습니까?	今日はどの台が出てますか。 쿄-와 도노 다이가 데떼 마스까
하룻밤에 얼마입니까?	1泊いくらですか。 잇빠꾸 이꾸라데스까

여가와 취미

실용 회화 | **485**

じつよう かいわ

✱ 오락실이용 ✱

저는 카지노에 가본 적이 없어요.	私はカジノへ行ったことがありません。 와따시와 카지노에 잇따 코또가 아리마셍
초보자에게 좋은 게임은 뭔가요?	初心者にいいゲームは何ですか。 쇼신샤니 이이게-무와 난데스까
어떤 프로그램을 제일 좋아하세요?	どんなプログラムが一番好きですか。 돈나 푸로구라무가 이찌방 스끼데스까
이 게임은 어떻게 하는 겁니까?	このゲームはどうやってやるんですか。 코노 게-무와 도-얏떼 야룬데스까
이 게임의 룰은 어떻게 됩니까?	このゲームのルールはどうなっているんですか。 코노 게-무노 루-루와 도-낫떼 이룬데스까
이 슬롯머신의 룰을 가르쳐주세요.	このスロットマシーンのルールを教えてください。 코노 스롯토마신-노 루-루오 오시에떼 쿠다사이

---

* **カジノ 카지노** : 도박장을 중심으로 한 오락장.
* **スロットマシン 슬롯 머신** : 자동 도박기
* **フォーリーズ 폴리즈** : 대중 오락

2. 취미 생활

* 취미 생활 활용 *

취미가 뭡니까?	趣味は何ですか。
	슈미와 난데스까

어떠한 것에 관심이 있습니까?	どのようなものに関心がありますか。
	도노요-나 모노니 칸신가 아리마스까

어떤 것에 흥미가 있습니까?	どんな事に興味をお持ちですか。
	돈나 코또니 쿄-미오 오모찌데스까

전 바둑 좋아합니다.	私は囲碁が好きです。
	와따시와 이고가 스끼데스

나는 골동품을 30년 이상 모으고 있습니다.	私は骨董品を30年以上集めています。
	와따시와 콧또-힌오 산쥬-넨이죠- 아쯔메떼 이마스

* 영화 감상 *

예매권은 어디에서 살 수 있습니까?	前売り券はどこで買えますか。
	마에우리껜와 도꼬데 카에마스까

7시 영화로 두 장 주세요.	7時の映画で2枚ください。
	시찌지노 에-가데 니마이 쿠다사이

지정석도 있습니까?	指定席もありますか。
	시떼-세끼모 아리마스까

✽ 영화 감상 ✽

국제학생증이 있습니다만, 학생할인해주세요.	国際学生証があるんですが、学生割引にしてください。 코꾸사이가꾸세-쇼-가 아룬데스가 가꾸세-와리비끼니 시떼 쿠다사이
그 영화의 주연은 누군가요?	その映画の主演は誰ですか。 소노 에-가노 슈엥와 다레데스까
극장에서는 무엇이 상연되고 있나요?	映画館では何が上映されていますか。 에-가깡데와 나니가 죠-에-사레떼 이마스까
영화는 어땠어요?	映画はどうだった。 에-가와 도-닷따
어떤 종류의 영화를 좋아하세요?	どんな種類の映画が好きですか。 돈나 슈루이노 에-가가 스끼데스까
시작은 몇 시입니까?	始まりは何時ですか。 하지마리와 난지데스까
상영시간은 몇 시부터 몇 시까지입니까?	上映時間は何時から何時までですか。 죠-에-지깡와 난지까라 난지마데데스까
저는 영화 보는 걸 좋아해요.	私は映画を見るのが好きです。 와따시와 에-가오 미루노가 스끼데스
종종 영화 보러 가십니까?	時々映画を見に行きますか。 토끼도끼 에-가오 미니 이끼마스까

● 기본표현 ●

실용 회화

이 영화에 출연하는 주연 배우가 좋아요.	この映画に出演している主演俳優が好きです。 코노 에-가니 슈쯔엔시떼 이루 슈엔하이유-가 스끼데스
지난주에 아주 재미있는 영화를 봤습니다.	先週すごく面白い映画を見ました。 센슈- 스고꾸 오모시로이 에-가오 미마시따
최근에 영화본 적 있어요?	最近映画を見た事がありますか。 사이낀 에-가오 미따 코또가 아리마스까

* 음악 감상 *

악기를 연주할 수 있습니까?	楽器を演奏できますか。 갓끼오 엔소-데끼마스까
어떤 악기를 연주할 수 있나요?	どんな楽器の演奏ができますか。 돈나 각끼노 엔소-가 데끼마스까
어떤 종류의 음악을 좋아하세요?	どんな種類の音楽が好きですか。 돈나 슈루이노 온가꾸가 스끼데스까
어릴 적부터 음악을 무척 좋아했습니다.	幼い時から音楽が大好きでした。 오사나이 토끼까라 온가꾸가 다이스끼데시따
재즈 CD를 많이 모았어요.	ジャズのCDをずいぶん集めました。 쟈즈노 씨-디-오 즈이붕 아쯔메마시따
저는 사내 합창단에서 노래를 합니다.	私は社内合唱団で歌を歌います。 와따시와 샤나이갓쇼-단데 우따오 우따이마스

실용 회화 | **489**

* 음악 감상 *

어디 좋은 재즈 클럽이 있나요?	どこかいいジャズクラブはありますか。 도꼬까 이이쟈즈쿠라부와 아리마스까
저는 음악듣는 걸 좋아합니다.	私は音楽を聴くのが好きです。 와따시와 온가꾸오 키꾸노가 스끼데스
클래식음악 좋아해요.	クラシック音楽が好きです。 쿠라식쿠온가꾸가 스끼데스
피아노를 치십니까?	ピアノを弾いていますか。 피아노오 히―떼 이마스까
비틀즈 노래를 매우 좋아해요.	ビートルズの歌が大好きです。 비―토루즈노 우따가 다이스끼데스
다나카 씨의 음악은 모두 다 좋아합니다.	田中さんの音楽は全部大好きです。 타나까상노 온가꾸와 젬부 다이스끼데스

* 음악(노래방) *

난 최신곡은 못 따라가요.	私は最新曲はついていけません。 와따시와 사이신꾜꾸와 쯔이떼 이께마셍
당신의 십팔번이 뭐예요?	あなたの18番は何ですか。 아나따노 쥬―하찌방와 난데스까
당신이 좋아하는 가수는 누구예요?	あなたが好きな歌手はだれですか。 아나따가 스끼나 카슈와 다레데스까

마이크 좀 줘 봐요.	**ちょっとマイクを貸して。** 촛또 마이쿠오 카시떼
무슨 노래 부를래요?	**何の歌を歌いますか。** 난노 우따오 우따이마스까
일단 한 곡, 하세요.	**まず一曲どうぞ。** 마즈 잇쿄꾸 도-조
앵콜! 한 곡 더, 앵콜, 부탁합니다.	**アンコール！もう一曲アンコールお願いします。** 앙코-루 모- 잇쿄꾸 앙코-루 오네가이시마스
아니요, 먼저 하세요.	**いいえお先にどうぞ。** 이-에 오사끼니 도-조
정말 잘 불렀어요!	**本当に歌が上手ですね。** 혼또-니 우따가 죠-즈데스네

* 독서 감상 *

독서가 유일한 취미입니다.	**読書が唯一の趣味です。** 도꾸쇼가 유이-쯔노 슈미데스
어떤 종류의 책을 좋아합니까?	**どんな種類の本が好きですか。** 돈나 슈루이노 혼가 스끼데스까
요즘 베스트셀러예요.	**最近ベストセラーですよ。** 사이낑 베스토세라-데스요

じつよう かいわ

✲ 독서 감상 ✲

저는 역사소설을 좋아해요.	私は歴史小説が好きです。 와따시와 레끼시쇼-세쯔가 스끼데스
이 책은 내용이 정말 알차요.	この本は内容が本当に充実しています。 코노 혼와 나이요-가 혼또-니 쥬-지쯔 시떼 이마스
이 책은 읽어보니 무척 재미있었어요.	この本は読んでみたらとてもおもしろかったです。 코노 혼와 욘데 미따라 토떼모 오모시로깟따데스

✲ 낚시 ✲

낚시를 즐겨합니다.	釣りが好きです。 쯔리가 스끼데스
얼마나 자주 낚시를 가세요?	どのくらい頻繁に釣りに行っていますか。 도노꾸라이 힌빤니 쯔리니 잇떼 이마스까
저는 항상 살아 있는 미끼를 사용해요.	私はいつも生きている餌を使います。 와따시와 이쯔모 이끼떼 이루 에사오 쯔까이마스
저는 주말에는 낚시를 가요.	私は週末は釣りに行きます。 와따시와 슈-마쯔와 쯔리니 이끼마스

실용 회화

• 기본표현 •

* 여행 *	
저는 여행하는 거 정말 좋아해요.	私は旅行をするのが本当に好きです。 와따시와 료꼬-오 스루노가 혼또-니 스끼데스
우울할 때는 여행을 가고 싶습니다.	憂うつな時には旅行に行きたいです。 유-쯔나토끼니와 료꼬-니 이끼따이데스
저는 후지산을 몇 번 등반했었어요.	私は富士山に何回か登りました。 와따시와 후지산니 난까이까 노보리마시따
당신은 오랫동안 여행을 해 본 적이 있나요?	あなたは長期間旅行した事がありますか。 아나따와 쪼-끼깐 료꼬-시따 코또가 아리마스까
여기는 훌륭한 국립공원이에요.	ここはすばらしい国立公園です。 코꼬와 스바라시이 코꾸리쯔꼬-엔데스
나는 온천에 자주 갑니다.	私は温泉によく行きます。 와따시와 온센니 요꾸 이끼마스
가끔 차로 드라이브를 떠나요.	時々車でドライブに出かけます。 토끼또끼 쿠루마데 도라이부니 데까께마스

실용 회화 | 493

Chapter 16 ‖ 서비스
サービス

● 기본표현 ●

---

1. 미용실에서

＊ 예약할 때 ＊

처음 왔습니다.	初めて来ました。 하지메떼 키마시타
예약은 언제로 할까요?	予約はいつにしますか。 요야꾸와 이쯔니 시마스까
찾는 미용사가 있으신 가요?	お探しの美容師はいますか。 오사가시노 비요-시와 이마스까 =ご希望の美容師はいますか。 고끼보-노 비요-시와 이마스까
야마모토 씨로 예약을 하고 싶습니다.	山本さんで予約したいです。 야마모또상데 요야꾸 시따이데스
마사지 예약을 하고 싶 군요.	マッサージの予約をしたいんですが。 맛사-지노 요야꾸오 시따인데스가
파마 예약을 하고 싶어요.	パーマの予約をしたいです。 파-마노 요야꾸오 시따이데스
좀 이른 시간이면 좋겠 습니다.	少し早めの時間の方が良いです。 스꼬시 하야메노 지깡노 호-가 이이데스

● 기본표현 ● **실용 회화**

예약 없이 오셨나요?	予約 無しでいらっしゃいましたか。 요야꾸나시데 이랏샤이마시따까
예약없이 와도 할 수 있습니까?	予約無しで来てもやっていただけますか。 요야꾸나시데 키떼모 얏떼 이따다께마스까
오늘 오후 2시로 예약을 하고 싶습니다.	今日の午後二時に予約をしたいです。 쿄-노 고고 니지니 요야꾸오 시따이데스
전부 하는데 시간이 얼마나 걸릴까요?	終わるまでどのくらいの時間がかかりますか。 오와루마데 도노꾸라이노 지깡가 카까리마스까
머리를 자르려고 하는데 예약을 하고 싶어요	カットの予約をしたいです。 캇토노 요야꾸오 시따이데스

* 커트할 때 *

커트해 주세요.	カットしてください。 캇토 시떼 쿠다사이
뒷머리는 많이 자르지 마세요.	後ろ髪はそんなに切らないでください。 우시로가미와 손나니 키라나이데 쿠다사이 ＝後ろ髪は あまり切らないでください。 우시로가미와 아마리 키라나이데 쿠다사이
가르마는 어느 쪽으로 해드릴까요?	分け目はどちらにいたしましょうか。 와께메와 도찌라니 이따시마쇼-까

서비스

じつよう かいわ

✳ 커트할 때 ✳

짧게 자르고 싶어요.	短く切りたいです。 미지까꾸 키리따이데스
끝을 다듬어주세요.	髪先を整えてください。 카미사끼오 토또노에떼 쿠다사이
자연스럽게 해주세요.	ナチュラルにしてください。 나츄라루니 시떼 쿠다사이
너무 짧게 하지는 마세요.	短すぎないようにしてください。 미지까스기나이요-니 시떼 쿠다사이
앞머리는 그냥 두세요.	前髪はそのままにしてください。 마에가미와 소노마마니 시떼 쿠다사이
앞머리는 어느 정도 잘라 드릴까요?	前髪はどのくらい切りましょうか。 마에가미와 도노꾸라이 키리마쇼-까
앞머리를 가지런히 잘라 주시겠어요?	前髪を真っ直ぐに切ってもらえますか。 마에가미오 맛스구니 킷떼 모라에마스까
사진들을 좀 볼 수 있어요?	ちょっと写真を見せてもらえますか。 춋또 샤신오 미세떼 모라에마스까
저분과 같은 헤어스타일로 해주세요.	あの方と同じヘアスタイルにしてください。 아노 카따또 오나지 헤야-스타이루니 시떼 쿠다사이

● 기본표현 ●

실용 회화

머리를 드라이해 주세요.	髪を乾かしてください。 카미니 카와까시떼 쿠다사이
머리를 이런 식으로 잘라주세요.	髪の毛をこのように切ってください。 카미노 케오 고노요-니 킷떼 쿠다사이
지금의 머리 스타일을 유지하고 싶어요.	今のヘアスタイルを維持したいのです。 이마노 헤아스타이루오 이지시따이노데스
어떻게 잘라 드릴까요?	どのように切りますか。 도노요-니 키리마스까
옆쪽만 조금 잘라주세요.	横だけ少し切ってください。 요코다께 스꼬시 킷떼 쿠다사이
요즘 유행하는 머리모양으로 하고 싶어요.	最近はやりの髪スタイルにしたいです。 사이낀 하야리노 카미스타이루니 시따이데스 = 流行のスタイルにしてください。 류-꼬-노 스타이루니 시떼 쿠다사이
이런 식으로 머리를 자르고 싶어요.	こんな感じに髪を切りたいです。 콘나 칸지니 카미오 키리따이데스
헤어스타일을 바꾸고 싶어요.	ヘアスタイルを変えたいんです。 헤아스타이루오 카에따인데스
헤어스타일이 마음에 드실 거예요.	ヘアスタイルが気に入ると思います。 헤아스타이루가 키니 이루또 오모이마스

서비스

실용 회화 | 497

＊ 퍼머할 때 ＊

파마를 하려고 하는데요.	パーマをかけたいのですが。 파-마오 카께따이노데스가 ＝パーマをかけようと思っています。 파-마오 카케요-또 오못떼 이마스 ＝パーマをかけるのはいかがですか。 파-마오 카케루노와 이까가데스까
강하게 파마를 해 주세요.	強くパーマを かけてください。 쯔요꾸 파-마오 카께떼 쿠다사이
나는 파마가 오래 갑니다.	私はパーマが長持ちします。 와따시와 파-마가 나가모찌시마스
머리를 염색하고 싶어요.	髪を染めたいです。 카미오 소메따이데스
어떤 색으로 염색하시겠어요?	どんな色に染めますか。 돈나 이로니 소메마스까
머리를 갈색으로 염색해 주세요.	髪の毛を茶色に染めてください。 카미노 케오 쨔이로니 소메떼 쿠다사이
난 내 머리를 탈색시키는 건 싫은데요.	私は髪の毛を脱色するのは嫌いです。 와따시와 카미노케오 닷쇼꾸스루노와 키라이데스
난 새로운 머리 모양을 하고 싶어요.	私は新しいヘアスタイルにしようと考えています。 와따시와 아따라시이헤아스타이루니 시요-또 캉가에떼 이마스

● 기본표현 ●

너무 강하지 않게 해 주세요.	強すぎないようにしてください。 쯔요스기나이요-니 시떼 쿠다사이
약하게 파마를 해 주세요.	少し弱いパーマをかけてください。 스꼬시 요와이 파-마오 카께떼 쿠다사이
매직이요.	マジックです。 마직쿠데스
제 머리를 펴 주세요.	私の髪をストレートにしてください。 와따시노 카미오 스토레-토니 시떼 쿠다사이
머리를 세팅해 주시겠어요?	髪をまとめてくれますか。 카미오 마또메떼 쿠레마스까
밝은 색으로 하면, 아주 자연스러워 보일 거예요.	明るい色にすれば、とても自然に見えるはずです。 아까루이 이로니 스레바 토떼모 시젠니 미에루하즈데스
브릿지는 넣지 마세요.	ブリーチはしないでください。 부리-찌와 시나이데 쿠다사이
세게 말아주세요.	強く巻いてください。 쯔요꾸 마이떼 쿠다사이
약간 곱슬거리는 파마를 하고 싶어요.	少しカーブの入ったパーマをかけたいのです。 스꼬시 카-부노 하잇따 파-마오 카께따이노데스

실용 회화 | 499

じつよう かいわ

* 퍼머할 때 *

스트레이트 파마를 하고 싶습니다.	ストレートパーマをかけたいのです。 스토레-토파-마오 카께따이노데스
어떤 스타일을 원하십니까?	どのようなスタイルをお望みですか。 도노요-나 스타이루오 오노조미데스까 =どんな パーマにしたいですか。 돈나 파-마니 시따이데스까
염색하는 건 어때요?	染めるのはいかがですか。 소메루노와 이까가데스까
이 사진에 있는 사람처럼 해 주세요.	この写真の人のようにしてください。 코노 샤신노 히또노요-니 시떼 쿠다사이
이 사진처럼 컷 해 주실 수 있어요?	この写真のようにカットしていただけますか。 코노 샤신노 요-니 캇토시떼 이따다께마스까
이 헤어스타일로 해주세요.	このヘアスタイルにしてください。 코노 헤아스타이루니 시떼 쿠다사이
적당히 예쁘게 해 주세요.	適当にきれいにしてください。 테끼또-니 키레이니 시떼 쿠다사이
헤어스타일 책이 있습니까?	ヘアスタイルの本はありますか。 헤아스타이루노 혼와 아리마스까
제가 원하던 것과 약간 다르게 나온 것 같습니다.	私の希望と少し違うようです。 와따시노 키보-또 스꼬시 치가우요-데스

기본표현 · 실용 회화

저한테는 어떤 스타일이 어울릴 것 같습니까?	私にはどのようなスタイルが似合いそうですか。 와따시니와 도노요-나 스타이루가 니아이소-데스까
정말 멋진 자연스러운 웨이브를 갖고 계시군요.	本当に素敵で自然なウェーブをお持ちですね。 혼또-니 스떼끼데 시젠나 웨-부오 오모찌데스네

* 손톱 정리할 때 *

손톱 손질 되나요?	ネイルケアできますか。 네이루케아 데끼마스까
손톱 손질을 해 주세요.	ネイルケアをしてください。 네이루케아오 시떼 쿠다사이 ＝ネイルケアをしてもらえますか。 네이루케아오 시떼모라에마스까
매니큐어를 칠해 주세요.	マニキュアを塗ってください。 마니큐아오 눗떼 쿠다사이
발톱도 칠해 드릴까요?	足の爪も塗って差し上げましょうか。 아시노 쯔메모 눗떼 사시아게마쇼-까
얼마나 기다려야 합니까?	どのくらい待てばいいですか。 도노꾸라이 마떼바 이이데스까

서비스

2. 이발소에서

＊ 이발할 때 ＊

머리를 자르고 싶어요.	**カットをしたいです。** 캇토오 시따이데스
어떻게 해 드릴까요?	**どのようにされますか。** 도노요-니 사레마스까
가르마를 어느 쪽으로 타세요?	**分け目はどちらにしますか。** 와께메와 도찌라니 시마스까
다듬기만 해 주세요.	**整えるだけお願いします。** 토또노에루다께오네가이시마스
머리를 염색해 주세요.	**髪を染めてください。** 카미오 소메떼 쿠다사이
옆머리를 좀 더 잘라주세요.	**横髪をもう少し切ってください。** 요꼬가미오 모-스꼬시 킷떼 쿠다사이
이발과 면도도 부탁합니다.	**ヘアカットとひげ剃りをお願いします。** 헤아캇토또 히게소리오 오네가이시마스
머리 감겨 드릴까요?	**シャンプーいたしますか。** 샴푸-이따시마스까

● 기본표현

실용 회화

3. 세탁소에서

✽ 세탁 문의할 때 ✽

| 진짜 가죽도 클리닝 가능합니까? | **本革もクリーニングできますか。**
혼가와모 쿠리-닝구데끼마스까 |

하루 안에 됩니까?
一日でできますか。
이찌니찌데 데끼마스까

가능한 한 빨리 찾고 싶어요.
できるだけ早くしてください。
데끼루다께 하야꾸 시떼 쿠다사이

노력은 하겠지만, 장담은 못하겠네요.
努力はしますが保障はできません。
도료꾸와 시마스가 호쇼-와 데끼마셍

얼마입니까?
いくらですか。
이꾸라데스까

셔츠를 찾아가실 때 내면 됩니다.
シャツを受け取る時に支払えばいいです。
샤츠오 우께또루 토끼니 시하라에바 이이데스

오늘밤까지 될까요?
今晩までにできますか。
콘방마데니 데끼마스까

이것은 물로 빨면 줄어들까요?
これは水で洗うと縮みますか。
코레와 미즈데 아라우또 찌지미마스까

서비스

실용 회화 | 503

じつよう かいわ

✽ 세탁 문의할 때 ✽

| 제 세탁물 다 됐나요? | 私の洗濯物はできましたか。 |
| 와따시노 센따꾸모노와 데끼마시따까 |

| 제 양복이 손상되는 일은 없겠지요? | 私のスーツが損傷することは ないですよね。 |
| 와따시노 스-쯔가 손쇼-스루 코또와 나이데스요네 |

| 좀 더 빨리는 안 될까요? | もっと早くはできないですか。 |
| 못또 하야꾸와 데끼나이데스까 |

✽ 세탁 맡길 때 ✽

| 셔츠 두 장 세탁 좀 해 주세요. | シャツを二枚洗濯してください。 |
| 샤츠오 니마이 센따꾸시떼쿠다사이 |

| 얼룩 좀 제거해 주실래요? | このシミを取ってください。 |
| 코노 시미오 톳떼 쿠다사이 |
| =このシミとれますか。 |
| 코노 시미 토레마스까 |

| 이 바지를 다리고 싶어요. | このズボンにアイロンをかけたいです。 |
| 코노 즈봉니 아이론오 카께따이데스 |

| 이 양복을 드라이클리닝 하고 싶어. | このスーツをドライクリーニングしたい。 |
| 코노 스-츠오 도라이쿠리-닝구시따이 |
| =このスーツを洗濯してアイロンを かけてください。 |
| 코노 스-쯔오 센따꾸시떼 아이론오 카께떼 쿠다사이 |

● 기본표현 ●

실용 회화

이 블라우스 좀 드라이클리닝 해 주세요.	このブラウス、ドライクリーニングをお願いします。 코노 부라우스 도라이쿠리-닝구오 오네가이시마스
이 셔츠를 다림질해 주시겠습니까?	このシャツにアイロンを かけてくれますか。 코노 샤쯔니 아이론오 카께떼 쿠레마스까
이 양복 금요일까지는 드라이클리닝 해주셔야 해요.	このスーツを金曜日までにはドライクリーニングしなければならないです。 코노 스-쯔오 킨요-비마데니와 도라이쿠리-닝구시나께레바 나라나이데스
이 셔츠의 칼라에 풀을 먹여 주시겠습니까?	このシャツのえりに糊付けしていただけますか。 코노 샤츠노 에리-니 노리즈께시떼 이따다께마스까

＊ 수선 맡길 때 ＊

여기서 수선을 해 줍니까?	ここで修繕していただけますか。 코꼬데 슈-젠시떼 이따다께마스까
단추가 떨어졌습니다. 달아 주시기 바랍니다.	ボタンが取れてしまいました。つけていただけますか。 보탄가 토레떼 시마이마시따 쯔께떼 이따다께마스까
바지 좀 줄여주세요.	ズボンをちょっと小さくしてください。 즈봉오 촛또 치-사꾸시떼 쿠다사이

서비스

※ 수선 맡길 때 ※

여기 주름 좀 잡아 주세요.	ここのしわをちょっと伸ばしてください。 코꼬노 시와오 춋또 노바시떼 쿠다사이
수선도 가능한가요?	お直しもできますか。 오나오시모 데끼마스까
옷 수선도 해 주시나요?	服のお直しもできますか。 후꾸노 오나오시모 데끼마스까
이 단추들을 달아 주실 수 있습니까?	これらのボタンをつけてもらえますか。 코레라노 보탄오 쯔께떼 모라에마스까
이 바지 길이를 줄여 주세요.	このズボンの長さを短くしてください。 코노 즈봉노 나가사오 미지까꾸시떼 쿠다사이
이 바지의 통을 조금 늘려 주세요.	このズボンの幅を少し大きくしていただけますか。 코노 즈봉노 하바오 스꼬시 오-끼꾸 시떼 이따다께마스까
이 스웨터는 줄어들었습니다.	このセーターは縮んでしまいました。 코노 세-타-와 치진데 시마이마시따
이 재킷의 소매를 줄여 주세요.	このジャケットの袖を縮めてください。 코노 쟈켓토노 소데오 치지메떼 쿠다사이

● 기본표현 ● **실용 회화**

허리를 줄여 주세요.	ウエストを小さくしてください。 우에스토오 치이사꾸 시떼 쿠다사이
지퍼가 고장났어요. 갈아주실래요?	チャックが壊れました。換えてください。 찻쿠가 코와레마시따 카에떼 쿠다사이
치마 기장을 좀 줄여 주시겠어요?	スカートの長さをちょっと短くしてくれますか。 스카-토노 나가사오 촛또 미지까꾸 시떼 쿠레마스까
다른 게 더 있으세요?	他に何かありますか。 호까니 나니까 아리마스까
언제쯤 다 될까요?	いつ頃 出来上がりますか。 이쯔고로 데끼아가리마스까
금요일까지 끝내 놓을게요.	金曜日までに終わらせます。 킨요-비마데니 오와라세마스

* 세탁물 트러블 *

세탁물이 아직도 축축하군요.	洗濯物がまだ湿っぽいです。 센따꾸모노가 마다 시멧뽀이데스
제 세탁물을 분실하셨다고요?	私の洗濯物がなくなったんですか。 와따시노 센따꾸모노가 나꾸낫딴데스까
얼룩이 빠지지 않았어요.	しみが落ちていません。 시미가 오찌떼 이마셍

서비스

실용 회화 | 507

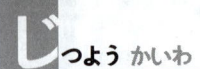

＊ 세탁물 트러블 ＊

이 코트는 다림질이 잘 안 됐어요.	**このコートはアイロンがよくされていません。** 코노 코-또와 아이론가 요꾸사레떼 이마셍
이것들은 제 옷이 아닌데요.	**これは私の服ではありません。** 코레와 와따시노 후꾸데와 아리마셍
아직 준비가 안 됐나요?	**まだ準備ができていませんか。** 마다 준비가 데끼떼이마셍까
이 세탁물은 몹시 뒤틀려 있습니다.	**この洗濯物はひどくゆがんでいます。** 코노 센타꾸모노와 히도꾸 유간데 이마스

mini 회화

A : クリーニングを頼みます。
쿠리-닝구오 타노미마스 세탁을 부탁합니다.

B : どういたしましょう。
도-이따시마쇼- 어떻게 해 드릴까요?

A : このしみとれるでしょうか。
코노 시미 토레루데쇼-까 이 얼룩 뺄 수 있을까요?

B : そうですね。
소-데스네 글쎄 잘 모르겠습니다.

一度やってみます。
이찌도 얏떼 미마스 한번 해 보죠.

● 기본표현 ●

실용 회화

4. 약국에서

※ 약에 대한 문의할 때 ※

감기약 주세요.	風邪薬をお願いします。 카제구스리오 오네가이시마스
기침도 나오고, 미열도 있어요.	咳が出て微熱があります。 세끼가 데떼 비네쯔가 아리마스
두통약 있습니까?	頭痛薬はありますか。 즈쯔-야꾸와 아리마스까
멀미약 주세요.	乗り物酔いの薬をください。 노리모노요이노 쿠스리오 쿠다사이
무릎이 까졌으니 빨간 약(머큐로크롬) 주세요.	ひざをすりむいてしまったので傷薬をください。 히자오 스리무이떼 시맛따노데 키즈구스리오 쿠다사이
반창고 주세요.	バンソーコーください。 반소-코- 쿠다사이
이 약 좀 지어 주세요.	すみませんがこの薬を調剤してください。 스미마셍가 코노 쿠스리오 쵸-자이시떼 쿠다사이
변비에 잘 듣는 약 있습니까?	便秘によく効く薬は ありますか。 벤삐니 요꾸 키꾸 쿠스리와 아리마스까

서비스

실용 회화 | 509

じつよう かいわ

＊ 약에 대한 문의할 때 ＊

부작용은 있습니까?	副作用はありますか。 후쿠사요-와 아리마스까
살충제 주세요.	殺虫剤をください。 삿쮸-자이오 쿠다사이
설사약 좀 주십시오.	下痢止めの薬をお願いします。 게리도메노 쿠스리오 오네가이시마스
아스피린을 주십시오.	アスピリンをお願いします。 아스피린오 오네가이시마스
안약은 있습니까?	目薬はありますか。 메구스리와 아리마스까
위장약은 있습니까?	胃腸薬はありますか。 이쵸-야꾸와 아리마스까
이 약은 효과가 있을까요?	この薬は効果があるでしょうか。 코노 쿠스리와 코-까가 아루데쇼-까
이 약을 먹으면 나을 겁니다.	この薬を飲めば治るでしょう。 코노 쿠스리오 노메바 나오루데쇼-
진통제를 주세요.	鎮痛剤をください。 진쯔-자이오 쿠다사이
페니실린 있습니까?	ペニシリンはありますか。 페니시린와 아리마스까

기본표현 · 실용 회화

※ 처방전에 대해 ※

처방전이 없는데요.	処方箋はありません。 쇼호-센와 아리마셍
처방전 없이는 이 약은 살 수 없습니다.	処方箋なしではこの薬は買えません。 쇼호-센나시데와 코노 쿠스리와 카에마셍
처방전은 다 되었나요?	処方箋はできましたか。 쇼호-센와 데끼마시따까
처방전을 써 주시겠어요?	処方箋を書いていただけますか。 쇼호-센오 카이떼 이따다께마스까
그것들은 처방전을 요하는 의약품입니다.	それらは処方箋を必要とする医薬品です。 소레라와 쇼호-센오 히쯔요-또 스루 이야꾸힌데스
그런 항생제는 처방전 없이 팔 수 없습니다.	そのような抗生剤は処方箋なしでは売れません。 소노요-나 코-세-자이와 쇼호-센나시데와 우레마셍
약사에게 이 처방전을 보여 주십시오.	薬剤師にこの処方箋を見せてください。 야꾸자이시니 코노 쇼호-센오 미세떼 쿠다사이
약을 조제하는 데 얼마나 걸릴까요?	薬を調剤するのにどのくらい掛かりますか。 쿠스리오 쪼-자이스루노니 도노꾸라이 카까리마스까

실용 회화 | 511

* 처방전에 대해 *

이 약은 처방전이 있어야 하나요?

この薬は処方箋が必要ですか。
코노 쿠스리와 쇼호-센가 히쯔요-데스까

이것이 처방전입니다.

これが処方箋です。
코레가 쇼호-센데스

* 복용법에 대해 *

이 약은 어떻게 먹습니까?

この薬はどのように飲みますか。
코노 쿠스리와 도노요-니 노미마스까

이 약은 얼마나 오랫동안 복용해야 하나요?

この薬はどのくらいの間服用しなければなりませんか。
코노 쿠스리와 도노꾸라이노 아이다 후꾸요-시나께레바 나리마셍까

이 약은 얼마나 자주 복용해야 합니까?

この薬はどのくらいの間隔で服用すべきですか。
코노 쿠스리와 도노꾸라이노 깐까꾸데 후꾸요-스베끼데스까

이 약의 사용법을 가르쳐 주세요.

この薬の使用法を教えてください。
코노 쿠스리노 시요-호-오 오시에떼 쿠다사이

1일 3회, 식전에 복용하세요.

一日三回食事の前に服用してください。
이찌니찌 산까이 쇼꾸지노 마에니 후꾸요-시떼 쿠다사이

8시간마다 드세요.

八時間毎に飲んでください。
하찌지깡고또니 논데 쿠다사이

● 기본표현 ● **실용 회화**

1회 복용량이 얼마죠?	一回の服用量はどのくらいになりますか。 잇까이노 후꾸요-료-와 도노꾸라이니 나리마스까
권장된 복용량을 초과하지 마세요.	勧められている服用量を超えないでください。 스스메라레떼 이루 후꾸요-료-오 코에나이데 쿠다사이
라벨에 있는 지시를 따르세요.	ラベルにある指示に従ってください。 라베루니 아루 시지니 시따갓떼 쿠다사이
매 식사 후에 두 알씩 복용하세요.	毎日食後に二粒ずつ服用してください。 마이니찌 쇼꾸고니 후따쯔부즈쯔 후꾸요-시떼 쿠다사이
매 여섯 시간마다 다량의 물과 함께 복용하세요.	六時間ごとに多量の水と共に服用してください。 로꾸지깡고또니 타료-노 미즈또 토모니 후꾸요-시떼 쿠다사이
매일 밤 두 알씩 드세요.	毎晩二粒ずつ飲んでください。 마이반 후따쯔부즈쯔 논데 쿠다사이
소독은 해야 합니다.	消毒はしなければなりません。 쇼-도꾸와 시나케레바 나리마센
이 연고를 피부에 발라 봐요.	この軟膏を皮膚に塗ってみてください。 코노 난꼬-오 히후니 눗떼 미떼 쿠다사이

서비스

5. 우체국에서

✱ 우체국 업무 안내 ✱

우표는 어디에서 살 수 있습니까?	切手はどこで買えますか。 킷떼와 도꼬데 카에마스까
어떤 우표로 하시겠어요?	どのような切手にしますか。 도노요-나 킷떼니 시마스까
우표 10장 주세요.	切手を10枚ください。 킷떼오 쥬-마이 쿠다사이
50엔짜리 우표 10장 주세요.	50円切手を10枚ください。 고쥬-엔킷떼오 쥬-마이 쿠다사이
기념우표는 있습니까?	記念切手はありますか。 키넨킷떼와 아리마스까
봉투는 어디서 구입할 수 있습니까?	封筒はどこで買えますか。 후-또- 와 도꼬데 카에마스까
우편엽서 한 장 주세요.	郵便葉書一枚ください。 유-빙하가끼 이찌마이 쿠다사이
항공엽서 10매를 주십시오.	航空ハガキを10枚ください。 코-꾸-하가끼오 쥬-마이 쿠다사이
우편환으로 10만엔를 부치고 싶어요.	郵便偽替で10万円を送りたいです。 유-빙카와세데 쥬-만엔오 오꾸리따이데스

기본표현 — 실용 회화

| 어디서 엽서를 구할 수 있습니까? | どこでハガキが買えますか。
도꼬데 하가끼가 카에마스까 |

❋ 편지를 부칠 때 ❋

| 항공편으로 부탁해요. | 航空便でお願いします。
코-꾸-빈데 오네가이시마스 |

| 항공편으로 하면 얼마나 들어요? | 航空便だとどのくらいかかりますか。
코-꾸-빈다또 도노꾸라이 카까리마스까 |

| 보통우편으로 보내주세요. | 普通郵便にして送ってください。
후쯔-유-빈니 시떼 오꿋떼 쿠다사이 |

| 보통항공우편과 빠른우편이 있습니다. | 普通航空郵便と速達郵便があります。
후쯔-코-꾸-유-빈또 소꾸따쯔유-빈가 아리마스 |

| 속달로 부탁합니다. | 速達でお願いします。
소꾸따쯔데 오네가이시마스 |

| 이것이 등기우편 양식인가요? | これが書留郵便の様式ですか。
코레가 카끼또메유-빙노 요-시끼데스까 |

| 더 빠른 방법으로 보내고 싶은데요. | もっと速い方法で送りたいんですが。
못또 하야이 호-호-데 오꾸리따인데스가 |

| 등기로 부치면 얼마인가요? | 書留で出したらいくらですか。
카끼또메데 다시따라 이꾸라데스까 |

서비스

실용 회화 | 515

* 편지를 부칠 때 *

도착하려면 얼마나 걸리나요?	到着するのにどのくらいかかりますか。 토-챠꾸스루노니 도노꾸라이 카까리마스까
이 편지를 등기로 부치고 싶어요.	この手紙を書留で送りたいのですが。 코노 테가미오 카끼또메데 오꾸리따이노데스가
국제우편을 부탁하고 싶은데요.	国際郵便をお願いしたいんですが。 코꾸사이유-빙오 오네가이시따인데스가
회신용 우표를 동봉하고 싶으니, 2장 주세요.	返信用スタンプを同封したいので2枚ください。 헨신요-스탐푸오 도-후-시따이노데 니마이 쿠다사이
미국으로 편지를 보내고 싶어요.	アメリカに手紙を送りたいです。 아메리카니 테가미오 오꾸리따이데스
발신인 이름과 주소를 어디에 쓰나요?	発信人の名前と住所はどこに書いたらいいですか。 핫신닌노 나마에또 쥬-쇼와 도꼬니 카이따라 이이데스까
번호를 받고, 부를 때까지 기다리세요.	番号をもらって、お呼びするまでお待ちください。 방고-오 모랏떼 오요비스루마데 오마찌 쿠다사이
우편요금은 무게에 따라 달라져요.	郵便料金は重さによって違ってきます。 유-빙료-낑와 오모사니 욧떼 치갓떼 키마스

● 기본표현 ●

실용 회화

우편요금은 얼마입니까?	**郵便料金はいくらですか。** 유-빙료-낑와 이꾸라데스까	
우표를 얼마나 붙여야 하나요?	**いくらぐらいの切手を貼ればいいんですか。** 이꾸라구라이노 킷떼오 하레바 이인데스까	
이 편지를 빠른우편으로 부치고 싶어요.	**この手紙を速い郵便で出したいです。** 코노 테가미오 하야이유-빙데 다시따이데스	
이 편지를 어디로 보내실 건가요?	**この手紙をどこへ送るんですか。** 코노 테가미오 도꼬에 오꾸룬데스까	
이 편지를 한국으로 부치고 싶습니다.	**この手紙を韓国に送りたいです。** 코노 테가미오 캉꼬꾸니 오꾸리따이데스 ＝**手紙を韓国へ出したいのですが。** 테가미오 캉꼬꾸에 다시따이노데스가	
한국에 도착하는 데 며칠이나 걸리나요?	**韓国に着くまで何日かかりますか。** 캉꼬꾸니 쯔꾸마데 난니찌 카까리마스까	
이 편지의 무게를 달아 주시겠습니까?	**この手紙の重さを量っていただけますか。** 코노 테가미노 오모사오 하깟떼 이따다께마스까	
일본까지 우편요금은 얼마나 되나요?	**日本までの郵便料金はいくらですか。** 니혼마데노 유-빙료-낑와 이꾸라데스까	
전부 500엔입니다.	**全部で500円です。** 젬부데 고햐꾸엔데스	

서비스

じつよう かいわ

✳ 소포를 부칠 때 ✳

여기서 소포 우편물 취급하나요?	ここで小包を扱っていますか。 코꼬데 코즈쯔미오 아쯔갓떼 이마스까
이 소포를 항공편으로 보내고 싶어요.	この小包を航空便で送りたいです。 코노 코즈쯔미오 코-꾸빙데 오꾸리따이데스
이 소포를 한국에 보내고 싶어요.	この小包を韓国に送りたいんです。 코노 코즈쯔미오 캉꼬꾸니 오꾸리따인데스
내용물은 무엇입니까?	内容物は何ですか。 나이요-부쯔와 난데스까 ＝小包に何が入ってますか。 코즈쯔미니 나니가 하잇떼 마스까
깨지기 쉬운 물건입니까?	割れやすい品物ですか。 와레야스이 시나모노데스까
무게를 달아보겠어요.	重さを量ってみます。 오모사오 하깟떼 미마스
이 소포는 중량 제한내에 들어갑니까?	この小包は制限重量内ですか。 코노 코즈쯔미와 세-겐쥬-료-나이데스까
오사카의 이 주소의 우편번호는 몇 번입니까?	大阪のこの住所の郵便番号は何番ですか。 오사카노-코노 쥬-쇼노 유-빈방고-와 난방데스까
소포용 상자가 있나요?	小包用のはこがありますか。 코즈쯔미요-노 하꼬가 아리마스까

기본표현 · 실용 회화

이 크기면 괜찮습니까?	この大きさなら大丈夫ですか。 코노 오-끼사나라 다이죠-부데스까
소포를 보험에 드시겠습니까?	小包は保険に入りますか。 코즈쯔미와 호껜니 하이리마스까
속달로 부탁해요.	速達でお願いします。 소꾸따쯔데 오네가이시마스
익일 배송 비용은 얼마인가요?	翌日配送はいくらですか。 요꾸지쯔하이소-와 이꾸라데스까

✽ 전보를 칠 때 ✽

급전을 치고 싶어요.	至急電報を打ちたいです。 시뀨-뎀뽀-오 우찌따이데스
메시지를 적어 주시겠어요?	メッセージを書いていただけますか。 멧세-지오 카이떼 이따다께마스까
감사 전보를 보내고 싶어요.	感謝の電報を送りたいです。 칸샤노 뎀뽀-오 오꾸리따이데스
전보요금은 얼마인가요?	電報料金はいくらですか。 뎀뽀- 료-낑와 이꾸라데스까
송금 사기에 주의하세요!	送金詐欺にご注意ください。 소-낀사기니 고쥬-이 쿠다사이

振り込め詐欺口는 전화로 상대방을 속여 계좌로 돈을 이체하도록 하는 사기 수법을 말한다.

6. 은행에서

＊ 환전할 때 ＊

환전해 주세요.	両替してくださいりょうがえ。 료-가에시떼 쿠다사이
달러를 엔화로 바꾸고 싶어요.	ドルを円えんに替かえていただけますか。 도루오 엔니 카에떼 이따다께마스까
오늘의 환율은 얼마인가요?	今日きょうのかわせレートはいくらですか。 쿄-노 카와세레-토와 이꾸라데스까
이것을 동전으로 바꿔 주시겠어요?	これを小銭こぜにに換かえてくれませんか。 코레오 코제니 카에떼 쿠레마셍까
지폐 좀 바꿔주시겠어요?	ちょっとこの札さつをかえてくださいますか。 촛또 코노 사쯔오 카에떼 쿠다사이마스까
수표를 현금으로 바꾸고 싶어요.	小切手こぎってを現金げんきんに替かえたいんです。 코깃떼오 겡낀니 카에따인데스 =小切手こぎってを現金げんきんに換かえられますか。 코깃떼오 겡낀니 카에라레마스까
이 한국 돈을 엔화로 바꾸고 싶어요.	この韓国かんこくウォンを日本円にほんえんに替かえたいんです。 코노 캉꼬꾸웡오 니홍엔니 카에따인데스 =ウォンを円えんに換かえたいです。 원오 엔니 카에따이데스

● 기본표현 ●　실용 회화

이 여행자수표를 엔화로 바꿔주세요.	このトラベラーズチェックを円にしてください。 코노 토라베라-즈첵쿠오 엔니 시떼 쿠다사이
잔돈도 섞어서 주세요.	小銭も混ぜてください。 고제니모 마제떼 쿠다사이

* 계좌를 개설할 때 *

계좌를 개설하고 싶습니다.	口座を作りたいです。 코-자오 쯔쿠리따이데스 ＝口座を設けたいのですが。 코-자오 모-께따이노데스가 ＝通帳を開設したいんです。 쯔-쵸-오 카이세쯔시따인데스
어떤 종류의 계좌를 개설하고 싶으세요?	どんな種類の口座を作りたいのですか。 돈나 슈루이노 코-자오 쯔쿠리따이노데스까
1년짜리 정기예금이에요.	一年ぐらいの定期預金です。 이찌넹구라이노 테-끼요낀데스
당좌예금 계좌를 개설하고 싶어요.	当座預金の口座を作りたいんです。 토-자요낀노 코-자오 쯔꾸리따인데스
계좌에 얼마를 입금하시겠어요?	口座にどのくらい入金しますか。 코-자니 도노꾸라이 뉴-낀시마스까
500엔으로 계좌를 개설할 수 있습니까?	五百円で口座を作りますか。 고햐꾸엔데 코-자오 쯔꾸리마스까

서비스

じつよう かいわ

＊ 계좌를 개설할 때 ＊

계좌를 개설하려면 무엇이 필요한가요?	口座を作るには何が必要ですか。 코-자오 쯔쿠루니와 나니가 히쯔요-데스까
최소한의 예치금이 꼭 예금돼야 합니다.	最小限の預け金が必ず入っていなければなりません。 사이쇼-겐노 아즈께낀가 카나라즈 하잇떼 이나께레바 나리마셍
당좌예금을 개설하고 싶습니다.	当座預金を作りたいのです。 토-자요낑오 쯔꾸리따이노데스
당좌예금의 이자는 얼마입니까?	当座預金の利息はいくらですか。 토-자요낀노 리소꾸와 이꾸라데스까
6개월짜리 정기예금의 이율은 몇%입니까?	６ヶ月定期預金の利息は何%ですか。 롯까게쯔 테-끼요낀노 리소꾸와 난파-센토데스까
이자가 몇%입니까?	利息は何%ですか。 리소꾸와 난파-센토데스까
어떤 예금을 원하세요?	どんな預金をお望みですか。 돈나 요낑오 오노조미떼스까 ＝預金したいのですが。 요낑시따이노데스까
우리 저축성 예금에는 5% 이자가 붙습니다.	我々の貯蓄預金には5%の利息が付きます。 와레와레노 쪼찌꾸요낑니와 고파-센토노 리소꾸가 쯔끼마스

● 기본표현 ●

실용 회화

보통예금 계좌로 해주세요.	普通預金口座にしてください。 후쯔-요킹 코-자니 시떼 쿠다사이
보통예금 계좌를 개설하고 싶습니다만.	普通預金口座を作りたいのですが。 후쯔-요낑코-자오 쯔쿠리따이노데스가
이 계좌는 이자가 붙습니까?	この口座には利息が付きますか。 코노 코-자니와 리소꾸가 쯔끼마스까
투자신탁은 취급하나요?	投資信託は扱っていますか。 토-시신따꾸와 아쯔깟떼 이마스까
저는 이 계좌를 부인과 공동명의로 하고 싶습니다만.	私はこの口座を家内と共同名義にしたいのですが。 와따시와 코노 코-자오 카나이또 쿄-도-메-기니 시따이노데스가
작성해야 할 서류가 무엇인가요?	作成するべき書類は何ですか。 사꾸세-수루베끼 쇼루이와 난데스까
개인 비밀번호를 만드시겠어요?	個人の暗唱番号を作りますか。 코진노 안쇼-방고오 쯔꾸리마스까

✱ 계좌를 해지할 때 ✱

계좌를 해지하고 싶어요.	口座を取消したいんです。 코-자오 토리께시따인데스
계좌를 해약하고 싶습니다.	口座の解約をしたいのです。 코-자노 카이야꾸오 시따이노데스

서비스

실용 회화 | 523

じつよう かいわ

※ 계좌를 해지할 때 ※

| 제 정기예금을 해약하고 싶습니다 | 私の定期預金を解約したいのです。
와따시노 테-끼요낀오 카이야꾸시따이노데스 |

※ 대출을 받을 때 ※

| 대출계가 어디인가요? | 貸付係りはどこですか。
카시쯔께가까리와 도꼬데스까 |

| 대부계는 3층에 있습니다. | ローンの窓口は3階です。
론-노 마도구찌와 산가이데스 |

| 저희 대출담당은 2층에 있습니다. | 当社のローン窓口は二階にあります。
토-샤노 론마도구찌와 니까이니 아리마스 |

| 대부계 직원을 부탁드립니다. | ローンの担当者をお願いします。
론-노 탄또-샤오 오네가이시마스 |

| 전 이 은행 대부담당입니다. | 私はこの銀行のローン担当です。
와따시와 코노 긴꼬-노 론-탄또-데스 |

| 대출 좀 받으려고 하는데요. | 貸し出しをお願いします。
카시다시오 오네가이시마스
=貸し出ししたいんですが。
카시다시 시따인데스가
=ローンを 組みたいです。
론-오 쿠미따이데스 |

● 기본표현 ● **실용 회화**

대출을 상의하고 싶어요.	ローンの相談をしたいんです。 론-노 소-단오 시따인데스
주택 융자를 받을 수 있을까요?	住宅ローンを受けられますか。 쥬-따꾸론-오 우께라레마스까 =住宅融資を受ける事はできますか。 쥬-따꾸유-시오 우께루 코또와 데끼마스까
주택구입을 위해 주택 융자를 신청하고 싶어요.	住宅購入のため住宅ローンの申し込みをお願いします。 쥬-따꾸코-뉴-노 타메 쥬-따꾸론-노 모-시꼬미오 오네가이시마스
대출 이자는 어떻게 되나요?	ローンの金利はどうなりますか。 론-노 킨리와 도-나리마스까
저희 이자는 연간 15% 입니다.	私どもの利息は年間15％です。 와따시도모노 리소꾸와 넨간 쥬-고파-센토데스
대출 기간은 며칠인가요?	貸し出しの期間は何日ですか。 카시다시노 키깡와 난니찌데스까
선생님의 대출신청은 인가되었습니다.	あなたのローンの申し込みは承認されました。 아나따노 론-노 모-시꼬미와 쇼-닌사레마시따
얼마를 대출받을 예정입니까?	どのくらいローンを組まれる予定ですか。 도노꾸라이 론-오 쿠마레루 요떼-데스까 =いくら借りますか。 이꾸라 카리마스까

서비스

실용 회화 | **525**

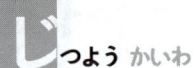 つよう かいわ

✱ 대출을 받을 때 ✱

| 대출받는 데 얼마나 걸릴까요? | 借し出しするのにどのくらい かかりそうですか。
카시다시스루노니 도노꾸라이 카까리소-데스까 |

| 담보가 있습니까? | 担保をつけますか。
탄뽀오 쯔께마스까 |

| 보증인이 있어야 합니다. | 保証人が必要です。
호쇼-닌가 히쯔요-데스 |

| 얼마나 필요하십니까? | いくら必要ですか。
이꾸라 히쯔요-데스까 |

| 이 대출 신청서를 작성해 주십시오. | このローン申込書をご記入ください。
코노 론-모-시꼬미쇼오 고끼뉴- 쿠다사이 |

| 이 대출에는 연대 보증을 하실 분이 필요할 겁니다. | このローンには連帯保証の方が必要に なるでしょう。
코노 론-니와 렌따이호쇼-노 카따가 히쯔요-니 나루데쇼- |

✱ 입금과 송금할 때 ✱

| 예금을 하고 싶어요. | 預金をしたいのですが。
요낑오 시따이노데스가 |

| 입금하러 왔는데요. | 入金しに来ました。
뉴-낑시니 키마시따 |

● 기본표현 ●

실용 회화

이 수표를 어떻게 입금하나요?	この小切手をどう入金すればいいですか。 코노 코깃떼오 도- 뉴-낑스레바 이이데스까
이것을 제 계좌에 입금시켜 주세요.	これを私の口座に入金したいのです。 코레오 와따시노 코-자니 뉴-낀시따이노데스
입금표를 작성해 주세요.	入金票をご記入ください。 뉴-낀효-오 고끼뉴- 쿠다사이
50만엔을 예금하고자 해요.	50万円を預金したいです。 고쥬-만엔오 요낀시따이데스
제 예금 잔액을 알고 싶습니다.	私の預金残高を知りたいのです。 와따시노 요낀잔다까오 시리따이노데스
계좌 번호가 어떻게 되세요?	口座番号は何番ですか。 코-자방고-와 난방데스까
계좌에 돈을 좀 입금하고 싶어요.	口座に少し入金したいです。 코-자니 스꼬시 뉴-낀시따이데스
계좌에서 돈을 인출하고 싶어요.	口座からお金引き出したいのですが。 코-자까라 오까네오 히끼다시따이노데스가
내 통장에서 돈을 좀 찾고 싶어요.	私の通帳から少しお金を引き出したいです。 와따시노 쯔-쵸-까라 스꼬시 오까네오 히끼다시따이데스

서비스

じつよう かいわ

✻ 입금과 송금할 때 ✻

모든 것이 정확한지 다시 확인하십시오.	正確に記入されたか再度ご確認ください。 세-까꾸니 키뉴-자레따까 사이도 고까꾸닌 쿠다사이
1만 엔을 찾고 싶어요.	1万円を引き出したいんですが。 이찌만엔오 히끼다시따인데스가
돈을 어떻게 드릴까요?	お金をどのようにお渡ししましょうか。 오까네오 도노요-니 오와따시시마쇼-까
그의 계좌로 돈을 좀 송금하고 싶어요.	彼の口座に少しお金を送金したいんですが。 카레노 코-자니 스꼬시 오까네오 소-낀시따인데스가
수수료는 얼마인가요?	手数料はいくらですか。 테스-료-와 이꾸라데스까
수표 뒷면에 서명 좀 해 주시겠습니까?	小切手の裏にサインしていただけますか。 코깃떼노우라니 사인시떼 이따다께마스까
현금자동인출기는 어디에 있나요?	現金自動支払機はどこにありますか。 겡낀 지도-시하라이끼와 도꼬니 아리마스까
제 계좌에서 2만엔을 인출하고 싶어요.	私の口座から二万円を引き出したいのでお願いします。 와따시노 코-자까라 니만엔오 히끼다시따이노데 오네가이시마스

● 기본표현 ●

실용 회화

자동이체 할 수 있습니까?	自動引き落としはできますか。 지도-히끼오또시와 데끼마스까
저는 ATM 사용법을 모릅니다.	私はATMの使い方が分かりません。 와따시와 ATM(에-티-에무)노 쯔까이까따가 와까리마셍
계좌번호를 입력하십시오.	口座番号を入力してください。 코-자방고-오 뉴-료꾸시떼 쿠다사이
저희 은행에 예금이 돼 있습니까?	当行に預金はありますか。 토-쿄니 요낀와 아리마스까
현금 인출 한도가 어떻게 되나요?	現金の引き出し限度額はどうなりますか。 겡낀노 히끼다시겐도가꾸와 도-나리마스까
현금서비스를 받을 수 있나요?	現金サービスしていただけますか。 겡낀사-비스시떼 이따다께마스까

* 카드를 발급 받을 때 *

신용카드 하나 신청하고 싶습니다.	クレジットカードを一つ申し込みたいのです。 쿠레짓토카-도오 히또쯔 모-시꼬미따이노데스
연간 회비는 얼마입니까?	年会費はいくらですか。 넨까이히와 이꾸라데스까
통장을 가져오셨습니까?	通帳をお持ちですか。 쯔-쵸-오 오모찌데스까

서비스

つよう かいわ

* 카드를 발급 받을 때 *

신용카드 신청절차는 어떻게 하면 됩니까?	クレジットカードの申し込み手続きはどのようにすればいいでしょうか。 크레짓토카-도노 모-시꼬미테쯔즈끼와 도노요-니 스레바 이-데쇼-까
통장번호를 가르쳐 주십시오.	通帳の番号を教えください。 쯔-쵸-노방고-오 오시에떼쿠다사이
어음 발행을 부탁드립니다.	手形の発行をお願いします。 테가따노핫꼬-오 오네가이시마스
수표 발행은 간단히 됩니다.	小切手の発行は簡単にできます。 코깃떼노핫꼬-와 칸딴니데끼마스
죄송하지만, 손님의 신용카드는 한도액이 넘었습니다.	申し訳ございませんがお客様のクレジットカードは限度を超えています。 모-시와께고자이마셍가 오꺄꾸사마노 크레짓토카-도와 겐도오 코에떼이마스
그것들을 다시 발행 받을 수 있습니까?	それらをもう一度発行していただけますか。 소레라오 모-이찌도 핫꼬-시떼 이따다께마스까
다른 은행도 알아봐야 겠습니다.	他の銀行でも調べてみます。 호까노긴꼬-데모 시라베떼미마스
여기 새 현금 카드입니다.	ここに新しいキャッシュカードがあります。 코꼬니 아따라시- 캇슈카-도가 아리마스

실용 회화

● 기본표현 ●

* 카드 사용 방법 *

현금을 제 통장으로 직접 입금시킬 수 있을까요?	現金を私の通帳に直接入金できますか。 겐낀오 와따시노쯔-쵸-니 쵸꾸세쯔 뉴-낀데끼마스까
현금카드를 사용하겠습니다.	キャッシュカードを使います。 캬스슈카-도오 쯔까이마스
확인을 위해 다시 한번 입력하세요.	確認のためもう一度入力してください。 카꾸닌노타메 모-이찌도 뉴-료꾸시떼쿠다사이
그리고 입력키를 누르세요.	そして入力キーを押してください。 소시떼 뉴-료꾸키-오 오시떼쿠다사이
비밀번호 4자리를 입력하세요.	パスワード四桁を入力してください。 파스와-도 욘께따오 뉴-료꾸시떼쿠다사이
맞으면 확인, 틀리면 취소를 눌러주십시오.	正しければ確認ボタンを、間違っていれば取り消しボタンを押してください。 타다시께레바 까꾸닌보탄오 마찌갓떼이레바 또리께시보탄오 오시떼쿠다사이
ATM에서 제 카드가 나오지를 않습니다.	ATMからカードが出て来ません。 ATM(에-티-에므)까라 카-도가 데떼키마셍
기계가 고장났습니다.	機械が故障しています。 키까이가 코쇼-시떼이마스

서비스

じつよう かいわ

7. 부동산에서

＊ 부동산 조건 ＊

저는 아파트를 구하고 있어요.	私はアパートを探しています。 와따시와 아파-토오 사가시떼 이마스
이 지역의 집값은 어떻게 되나요?	この地域の家賃はどのくらいですか。 코노 치-끼노 야찡와 도노꾸라이데스까
임대할 집을 찾고 있어요.	借りる家を探しています。 카리루 이에오 사가시떼 이마스
어느 정도의 집을 찾으세요?	どのくらいの家をお探しですか。 도노꾸라이노 이에오 오사가시데스까
방이 두 개인 아파트를 찾고 있어요.	部屋が二つのアパートを探しています。 헤야가 후따쯔노 아파-토오 사가시떼 이마스
교통은 어떤가요?	交通の便は どうですか。 코-쯔-노 벤와 도-데스까
학교에서 가까운 곳을 원해요.	学校から近いところを望んでいます。 각꼬-까라 치까이 토꼬로오 노존데 이마스
지하철역에서 가까운 곳을 원해요.	地下鉄駅から近い所を希望します。 치까떼쯔에끼까라 치까이 토꼬로오 키보-시마스

532 | Total 일본어회화 사전

● 기본표현 ●

실용 회화

가격을 어느 정도로 예상하세요?	予算はどれくらいでお考えですか。 요상와 도레꾸라이데 오깡가에데스까
월세가 7만엔 이하였으면 좋겠는데요.	家賃が7万円以下だと良いのですが。 야찡가 시찌만엔이까다또 요이노데스가
월세는 얼마인가요?	1カ月の家賃は いくらですか。 잇까게쯔노 야찡와 이꾸라데스까
월세는 어떻게 내나요?	家賃はどう払いますか。 야찡와 도-하라이마스까
임대료는 얼마인가요?	賃貸料はいくらですか。 친따이료-와 이꾸라데스까
보증금은 얼마인가요?	保証金はいくらですか。 호쇼-낑와 이꾸라데스까
계약 기간은 얼마인가요?	契約期間はどのくらいですか。 케-야꾸키깡와 도노꾸라이데스까
얼마나 오래 사실 거예요?	どのくらい長く住む予定ですか。 도노꾸라이 나가꾸 스무 요떼-데스까
임대 기간은 얼마나 되나요?	賃貸期間はどのくらいですか。 친따이키깡와 도노꾸라이데스까
임대료에 공공요금이 포함되어 있나요?	家賃に公共料金は含まれていますか。 야찡니 코-꾜-료-낑와 후꾸마레떼 이마스까

서비스

실용 회화 | 533

❋ 부동산 조건 ❋

| 보증금은 되돌려 받을 수 있나요? | 保証金は戻ってきますか。
호쇼−낑와 모돗떼키마스까 |

| 외국인이라도 입주 가능합니까? | 外国人でも入居できますか。
가이꼬꾸진데모 뉴−꾜데끼마스까 |

| 맨션 주인과 계약은 어떻게 하면 됩니까? | マンションのオーナーとの契約はどうすれば いいですか。
만숀노 오−나−또노 케−야꾸와 도−스레바 이이데스까 |

❋ 부동산 사전 점검 ❋

| 언제 이사올 수 있어요? | いつ 引っ越しできますか。
이쯔 힛꼬시데끼마스까 |

| 아파트에 언제 입주하고 싶으세요? | アパートにいつ入居したいんですか。
아파−토니 이쯔 뉴−꾜시따인데스까 |

| 이 아파트는 남향입니까? | このアパートは南向きですか。
코노 아파−토와 미나미무끼데스까 |

| 이 집은 햇빛이 잘 들어요. | この家は日当たりがいいですか。
코노 이에와 히아따리가 이이데스까 |

| 아파트 좀 보여주시겠습니까? | アパートちょっと見せていただけませんか。
아파−토 촛또 미세떼 이따다께마셍까 |

| 이 아파트는 방이 몇 개인가요? | このアパートは部屋がいくつですか。
코노 아파−토와 헤야가 이꾸쯔데스까 |

● 기본표현 ● 실용 회화

애완동물을 길러도 되나요?	ペットを飼ってもいいですか。 펫토오 캇떼모 이이데스까
위치가 마음에 들지 않아요.	位置が気に入りません。 이찌가 키니이리마셍
철길에 너무 가깝습니다. 좀 더 조용한 방은 없습니까?	電車の線路に近すぎます。もっと静かな部屋はありませんか。 덴샤노 센로니 치까스기마스 못또 시즈까나 헤야와 아리마셍까
다른 집을 보여 주시겠습니까?	他の家を見せていただけますか。 호까노 이에오 미세떼 이따다께마스까
지금 집을 볼 수 있나요?	今の家を見れますか。 이마노 이에오 미레마스까
집을 보여 드릴게요.	家をお見せします。 이에오 오미세시마스
집 앞에 주차해도 되나요?	家の前に駐車してもいいですか。 이에노 마에니 츄-샤시떼모 이이데스까
내부가 좀 지저분하네요.	内部がちょっと汚いですね。 나이부가 촛또 키따나이데스네
임대청약서를 주시겠어요?	賃貸誓約書をくださいませんか。 친따이세-야꾸쇼오 쿠다사이마셍까

서비스

실용 회화 | 535

8. 관공서

✱ 부서를 찾을 때 ✱

수입인지는 어디에서 팔고 있습니까?	収入印紙はどこで売っていますか。 슈-뉴-인시와 도꼬데 웃떼 이마스까
여권을 분실했어요.	パスポートを無くしました。 파스포-토오 나꾸시마시따
비자를 갱신하러 왔어요.	ビザを更新しに来ました。 비자오 코-신시니 키마시따
운전면허증은 어디서 발급받나요?	運転免許はどこで発行されますか。 운뗀멘꾜와 도꼬데 핫꼬-사레마스까
저기 저분이 도와드릴 겁니다.	あの方が手伝います。 아노 카따가 테쯔다이마스
5번 창구로 가세요.	5番窓口へ行ってください。 고방 마도구치에 잇떼 쿠다사이
이 창구는 마감되었습니다.	この窓口は締め切りました。 코노 마도구치와 시메끼리마시따

✱ 서류 신청할 때 ✱

이 신청서를 작성해야만 하나요?	この申請書を書かなければなりませんか。 코노 신세-쇼오 카까나께레바 나리마셍까

실용 회화

● 기본표현 ●

번호표 뽑으셨어요?	番号札をおとりになりましたか。 방고-후다오 오또리니 나리마시따까
기다려 주세요.	お待ちください。 오마찌 쿠다사이
출생/사망/혼인신고를 어떻게 해야 하나요?	出生/死亡/婚姻届けはどうすればいいですか。 슛세이/시보-/콘잉토도께와 도-스레바 이이데스까
여권을 찾으러 왔어요.	パスポートを取りに来ました。 파스포-토오 토리니 키마시따
어디에 서명하나요?	どこに署名しますか。 도꼬니 쇼메-시마스까

* 도움을 요청할 때 *

범죄 신고는 경찰에 하세요.	犯罪申告は警察にしてください。 한자이싱꼬꾸와 케-사쯔니 시떼 쿠다사이
응급상황이에요!	緊急事態です。 킨뀨-지따이데스
누가 경찰 좀 불러 주세요!	だれか警察を呼んでください。 다레까 케-사쯔오 욘데 쿠다사이
화재가 났어요.	火事が起きました。 카지가 오끼마시따

서비스

じつよう かいわ

＊ 도움을 요청할 때 ＊

경관님, 제 아이가 없어졌어요.

おまわりさん、私の子供がいなくなってしまいました。
오마와리상 와따시노 코도모가 이나꾸 낫떼 시마이마시따

＊ 분실·도난 신고 ＊

신청서를 먼저 작성하세요.

申込書をまず作成してください。
모-시꼬미쇼오 마즈 사꾸세-시떼 쿠다사이

언제 어디서 분실하셨나요?

いつどこで紛失しましたか。
이쯔 도꼬데 훈시쯔시마시따까

제 사무실에 도둑이 들었어요.

私の事務所に泥棒が入りました。
와따시노 지무쇼니 도로보-가 하이리마시따

제 귀중품이 모두 들어 있어요.

私の貴重品が全部 入っています。
와따시노 키쵸-힌가 젬부 하잇떼 이마스

어제 제 차를 도난 당했어요.

昨日私の車が盗まれました。
키노- 와따시노 쿠루마가 누스마레마시따

서면으로 작성해야 합니다.

書面で作成しなければなりません。
쇼멘데 사꾸세-시나께레바 나리마셍

이웃집에 강도가 들었어요.

となりに強盗が入りました。
토나리니 고-또-가 하이리마시따

제 가방을 도난당했어요.

私のかばんが盗まれました。
와따시노 카방가 누스마레마시따

● 기본표현 ●

실용 회화

요즘 절도 사건이 빈번해요.	このごろ窃盗事件が頻繁に起ります。 코노고로 셋또-지껭가 힌빤니 오꼬리마스

✱ 교통 위반 신고 ✱

여기 부상자가 있어요.	ここに負傷者がいます。 코꼬니 후쇼-샤가 이마스
담당 부서를 가르쳐 주시겠어요?	担当の部署を教えていただけますか。 탄또-노 부쇼오 오시에떼 이따다께마스까
벌금이 얼마인가요?	罰金はいくらですか。 밧낑와 이꾸라데스까
어느 분이 이 업무를 담당하세요?	どの方がこれを担当していますか。 도노 카따가 코레오 탄또-시떼 이마스까
자동차 사고가 났습니다.	自動車の事故が起きました。 지도-샤노 지꼬가 오끼마시따
이 서류에 기입해 주세요.	この書類に記入してください。 코노 쇼루이니 키뉴-시떼 쿠다사이
우선 신청부터 하셔야 해요.	まず申し込んでください。 마즈 모-시꼰데 쿠다사이
속도 위반 딱지를 떼였어요.	スピード違反で捕まりました。 스피-도이한데 쯔까마리마시따

서비스

Chapter 17 ‖ 해외 여행 ‖ ‖ ‖ ‖ ‖

● 기본표현 ●

かいがい りょこう

1. 출국

✴ 출국 준비 ✴

~국제공항까지 잘 부탁합니다.	~国際空港までよろしくお願いします。 ~코꾸사이쿠-꼬-마데 요로시꾸 오네가이시마스
~공항까지 어느 정도 걸립니까?	空港までどのくらいかかりますか。 쿠-꼬-마데 도노구라이 카까리마스까
짐은 전부 ~개입니다.	荷物は全部で~個です。 니모쯔와 젬부데~꼬데스
대한항공 카운터로 짐을 운반해 주세요.	大韓航空のカウンターに荷物を運んでください。 다이깡코-꾸-노 카운타-니 니모쯔오 하꼰데 쿠다사이

✴ 항공편 예약 ✴

항공권 예약을 확인하고 싶은데요.	航空券の予約を確認したいのですが。 코-꾸-껜노 요야꾸오 카꾸닌시따이노데스가
~행 비행기를 예약하고 싶습니다.	~行きのフライトを予約したい。 ~유끼노 후라이토오 요야꾸시따이

● 기본표현

실용 회화

언제가 좋습니까?	いつがよろしいですか。 이쯔가 요로시이데스까
오는 토요일 오후편이 좋겠는데요.	こんどの土曜日の、午後便が いいですね。 콘도노 도요-비노 고고빙가 이이데스네
~시 ~분에 떠나는 KAL~편입니다.	~時~分のKAL~便です。 ~지~훈노 카루~빈데스
그럼 그 편의 1등석을 두 장 부탁합니다.	では、その便の一等席を2枚お願いします。 데와, 소노 빈노 잇또-세끼오 니마이 오네가이시마스
이름을 말씀해 주세요.	お名前をどうぞ。 오나마에오 도-조
다음 ~편은 언제 있습니까?	~の次の便はいつ出ますか。 ~노 쯔기노 빙와 이쯔 데마스까
창 쪽 좌석으로 부탁해요.	窓側の席をお願いします。 마도가와노 세끼오 오네가이시마스
일본 항공 카운터는 어디인가요?	日本航空のカウンターはどこですか。 니홍코-꾸-노 카운타-와 도꼬데스까
통로 쪽 좌석으로 부탁해요.	通路側の席をお願いします。 쯔-로가와노 세끼오 오네가이시마스

해외여행

실용 회화 | 541

* 예약 확인 · 변경 · 취소 *

예약을 재확인하고 싶은데요.	予約の再確認をしたいのですが。 요야꾸노 사이카꾸닌오 시따이노데스가
예약 확인을 하고 싶은데요.	予約の確認をしたいのですが。 요야꾸노 카꾸닝오 시따이노데스가
예약이 확인되었습니다.	予約確認できました。 요야꾸 카꾸닌데끼마시따
예약이 되어 있습니다.	予約ができています。 요야꾸가 데끼떼 이마스
다른 항공사의 비행기를 확인해 주세요.	他の会社の便を調べてください。 호까노 카이샤노 빙오 시라베떼 쿠다사이
성함과 편명을 말씀하세요.	お名前と便名を言ってください。 오나마에또 빔메-오 잇떼 쿠다사이
예약 변경을 하고 싶습니다.	予約の変更をしたいんです。 요야꾸노 헹꼬-오 시따인데스
예약을 취소하고 싶은데요.	予約を取り消したいのですが。 요야꾸오 토리께시따이노데스가
뒤쪽의 창가 좌석으로 해주십시오.	窓側の後ろのほうにしてください。 마도가와노 우시로노 호-니 시떼 쿠다사이
좌석은 어느 쪽이 좋을까요?	座席はどちらがよろしいでょうか。 자세끼와 도찌라가 요로시이데쇼-까

● 기본표현 ●

실용 회화

몇 시에 체크 인(등록) 해야 합니까?	何時にチェックインすれば いいですか。 난지니 첵꾸인스레바 이이데스까
적어도 출발시간 1시간 전까지는 체크인하는 카운터로 나와 주십시오.	出発時刻の少なくとも一時間前まではチェックインカウンターにおいでください。 슛빠쯔지꼬꾸노 스꾸나꾸또모 이찌지깡마에마데니와 첵쿠인 카운타-니 오이데 쿠다사이
가능한 한 빠른 편이 좋겠군요.	できるだけ速い便の方がいいですね。 데끼루다께 하야이 빈노 호-가 이이데스네
비행편을 변경할 수 있나요?	便の変更をお願いできますか。 빈노 헹꼬-오 오네가이데끼마스까
8월 10일로 변경하고 싶어요.	8月10日に変更したいのです。 하찌가쯔 토-까니 헹꼬-시따이노데스
성함과 플라이트 넘버(비행번호)를 말씀해주십시오.	お名前とフライトナンバーを言ってください。 오나마에또 후라이또 남바-오 잇떼 쿠다사이

mini 회화

A : 仁川には何時に着きますか。
인촌니와 난지니 쯔끼마스까 인천에는 몇시에 도착합니까?

B : 約1時間ほどで着きます。
야꾸 이찌지깡호도데 쯔끼마스 약 1시간 정도면 도착합니다.

해외여행

실용 회화 | 543

2. 탑승

* 탑승 수속 *

(KAL)탑승 수속대로 이 짐을 운반해 주십시오.	(KAL)のカウンターへこの荷物を運んでください。 카루노 카운타-에 코노 니모쯔오 하꼰데 쿠다사이
짐은 모두 ~개입니다.	荷物は全部で~個です。 니모쯔와 젬부데 ~꼬데스
초과 요금이 얼마입니까?	超過料金はいくらですか。 쵸-까료-낑와 이꾸라데스까
별도의 수하물로 해주십시오.	別送手荷物にしてください。 벳소-테니모쯔니 시떼 쿠다사이
이 슈트케이스를 부탁합니다.	このスーツケースをお願いします。 코노 스-쯔케-스오 오네가이시마스
3번 게이트는 어느 쪽인가요?	3番ゲートはどちらでしょうか。 삼반게-토와 도찌라데쇼-까
탑승 게이트는 몇 번인가요?	搭乗ゲートは何番ですか。 토-죠 게-토와 남방데스까
탑승 시간에 늦지 않도록 조심하세요.	搭乗時間に遅れないように気をつけてください。 토-죠-지깡니 오꾸레나이요-니 키오 쯔께떼 쿠다사이

● 기본표현 ●

실용 회화

탑승 시간은 언제인가요?	搭乗時間はいつですか。 토-죠-지깡와 이쯔데스까
탑승 수속은 어디서 하나요?	搭乗手続きはどこでするのですか。 토-죠-테쯔즈끼와 도꼬데 스루노데스까
맡기실 짐은 있으십니까?	お預けになる荷物はありますか。 오아즈께니 나루 니모쯔와 아리마스까
짐은 이게 다입니까?	お荷物はこれだけですか。 오니모쯔와 코레다께데스까
탑승권을 보여주세요.	搭乗券を見せてください。 토-죠-껭오 미세떼 쿠다사이

✽ 갈아 타기 ✽

5번 게이트는 어느 쪽입니까?	5番ゲートはどちらですか。 고방게-토와 도찌라데스까
2층으로 올라가서 오른편으로 가십시오. 그 왼편에 있습니다.	2階へ上がって右へ行ってください。その左側にあります。 니까이에 아갓떼 미기에 잇떼 쿠다사이 소노 히다리가와니 아리마스
예약은 서울에서 확인했습니다.	予約はソウルで確認しました。 요야꾸와 소우루데 카꾸닌시마시따
수하물 보관소는 어디입니까?	手荷物預り所はどこですか。 테니모쯔 아즈까리쇼와 도꼬데스까

실용 회화 | 545

じつよう かいわ

✱ 갈아 타기 ✱

~항공의 902편은 정각대로 출발합니까?	~航空の902便は定刻どおり出ますか。 ~코-꾸-노 큐-햐꾸니빙와 테이꼬꾸도-리 데마스까
한 시간쯤 지연되겠습니다.	1時間ほどおくれています。 이찌지깡호도 오꾸레떼 이마스
~항공의 ~편 비행기를 탑니다.	~航空の~便に乗ります。 ~코-꾸-노 ~빈니 노리마스

✱ 좌석 안내 ✱

좌석에 안내해 드릴까요?	お席にご案内しましょうか。 오세끼니 고안나이시마쇼-까
부탁 드립니다.	お願いします。 오네가이시마스
좌석 번호는 D-12입니다.	座席番号はD-12です。 자세끼방고-와 디노쥬-니데스
이 번호의 좌석은 어디에 있나요?	この座席番号はどのへんですか。 코노 자세끼방고와 도노 헨데스까
자리를 바꿔도 됩니까?	席を換えてもいいですか。 세끼오 카에떼모 이이데스까
내 코트는 어디에 둘까요?	私のコートはどこへ置きましょうか。 와따시노 코-토와 도꼬에 오끼마쇼-까

기본표현 · 실용 회화

수하물은 시트 아래 놓으십시오.	手荷物はシートの下にお置きください。 데니모쯔와 시-토노 시따니 오오끼 쿠다사이
담배를 피워도 괜찮겠습니까?	タバコをすっても いいですか。 다바코오 슷떼모 이이데스까

mini 회화

A : いらっしゃいませ。搭乗券を 見せてください。
이랏샤이마세 토-죠-껭오 미세떼 쿠다사이
어서 오십시오. 탑승권을 보여 주십시오.

B : はい。これです。座席番号はD-12です。
하이 코레데스 자세끼방고-와 디-쥬-니데스
예. 여기 있습니다. 좌석번호는 D-12입니다.

A : あそこの窓側がお客様の席でございます。
아소꼬노 마도가와가 오까꾸사마노 세끼데고자이마스
저쪽 창가가 손님의 좌석입니다.

B : このコートはどこへ 置きましょうか。
코노 코-토와 도꼬에 오끼마쇼-까
이 코트는 어디에 놓을까요?

A : 網棚にお戴せしましょう。
아미다나니 오노세시마쇼-
선반에 얹어 드리겠어요.

B : はい。分かりました。
하이 와까리마시따
예. 알았습니다.

3. 기내에서

✽ 기내 서비스 ✽

뭔가 읽을 거리가 필요한데요.	何か読む物がほしいのですが。 나니까 요무 모노가 호시이노데스가
한국어 신문도 있습니까?	韓国語の新聞もありますか。 캉꼬꾸고노 신분모 아리마스까
음료는 어떤 종류가 있습니까?	お飲み物はどんな種類がありますか。 오노미모노와 돈나 슈루이가 아리마스까
토마토 주스를 주십시오.	トマトジュースをください。 토마토쥬―스오 쿠다사이
무료 서비스로 되어 있습니다.	無料サービスになっております。 무료―사―비스니 낫떼 오리마스
기내에서 면세품을 판매합니까?	免税品の機内販売をしていますか。 멘제―힌노 키나이한바이오 시떼 이마스까
기분이 좋지 않습니다. 약을 주십시오.	気分が悪いんです。くすりをください。 키붕가 와루인데스 쿠스리오 쿠다사이
위생주머니를 갖다 주시겠습니까?	はき袋を持ってきてくださいませんか。 하끼부꾸로오 못떼 키떼 쿠다사이마셍까

●기본표현

실용 회화

예, 곧 가져오겠습니다.	かしこまりました。すぐお持ちします。 카시꼬마리마시따 스구 오모찌시마스
이 전등은 어떻게 켭니까?	この電灯のつけかたは。 코노 덴또-노 쯔께카따와
이 스위치를 눌러 주십시오.	ここのスイッチを押してください。 코꼬노 스잇찌오 오시떼 쿠다사이
화장실은 어디에 있습니까?	トイレはどこですか。 토이레와 도꼬데스까
담요를 주십시오.	毛布をください。 모-후오 쿠다사이
의자를 뒤로 젖혀도 될까요?	シートを倒してもいいですか。 시-토오 타오시떼모 이이데스까
이 벨트는 어떻게 맵니까?	このベルトはどうやって締めるのですか。 코노 베루토와 도-얏떼 시메루노데스까
에어컨은 어떻게 끕니까?	エアコンを止めるにはどうしたらいいのですか。 에아콘오 토메루니와 도-시따라 이이노데스까
이 서류 쓰는 법을 가르쳐 주십시오	この書類の書き方を教えてください。 코노 쇼루이노 카끼까따오 오시에떼 쿠다사이

해외여행

じつよう かいわ

✽ 기내 서비스 ✽

술과 향수를 사고 싶습니다.	お酒と香水を買いたいです。 오사께또 코-스이오 카이따이데스
흡연석에 빈 자리가 있습니까?	喫煙席は空いていますか。 키쯔엔세끼와 아이떼 이마스까
마실 것을 드릴까요?	飲み物はいかがですか。 노미모노와 이까가데스까
그럼, 커피를 주세요.	ではコーヒーをください。 데와 코-히-오 쿠다사이
베개와 모포를 주세요.	枕と毛布をください。 마꾸라또 모-후오 쿠다사이
비행기 멀미약 있나요?	飛行機酔いの薬はありますか。 히꼬-끼요이노 쿠스리와 아리마스까
식사는 필요 없어요.	食事は要りません。 쇼꾸지와 이리마셍
여보세요, 주스 하나 더 주세요.	すみません、ジュースもう一杯ください。 스미마셍 쥬-스 모-입빠이 쿠다사이
어떤 음료가 있나요?	どんな飲み物がありますか。 돈나 노미모노가 아리마스까

● 기본표현 ●
실용 회화

따뜻한 물을 마시고 싶은데요.	お湯が飲みたいんですが。 오유가 노미따인데스가
맥주를 부탁해요.	ビールをお願いします。 비-루오 오네가이시마스
곧 면세품 판매를 합니다.	すぐ免税品を販売いたします。 스구 멘제-힝오 함바이이따시마스

✱ 기내에서 궁금할 때 ✱

신고서 작성을 도와주시겠어요?	申告書の作成を手伝ってくださいませんか。 싱꼬꾸쇼노 사꾸세-오 테쯔닷떼 쿠다사이마셍까
이것은 입국카드인가요?	これは入国カードですか。 코레와 뉴-꼬꾸카-도데스까
벨트 매는 법을 가르쳐 주십시오.	ベルトの締め方を教えてください。 베루토노 시메까따오 오시에떼 쿠다사이
미안하지만, 화장실은 어디인가요?	すみませんが、トイレはどこですか。 스미마셍가 토이레와 도꼬데스까
의자는 어떻게 젖히나요?	椅子はどうやって倒しますか。 이스와 도-얏떼 타오시마스까
왜 출발이 늦는 거예요?	なぜ出発が遅れているのですか。 나제 슛빠쯔가 오꾸레떼 이루노데스까

해외여행

실용 회화 | 551

つよう かいわ

✱ 기내에서 궁금할 때 ✱

비행은 예정대로 하나요?
フライトは時間どおりですか。
후라이토와 지깡도-리데스까

~에는 언제 도착합니까?
~にはいつ着きますか。
~니와 이쯔 쯔끼마스까

창쪽의 좌석을 원합니다.
まどがわの席をお願います。
마도가와노 세끼오 오네가이시마스

지금 어디를 날고 있습니까?
いまどこを飛んでいますか。
이마 도꼬오 톤데 이마스까

서울과 동경간의 시차는 얼마나 됩니까?
ソウルと東京間の時差はどのくらいですか。
소우루또 토-꼬-칸노 지사와 도노꾸라이데스까

고도는 얼마입니까?
高度はどのくらいですか。
코-도와 도노꾸라이데스까

이 공항에서 얼마나 머뭅니까?
この空港にはどのくらい 止まっていますか。
코노 쿠-꼬-니와 도노꾸라이 토맛떼 이마스까

갈아 타고 싶은데요.
乗り換えをしたいんですが。
노리까에오 시따인데스가

접속 비행기편의 출발시각을 알고 싶은데요.
乗り継ぎの便の出発時刻を知りたいんですが。
노리쯔기노 빈노 슛빠쯔지꼬꾸오 시리따인데스가

●기본표현●

실용 회화

제 시간에 도착할까요?	定刻の到着でしょうか。 테-꼬꾸노 토-쨔꾸데쇼-까
짐을 여기 두고 내려도 됩니까?	荷物を置いて出てもいいですか。 니모쯔오 오이떼 데떼모 이이데스까

* 기내 불평할 때 *

헤드폰 상태가 안 좋아요.	ヘッドホンの調子が悪いです。 헷도혼노 쵸-시가 와루이데스
에어컨을 끄고 싶어요.	エアコンを止めたいのですが。 에아콘오 토메따이노데스가
죄송하지만, 자리 좀 바꿔주실래요?	すみませんが、ちょっと席を変えていただけませんか。 스미마셍가 촛또 세끼오 카에떼 이따다께마셍까
자리를 바꿔도 될까요?	席を変えてもいいですか。 세끼오 카에떼모 이이데스까

mini 회화

B : 東京には いつ着きますか。
토-꾜-니와 이쯔 쯔끼마스까 동경에는 언제 도착합니까?

A : 約1時間後に着きます。
야꾸 이찌지깡고니 쯔끼마스 약 1시간 뒤에 도착합니다.

4. 입국

✽ 입국 심사 ✽

| 예방 접종 증명서를 보여 주실까요? | 予防接種の証明書を拝見します。
요보-셋슈노 쇼-메-쇼오 하이껜시마스 |

여권을 보여 주실까요?
パスポートを拝見します。
파스포-토오 하이껜시마스

입국 목적은 무엇입니까?
入国の目的は何ですか。
뉴-꼬꾸노 모꾸떼끼와 난데스까

관광 여행입니다.
観光旅行です。
캉꼬-료꼬-데스

체류 기간은 얼마 예정입니까?
滞在期間はどのくらいですか。
타이자이키깡와 도노꾸라이데스까

어디에서 숙박할 예정입니까?
どこにお泊まりになる予定ですか。
도꼬니 오또마리니나루 요떼-데스까

~호텔에 머무르려고 합니다.
~ホテルに泊まります。
~호테루니 토마리마스

이것은 개인적인 소지품일 뿐이에요.
これは個人の持ち物だけです。
코레와 코진노 모찌모노다께데스

비즈니스입니다.
ビジネスです。
비지네스데스

554 | Total 일본어회화 사전

실용 회화

• 기본표현 •

한국의 서울에서 왔어요.	韓国のソウルから来ました。 캉꼬꾸노 소우루까라 키마시따
일본은 처음이신가요?	日本は初めてですか。 니혼와 하지메떼데스까
네, 처음입니다.	はい初めてです。 하이 하지메떼데스
일본에 며칠 간 계실 건가요?	日本に何日間滞在する予定ですか。 니혼니 난니찌깐 타이자이스루 요떼-데스까
1주일 예정입니다.	1週間の予定です。 잇슈-깐노 요떼-데스
친구를 만나러 왔어요.	友達に会いに来ました。 토모다찌니 아이니 키마시따
돌아갈 항공권을 갖고 계시나요?	お帰りのチケットは お持ちですか。 오까에리노 치켓토와 오모찌데스까
도쿄 신주쿠 호텔이에요.	東京の新宿ホテルです。 토-꾜-노 신주쿠호테루데스
어디에서 숙박하실 예정인가요?	どこにお泊まりの予定ですか。 도꼬니 오또마리노 요떼-데스까

해외여행

실용 회화 | 555

じつようかいわ

✻ 짐 찾을 때 ✻

수하물 찾는 곳은 저쪽입니다.	お手荷物の引取りさきはあそこです。 오테니모쯔노 히끼또리사끼와 아소꼬데스
이 짐을 맡아주실 수 있나요?	この手荷物を預かってもらえますか。 코노 테니모쯔오 아즈깟떼 모라에마스까
제 짐은 세 개에요.	私の手荷物は3個です。 와따시노테니모쯔와 상꼬데스
여권을 보여 주십시오.	パスポートを見せてください。 파스포-토오 미세떼 쿠다사이
714편 짐은 나왔나요?	714便の手荷物はもう出てきましたか。 나나햐꾸쥬-욘빈노테니모쯔와 모-데떼 키마시따까
짐은 어디서 찾나요?	手荷物はどこで受け取りますか。 테니모쯔와 도꼬데 우께또리마스까
이게 수화물인환증이에요.	これが手荷物引換え証です。 코레가 테니모쯔히끼까에쇼-데스
카트는 어디에 있나요?	カートはどこにありますか。 카-토와 도꼬니 아리마스까
제 짐이 안 나왔어요.	私の手荷物が出てきませんでした。 와따시노 테니모쯔가 데떼 키마센데시따

● 기본표현 ●

깨지기 쉬운 물건이니까 주의해 주세요.	壊れやすい物だから注意してください。 코와레야스이 모노다까라 츄-이시떼 쿠다사이
어느 정도의 크기인가요?	どのくらいの大きさですか。 도노꾸라이노 오-끼사데스까
이 짐을 택시 승차장까지 부탁해요.	この荷物をタクシー乗り場までお願いします。 코노 니모쯔오 타쿠시-노리바마데 오네가이시마스

* 세관 검사 *

신고할 게 있으세요?	申告するものはありますか。 신꼬꾸스루모노와 아리마스까
아니오. 없습니다. 일용품만 있습니다.	いいえ。ありません。身の回り品だけです。 이-에 아리마셍 미노마와리힝다께데스
짐을 어디서 찾아야 합니까?	手荷物はどこで受け取りますか。 테니모쯔와 도꼬데 우께또리마스까
무엇이 들어있나요?	何が入っていますか。 나니가 하잇떼이마스까
아무것도 없어요. 이건 친구에게 줄 선물이에요	何もありません。これは友達へのお土産です。 나니모 아리마셍 코레와 도모다찌에노 오미야게데스

실용 회화 | 557

じつよう かいわ

✽ 세관 검사 ✽

짐은 이것뿐입니까?	お荷物はこれだけですか。 오니모쯔와 코레다께데스까
예. 그렇습니다.	はいそうです。 하이 소-데스
이것은 무엇입니까	これは何ですか。 코레와 난데스까
이것은 제가 쓸 카메라입니다.	これは私が自分で使うカメラです。 코레와 와따시가 지분데 쓰까우 카메라데스

mini 회화

A : お荷物はこれだけですか。
오니모쯔와 코레다께데스까 짐은 이것뿐입니까?

B : はい。そうです。
하이 소-데스 예. 그렇습니다.

A : これは何ですか。
코레와 난데스까 이것은 무엇입니까

B : これは私が自分で使うカメラです。
코레와 와따시가 지분데쯔가우 카메라데스
이것은 제가 쓸 카메라입니다.

A : 申告するものはありますか。
싱꼬꾸스루모노와 아리마스까 신고할 것은 있습니까?

B : いいえ。ありません。身の回り品だけです。
이-에 아리마셍 미노마와리힝다께데스
아니오. 없습니다. 일용품만 있습니다.

5. 목적지 도착

＊ 환전 ＊

돈을 바꾸고 싶은데요.	両替をしたいのですが。 료-가에오 시따이노데스가
이 여행 수표를 현금으로 바꿔 주십시오.	この旅行小切手を現金に替えてください。 코노 료꼬-코깃떼오 겡낀니 카에떼 쿠다사이
이것을 달러로 바꿔 주세요.	これをドルに交換してください。 코레오 도루니 코-깐시떼 쿠다사이
잔돈으로 바꿔 주십시오.	小額の貨幣にくずしてください。 쇼-가꾸노 카헤-니 쿠즈시떼 쿠다사이
이 동전은 얼마짜리입니까?	この貨幣はいくらですか。 코노 카헤-와 이꾸라데스까
이 나라의 모든 종류의 동전들을 넣어 주시오.	この国のコインを全種類いれてください。 코노 쿠니노 코잉오 젠슈루이 이레떼 쿠다사이

＊ 안내소 ＊

이 서류에 성함과 주소를 부탁합니다.	この書類にお名前とご住所をお願いします。 코노 쇼루이니 오나마에또 고쥬-쇼오 오네가이시마스

じつようかいわ

＊ 안내소 ＊

~호텔은 어떻게 가면 됩니까?	~ホテルへはどう行けばいいでしょう。 ~호테루에와 도-이께바 이이데쇼-
버스(택시) 정류장은 어디 있습니까?	バス(タクシー)の乗り場はどこですか。 바스(타쿠시-)노 노리바와 도꼬데스까
시내로 들어가는 연락 버스는 있습니까?	市内へ行く連絡バスはありますか。 시나이에 이꾸 렌라꾸바스와 아리마스까
지하철은 어디서 탑니까?	地下鉄はどこで乗りますか。 치까떼쯔와 도꼬데 노리마스까
1만엔짜리 지폐로 해주십시오.	1万円札にしてください。 이찌망엔사쯔니 시떼 쿠다사이
여기서 호텔 예약을 할 수 있습니까?	ここでホテルの予約ができますか。 코꼬데 호테루노 요야꾸가 데끼마스까
여기서 렌터카 예약이 가능합니까?	ここでレンタカーの予約ができますか。 코꼬데 렌타카-노 요야꾸가 데끼마스까
택시 타는 편이 좋겠지요.	タクシーのほうがいいでしょうね。 타꾸시-노 호-가 이이데쇼-네
택시 요금은 얼마쯤이나 될까요?	タクシー料金はいくらぐらいでしょうか。 타쿠시-료-낑와 이꾸라구라이데쇼-까

● 기본표현 ●

실용 회화

포터(짐꾼)를 불러 주십시오.	ポーターを呼んでください。 포-타-오 욘데 쿠다사이
이 짐을 택시까지 날라다 주세요.	この荷物をタクシーまで運んでください。 코노 니모쯔오 타쿠시-마데 하꼰데 쿠다사이
이 버스는 ~호텔에서 정차합니까?	このバスは~ホテルに止まりますか。 코노 바스와 ~호테루니 토마리마스까
승차권은 어디서 사야 합니까?	切符はどこで買うのですか。 킵뿌와 도꼬데 카우노데스까
이 주소까지 데려다 주십시오.	この住所の所へ行ってください。 코노 쥬-쇼노 토꼬로에 잇떼 쿠다사이
짐을 내려주시겠습니까?	荷物を降ろしていただけますか。 니모쯔오 오로시떼 이따다께마스까
~호텔까지 부탁합니다.	~ホテルまでお願いします。 ~호테루마데 오네가이시마스
짐을 운반하겠습니다.	お荷物をお運びしましょう。 오니모쯔오 오하꼬비시마쇼-
얼마입니까?	おいくらですか。 오이꾸라데스까
거스름돈은 필요 없습니다.	おつりはいりません。 오쯔리와 이리마셍

실용 회화 | 561

6. 관광

✳ 관광 안내 ✳

관광명소는 어떤 것이 있나요?	観光名所は何がありますか。 캉꼬-메-쇼와 나니가 아리마스까
시내 구경을 하고 싶은데요.	市内の見物をしたいんですが。 시나이노 켄부쯔오 시따인데스가
안내 책자가 필요합니다.	パンフレットが ほしいのですが。 판후렛토가 호시이노데스가
무료 시내 지도는 있습니까?	無料の市街地図はありますか。 무료-노 시가이찌즈와 아리마스까
나는 ~를 보고 싶습니다.	私は~が見たいです。 와따시와 ~가 미따이데스
나는 ~에 가고 싶습니다.	私は~へ行きたいです。 와따시와 ~에 이끼따이데스
이 코스는 얼마입니까?	このコースはいくらですか。 코노 코-스와 이꾸라데스까
시간은 어느 정도 걸립니까?	時間はどのくらい かかりますか。 지깡와 도노꾸라이 카까리마스까
하루에 얼마입니까?	一日いくらですか。 이찌니찌 이꾸라데스까

기본표현 — 실용 회화

한국어를 할 수 있는 가이드를 부탁합니다.	韓国語の話せるガイドをお頼いします。 캉꼬꾸고노 하나세루 가이도오 오네가이시마스
관광버스 투어는 있나요?	観光バスツアーはありますか。 캉꼬바스츠아-와 아리마스까
매표소는 어디에 있나요?	切符売場はどこですか。 킵뿌우리바와 도꼬데스까
입장권은 어디에서 팔아요?	入場券はどこで売っていますか。 뉴죠-껭와 도꼬데 웃떼 이마스까
관광안내소는 어디에 있나요?	観光案内所はどこですか。 캉꼬-안나이죠와 도꼬데스까
단체 할인이 있나요?	団体割引はありますか。 단따이와리비끼와 아리마스까
개인 비용은 얼마인가요?	個人費用はいくらですか。 코징히요-와 이꾸라데스까
당일치기로 어디에 갈 수 있나요?	日帰りではどこへ行けますか。 히가에리데와 도꼬에 이께마스까
야간관광은 있나요?	ナイトツアーはありますか。 나이토츠아-와 아리마스까
여기서 볼 만한 곳을 가르쳐 주세요.	ここの見どころを教えてください。 코꼬노 미도꼬로오 오시에떼 쿠다사이

실용 회화 | 563

* 관광 안내 *

이 도시의 관광안내 팸플릿이 있나요?	この町の観光案内パンフレットはありますか。 코노 마찌노 캉꼬-안나이판후렛토와 아리마스까
꼭 구경해야 할 곳을 가르쳐 주십시오.	ぜひ見物したほうがいいと思う所を教えてください。 제히 켄부쯔시따 호-가 이이또오모우 토꼬로오 오시에떼 쿠다사이
투어는 몇 시간 걸리나요?	ツアーは何時間かかりますか。 츠아-와 난지깡 카까리마스까
여기서 얼마나 머무나요?	ここでどのくらい止まりますか。 코꼬데 도노꾸라이 도마리마스까
몇 시에 버스로 돌아오면 되나요?	何時にバスにもどってくればいいですか。 난지니 바스니 모돗떼 쿠레바 이이데스까
여기서 유명한 온천은 어디인가요?	ここで有名な温泉はどこですか。 코꼬데 유-메-나 온센와 도꼬데스까

* 예약 *

이 코스이면 어떤 것을 볼 수 있나요?	このコースだと、どんなものが見られますか。 코노 코-스다또 돈나 모노가 미라레마스까
설명은 일본어로 합니까?	説明は日本語ですか。 세쯔메-와 니홍고데스까

● 기본표현 ●

실용 회화

한 바퀴 도는 데 얼마나 걸립니까?	一回りするのにどのくらいかかりますか。 히또마와리스루노니 도노쿠라이 카까리마스까
이 코스에는 식사가 포함되어 있습니까?	このコースは食事付きですか。 코노 코-스와 쇼꾸지쯔끼데스까
오전(오후, 저녁) 코스는 있습니까?	午前(午後,夜)のコースはありますか。 고젠(고고, 요루)노 코-스와 아리마스까
어디를 돕니까?	どこを回るのですか。 도꼬오 마와루노데스까
몇 시에 출발합니까?	何時に出発しますか。 난지니 슛빠쯔시마스까
몇 시에 돌아옵니까?	何時に戻りますか。 난지니 모도리마스까
표는 어디서 삽니까?	切符はどこで買えますか。 킵뿌와 도꼬데 카에마스까
~호텔에서 탈 수 있습니까?	~ホテルから乗れますか。 ~호테루까라 노레마스까
토요일은 합니까?	土曜日はやっていますか。 도요비와 얏떼 이마스까

* **市内観光** [しないかんこう] 시내관광
* **一日コース** [いちにち] 하루 코스

※ 극장·음악회·미술관 안내 ※

~을 보고 싶습니다.	~を見たいです。 ~오 미따이데스
~을 하고 싶습니다.	~をしたいです。 ~오 시따이데스
시내 공연 안내 책자가 있습니까?	市内の公演ガイドブックはありますか。 시나이노 코-엔 가이도북쿠와 아리마스까
쇼나 연극을 관람하는 코스는 있습니까?	ショーか劇を見るコースはありますか。 쇼-까 게끼오 미루 코-스와 아리마스까
오페라는 어디서 관람할 수 있습니까?	オペラはどこで見られますか。 오페라와 도꼬데 미라레마스까
개막(종막)은 몇 시입니까?	開演(終演)は何時ですか。 카이엔(슈-엔)와 난지데스까
좌석을 예약하고 싶습니다.	席を予約したい。 세끼오 요야꾸시따이
입장료는 얼마입니까?	入場料はいくらですか。 뉴-죠-료-와 이꾸라데스까
오늘 밤 ~극장에서는 무엇을 하고 있습니까?	今晩~劇場では何をしていますか。 곰방 ~게끼죠-데와 나니오 시떼 이마스까

실용 회화

● 기본표현 ●

주역은 누가 맡아 합니까?	主役をやるのはだれですか。 슈야꾸오 야루노와 다레데스까
지금 무엇이 인기가 있습니까?	今 何がはやっていますか。 이마 나니가 하얏떼 이마스까
오늘 곡목은 무엇입니까?	きょうの曲目は何ですか。 쿄-노 쿄꾸모꾸와 난데스까
언제까지 공연이 계속 됩니까?	何日までやっていますか。 난니찌마데 얏떼 이마스까
이 미술관의 주된 진열품은 무엇입니까?	この美術館の主な陳列品はどんなものですか。 코노 비쥬쯔깐노 오모나 찐레쯔힝와 돈나 모노데스까
이 그림을 그린 화가는 누구입니까?	この絵の作者はだれですか。 코노 에노 사꾸샤와 다레데스까
어떤 내용입니까?	題材は何ですか。 다이자이와 난데스까

* 표 사기 *

오늘밤의 2층석 표 두 장 주시겠습니까?	今夜の2階席を2枚くれませんか。 콩야노 니까이세끼오 니마이 쿠레마셍까
제일 좋은 좌석표 두 장 갖고 싶은데요.	いちばんいい席を2枚ほしいのですが。 이찌방 이이 세끼오 니마이호시이노데스가

실용 회화 | 567

* 표 사기 *

1층석도 괜찮을는지요?	**1階席でもよろしいでしょうか。** 잇까이세끼데모 요로시이데쇼-까
2층석은 매진되었습니다.	**2階席は全部売り切れでございます。** 니까이세끼와 젬부 우리끼레데고자이마스
입장료는 포함되어 있습니까?	**入場料は含まれていますか。** 뉴-죠-료-와 후꾸마레떼 이마스까

* 관광지에서 *

공연 시작은 몇 시인가요?	**開演は何時ですか。** 카이엥와 난지데스까
관광 팸플릿을 주세요.	**観光パンフレットをください。** 캉꼬-판후렛토오 쿠다사이
성 안에 들어갈 수 있나요?	**城の中に入れますか。** 시로노 나까니 하이레마스까
스카이라이너는 어디에서 타요?	**スカイライナーはどこで乗りますか。** 스카이라이나-와 도꼬데 노리마스까
이 공원에 대해 설명해 주실래요?	**この公園について説明していただけますか。** 코노 코-엔니 쯔이떼 세쯔메-시떼 이따다께마스까
가부키를 보고 싶습니다.	**歌舞伎を見たいです。** 카부끼오 미따이데스

실용 회화

● 기본표현 ●

일본어는 초보예요. 저는 조금 말할 뿐이에요.	日本語は初歩です。私はちょっとだけ話せます。 니홍고와 쇼호데스 와따시와 춋또다께 하나세마스
저는 여행자입니다. 일본어는 하지 못해요	私は旅行者なのです。日本語は話せません。 와따시와 료꼬-샤나노데스 니홍고와 하나세마셍
한국어 가이드가 있는 투어도 있나요?	韓国語のガイドつきのツアーも ありますか。 캉꼬꾸고노 가이도쯔끼노 츠아-모 아리마스까
한국어를 하는 분은 없나요?	韓国語を話せる方はいませんか。 캉꼬꾸고오 하나세루 카따와 이마셍까
너무 빨라서 모르겠어요. 천천히 말해주실래요?	速すぎてわかりません。ゆっくり話してくれませんか。 하야스기떼 와까리마셍 육꾸리 하나시떼 쿠레마셍까
저 건물은 무엇인가요?	あの建物は何ですか。 아노 타떼모노와 난데스까
저는 도쿄타워를 보고 싶습니다.	私は東京タワーがみたいです。 와따시와 토-꾜-타와-가 미따이데스
지금 축제는 하고 있나요?	何かお祭りはやっていますか。 나니까 오마쯔리와 얏떼 이마스까
지금 티켓을 살 수 있나요?	いまチケットが かえますか。 이마 치켓토가 카에마스까

해외여행

실용 회화 | **569**

＊ 관광지에서 ＊

| 이 박물관의 오리지널 상품인가요? | この博物館のオリジナル商品ですか。
코노 하꾸부쯔깐노 오리지나루쇼-힌데스까 |

| 이 티켓으로 모든 전시를 볼 수 있나요? | このチケットですべての展示が見られますか。
코노 치켓토데 스베떼노 텐지가 미라레마스까 |

| 퍼레이드는 언제 있나요? | パレードはいつ ありますか。
파레-도와 이쯔 아리마스까 |

＊ 사진 촬영 ＊

| 당신 사진을 찍어도 될까요? | あなたの写真を撮ってもいいですか。
아나따노 샤싱오 톳떼모 이이데스까 |

| 나중에 사진을 보내드릴게요. | あとで写真を送ります。
아또데 샤싱오 오꾸리마스 |

| 건전지는 어디서 살 수 있나요? | 電池はどこで買えますか。
덴찌와 도꼬데 카에마스까 |

| 박물관을 배경으로 찍어주세요. | 博物館を背景に入れてください。
하꾸부쯔깡오 하이께-니 이레떼 쿠다사이 |

| 저 건물이 보이도록 찍어주세요. | あの建物が見えるように撮ってください。
아노 타떼모노가 미에루요-니 톳떼 쿠다사이 |

● 기본표현 ●

실용 회화

사진 좀 찍어 주시겠어요?	写真を撮ってもらえませんか。 샤싱오 톳떼 모라에마셍까
셔터를 눌러주실래요?	シャッターを押してもらえませんか。 샷타-오 오시떼 모라에마셍까
어디에서 필름을 사나요?	どこでフィルムが買えますか。 도꼬데 휘루무가 카에마스까
여기서 비디오를 찍어도 될까요?	ここでビデオを撮ってもいいですか。 코꼬데 비데오오 톳떼모 이이데스까
여기서 사진을 찍어도 되나요?	ここで写真を撮ってもいいですか。 코꼬데 샤싱오 톳떼모 이이데스까
플래시를 터뜨려도 되나요?	フラッシュをつけてもいいですか。 후랏슈오 쯔케떼모 이-데스까
한 장 더 부탁해요.	もう一枚お願いします。 모-이찌마이 오네가이 시마스
함께 사진을 찍으실래요?	一緒に写真を撮ってもらえませんか。 잇쇼니 샤싱오 톳떼 모라에마셍까
사진 한 장 부탁할 수 있습니까?	写真一枚 お願いできますか。 샤싱이찌마이 오네가이데끼마스까

해외여행

실용 회화 | 571

じょうよう かいわ

7. 긴급 상황

❋ 여행중 긴급 상황 ❋

가까운 곳에 공중전화가 있습니까?	近くに公衆電話はありますか。 치까꾸니 코-슈-뎅와와 아리마스까
경찰을 불러 주세요.	警察を呼んでください。 케-사쯔오 욘데 쿠다사이
병원에 데려다 주세요.	病院に連れて行ってください。 뵤-잉니 쯔레떼 잇떼 쿠다사이
구급차를 부탁해요!	救急車をお願いします。 큐-뀨-샤오 오네가이시마스
긴급 사태예요!	緊急事態です。 킨뀨-지따이데스
위험해! 엎드려!	あぶない。伏せろ。 아부나이 후세로
누가 와주세요!	誰か来て。 다레까 키떼
의사를 불러주세요.	お医者さんを呼んでください。 오이샤상오 욘데 쿠다사이
고열이 있습니다.	高熱があるんです。 코-네쯔가 아룬데스

●기본표현●

도와줘요. 강한 눈보라로 교통이 마비됐어요.	手伝ってください。猛吹雪で交通がストップしています。 테쯔닷떼 쿠다사이 모- 후부끼데 코-쯔-가 스톱푸시떼 이마스
기침과 콧물이 납니다.	せきと鼻水がでます。 세끼또 하나미즈가 데마스
약을 먹었습니다만, 열이 내려가지 않습니다.	薬を飲みましたが熱が下がらないんです。 쿠스리오 노미마시따가 네쯔가 사가라나인데스
외국인입니다만, 보험 가능합니까?	外国人なんですが、保険は利きますか。 가이꼬꾸진난데스가 호껜와 키끼마스까
유학생입니다만, 학교에서 들은 보험이 있습니다.	留学生なんですが、学校で入っている保険があります。 류-가꾸세-난데스가 각꼬-데 하잇떼 이루 호껜가 아리마스
길을 잃어버렸습니다.	道に迷っちゃったんです。 미찌니 마욧찻딴데스
이 지도에 따르면 여기는 어디 부근입니까?	この地図で言うとここはどのあたりでしょうか。 코노 찌즈데 유또 코꼬와 도노 아따리데쇼-까
한국대사관에 전화해 주시겠어요?	韓国大使館にお電話してくださいませんか。 캉꼬꾸타이시깐니 오뎅와시떼 쿠다사이마셍까

실용 회화
해외여행

じつようかいわ

※ 여행중 긴급상황 ※

| 카드를 잃어버렸습니다. 지불을 정지시켜주세요. | **カードをなくしました。至急止めてください。**
카-도오 나꾸시마시따 시뀨- 토떼메 쿠다사이 |

| 고장입니다. 비상전화는 어디에 있나요? | **故障です。非常電話はどこにありますか。**
코쇼데스 히죠-뎅와와 도꼬니 아리마스까 |

※ 교통 사고당했을 때 ※

| 뺑소니를 당했습니다. | **当て逃げされました。**
아떼니게사레마시따 |

| 한국대사관은 어디입니까? | **韓国大使館はどこですか。**
캉꼬꾸타이시깡와 도꼬데스까 |

| 도와줘요! 사고예요! | **助けて。事故です。**
타스께떼 지꼬데스 |

| 응급조치 방법을 가르쳐주세요. | **応急措置のしかたを教えてください。**
오-뀨-쇼찌노 시까따오 오시에떼 쿠다사이 |

| 도움이 필요해요. 자동차에 치였어요. | **助けてください。車にひかれました。**
타스께떼 쿠다사이 쿠루마니 히까레마시따 |

| 엔진고장입니다. 견인차를 불러주세요. | **エンストしました。レッカー車を呼んでください。**
엔스토시마시따 렛카-샤오 욘데 쿠다사이 |

실용 회화

● 기본표현 ●

✱ 물건을 도난당했을 때 ✱

도난 신고를 하고 싶어요.	**盗難届けをしたいんです。** 토-난토도께오 시따인데스
소매치기야! 누가 빨리 저 사람을 잡아주세요!	**スリです! 誰か早く彼を捕まえてください。** 스리데스 다레까 하야꾸 카레오 쯔까마에떼 쿠다사이
도둑이야! 저 남자가 제 핸드백을 훔쳐갔어요!	**ドロボー! その男が私のバッグを盗みました!** 도로보- 소노 오또꼬가 와따시노 박구오 누스미마시따
전철 안에서 지갑을 소매치기 당했어요.	**電車の中で財布をすられました。** 덴샤노 나까데 사이후오 스라레마시따

✱ 물건을 분실했을 때 ✱

화장실에서 핸드백을 잃어버렸습니다.	**トイレにハンドバッグを置き忘れたんです。** 토이레니 한도박구오 오끼와스레딴데스
실례합니다. 좀 전에 전철 안에 가방을 두고 내려버렸습니다.	**すみませんさっき電車の中にカバンを置いたまま降りちゃったんです。** 스미마셍 삿끼 덴샤노 나까니 카방오 오이따마마 오리짯딴데스
열차에 가방을 두고 내렸어요.	**列車でかばんを無くしました。** 렛샤데 카방오 나꾸시마시따

실용 회화 | 575

じつよう かいわ

✱ 물건을 분실했을 때 ✱

몇 번째 차량인지 기억합니까? 다음 역의 역무원에게 연락합시다.	何番目の車両か覚えていますか。 次の駅の係員に連絡してください。 난방메노 샤료-까 오보에떼 이마스까 쯔기노 에끼노 카까리인니 렌라꾸시떼 쿠다사이
지갑을 잃어버렸어요.	財布をなくしました。 사이후오 나꾸시마시따
짐을 잃어버렸어요.	手荷物をなくしてしまいました。 테니모쯔오 나꾸시떼 시마이마시따
여권을 잃어버렸어요.	パスポートをなくしました。 파스포-토오 나꾸시마시따
다시 한번 말해 주실래요?	もう一度言ってくれますか。 모-이찌도 잇떼 쿠레마스까
카드는 은행에 신고해 주세요.	カードは銀行に届け出てください。 카도와 깅꼬-니 토도께데떼 쿠다사이
카드를 무효화해 주세요.	カードを無効にしてください。 카도오 무꼬-니 시떼 쿠다사이
누구에게 알리면 되나요?	誰に知らせればいいですか。 다레니 시라세레바 이이데스까
여행자수표를 잃어버렸어요.	トラベラーズチェックをなくしました。 토라베라-즈첵쿠오 나꾸시마시따

실용 회화

● 기본표현 ●

카메라를 잃어버렸어요.	カメラをなくしました。 카메라오 나꾸시마시따
유실물 담당은 어디인가요?	遺失物係はどこですか。 이시쯔부쯔가까리와 도꼬데스까
제 가방이 보이지 않은데요.	私のバッグが見当たらないんです。 와따시노 박구가 미아따라나인데스
어디에 잃어버렸는지 생각이 나지 않아요.	どこでなくしたか思いつかないんです。 도꼬데 나꾸시마시따까 오모이쯔까나인데스

mini 회화

B : 旅券と財布を盗まれました。
료껭또 사이후오 누스마레마시따
여권과 지갑을 도난당했습니다.

A : 何ですって。どこでなくしましたか。
난데슷떼 도꼬데 나꾸시마시따까
뭐라구요. 어디서 잃어버렸습니까?

B : 地下鉄の中ですられました。
치까떼쯔노 나까데 스라레마시따
지하철 안에서 소매치기당했습니다.

A : 先ず韓国大使館へ連絡を取った方がいいでしょう。
마즈 캉꼬꾸타이시깡에 렌라꾸오 톳따 호-가 이이데쇼-
우선 한국 대사관에 연락을 취하는 것이 좋겠지요.

B : やってみましょう。ありがとうございます。
얏떼 미마쇼- 아리가또-고자이마스 해 보지요. 감사합니다.

Chapter 18 ‡‡ 호텔 ‡‡
ホテル

●기본 표현●

1. 호텔 찾기

이 시내에 있는 괜찮은 호텔에 숙박하고 싶습니다만.	この市内にある良いホテルに泊まりたいですが。 코노 시나이니 아루 요이 호테루니 토마리따이데스가
특별히 가고 싶은 호텔이 있나요?	特に行きたいホテルはありますか。 토꾸니 이끼따이 호테루와 아리마스까
어디 좋은 호텔 없나요?	どこかいいホテルはありませんか。 도꼬까 이이 호테루와 아리마셍까
역에서 가까운 호텔에서 묵고 싶습니다.	駅から近いホテルに泊まりたいんです。 에끼까라 치까이 호테루니 토마리따인데스
일행이 모두 몇 분이십니까?	何名さまのお泊まりでしょうか。 난메-사마노 오또마리데쇼-까
호텔 리스트가 있습니까?	ホテルのリストは ありますか。 호테루노 리스토와 아리마스까
그 호텔은 어디에 있습니까?	そのホテルはどこにありますか。 소노 호테루와 도꼬니 아리마스까

● 기본표현 ● 실용 회화

어떤 호텔을 찾습니까?	どんなホテルがいいですか。 돈나 호테루가 이이데스까
호텔의 예약을 할까 하는데요.	ホテルの予約をしてもらえますか。 호테루노 요야꾸오 시떼 모라에마스까
중급 정도의 호텔이 아니어도 좋습니다만.	中級ホテルでなくてもいいのですが。 쮸―뀨― 호테루데 나꾸떼모 이이노데스가
호텔 앞부터 공항까지 버스가 30분 간격으로 다닙니다.	ホテルから空港行きのバスが30分間隔で出ております。 호테루까라 쿠―꼬―유끼노 바스가 산줏뿐깐까꾸데 데떼 오리마스

mini 회화

B : 今晩 市内の ホテルを予約したいの ですが。
콤방 시나이노 호테루오 요야꾸시따이노데스가
오늘 밤, 시내의 호텔 방을 예약하고 싶은데요.

A : どんなお部屋がよろしいです。
돈나 오헤야가 요로시이데스까
어떤 방이 좋으시겠습니까?

B : シングルの 風呂付きを お願いします。
싱구루노 후로쯔끼오 오네가이시마스
싱글에 욕실 딸린 방을 부탁하고 싶습니다.

B : けっこうです。
켓꼬―데스 좋습니다.

호텔

2. 숙박 시설 예약할 때

오늘 밤, 빈 방 있나요?	今晩空いてる部屋はありますか。 콤방 아이떼루 헤야와 아리마스까
공교롭게도 지금은 방이 꽉 차서 빈방이 없습니다.	あいにくただいま満室となっておりまして空き部屋がございません。 아이니꾸 타다이마 만시쯔또 낫떼 오리마시떼 아끼베야가 고자이마셍
오늘 밤 묵고 싶은데요.	今夜泊まりたいんですが。 콘야 토마리따인데스가
어떤 방을 원하세요?	どんなルームがいいですか。 돈나 루-무가 이이데스까 ＝どのようなお部屋をご希望でしょうか。 도노요-나 오헤야오 고끼보-데쇼-까
전망이 좋은 방으로 부탁해요.	眺めのいい部屋をお願いします。 나가메노 이이헤야오 오네가이 시마스
몇 분 투숙하시겠습니까?	何名さまのお泊まりでしょうか。 난메-사마노 오또마리데쇼-까
며칠 동안 묵으실 예정이십니까?	何泊のご予定でしょうか。 난빠꾸노 고요떼-데쇼-까
언제 오실 예정이십니까?	いつのご予定でしょうか。 이쯔노 고요떼-데쇼-까

● 기본표현 ● 실용 회화

싱글 룸으로 조용한 방을 부탁합니다.	シングルで静かな部屋をお願いします。 싱구루데 시즈까나 헤야오 오네가이시마스
더블이나 트윈 룸은 있습니까?	ダブルかツインの部屋はありますか。 다부루까 쯔인노 헤야와 아리마스까
다음주 화요일부터 하룻밤 묵을 예정입니다.	来週の火曜日から一泊の予定です。 라이슈-노 카요-비까라 잇빠꾸노 요떼-데스
그 방은 세금포함해서 얼마입니까?	その部屋は税込みでいくらですか。 소노 헤야와 제-꼬미데 이꾸라데스까
방을 보여 주세요.	部屋を見せてください。 헤야오 미세떼 쿠다사이
이 방으로 할게요.	この部屋にします。 코노 헤야니 시마스
이 방은 조금 작습니다. 좀 더 큰 방은 없습니까?	この部屋は少し狭すぎます。 もっと広いのは ありませんか。 코노 헤야와 스꼬시 세마스기마스 못또 히로이노와 아리마셍까
더 싼 방은 없습니까?	もっと安い部屋は ありませんか。 못또 야스이 헤야와 아리마셍까
예약을 취소해 주세요.	予約を取り消してください。 요야꾸오 토리께시떼 쿠다사이

호텔

3. 체크인

예약은 하셨나요?	予約はされていますか。 요야꾸와 사레떼 이마스까 =ご予約はなさいましたか。 고요야꾸와 나사이마시따까
예약은 한국에서 했어요.	予約は韓国で済ませました。 요야꾸와 캉꼬꾸데 스마세마시따
예약하지 않았습니다만 빈방은 없습니까?	予約していないんですけど空いている部屋はありますか。 요야꾸시떼 이나인데스께도 아이떼 이루 헤야와 아리마스까
○○이라고 합니다. 예약해 두었습니다.	○○と申します。予約してあるんですが。 ~또 모-시마스 요야꾸시떼 아룬데스가
숙박카드에 기입해 주세요.	宿泊カードにご記入ください。 슈꾸하꾸카-도니 고끼뉴- 쿠다사이
짐을 방까지 옮겨 주시겠어요?	荷物を部屋まで運んでくれますか。 니모쯔오 헤야마데 하꼰데 쿠레마스까
체크인을 부탁해요.	チェックインをお願いします。 첵쿠잉오 오네가이시마스
체크인은 몇 시입니까?	チェックインは何時ですか。 첵쿠잉와 난지데스까

● 기본표현

실용 회화

체크인은 아직 안됩니까?	**チェックインはまだできませんか。** 첵쿠잉와 마다 데끼마셍까
체크인은 어디서 하나요?	**チェックインはどこでしますか。** 첵쿠잉와 도꼬데 시마스까
체크인은 오후 3시부터입니다.	**チェックインは午後3時からとなっております。** 첵쿠잉와 고고 산지까라또 낫떼 오리마스
체크인하기 전까지 짐을 맡아주시겠습니까?	**チェックインするまで荷物を預かってもらえませんか。** 첵쿠잉스루마데 니모쯔오 아즈깟떼 모라에마셍까
호텔 안에 약국은 있습니까?	**ホテル内に薬局はありませんか。** 호테루나이니 얏꼬꾸와 아리마셍까
의사를 불러주세요.	**医者を呼んでください。** 이샤오 욘데 쿠다사이

mini 회화

A : **いらっしゃいませ。**
이랏샤이마세 어서 오십시오.

B : **李尚賢と申します。予約しました。**
イサンヒョン 모-시마스 요야꾸시마시따
이상현이라고 합니다. 예약돼 있을 것입니다만.

A : **この宿泊カードにご記入ください。**
코노 슈꾸하꾸카-도니 고끼뉴- 쿠다사이
이 숙박 카드에 기입해 주십시오.

호텔

4. 프런트에서

귀중품을 프론트에 맡겨도 괜찮습니까?	貴重品をフロントに預けてもいいですか。 키쵸-힝오 후론토니 아즈께떼모 이이데스까
귀중품을 맡아주세요.	貴重品を預かってください。 키쵸-힝오 아즈깟떼 쿠다사이
1시까지 트렁크를 맡아주시겠습니까?	1時までトランクを預かってもらえませんか。 이찌지마데 토랑쿠오 아즈깟떼 모라에마셍까
저희가 보관하겠습니다. 짐표를 드릴 테니, 돌아오실 때에 반환해 주세요.	こちらでお預かりします。荷札をお渡ししますのでお戻りの際に荷札をお返しください。 코찌라데 오아즈까리시마스 니후다오 오와따시마스노데 오모도리노 사이니 니후다오 오까에시 쿠다사이
일식입니까? 양식입니까?	和食ですか。洋食ですか。 와쇼꾸데스까 요-쇼꾸데스까
7시부터 1층의 레스토랑에서 할 수 있습니다.	7時より1階のレストランでできます。 시찌지요리 잇까이노 레스토랑데 데끼마스
아침식사는 몇 시부터 어디에서 먹을 수 있습니까?	朝食は何時からどこで食べられますか。 쵸-쇼꾸와 난지까라 도꼬데 타베라레마스까

● 기본표현 ●

실용 회화

요금에는 아침식사가 포함되어 있습니까?	料金には朝食が含まれていますか。 료-낑니와 쵸-쇼꾸가 후꾸마레떼 이마스까
이 트렁크를 방으로 옮겨주시겠습니까?	このトランクを部屋に運んでくれませんか。 코노 토랑쿠오 헤야니 하꼰데 쿠레마셍까
공항까지 셔틀버스는 있습니까?	空港までのシャトルバスはありますか。 쿠-꼬-마데노 샤토루바스와 아리마스까
택시를 불러주시겠습니까?	タクシーを呼んでもらえますか。 타쿠시-오 욘데 모라에마스까
방까지 안내해 드리겠습니다.	お部屋までご案内いたします。 오헤야마데 고안나이이따시마스

mini 회화

A : お部屋へご案内いたします。
오헤야에 고안나이이따시마스
방으로 안내하겠습니다.

A : このたなの中にハンガーがあります。浴室はこちらです。
코노 타나노 나까니 항가-가 아리마스 요꾸시쯔와 코찌라데스
이 옷장 안에 옷걸이가 있습니다. 욕실은 이쪽입니다.

B : ご苦労さん。
고꾸로-상　수고하셨습니다.

호텔

실용 회화 | **585**

5. 룸서비스

가방은 책상 위에, 슈트케이스는 옷장 앞에 놓아주세요.	カバンは机の上に、スーツケースはクローゼットの前に 置いてください。 가방와 쯔꾸에노 우에니 스-쯔케-스와 쿠로-젯토노 마에니 오이떼 쿠다사이
506호실입니다. 룸서비스를 부탁합니다.	506号室です。ルームサービスをお願いします。 고마루로꾸고-시쯔데스 루-무사-비스오 오네가이시마스
침대 옆의 시계가 자명종입니다.	ベッドの横の時計が目覚まし時計になっております。 벳도노 요꼬노 토께-가 메자마시토께-니 낫떼 오리마스
영자신문이 놓아져 있었습니다만, 한글신문은 없습니까?	英字新聞が置いてあったんですがハングルの新聞はありませんか。 에-지신분가 오이떼 앗딴데스가 한구루노 신분와 아리마셍까
천장의 전기는 카드키를 꽂으면 자동적으로 들어오도록 되어 있습니다.	天井の電気はカードキーを差し込むと自動的につくようになってあります。 덴죠-노 뎅끼와 카-도키-오 사시꼬무또 지도-떼끼니 쯔꾸요-니 낫떼 아리마스
네, 누구십니까?	はいどなたですか。 하이 도나따데스까

● 기본표현 ● **실용 회화**

지금 세탁을 맡기면 언제 받을 수 있습니까?	いまクリーニングに出したらいつ受け取れますか。 이마 쿠리-닝구니 다시따라 이쯔우께또레마스까
용건은 무엇입니까?	用件はなんですか。 요-껜와 난데스까
클리닝을 부탁해요.	クリーニングをお願いします。 쿠리-닝구오 오네가이시마스
세탁 서비스는 있나요?	洗濯のサービスは ありますか。 센따꾸노 사-비스와 아리마스까
사용법을 알려주세요.	使い方を教えてください。 쯔까이까따오 오시에떼 쿠다사이
메일을 체크하고 싶은데요.	メールをチェックしたいのですが。 메-루오 쳭쿠시따이노데스가
카드키는 어떻게 사용하나요?	カードキーはどうやって使いますか。 카-도키-와 도-얏떼 쯔까이마스까
계산은 방으로 해 주세요.	勘定は部屋につけておいてください。 칸죠-와 헤야니 쯔께떼 오이떼 쿠다사이
팩스는 있나요?	ファックスはありますか。 확쿠스와 아리마스까

호텔

실용 회화 | 587

じつよう かいわ

＊ 모닝콜 부탁할 때 ＊

모닝콜 부탁해요.	モーニングコールをお願いします。 모-닝구코-루오 오네가이시마스
모닝콜은 전화로 자동 설정할 수 있도록 되어 있습니다.	モーニングコールは電話で自動的に設定するようになっております。 모-닝구코-루와 뎅와데 지도-떼끼니 셋떼-스루요-니 낫떼 오리마스
내일 아침 6시에 모닝콜을 부탁합니다.	明日の朝6時にモーニングコールをお願いします。 아스노 아사 로꾸지니 모-닝구코-루오 오네가이시마스
바는 언제까지 하나요?	バーはいつまで開いていますか。 바-와 이쯔마데 아이떼 이마스까
식당은 몇 시까지 하나요?	食堂は何時まで開いていますか。 쇼꾸도-와 난지마데 아이떼 이마스까
레스토랑 예약 좀 해주실래요?	レストランを予約していただけますか。 레스토랑오 요야꾸시떼 이따다께마스까
아침 7시에 깨워주세요.	朝7時に起こしてください。 아사 시찌지니 오꼬시떼 쿠다사이
우유와 토스트를 주세요.	ミルクとトーストをお願いします。 미루쿠또 토-스토오 오네가이시마스

588 | Total 일본어회화 사전

실용 회화

● 기본표현 ●

✱ 세탁물 부탁할 때 ✱

| 세탁을 부탁합니다. | **クリーニングを頼みます。**
쿠리-닝구오 타노미마스 |

| 이걸 다려 주세요. | **これにアイロンをかけてください。**
코레니 아이롱오 카께떼 쿠다사이 |

| 언제 세탁이 다 됩니까? | **いつしあがりますか。**
이쯔 시아가리마스까 |

| 요금은 언제 지불하면 됩니까? | **お支払いはいつすればいいですか。**
오시하라이와 이쯔 스레바 이이데스까 |

| 가능한 한 빨리 해주세요. | **なるべく速くしてください。**
나루베꾸 하야꾸 시떼 쿠다사이 |

✱ 이발·미용원 ✱

| 이발과 면도를 해주십시오. | **理髪とひげそりをお願いします。**
리하쯔또 히게소리오 오네가이시마스 |

| 짧게 잘라 주세요. | **短く切ってください。**
미지까꾸 킷떼 쿠다사이 |

| 헤어스타일을 바꾸고 싶어요. | **ヘアスタイルを変えたいんです。**
헤아스타이루오 가에따인데스 |

| 자연스럽게 해주세요. | **ナチュラルにしてください。**
나쮸라루니 시떼 구다사이 |

호텔

실용 회화 | 589

6. 불편 사항을 말할 때

에어컨이 작동하지 않아요.	エアコンが動いていません。 에아콘가 우고이떼 이마셍
TV가 고장 났어요.	テレビが故障しています。 테레비가 코쇼-시떼 이마스
뜨거운 물이 나오지 않는데요.	お湯が出ないのですが。 오유가 데나이노데스가
방 청소가 아직 안 됐어요.	部屋がまだ掃除されていません。 헤야가 마다 소-지사레떼 이마셍
방을 따뜻하게 해주세요.	部屋を暖かくしてください。 헤야오 아따따까꾸 시떼 쿠다사이
방을 바꿔주세요.	部屋を替えてください。 헤야오 카에떼 쿠다사이
옆방이 무척 시끄러워요.	となりの部屋がとてもうるさいんです。 도나리노 헤야가 토떼모 우루사인데스
타월을 바꿔주세요.	タオルを取り替えてください。 타오루오 토리까에떼 쿠다사이
화장실 물이 안 나와요.	トイレの水が出ないんです。 토이레노 미즈가 데나인데스

7. 도움을 요청할 때

방 열쇠를 하나 더 주실 수 없나요?	もうひとつ部屋の鍵をいただけませんか。 모-히또쯔 헤야노 카기오 이따다께마셍까
방에 물건을 두고 나왔어요.	部屋に忘れ物をしました。 헤야니 와스레모노오 시마시따
열쇠를 방에 두고 나왔어요.	鍵を部屋に忘れました。 카기오 헤야니 와스레마시따

* 일정을 변경할 때 *

화요일 아침까지 연장 가능합니까?	火曜日の朝まで延長できますか。 카요-비노 아사마데 엔쬬-데끼마스까
정말 죄송합니다만 지금 다른 손님의 예약이 꽉 차 있기 때문에 연장이 불가능합니다.	たいへん恐れ入りますが、ただ今他のお客様のご予約でいっぱいでして延長することができないんです。 타이헨 오소레이리마스가 타다이마 호까노 오까꾸사마노 고요야꾸데 잇빠이데시떼 엔쬬-스루 코또가 데끼나인데스
출발이 앞당겨졌습니다. 하루 빨리 떠나겠습니다.	出発が早まりました。1日早く発ちます。 슛빠쯔가 하야마리마시따 이찌니찌 하야꾸 타찌마스
하룻밤 더 묵고 싶은데요.	もう一泊したいのですが。 모-입빠꾸 시따이노데스가

じつよう かいわ

＊ 국제 통신할 때 ＊

| 서울에 팩스를 보내고 싶습니다만. | ソウルにファックスを送りたいんですが。
소우루니 확쿠스오 오꾸리따인데스가 |

| 공중전화는 어디 있습니까? | 公衆電話はどこにありますか。
코-슈-뎅와와 도꼬니 아리마스까 |

| 시외전화도 가능합니까? | 市外電話もできますか。
시가이뎅와모 데끼마스까 |

| 시내전화는 어떻게 겁니까? | 市内電話はどうやってかけるんですか。
시나이뎅와와 도-얏떼 카께룬데스까 |

| 방의 전화로 국제전화를 걸 수 있습니까? | 部屋の電話から国際電話をかけられますか。
헤야노뎅와까라 꼬꾸사이뎅와오 카께라레마스까 |

| 한국에 국제전화를 걸고 싶습니다만. | 韓国に国際電話をかけたいんですが。
캉꼬꾸니 코꾸사이뎅와오 카께따인데스가 |

| 교환입니다. 무엇을 도와드릴까요? | オペレーターです。どんなご用件ですか。
오페레-타-데스 돈나 고요-껜데스까 |

| 콜렉트 콜로 해 주시겠어요? | コレクトコールにしてくれますか。
레꾸또 코-루니 시떼 구레마스까 |

● 기본표현 | 실용 회화

8. 체크 아웃

체크아웃을 부탁해요.	チェックアウトをお願いします。 첵쿠아우토오 오네가이시마스
3시까지 방을 사용해도 됩니까?	3時まで部屋を使ってもいいですか。 산지마데 헤야오 쯔깟떼모 이이데스까
체크아웃하고 싶으니 짐 옮기는 것을 도와주세요.	チェックアウトしたいので手荷物を運ぶのを手伝ってください。 첵쿠아우토시따이노데 테니모쯔오 하꼬부노오 테쯔닷떼 쿠다사이
국제전화는 걸지 않았습니다.	国際電話はかけませんでした。 코꾸사이뎅와와 카께마셍데시따
술은 마시지 않았습니다.	お酒は飲みませんでした。 오사께와 노미마셍데시따
유료비디오는 보지 않았습니다.	有料ビデオは見ませんでした。 유-료-비데오와 미마셍데시따
명세서에 나온 이것은 무슨 요금입니까?	明細書にあるこれは何の料金ですか。 메-사이쇼니 아루 코레와 난노 료-낑데스까
계산을 부탁해요.	計算をお願いします。 케-산-오 오네가이시마스

호텔

실용 회화 | 593

じつよう かいわ

지불방법은 어떻게 하시겠습니까?	**お支払方法はどのようになさいますか。** 오시하라호-호-와 도노요-니 나사이마스까
비자카드로 부탁드립니다.	**VISAカードでお願いします。** 비자카-도데 오네가이시마스
여행자 수표로 지불해도 됩니까?	**トラベラーズチェックで支払ってもいいですか。** 토라베라-즈쳇쿠데 시하랏떼모 이이데스까
크레디트카드로 부탁합니다.	**クレジットカードでお願いします。** 쿠레짓토카-도데 오네가이시마스
현금으로 지불하고 싶습니다만.	**現金で支払いたいのですが。** 겐킹데 시하라이따이노데스가
영수증을 주시겠습니까?	**領収書をくださいますか。** 료-슈-쇼오 쿠다사이마스까
체크아웃은 몇 시인가요?	**チェックアウトは何時ですか。** 첵쿠아우토와 난지데스까
체크아웃을 3시까지 연장 가능합니까?	**チェックアウトを3時まで延長できますか。** 첵쿠아우토오 산지마데 엔쪼-데끼마스까
체크아웃에 늦으면 추가요금이 부과됩니까?	**チェックアウトが遅れると追加料金がとられますか。** 첵쿠아우토가 오꾸레루또 쯔이까료-낑가 토라레마스까

● 기본표현 ●

연장요금이 부과됩니다만 괜찮으시겠습니까?	延長料金がかかりますが、よろしいですか。 엔쪼-료-낑가 카까리마스가 요로시이데스까
오버타임은 무료입니까?	オーバータイムは無料ですか。 오-바-타이무와 무료-데스까
트렁크가 무거우니 벨보이를 부탁합니다.	トランクが重いのでベルボーイをお願いします。 토랑쿠가 오모이노데 베루보-이오 오네가이시마스
출발할 때까지 짐을 맡아 주시겠어요?	出発まで荷物を預かってもらえますか。 슛빠쯔마데 니모쯔오 아즈깟떼 모라에마스까
감사해요. 즐겁게 보냈어요.	ありがとう。快適な滞在でした。 아리가또- 카이떼끼나 타이자이데시따

mini회화

B: 正午ごろチェックアウトをしたいのですが。
쇼-고고로 첵쿠아우토오 시따이노데스가 정오쯤 체크아웃하고 싶은데요.

A: お名前とお部屋番号を言ってください。
오나마에또 오헤야방고-오 잇떼쿠다사이
성함과 방 번호를 말씀해 주십시오.

B: 李といいます。部屋の番号は3階の303号です。
이또 이-마스 헤야노 방고-와 상가이노 삼바꾸산고-데스
이라고 합니다. 방 번호는 3층의 303호입니다.

A: お勘定でございます。
오깐죠-데고자이마스 계산서입니다.

● 기본표현 ●

‡‡ 화제 ‡‡
わだい

1. 가족 관계에 대해서

* 자기 소개 *

제 소개를 하겠습니다.	私の事を紹介させていただきます。 와따시노 코또오 쇼-까이사세떼 이따다끼마스
저는 야마모토입니다.	私は山本です。 와따시와 야마모또데스
저는 A사의 다나카라고 합니다.	私はA社の田中と申します。 와따시와 에이샤노 타나까또 모-시마스
저는 주택에 살아요.	私は一戸建てに住んでいます。 와따시와 잇꼬다떼니 슨데 이마스
우리 집은 바다를 바라보고 있어서 전망이 좋아요.	私の家は海が眺められて見晴らしがいいです。 와따시노 이에와 우미가 나가메라레떼 미하라시가 이이데스
저는 2층에 살아요.	私は2階に住んでいます。 와따시와 니까이니 슨데 이마스
저는 옆집에 살아요.	私は隣に住んでいます。 와따시와 토나리니 슨데 이마스

● 기본표현 ●

실용 회화

화제

저는 기혼입니다.	私は結婚しております。 와따시와 켁꼰시떼 오리마스
저는 장남입니다.	私は長男です。 와따시와 쵸-난데스
저는 막내입니다.	私は末子です。 와따시와 스엣꼬데스
저는 쌍둥이입니다.	私は双子です。 와따시와 후따고데스
저는 외아들입니다.	私は一人息子です。 와따시와 히또리 무스꼬데스
독서가 유일한 즐거움이죠.	読書が唯一の楽しみです。 도꾸쇼가 유이-쯔노 타노시미데스
미술 감상을 좋아해요.	美術鑑賞が好きです。 비쥬쯔칸쇼-가 스끼데스
요리는 비교적 잘해요.	料理はわりと得意です。 료-리와 와리또 토꾸이데스
그림 그리는 것을 매우 좋아해요.	絵を描くのが大好きです。 에오 까꾸노가 다이스끼데스
저의 취미는 기념우표를 모으는 거예요.	私の趣味は記念切手を集めることです。 와따시노 슈미와 키넹킷떼오 아쯔메루 코또데스

실용 회화 | **597**

✱ 자기 소개 ✱

사진을 찍는 것에 흥미가 있어요	写真を撮るのに興味があります。 샤싱오토루노니 쿄-미가 아리마스
저는 여행을 좋아해요.	私は旅行が好きです。 와따시와 료꼬-가 스끼데스
저는 주말마다 등산해요.	私は週末ごとに登山をします。 와따시와 슈-마쯔고또니 토장오 시마스
제 취미는 여행이에요.	私の趣味は旅行することです。 와따시노 슈미와 료꼬-스루 코또데스
일요일에는 하이킹이나 피크닉을 가요.	日曜日にはハイキングかピクニックに行きます。 니찌요-비니와 하이킹구까 피쿠닉쿠니 이끼마스
제 취미는 음악을 듣는 거예요.	私の趣味は音楽を聞くことです。 와따시노 슈미와 온가꾸오 키꾸 코또데스
독신자 아파트에 살고 있어요.	独身者アパートに住んでいます。 도꾸신샤아파-토니 슨데 이마스
저는 부모님 집에서 함께 살아요.	私は両親の家で一緒に住んでいます。 와따시와 료-신노 이에데 잇쇼니 슨데 이마스
결혼한 지 3년 됐어요.	結婚してから三年になります。 켁꽁시떼 까라 산네니 나리마스

● 기본표현 ●

실용 회화

화제

저는 미혼입니다.	私は結婚しておりません。 와따시와 켁꽁시떼 오리마셍
저는 정기적으로 운동을 해요.	私は定期的に運動をしています。 와따시와 테-끼떼끼니 운도-오 시떼이마스
저는 피부가 희어요.	私は肌が白いです。 와따시와 하다가 시로이데스
제 얼굴에는 주근깨가 있어요.	私の顔にはそばかすがあります。 와따시노 카오니와 소바까스가 아리마스
저는 공상과학 영화에 빠져 있어요.	私はSF映画にはまっています。 와따시와 에스에후에-가니 하맛떼 이마스
저는 버라이어티 쇼는 잘 보지 않아요.	私はバラエティーショーはあまり見ません。 와따시와 바라에티-쇼-와 아마리 미마셍
도쿄대학을 나왔습니다.	東京大学の出身です。 토-꾜-다이가꾸노 슛신데스
저는 대학에서 경제학을 전공했어요.	私は大学で経済学を専攻していました。 와따시와 다이가꾸데 케-자이가꾸오 센꼬-시떼 이마시따
IT관련 기술을 공부하려고 합니다.	IT関連の技術を勉強しようと思います。 아이티렝간노 기주쯔오 벤꾜쇼또오모이마스

＊ 가족 관계 ＊

오빠는 없지만, 언니가 한 명 있어요.	兄はいませんが姉が一人います。 아니와 이마셍가 아네가 히또리 이마스
부모님과 여동생이 있어요.	両親と妹がいます。 료-신또 이모-또가 이마스
저희 집은 대가족이에요.	私の家は大家族です。 와따시노 이에와 다이카조꾸데스
저의 부모님은 매우 엄격하셨어요.	私の両親はとても厳しかったです。 와따시노 료-신와 토떼모 키비시깟따데스
부모님, 여동생, 그리고 저입니다.	両親妹そして私です。 료-신 이모-또 소시떼 와따시데스
저의 큰형입니다.	私の一番上の兄です。 와따시노 이찌방 우에노 아니데스
이것은 우리 가족사진이에요.	これはうちの家族写真です。 코레와 우찌노 카조꾸샤신데스
곧 우리 아이가 태어날 겁니다.	もうすぐ我々の子供が生まれます。 모-스구 와레와레노 코도모가 우마레마스
우리 가족은 네 명입니다.	うちの家族は4人です。 우찌노 카조꾸와 요닌데스

● 기본표현 ● 실용 회화

2. 출신과 고향에 대하여

화제

| 저는 교외에 살아요. | 私は郊外に住んでいます。
와따시와 코-가이니 슨데 이마스 |

| 저는 시골에 살아요. | 私は田舎に住んでいます。
와따시와 이나까니 슨데 이마스 |

| 저는 시내에 살아요. | 私は市内に住んでいます。
와따시와 시나이니 슨데 이마스 |

| 저는 동경에서 나고 자랐습니다. | 私は東京で生まれ育ちました。
와따시와 토-꾜-데 우마레소다찌마시따 |

| 저는 서울에서 살지만, 부산에서 자랐어요. | 私はソウルに住んでいますが、プサンで育ちました。
와따시와 소우루니 슨데 이마스가 푸산데 소다찌마시따 |

| 저는 서울에서 태어나서 자랐어요. | 私はソウルで生まれ育ちました。
와따시와 소우루데 우마레소다찌마시따 |

| 저는 이곳에서 10년째 살고 있어요. | 私はここに10年住んでいます。
와따시와 코꼬니 쥬-넨 슨데 이마스 |

| 다른 데로 이사하고 싶어요. | 他の所へ引っ越したいです。
호까노 토꼬로에 힛꼬시따이데스 |

실용 회화 | 601

3. 건강 관리에 대해

건강의 비결은 무엇입니까?	健康の秘訣は何ですか。 켄꼬-노 히께쯔와 난데스까
감기군요.	風邪ですね。 카제데스네
곧 좋아질 거예요.	すぐよくなるでしょう。 스구 요꾸 나루데쇼-
괜찮습니다. 걱정하지 마세요.	大丈夫です。ご心配なく。 다이죠-부데스 고심빠이나꾸
나는 건강에 자신이 있습니다.	私は健康に自信があります。 와따시와 켄꼬-니 지신가 아리마스
저는 아주 건강해요.	私はとても元気です。 와따시와 토떼모 겡끼데스
저는 걷기가 우리 건강에 좋다고 생각해요.	私は歩くのが健康にいいと思っています。 와따시와 아루꾸노가 켄꼬-니 이이또 오못떼 이마스
나는 매일 조깅을 해요.	私は毎日ジョギングをしています。 와따시와 마이니찌 죠깅구오 시떼 이마스
몸이 나른하고 한기가 듭니다.	体がだるく寒気がします。 카라다가 다루꾸 사무께가 시마스

● 기본표현 ●

실용 회화

화제

몸무게 줄여야겠어요.	体重を減らそうと思っています。 타이쥬-오 헤라소-또 오못떼 이마스
술을 줄이려고 노력하는 중입니다.	お酒を減らそうと心がけている所です。 오사께오 헤라소-또 코꼬로가께떼 이루 토꼬로데스
기분이 안 좋습니다.	気分が悪いです。 키분가 와루이데스
어제보다는 훨씬 컨디션이 좋아요.	昨日よりははるかに体の調子がいいです。 키노-요리와 하루까니 카라다노 쵸-시가 이이데스
요즘 빈혈 증상이 있습니다.	この頃貧血気味です。 고노고로 힌께쯔기미데스
운동을 거의 하지 않습니다.	ほとんど運動をしていません。 호똔도 운도-오 시떼 이마셍
운동한 지 10년 정도 됐어요.	運動してから10年くらいになります。 운도-시떼까라 쥬-넨꾸라이니 나리마스
저는 다이어트를 계속하고 운동을 많이 해요.	私はダイエットや運動をしています。 와따시와 다이엣토야 운도-오 시테 이마스

* **다이어트(ダイエット)** 치료·체중 조절을 위한 규정식 식이 요법.
* **리바운드(リバウンド)** 다이어트를 중단했을 때 나타나는 체중 증가.

실용 회화 | 603

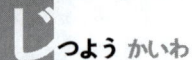

4. 스타일과 결혼관에 대해

* 외모 *

| 저는 아무도 닮지 않았어요. | 私は誰にも似ていません。
와따시와 다레니모 니떼 이마셍 |

| 저는 어머니를 많이 닮았어요. | 私は母によく似ています。
와따시와 하하니 요꾸 니떼 이마스 |

| 키는 큰 편이에요. | 背は高いほうです。
세와 다까이 호-데스 |

| 너무 살이 찐 것 같아요. | ちょっと太りすぎてるようです。
촛또 후또리스기떼루요-데스 |

| 내성적이라고 생각해요. | 内向的だと思います。
나이꼬-떼끼다또 오모이마스 |

| 약간 체중이 늘었어요. | ちょっと体重が増えました。
촛또 타이쥬-가 후에마시따 |

* 성격 *

| 저는 성격이 급한 편이에요. | 私は気が短いほうです。
와따시와 키가 미지까이호-데스 |

| 저는 사람들과 잘 어울려요. | 私は人付き合いがいいほうです。
와따시와 히또즈끼아이가 이이호-데스 |

실용 회화

• 기본표현 •

화제

친구는 저를 항상 밝다고 말합니다.	友達は私のことをいつも明るいと言ってくれます。 도모다찌와 와따시노 코또오 이쯔모 아까루이또 잇떼 쿠레마스
만사가 낙천적이에요.	何事につけても楽天的です。 나니고또니 쯔께떼모 라꾸뗀떼끼데스
무척 근면한 사람이에요.	きわめて勤勉な人です。 키와메떼 김벤나 히또데스
저는 누구하고도 협력할 수 있어요.	私は誰とでも協力できます。 와따시와 다레또데모 쿄-료꾸 데끼마스
그다지 사교적이 아니에요.	あまり社交的ではありません。 아마리 샤꼬-떼끼데와 아리마셍
저는 미혼입니다.	私は結婚していません。 와따시와 켁꽁시떼 이마셍
저는 아직 제게 맞는 상대를 찾고 있어요	私はまだ理想の相手を探しています。 와따시와 마다 리소-노 아이떼오 사가시떼 이마스
저는 사람들과 잘 어울려요.	私はひとづきあいがいいです。 와따시와 히또쯔끼아이가 이-데스
저는 유머 감각이 있어요.	私はユーモアがあります。 와따시와 유-모아가 아리마스

5. 사업에 대해

저는 무역회사에 근무하고 있어요.	**私は貿易会社で勤めています。** 와따시와 보-에끼가이샤데 쯔또메떼 이마스
저는 이 회사에서 영업을 하고 있습니다.	**私はこの会社で営業をやっています。** 와따시와 코노 카이샤데 에-교-오 얏떼 이마스 = **私は営業部で働いています。** 와따시와 에-교-부데 하따라이떼 이마스
이 일은 그다지 힘들지 않아요.	**この仕事はそんなに大変じゃないですよ。** 코노 시고또와 손나니 타이헨쟈 나이데스요
직장에서 스트레스 많이 받아요.	**職場でストレスをたくさん受けます。** 쇼꾸바데 스토레스오 타꾸상 우께마스
그는 보수가 더 좋은 곳으로 옮겼어요.	**彼は報酬がもっといい所に移りました。** 카레와 호-슈-가 못또 이이 토꼬로니 우쯔리마시따
그 사람은 사업 수완이 좋아요.	**その人は事業手腕がいいです。** 소노 히또와 지교수완가 이-데스

* **ストレスが溜[た]まる** 스트레스가 쌓이다.
* **ストレスを?散[はっさんさ]せる** 스트레스를 발산시키다.

● 기본표현 ●

실용 회화

6. 날씨와 계절에 대해

화제

기온이 많이 올라갔습니다.	気温がずいぶん高くなりました。 키온가 즈이분 타까꾸 나리마시따
가을 날씨는 변덕스러워요.	秋の天気は変わりやすいですよ。 아끼노 텐끼와 카와리야스이데스요
가을이 오는 것 같아요.	秋が来るようです。 아끼가 쿠루요-데스
겨울이 가고 봄이 오고 있네요.	冬が過ぎ春がやって来ています。 후유가 스기 하루가 얏떼 키떼 이마스
겨울이 되면 추워져요.	冬になると寒くなります。 후유니 나루또 사무꾸 나리마스
나뭇잎이 완전히 단풍이 들었어요.	木の葉はすっかり紅葉しました。 코노하와 슥까리 코-요-시마시따
바람이 심하게 불고 있어요.	風がひどく吹いていますね。 카제가 히도꾸 후이떼 이마스네
바람이 잔잔해지고 있어요.	風が穏やかになっています。 카제가 오다야까니 낫떼 이마스
날씨가 맑아오는군요.	天気が晴れて来ています。 텐끼가 하레떼 키떼 이마스

실용 회화 | 607

じつよう かいわ

날씨가 참 좋아요.	天気がとてもいいです。 텐끼가 토떼모 이이데스 =いい天気ですね。 이이텐끼데스네
너무 좋은 날씨야.	何ていい天気なんだろう。 난떼 이이텐끼난다로-
덥습니다./쌀쌀합니다./ 춥습니다. /흐립니다.	暑いです。/肌寒いです。/寒いです。/ 曇りです。 아쯔이데스/하다사무이데스/사무이데스/쿠모리데스
밖에는 눈이 내리고 있어요.	外は雪が降っています。 소또와 유끼가 훗떼 이마스
비가 내립니다./무척 덥습니다.	雨が降っています。/とても暑いです。 아메가 훗떼 이마스 / 토떼모 아쯔이데스
비가 올 것 같습니다.	雨が降りそうです。 아메가 후리소-데스
(비가) 억수같이 쏟아지는군요.	どしゃ降りになりますね。 도샤부리니 나리마스네
시원합니다./온화합니다./따뜻합니다.	涼しいです。/穏やかです。/暖かいです。 스즈시이데스 / 오다야까데스 / 아따따까이데스
어젯밤에는 서리가 내렸어요.	昨夜は霜が降りました。 사꾸야와 시모가 오리마시따

• 기본표현 •

실용 회화

화제

별로 날씨가 좋지 않아요.	あまり天気が良くないですね. 아마리 텐끼가 요꾸 나이데스네
요즘은 날씨가 변덕스럽군요.	この頃気まぐれな天気ですね. 코노코로 키마구레나 텐끼데스네
오늘은 따스하군요.	今日はぽかぽかと暖かいですね. 쿄-와 포카포카토 아따따까이데스네
오늘은 매우 후덥지근하군요.	今日はとても蒸し暑いですね. 쿄-와 토떼모 무시아쯔이데스네
오늘은 바람이 세군요.	今日は風が強いですね. 쿄-와 카제가 쯔요이데스네
오늘은 상당히 덥군요.	今日はとても暑いですね. 쿄-와 토떼모 아쯔이데스네
오후에는 아마 개일 것 같습니다.	多分午後は晴れるでしょう. 타분 고고와 하레루데쇼-
완전히 봄이네요.	すっかり春ですね. 슥까리 하루데스네
무더위는 견딜 수 없어요.	暑さには耐えられません. 아쯔사니와 타에라레마셍
이 시기치고는 제법 따뜻하네요.	この時期にしてはかなり暖かいですね. 코노 지끼니 시떼와 카나리 아따따까이데스네

실용 회화 | **609**

じつよう かいわ

날씨가 맑아졌으면 좋겠어요.	天気が晴れたらいいです。 텐끼가 하레따라 이이데스
내일은 비가 온다고 해요.	明日は雨だそうです。 아스와 아메다소-데스
장마가 끝났습니다.	梅雨が明けました。 쯔유가 아께마시따 =梅雨が明けてよかったですね。 쯔유가 아께떼 요깟따데스네
장마가 시작되었어요.	梅雨に入りました。 쯔유니 하이리마시따
추워지고 있어요.	寒くなっています。 사무꾸 낫떼 이마스 =とても寒いです。 토떼모 사무이데스
태풍이 다가오고 있습니다.	台風が近づいています。 타이후-가 치까즈이떼 이마스
흐리고 바람이 붑니다.	曇りで風が吹いています。 쿠모리데 카제가 후이떼 이마스
날씨가 좋은데 어디 좀 갑시다.	てんきがいいですからどこかちょっといきましょう。 뎅끼가 이-데스까라 도꼬까 좃또 이끼마쇼-

610 | Total 일본어회화 사전

7. 사교 생활

* 인사 나누기 *

다시 만날 수 있을까요?	またお会いできますか。 마따 오아이데끼마스까
꼭 한번 뵙고 싶었어요.	一度お目にかかりたかったです。 이찌도 오메니 카까리따깟따데스
두 분 서로 인사 나누셨어요?	二人とも挨拶されましたか。 후따리또모 아이사쯔사레마시따까
만나 뵙게 돼서 반갑습니다.	お会いできてうれしいです。 오아이데끼떼 우레시이데스
말씀 많이 들었어요.	お話たくさん伺いました。 오하나시 타꾸상 우까가이마시따
성함이 뭐라고 하셨죠?	お名前はなんとおっしゃいましたか。 오나마에와 난또 옷샤이마시따까
야마다 씨, 유미 씨를 소개하겠습니다.	山田さんゆみさんを紹介します。 야마다상 유미상오 쇼-까이시마스
야마다 씨가 당신 얘기를 자주 하더군요.	山田さんがあなたの話をよくしてましたよ。 야마다상가 아나따노 하나시오 요꾸 시떼 마시따요

じつよう かいわ

✻ 인사 나누기 ✻

제 친구 무라타 씨를 소개할게요.
私の友達の村田さんを紹介します。
와따시노 토모다찌노 무라따상오 쇼-까이시마스

나이를 여쭤 봐도 될까요?
お年を伺ってもよろしいですか。
오또시오 우까갓떼모 요로시이데스까

나이보다 젊어 보이세요.
年より若く見えますね。
토시요리 와까꾸 미에마스네

✻ 상대방에 대한 표현 ✻

키가 크고 날씬해요.
背が高くすらっとしています。
세가 타까꾸 스랏또시떼 이마스

매우 관대한 사람이에요.
とても寛大な人です。
토떼모 칸다이나 히또데스

너무 이기적이에요.
とても利己的です。
토떼모 리꼬떼끼데스

매우 겸손해요.
とても控えめです。
토떼모 히까에메데스

패션 감각이 있어요.
ファッション感覚があります。
화숀칸까꾸가 아리마스

좀 수줍어하는 것 같아요
ちょっと恥ずかしがっているようです。
촛또 하즈까시갓떼 이루요-데스

● 기본표현 ●

실용 회화

화제

사업 수완이 좋아요.	事業手腕がいいです。 지교-슈완가 이이데스	
얼굴은 계란형이에요.	彼女の顔は卵型です。 카노죠노 카오와 타마고가따데스	
요즘 날씬해 보이는 것 같아요.	最近痩せたような気がします。 사이낀 야세따요-나 키가 시마스	

✻ 상대방에 대한 질문 ✻

운동하는 거 좋아하세요?	スポーツはお好きですか。 스포-츠와 오스끼데스까
가장 좋아하는 계절은 뭐예요?	いちばん好きな季節はなんですか。 이찌방 스끼나 키세쯔와 난데스까
취미는 무엇인가요?	趣味は何ですか。 슈미와 난데스까
평소에 어떤 책을 읽으세요?	いつもどんな本を読みますか。 이쯔모 돈나 홍오 요미마스까
가족은 몇 분이나 되세요?	ご家族は何人ですか。 고까조꾸와 난닌데스까
당신은 몇째예요?	あなたは何番目ですか。 아나따와 난반메데스까

실용 회화 | 613

じつよう かいわ

✱ 상대방에 대한 질문 ✱

아들은 몇 살입니까?	息子さんはおいくつですか。 무스꼬상와 오이꾸쯔데스까
형제자매는 있으신가요?	あなたは兄弟姉妹はいますか。 아나따와 쿄-다이시마이와 이마스까
결혼하신 지 얼마나 되셨어요?	結婚してからどのくらいになりますか。 켁꽁시떼까라 도노꾸라이니 나리마스까
자녀가 몇 명인가요?	ご子女は何人ですか。 고시죠와 난닌데스까
결혼은 하셨어요?	結婚していますか。 켁꽁시떼 이마스까
혼자 살고 있나요?	一人暮らしですか。 히또리구라시데스까
부모님과 함께 살고 있나요?	ご両親といっしょに住んでいるんですか。 고료-신또 잇쇼니 슨데 이룬데스까
어디서 태어나셨어요?	どこで生まれましたか。 도꼬데 우마레마시따까
어느 대학을 나왔어요?	どこの大学を出ましたか。 도꼬노 다이가꾸오 데마시따까 =学校はどちらですか。 각꼬-와 도찌라데스까

실용 회화

● 기본표현 ●

화제

언제 졸업하셨어요?	いつ卒業しましたか。 이쯔 소쯔교-시마시따까
학창시절에 무슨 동아리에서 활동했어요?	学生時代に何かクラブ活動をしましたか。 가꾸세-지다이니 나니까 쿠라부카쯔도-오 시마시따까
한국에 무슨 일로 오셨나요?	韓国にはどのようなご用でいらっしゃったのですか。 캉꼬꾸니와 도노요-나 고요-데 이랏샷따노데스까
어디에 사세요?	どこにお住まいですか。 도꼬니 오스마이데스까 =ご自宅はどこですか。 고지따꾸와 도꼬데스까
어떤 집에 사세요?	どんな家にお住まいですか。 돈나 이에니 오스마이데스까
오늘 기분은 어떠십니까?	今日ご気分はいかがですか。 쿄- 고끼분와 이까가데스까
키는 어느 정도 되세요?	背はどのくらいありますか。 세와 도노꾸라이 아리마스까 =身長は何センチですか。 신쵸-와난센치데스까
체중은 어느 정도인가요?	体重はどのくらいですか。 타이쥬-와 도노꾸라이데스까

じょうよう かいわ

✳ 상대방에 대한 질문 ✳

자신의 성격이 어떻다고 생각하세요?	自分の性格はどんなだと思いますか。 지분노 세-까꾸와 돈나다또 오모이마스까
자신이 외향적이라고 생각하세요?	ご自分が外向的だと思いますか。 고지붕가 가이꼬-떼끼다또 오모이마스까
어느 회사에 근무하세요?	どの会社に勤めていますか。 도노 카이샤니 쯔또메떼 이마스까
회사는 어디에 있나요?	会社はどこにあるんですか。 카이샤와 도꼬니 아룬데스까
어떤 일을 하고 계십니까?	どんな仕事をなさっていますか。 돈나 시고또오 나삿떼 이마스까
가장 좋아하는 계절은 언제인가요?	一番好きな季節はいつですか。 이찌방 스끼나 키세쯔와 이쯔데스까

Part III 부록

- 일본어의 문자와 음절

- 수사 읽는 방법

- 주제별 일단어

- 필수 관용구

- 필수 속담

일본어 문자와 음절

1. 일본어의 문자

❶ ひらがな[hiragana] 10~11세기에 한자의 초서체를 바탕으로 만들어졌다.
❷ かたかな[katakana] 외래어, 의성어 전보문, 동식물명에 사용된다.
❸ かな한자는 한 음절 각 음절은 1박의 길이를 갖는다.

2. 오십음도(五十音図)

50음도란 かな를 모음의 종류에 따라 세로 5단(段)으로, 자음의 종류에 따라 가로 10행(行)으로 배열한 것으로 사전을 찾을 때와 어미활용을 익히는 데도 필요하다.
일본의 음의 기본이 되는 것은 청음(淸音)이다.
가로의 배열을 [行(ぎょう)]이라 하여 [あ行] [か行]이라 한다.
세로의 배열을 [段(だん)]이라 하여 [あ段] [い段]이라 한다.
[行]과 [段]은 용언의 어미활용을 익히는 데 필요하다.

3. 일본의 음절

(1) 청음(淸音;せいおん)

母音 : あ, い, う, え, お
半母音 : や, ゆ, よ, わ
子音 : 母音, 半母音을 제외한 음절

(2) 탁음(濁音;だくおん)

か[ka], さ[sa], た[ta], は[ha] 行의 글자 오른쪽 어깨에 濁点를 붙여 나타내는 음절로 が[ga], ざ[dza], だ[da], ば[ba]의 각 行이다.

(3) 반탁음(半濁音;はんだくおん)

は[ha], ひ[hi], ふ[fu], へ[he], ほ[ho]의 오른쪽 어깨 위에 半濁点을 붙여 ぱ[pa], ぴ[pi], ぷ[pu], ぺ[pe], ぽ[po]로 나타낸다.

(4) 요음(拗音;ようおん)

각행 자음의 [い段] かな의 오른쪽 아래에 [や,ゆ,よ]를 작게 붙여서 나

50음도 (일본어 알파벳)

◆ ひらがな : 한자의 초서체에서 따온 것

n	wa	ra	ya	ma	ha	na	ta	sa	ka	a	
ん	わ	ら	や	ま	は	な	た	さ	か	あ	ひらがな
		ri り		mi み	hi ひ	ni に	chi ち	si し	ki き	i い	
		ru る	yu ゆ	mu む	hu ふ	nu ぬ	tsu つ	su す	ku く	u う	
		re れ		me め	he へ	ne ね	te て	se せ	ke け	e え	
	wo を	ro ろ	yo よ	mo も	ho ほ	no の	to と	so そ	ko こ	o お	

◆ カタカナ : 한자의 일부분을 따서 만든 것(발음은 ひらがな와 동일)

n	wa	ra	ya	ma	ha	na	ta	sa	ka	a	
ン	ワ	ラ	ヤ	マ	ハ	ナ	タ	サ	カ	ア	カタカナ
		ri リ		mi ミ	hi ヒ	ni ニ	chi チ	si シ	ki キ	i イ	
		ru ル	yu ユ	mu ム	hu フ	nu ヌ	tsu ツ	su ス	ku ク	u ウ	
		re レ		me メ	he ヘ	ne ネ	te テ	se セ	ke ケ	e エ	
	wo ヲ	ro ロ	yo ヨ	mo モ	ho ホ	no ノ	to ト	so ソ	ko コ	o オ	

타낸 음절을 말한다. きゃ[kya], きゅ[kyu], きょ[kyo]와 같이 쓴다.

(5) 발음(撥音;はつおん)

[ん]은 언제나 모음 뒤에서 발음된다.

[ㅁ] → 「ば, ぱ, ま」행 앞

[ㄴ] → 「た, だ, ざ, な, ら」행 앞

[ㅇ] → 「か, が」행 앞

[N] → 어말이나 반모음, 「さ, は」행 앞 [つ]를 작게 써서 나타내며 뒤에 오는 음에 따라 [k, s, t, p]로 발음된다.

(6) 촉음(促音;そくおん)

[k] → 「か」행음앞
[s] → 「さ」행음앞
[t] → 「た」행음앞
[p] → 「ぱ」행음앞

(7) 장음(長音;ちょうおん)

같은 모음을 한음절만큼 길게 내는 음이며 ひらがな로 쓸 때는 같은 모음을 쓰나 かたかな로 쓸 때는 [-]부호로 나타낸다.

あ段 + あ　　い段 + い　　う段 + う
え段 + え　　お段 + お,　　う를 붙인다.

4. 한자 읽기

(1) 초성의 한자

❶ 초성이 「ㄱ」인 한자는 か, が행(行)으로 발음됩니다.
❷ ㄴ - な, だ行
❸ ㄷ - た, だ行
❹ ㄹ - ら行
❺ ㅁ - ま, ば行
❻ ㅂ - は, ば行
❼ ㅅ - さ, ざ行
❽ ㅇ - あ, が, や, か, な, ざ行
❾ ㅈ - さ, ざ, た, だ行
❿ ㅊ - さ, ざ, た行
⓫ ㅋ - か行
⓬ ㅌ - た, だ行
⓭ ㅍ - は, ば, ぱ行
⓮ ㅎ - か, が行

(2) 받침이 없는 한자

❶ 「아」 발음의 한자 あ, い, い段 / 「애」 발음의 한자 あ段い
❷ 「야」 발음의 한자 や / 「어」 발음의 한자 い段よ, え段い, お段
❸ 「에」 발음의 한자 え段い, あ段い
❹ 「여」 발음의 한자 い段ょ, れい/よ
❺ 「예」 발음의 한자 え段い, あ段い/よ
❻ 「오」 발음의 한자 お段う, い段ょう, お段 う段, い段ょ
❼ 「와」 발음의 한자 あ段 / 「왜」 발음의 한자 あ段/さつ
❽ 「외」 발음의 한자 あ段い, お段う / 「요」 발음의 한자 い段ょう, お段う
❾ 「우」 발음의 한자 う段, い段ゅう, お段う, う段い, う段う, い段ゅ, お段
❿ 「위」 발음의 한자 い段, すい, しゅう, しゅ
⓫ 「웨」 발음의 한자 き
⓬ 「유」 발음의 한자 ゆう, い段ゅう, う段, い段, う段い
⓭ 「의」 발음의 한자 い段
⓮ 「이」 발음의 한자 い段

(3) 받침이 있는 한자

❶ 받침이 「ㄱ」인 한자 く, き
❷ 받침이 「ㄴ」인 한자 ん
❸ 받침이 「ㄹ」인 한자 つ
❹ 받침이 「ㅁ」인 한자 ん
❺ 받침이 「ㅂ」인 한자 う, つ
❻ 받침이 「ㅇ」인 한자 う, い

(4) 변형된 한자 읽기 요령

❶ [~く] → [~っ]
「~く」로 읽는 한자 뒤에 이어지는 한자의 첫소리가 [か行(か, き, く, け, こ)]일 때, 「~く」는 촉음 「~っ」로 바뀐다.

❶ 悪化(악화) → 惡(あく) + 化(か) → あっか
　錯(さく) + 覚(かく) → さっかく

❷ [~つ] → [~っ]
「~つ」로 읽는 한자 뒤에 이어지는 한자의 첫소리가 [か, さ, た行(か, き, く, け, こ, さ, し, す, せ, そ, た, ち, つ, て, と)]일 때, 「~つ」는 촉음 「~っ」로 바뀐다.

❸ 雜貨(잡화) → 雜(ざつ) + 貨(か) → ざっか
　物(ぶつ) + 資(し) → ぶっし → 設(せつ) + 置(ち) → せっち

❸ [~つ + は行] → [~っ + ぱ行]
「~つ」로 읽는 한자 뒤에 이어지는 한자의 첫소리가 [ぱ行]일 때, 「~つ」는 촉음 「~っ」로 바뀐다.

❸ 圧迫(압박) → 圧(あつ) + 迫(はく) → あっぱく
　立(りつ) + 法(ほう) → りっぽう

❹ [は] → [ぱ]
「~ん」로 읽는 한자 뒤에 이어지는 한자의 첫소리가 [は行]일 때, [は行]은 [ぱ行]으로 바뀐다.

❹ 運搬(운반) → 運(うん) + 搬(はん) → うんぱん
　遠(えん) + 方(ほう) → えんぽう

❺ 기타
앞 글자가 「ん」으로 끝나고 다음에 [あ行]이 올 때, [あ行]이 [な行]으로 바뀌는 경우가 있다.

❺ 反応(반응) → 反(はん) + 応(おう) → はんのう → 天(てん) + 皇(おう) → てんのう → 因(いん) + 縁(えん) → いんねん

5. 기타 부호 및 기호

상기의 가나 및 한자 이외에도 일본어에는 특수한 기호 및 부호들이 쓰이고 있다.

、　쉼표와 같은 것으로 문장의 일단정지 등에 사용
。　마침표와 같은 것으로 문장을 종결할 때

- カタカナで장음을 표시하는 기호 例(ノート, チョーク)
々 동문지 기호로서 앞문자와 동일한 것을 의미 例(人→ひとびと)

6. 띄어쓰기

일본어는 붓으로 서예의 한문문장처럼 우측에서 좌측방향으로 으로 내려쓰기가 원칙이다. 띄어쓰기가 없이 문장을 붙여쓰고 있으며 적절하게 쉼표나 마침표 등을 넣는다. 또한 느낌표나 물음표 등도 원칙적으로 표기하지 않으며 전후의 문맥을 통하여 의미를 구분하며 쓰임에 따라 한자 읽기 방법도 정해진다.

◆ 대명사

	사물	장소	방향	인칭	연체사	
근칭	これ	ここ	こちら	わたし	この	こんな
중칭	どれ	そこ	そちら	あなた	その	そんな
원칭	あれ	あそこ	あちら	あのひと	あの	あんな
부정칭	どれ	どこ	どちら	だれ	どの	どんな

◆ 가족명칭

	조부	조모	아버지	어머니	형
자칭	そふ	そぼ	ちち	はは	あに
타칭	おじいさん	おばあさん	おとうさん	おかあさん	おにいさん
	누나	남동생	여동생	백부	백모
자칭	あね	おとうと	いもうと	おじ	おば
타칭	おねえさん	おとうとさん	いもうとさん	おじさん	おばさん

수사 읽는 방법

◆ 조수사

숫자 \ 분류	고유수사	개(個)	명(人)	장(枚)	병(本)
하나	ひとつ	いっこ	ひとり	いちまい	いっぽん
둘	ふたつ	にこ	ふたり	にまい	にほん
셋	みっつ	さんこ	さんにん	さんまい	さんぼん
넷	よっつ	よんこ	よにん	よんまい	よんほん
다섯	いつつ	ごこ	ごにん	ごまい	ごほん
여섯	むっつ	ろっこ	ろくにん	ろくまい	ろっぽん
일곱	ななつ	ななこ	ななにん	ななまい	ななほん
여덟	やっつ	はっこ	はちにん	はちまい	はっぽん
아홉	ここのつ	きゅうこ	きゅうにん	きゅうまい	きゅうほん
열	とお	じゅっこ	じゅうにん	じゅうまい	じゅっぽん
몇	いくつ	なんこ	なんにん	なんまい	なんぼん

숫자 \ 분류	대(台)	켤레(足)	잔(杯)	마리(匹)	권(冊)
하나	いちだい	いっそく	いっぱい	いっぴき	いっさつ
둘	にだい	にそく	にはい	にひき	にさつ
셋	さんだい	さんぞく	さんばい	さんびき	さんさつ
넷	よんだい	よんそく	よんはい	よんひき	よんさつ
다섯	ごだい	ごそく	ごはい	ごひき	ごさつ
여섯	ろくだい	ろくそく	ろっぱい	ろっぴき	ろくさつ
일곱	ななだい	ななそく	ななはい	ななひき	ななさつ
여덟	はちだい	はっそく	はっぱい	はっぴき	はっさつ
아홉	きゅうだい	きゅうそく	きゅうはい	きゅうひき	きゅうさつ
열	じゅうだい	じゅっそく	じゅっぱい	じゅっぴき	じゅっさつ
몇	なんだい	なんぞく	なんばい	なんびき	なんさつ

◈ 수사

1	いち	11	じゅういち	110	ひゃくじゅう	1,100	せんひゃく
2	に	20	にじゅう	200	にひゃく	2,000	にせん
3	さん	30	さんじゅう	300	さんびゃく	3,000	さんぜん
4	し, よん, よ	40	よんじゅう	400	よんひゃく	4,000	よんせん
5	ご	50	ごじゅう	500	ごひゃく	5,000	ごせん
6	ろく	60	ろくじゅう	600	ろっぴゃく	6,000	ろくせん
7	しち, なな	70	ななじゅう	700	ななひゃく	7,000	ななせん
8	はち	80	はちじゅう	800	はっぴゃく	8,000	はっせん
9	く, きゅう	90	きゅうじゅう	900	きゅうひゃく	9,000	きゅうせん
10	じゅう	100	ひゃく	1,000	せん	10,000	いちまん

◈ 년·월·시·분

	년(年)	월(月)	시(時)	분(分)
1	いちねん	いちがつ	いちじ	いっぷん
2	にねん	にがつ	にじ	にふん
3	さんねん	さんがつ	さんじ	さんぷん
4	よねん	しがつ	よじ	よんぷん
5	ごねん	ごがつ	ごじ	ごふん
6	ろくねん	ろくがつ	ろくじ	ろっぷん
7	しちねん・ななねん	しちがつ	しちじ	ななふん
8	はちねん	はちがつ	はちじ	はっぷん
9	きゅうねん	くがつ	くじ	きゅうふん
10	じゅうねん	じゅうがつ	じゅうじ	じっぷん
11	じゅういちねん	じゅういちがつ	じゅういちじ	じゅういっぷん
12	じゅうにねん	じゅうにがつ	じゅうにじ	じゅうにふん

주제별 일단어

가족

아버지	お父(とう)さん	오또-상
어머니	お母(かあ)さん	오까-상
아빠	父(ちち)	찌찌
엄마	母(はは)	하하
형	お兄(にい)さん	오니-상
누나	お姉(ねえ)さん	오네-상
오빠	兄(あに)	아니
언니	姉(あね)	아네
여동생	妹(いもうと)	이모-또
할아버지	お祖父(じい)さん	오지-상
삼촌, 큰아버지	叔父(おじ)さん	오지상
고모, 이모	叔母(おば)さん	오바상
남편	主人(しゅじん)	슈징
남동생	弟(おとうと)	오또-또
할머니	お祖母(ばあ)さん	오바-상
아내, 처	妻(つま)	쯔마

몸

머리	頭(あたま)	아따마
발, 다리	足(あし)	아시
귀	耳(みみ)	미미
입	口(くち)	쿠찌
팔	腕(うで)	우데
무릎	膝(ひざ)	히자
목	首(くび)	구비
이	歯(は)	하
손	手(て)	테
눈	目(め)	메
코	鼻(はな)	하나
가슴	胸(むね)	무네
다리	脚(あし)	아시
목(구멍)	喉(のど)	노도
등	背中(せなか)	세나까
이마	額(ひたい)	히따이
머리카락	髪(かみ)	카미
겉눈썹	眉毛(まゆげ)	마유게
눈꼽	目脂(めやに)	메야니
미간	眉間(みけん)	미껭
귓볼	耳朶(みみたぶ)	미미따부
겨드랑이	脇(わき)	오끼
수염	髭(ひげ)	히게
관자놀이	こめかみ	코메까미
눈썹	眉(まゆ)	마유
속눈썹	睫(まつげ)	마쯔게
눈동자	瞳(ひとみ)	히또미
인중	鼻の下(はなのした)	하나노시따
광대뼈	皆桁(ほおげた)	호-게따
배꼽	臍(へそ)	헤소
피부	肌(はだ)	하다
엉덩이	尻(しり)	시리
앞니	前歯(まえば)	마에바

덧니	鬼歯(おにば)	오니바	신경	神経(しんけい)	신께-
치경, 잇몸	はぐき	하구끼			
흰머리	白髪(しらが)	시라가	**날씨**		
새치	若白髪(わかしらが)	와까시라가	비	天気(てんき)	뎅끼
어금니	奥歯(おくば)	오꾸바	안개	霧(きり)	키리
손목	手首(てくび)	테꾸비	바람	風(かぜ)	카제
발목	足首(あしくび)	아시꾸비	진눈깨비	みぞれ	미조레
손가락	手指(てゆび)	테유비	고드름	氷柱(つらら)	쯔라라
발가락	足指(あしゆび)	아시유비	번개	稲妻(いなずま)	이나즈마
손바닥	手の平(てのひら)	테노히라	폭풍	嵐(あらし)	아라시
목젖	のどちんこ	노도찡꼬	장마	梅雨(つゆ)	쯔유
엄지	親指(おやゆび)	오야유비	가랑비	ぬかあめ	누까아메
중지	中指(なかゆび)	나까유비	구질구질한 비	いんう	잉우
새끼손가락	小指(こゆび)	코유비	비구름	雨雲(あまぐも)	아마구모
척추	脊髄(せきずい)	세끼즈이	찬비	冷雨(れいう)	레이우
뇌	脳(のう)	노-	비구름	陰雲(いんうん)	잉웅
신장	腎臓(じんぞう)	진조-	뭉게구름	綿雲(わたぐも)	와따구모
폐	肺臓(はいぞう)	하이조-	소나기구름	雷雲(らいん)	라이웅
혈관	血管(けっかん)	켁깡	조각구름	ちぎれぐも	찌기레구모
검지	人差し指(ひとさしゆび)	히또사시유비	얇게 뜬 구름	くもあし	쿠모아시
약지	薬指(くすりゆび)	쿠스리유비	눈	雪(ゆき)	유끼
늑골	あばら骨(あばらぼね)	아바라보네	서리	霜(しも)	시모
골수	骨髄(こつずい)	코쯔즈이	구름	雲(くも)	쿠모
심장	心臓(しんぞう)	신조-	우박	雹(ひょう)	효-
간장	肝臓(かんぞう)	칸조-	천둥	雷(かみなり)	카미나리
비장	秘臓(ひぞう)	히조-	눈사태	雪崩(なだれ)	나다레

주제별 일단어

싸락눈	**あられ**	아레레
가랑비	**小雨(こさめ)**	코사메
음력 5월 장마	**五月雨(さみだれ)**	사미다레
단비	**慈雨(じう)**	지우
여우비(해뜨고 내림)	**日照り雨(ひでりあめ)**	히데리아메
봄비	**春雨(はるさめ)**	하루사메
얼음	**氷(こおり)**	코오리
새털구름	**巻雲(まきぐも)**	마끼구모
안개구름	**霧雲(きりぐも)**	키리구모
저녁놀	**夕焼け(ゆうやけ)**	유-야께
소나기구름	**入道雲(にゅうどうぐも)**	뉴-도-구모

음력월

1월	**睦月(むつき)**	무쯔끼
2월	**如月・二月(きさらぎ)**	키사라기
3월	**弥生(やよい)**	야요이
4월	**卯月(うづき)**	우즈끼
5월	**皐月(さつき)**	사쯔끼
6월	**水無月(みなづき)**	미나즈끼
7월	**文月(ふみづき)**	후미즈끼
8월	**葉月(はづき)**	하즈끼
9월	**長月(ながづき)**	나가즈끼
10월	**神無月(かんなづき)**	칸나즈끼
11월	**霜月(しもつき)**	시모즈끼
12월	**師走(しわす)**	시와스

도구

자	**物指し(ものさし)**	모노사시
철사	**針金(はりがね)**	하리가네
벼루	**硯(すずり)**	스즈리
가위	**鋏(はさみ)**	하사미
그림물감	**絵の具(えのぐ)**	에노구
괘종시계	**柱時計(はしらどけい)**	하시라도께-
쓰레기통	**ちり箱(ちりばこ)**	찌리바꼬
물뿌리개	**如雨露(じょうろ)**	죠-로
눈금	**目盛り(めもり)**	메모리
붓	**筆(ふで)**	후데
자	**定規(じょうぎ)**	죠-기
풀	**のり**	노리
연필	**鉛筆(えんぴつ)**	엠피쯔
빗자루	**ほうき**	호-끼
자명종	**目覚し時計(めざましどけい)**	메자마시도께-
손목시계	**腕時計(うでどけい)**	우데도께-

통신

등기	**書留(かきとめ)**	카끼도메
소포	**小包(こづつみ)**	고즈쯔미
엽서	**葉書(はがき)**	하가끼
우편	**郵便(ゆうびん)**	유-빙
우편번호	**郵便番号(ゆうびんばんごう)**	유빙방고
우표	**切手(きって)**	깃떼
집배원	**郵便屋(ゆうびんや)**	유빙야

택배	宅急便(たっきゅうびん)	탓뀨―빙
통신	通信(つうしん)	쯔―신
편지	手紙(てがみ)	데가미
편지봉투	封筒(ふうとう)	후―또―

교통

건너시오	渡(わた)りなさい	와따리나사이
건너지 마시오	渡(わた)るな	와따루나
일방통행	一方通行(いっぽうつうこう)	잇뽀우쯔―꼬우
입구	入口(いりぐち)	이리구찌
정차금지	停車禁止(ていしゃきんし)	테이샤킨시
주차금지	駐車禁止(ちゅうしゃきんし)	츄―샤킨시
주차장	駐車場(ちゅうしゃじょう)	츄―샤죠―
차를 멈추다	車(くるま)を止(と)める	쿠루마오 도메루
차를 타다	車(くるま)に乗(の)る	쿠루마니 노루
차에서 내리다	車(くるま)から降(お)りる	쿠루마카라 오리루
추월하다	追(お)い越(こ)す	오이꼬스
출구	出口(でぐち)	데구찌
통행금지	通行禁止(つうこうきんし)	쯔―꼬우킨시

미용

거울	鏡(かがみ)	카가미
린스	リンス	린스
립스틱	口紅(くちべに)	구찌베니
머리띠	ヘアバンド	헤아반도
머리를 염색하다	髪(かみ)を染(そ)める	가미오 소메루
머리를 자르다	髪(かみ)を切(き)る	카미오 기루
머리핀	ヘアピン	헤아핀
샴푸	シャンプ	샴뿌
유행하다	流行(はや)る	하야루
파마하다	パーマをかける	파―마오 가께루
화장	化粧(けしょう)	케쇼―

색상

빨강	赤色(あかいろ)	아까이로
노랑	黄色(きいろ)	키―로
검정	黒色(くろいろ)	쿠로이로
회색	灰色(はいいろ)	하이―로
보라	紫色(むらさきいろ)	무라사끼이로
갈색	茶色(ちゃいろ)	쨔이로
연보라	若紫(わかむらさき)	와까무라사끼
다홍색	紅色(べにいろ)	베니이로
파랑	青色(あおいろ)	아오이로
녹색	緑色(みどりいろ)	미도리이로
흰색	白色(しろいろ)	시로이로
감색, 남색	紺色(こんいろ)	콩이로
남색	藍色(あいいろ)	아이―로
쥐색	鼠色(ねずみいろ)	네즈미이로
군청색	群青色(ぐんじょういろ)	쿤죠이로
포도색	葡萄色(ぶどういろ)	부도―이로
물색, 옥색	水色(みずいろ)	미즈이로
연보라색	藤色(ふじいろ)	후지이로

주제별 일단어

조청색	飴色(あめいろ)	아메이로
오렌지	オレンジ	오렌지
녹황색	黄色(りょくおうしょく)	료꾸오-쇼꾸
벽색	濃鼠(こねずみ)	코네즈미
다갈색	茶褐色(ちゃかっしょく)	쨔갓쇼꾸
녹색	さびいろ	사비이로
진보라	菫色(すみれいろ)	스미레이로
녹갈색	みる茶(みるちゃ)	미루쨔
진녹색	濃緑(こみどり)	코미도리
청녹색	青緑(あおみどり)	아오미도리

주택

거실	居間(いま)	이마
계단	階段(かいだん)	카이당
마루	床(ゆか)	유까
방	部屋(へや)	헤야
베란다	ベランダ	베란다
옥상	屋上(おくじょう)	오꾸죠-
욕실	風呂場(ふろば)	후로바
응접실	応接間(おうせつま)	오-세쯔마
정원, 뜰	庭(にわ)	니와
주방	台所(だいどころ)	다이도꼬로
지붕	屋根(やね)	야네
지하실	地下室(ちかしつ)	찌까시쯔
현관	玄関(げんかん)	겡깡
화장실	お手洗(てあら)い	오테아라이

이사

거주하다, 살다	住(す)む	스무
단독 주택	一戸建(いっこだ)て	잇꼬다테
맨션	マンション	만숑
보증금	敷金(しききん)	시끼킹
부동산	不動産(ふどうさん)	후-도상
선불 계약금	頭金(あたまきん)	아타마킹
아파트	アパート	아파-토
이사하다	引(ひ)っ越(こ)す	힛꼬스
집세	家賃(やちん)	야찡
집을 비움	留守(るす)	루스
집주인	大家(おおや)	오-야

관공서

교회	教会(きょうかい)	쿄-까이
도서관	図書館(としょかん)	토쇼깡
병원	病院(びょういん)	보-잉
신사	神社(じんじゃ)	진쟈
우체국	郵便局(ゆうびんきょく)	유-빙교꾸
은행	銀行(ぎんこう)	깅꼬-
파출소	交番(こうばん)	고-방
학교	学校(がっこう)	각꼬-

예술

각본, 시나리오	シナリオ	시나리오
감독	監督(かんとく)	칸또꾸

공상과학영화	SF映画	에스에후 에-가	당구	ビリヤード	비리야-도
관객	観客(かんきゃく)	칸캬꾸	레슬링	レスリング	레스링그
극장	劇場(げきじょう)	게끼죠-	마라톤	マラソン	마라손
대사	台詞(せりふ)	세리후	배구	バレーボール	바레-보-루
로큰롤	ロック	롯꾸	배드민턴	バトミントン	바또밍똔
리허설	リハーサル	리하-사루	스모	相撲(すもう)	스모-
무대	舞台(ぶたい)	부따이	시합	試合(しあい)	시아이
배우	俳優(はいゆう)	하이유-	올림픽	オリンピック	오린픽쿠
스릴러영화	スリルのある映画	스리루노 아루 에-가	월드컵	ワールドカップ	와-르도갑뿌
스타	スター	스따-	유도	柔道(じゅうどう)	쥬-도-
악보	楽譜(がくふ)	가꾸후	체조	体操(たいそう)	타이소-
앙코르	アンコール	앙꼬-루	축구	サッカー	삿까-
액션영화	アクション映画(えいが)	아꾸숑 에-가	태권도	テコンド	테꼰도
연예인	芸能人(げいのうじん)	게이노-징	테니스	テニス	테니스
연주	演奏(えんそう)	엔소-			
영화관	映画館(えいがかん)	에-가깐	건강		
예술	芸術(げいじゅつ)	게이쥬쯔	건강	健康(けんこう)	켕꼬-
음악회	音楽会(おんがくかい)	옹가꾸까이	건강진단	健康診断(けんこうしんだん)	켕꼬-신단
일본대중음악	J-POP(ジェーポップ)	제이-폿뿌	검사	検査(けんさ)	켄사
재즈	ジャズ	쟈즈	병에 걸리다	病気(びょうき)にかかる	뵤-끼니 가까루
콘서트	コンサート	콘사-또	병이 낫다	病気(びょうき)が治(なお)る	뵤-끼가 나오루
클래식	クラシック	쿠라식꾸	상처	傷口(きずぐち)	키즈구찌
			스트레스	ストレス	스또레스
운동			아프다	痛(いた)い	이따이
결승	決勝(けっしょう)	켓쇼-	알레르기	アレルギー	아레루기-
농구	バスケットボール	바스껫또보-루	예방하다	予防(よぼう)する	요보-스루

주제별 일단어

| 질병, 병 | 病気(びょうき) | 뵤-끼 |
| 체력 | 体力(たいりょく) | 타이료꾸 |

병원 약국

가루약	粉薬(こなぐすり)	코나구스리
간호사	看護婦(かんごふ)	캉고후
내과	内科(ないか)	나이까
물약	水薬(みずぐすり)	미즈구스리
병원	病院(びょういん)	뵤-잉
약국	薬屋(くすりや)	쿠스리야
약을 먹다	薬(くすり)を飲(の)む	쿠스리오 노무
외과	外科(げか)	게까
의사	医者(いしゃ)	이샤
이비인후과	耳鼻科(じびか)	지비까
주사를 놓다	注射(ちゅうしゃ)を打(う)つ	츄-샤오 우쯔
치과	歯科(しか)	시까
환자	患者(かんじゃ)	칸쟈

쇼핑

가게	店(みせ)	미세
가격	値段(ねだん)	네당
거스름돈	おつり	오쯔리
귀금속	貴金属(ききんぞく)	키낀조꾸
기념품	記念品(きねんひん)	키넹힝
도자기	陶磁器(とうじき)	토-지끼
돈을 지불하다	お金(かね)を払(はら)う	오까네오 하라우

면세품	免税品(めんぜいひん)	멘제-힝
물건을 포장하다	品(しな)を包(つつ)む	시나오 쯔쯔무
백화점	デパート	데빠-또
비싸다	高(たか)い	타까이
상점	商店(しょうてん)	쇼-뗀
상품	商品(しょうひん)	쇼-힝
손님	お客(きゃく)さん	오갸꾸상
쇼핑 센터	ショッピングセンター	숏핑구센따-
슈퍼마켓	スーパー	스-빠-
신용카드	クレジットカード	크레짓또까-도
싸다	安(やす)い	야스이
일본옷	和服(わふく)	와후꾸
잔돈	小銭(こぜに)	고제니
점원	店員(てんいん)	텡잉
토산품	お土産(みやげ)	오미야게
특산물	特産物(とくさんぶつ)	토꾸산부쯔
편의점	コンビニ	콘비니
할인	割引(わりびき)	와리비끼
현금	現金(げんきん)	겡낑

음식

굴(해산물)	かき	카끼
김밥	のりまき	노리마끼
닭꼬치	焼(や)き鳥(とり)	야끼또리
덮밥	蛇(どん)ぶり	돈부리
라면집	ラーメン屋(や)	라-멩야

불고기	焼(や)き肉(にく)	야끼니꾸
생맥주	生(なま)ビール	나마비-루
생선구이	焼(や)き魚(ざかな)	야끼자까나
생선초밥	寿司(すし)	스시
야키소바	焼(や)きそば	야끼소바
우동집	うどん屋(や)	우동야
일본주	日本酒(にほんしゅ)	니혼슈
초밥집	寿司屋(すしや)	스시야
튀김덮밥	天丼(てんどん)	텐동

식사

계산	勘定(かんじょう)	칸죠-
더치페이	わりかん	와리깡
레스토랑	レストラン	레스또랑
메뉴	献立(こんだて)/メニュー	콘다떼/메뉴-
셀프서비스	セルフサービス	세르후 사-비스
식당	食堂(しょくどう)	쇼꾸도-
주문	注文(ちゅうもん)	쮸-몽
지불하다	支払(しはら)う	시하라우
추천요리	おすすめ料理(りょうり)	오스스메료-리
커피숍	コーヒーショップ	코-히-숍뿌
팁	チップ	칩프
패밀리 레스토랑	ファミリーレストラン	파미리-레스또랑

요리법

(기름에) 볶다	炒(いた)める	이따메루
(기름에) 지지다	煎(い)る	이루
(기름에) 튀기다	揚(あ)げる	아게루
(밥을) 짓다	炊(た)く	따꾸
(불에) 굽다	焼(や)く	야꾸
끓이다	沸(わ)かす	와까스
데우다	温(あたた)める	아따따메루
데치다	ゆでる	유데루
삶다	煮(に)る	니루
자르다	切(き)る	키루
찌다	蒸(む)す	무스

항공

공항	空港(くうこう)	쿠-꼬-
멀미약	酔(よ)い止(ど)め	요이도메
비즈니스석	ビジネス席(せき)	비즈네스세끼
사용중	使用中(しようちゅう)	시요-쮸-
스튜어디스	スチュワーデス	스츄와-데스
안전벨트	シートベルト	시-또베루또
왕복	往復(おうふく)	오-후꾸
일반석	一般席(いっぱんせき)	입빤세끼
조종사, 파일럿	パイロット	파이롯또
편도	片道(かたみち)	가따미찌
항공권	航空券(こうくうけん)	코-꾸-껜
호출버튼	呼(よ)び出(だ)しボタン	요비다시보딴
화장실	トイレ	토이레

주제별 일단어

여행

가이드	ガイド	가이도
관광	観光(かんこう)	캉꼬-
관광안내소	観光案内所(かんこうあんないしょ)	캉꼬-안나이죠
극장	劇場(げきじょう)	게끼죠-
당일치기	日帰(ひがえ)り	히가에리
디지털 카메라	デジカメ	데지카메
비자	ビザ	비자
사진을 찍다	写真(しゃしん)を とる	샤신오 도루
선물	お土産(みやげ)	오미야게
쇼핑	ショッピング	숏핑구
여권, 패스포트	パスポート	파스포-또
여행	旅行(りょこう)	료꼬-
여행자수표	トラベラーズ チェック	토라베라-즈 첵꾸
티켓, 입장권	チケット	치켓또

온천

칫솔	歯(は)ブラシ	부라시
치약	はみがきこ	하미가끼고
비누	せっけん	섹껭
수건	タオル	타오루
샴푸	シャンプ	샴푸
욕실	お風呂(ふろ)	오후로
따뜻한 물	お湯(ゆ)	오유
온천	温泉(おんせん)	온셍
유카타	ゆかた	유까따

호텔

객실	客室(きゃくしつ)	캬꾸시쯔
귀중품	貴重品(きちょうひん)	키쪼-힝
더블	ダブル	다부루
룸서비스	ルームサービス	루-무사-비스
머물다	泊(と)まる	토마루
모닝콜	モーニングコール	모-닝구꼬-루
민박	民宿(みんしゅく)	민슈꾸
방	部屋(へや)	헤야
베개	まくら	마꾸라
보관하다	預(あず)かる	아즈까루
뷔페식	バイキング式(しき)	바이킹구시끼
비상구	非常口(ひじょうぐち)	히죠-구찌
비즈니스호텔	ビジネスホテル	비즈네스호떼루
비치된 물건	備(そな)え付(つ)け	소나에쯔께
서양식 방	洋室(ようしつ)	요-시쯔
싱글룸	シングルルーム	싱구루루-무
아침식사	朝(あさ)ごはん	아사고항
에어컨	エアコン	에아콩
여관	旅館(りょかん)	료깡
열쇠	カギ	카기
예약	予約(よやく)	요야꾸
이불	おふとん	오후똥
일본식 방	和室(わしつ)	와시쯔
저녁식사	晩(ばん)ごはん	방고항
점심식사	昼(ひる)ごはん	히루고항

한국어	일본어	발음
체크 아웃	チェックアウト	첵꾸아우또
체크 인	チェックイン	첵꾸인
캡슐호텔	カプセルホテル	카푸세루호떼루
트윈룸	ツインルーム	쯔인루-무
포터	ポーター	포-따-
포함되다	含(ふく)まれる	후꾸마레루
프런트	フロント	후론또
호텔	ホテル	호떼루
계산	お勘定(かんじょう)	칸죠-
연장	延長(えんちょう)	엔쪼-
지불	お支払(しはら)い	시하라이
여행자수표	トラベラーズチェック	토라베라-즈체꾸

긴급 상황

도둑이야!	泥棒(どろぼう)	도로보-
사람 살려!	助(たす)けてくれ	다스께떼꾸레
불이야!	火事(かじ)だ	카지다
침착해!	落(お)ち着(つ)け	오찌쯔께
손들어!	手(て)を上(あ)げろ	데오 아게로
쏘지마!	撃(う)つな	우쯔나
움직이지매!	動(うご)くな	우고꾸나
멈춰!	止(と)まれ	토마레

직업

간호사	看護婦(かんごふ)	캉고후
공무원	公務員(こうむいん)	코-무잉
디자이너	デザイナー	데자이나-
배우	はいゆう	하이유-
변호사	弁護士(べんごし)	벵고시
선생님	先生(せんせい)	센세-
엔지니어	エンジニア	엔지니아
운동선수	スポーツ選手(せんしゅ)	스뽀-쯔센슈
은행원	銀行員(ぎんこういん)	깅코-잉
의사	医者(いしゃ)	이샤
화가	画家(がか)	가까
회사원	会社員(かいしゃいん)	카이샤잉

회사(직급)

회장	会長(かいちょう)	카이쪼-
사장	社長(しゃちょう)	샤쪼-
부사장	副社長(ふくしゃちょう)	후꾸샤쪼-
전무이사	専務取締役(せんむとりしまりやく)	센무또리시마리야꾸
상무이사	常務取締役(じょうむとりしまりやく)	죠-무또리시마리야꾸
이사	取締役(とりしまりやく)	또리시마리야꾸
부장	部長(ぶちょう)	부쪼-
차장	次長(じちょう)	지쪼-
과장	課長(かちょう)	카쪼-
계장	係長(かかりちょう)	카까리쪼-
부원/과원	部員(ぶいん)	부잉
평사원	平社員(ひらしゃいん)	히라샤잉

주제별 일단어

학교

한국어	일본어	발음
초등학교	**小学校**(しょうがっこう)	쇼-각꼬-
중학교	**中学校**(ちゅうがっこう)	쥬-각꼬-
고등학교	**高校**(こうこう)	코-꼬-
대학교	**大学**(だいがく)	다이각꾸
학과	**学科**(がっか)	각까
도서관	**図書館**(としょかん)	토쇼깡
수업	**授業**(じゅぎょう)	쥬교-
시험	**試験**(しけん)	시껭
공부	**勉強**(べんきょう)	벵꾜-
질문	**質問**(しつもん)	시쯔몽
듣기	**ききとり**	키끼또리
대답	**答**(こた)**え**	코따에
출석	**出席**(しゅっせき)	슛세끼
지각	**遅刻**(ちこく)	찌꼬꾸
문제	**問題**(もんだい)	몬다이
숙제	**宿題**(しゅくだい)	슈꾸다이
논문	**論文**(ろんぶん)	롬붕
발표	**発表**(はっぴょう)	핫표-
전공	**専門**(せんもん)	셈몽
진학	**進学**(しんがく)	싱가꾸
성적	**成績**(せいせき)	세-세끼
졸업	**卒業**(そつぎょう)	소쯔교-
검토	**検討**(けんとう)	켄또-

필수관용구

(몸을 중심으로)

肩が凝る	어깨가 뻐근하다, 부담스럽다
肩の荷が降りる	한 짐 덜다
肩を落とす	낙담하다
肩を並べる	어깨를 나란히 하다
肩を持つ	편을 들다, 밀어주다
尻が軽い	경솔하다
尻が長い	엉덩이가 질기다
尻が重い	엉덩이가 무겁다
尻に敷く	깔고 앉다, 아내가 자기주장을 하다
尻に火が付く	발등에 불이 떨어지다
尻を叩く	독려하다
骨になる	죽다
骨に刻む	명심하다
骨に徹する	뼈에 사무치다
骨までしゃぶる	철저하게 남을 이용하다
骨を折る	몹시 애를 쓰다, 진력하다, 고생하다
骨を折れる	힘이 들다
口がうまい	말을 잘하다
口がすっぱくなる	입이 닳다
口が肥える	미각이 잘 발달되어 있다
口が滑る	입을 잘못 놀리다, 까딱 잘못 말하다
口と腹が違う	말과 행동이 다르다
口を利く	말하다, 지껄이다, 중재하다
口を入れる	말참견하다
口を切る	말을 꺼내다, 입을 떼다
口を尖らせる	입을 비쭉 내밀다
口を割る	자백하다
口車に乗る	감언이설에 넘어가다
気がある	마음에 두다
気がかり	마음에 걸림, 걱정, 근심
気がつく	정신이 들다
気が強い	고집이 있다
気が気でない	제정신이 아니다

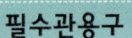

필수관용구

気が多い	변덕스럽다, 온갖 일에 관심이 많다
気が短い	성질이 급하다
気が利く	세련되다, 멋이 있다, 센스가 있다
気が立つ	흥분하다
気が滅入る	기분이 침울해지다
気が抜ける	긴장이 풀려 하고자 하는 마음이 없어지다
気が変わる	마음이 변하다
気が弱い	마음이 약하다
気が遠くなる	정신이 몽롱하다
気が遠くなる	정신이 아찔해 지다
気がもめる	안절부절 못하다, 마음을 졸이다, 애가 타다
気が引ける	주눅이 들다, 서먹서먹하다
気が済む	만족스럽다, 속이 시원하다
気が重い	마음이 무겁다, 우울하다
気が知れない	속마음을 알 수 없다
気が進む	마음이 내키다
気が置けない	마음이 쓰이지 않다, 무간하다
気が合う	마음이 맞다
気が向く	기분이 내키다
気が荒い	성질이 난폭하다
気が回る	세심한 곳까지 주의가 미치다
気にする	마음에 두다, 신경 쓰다
気に入る	마음에 들다
気に障る	비위에 거슬리다
気をおとす	낙심하다
気を配る	마음 쓰다, 배려하다
気を使う	신경 쓰다
気を飲まれる	(상대편에게) 압도되어 기가 꺾이다
気を引く	넌지시 남의 속을 떠보다
気を持たせる	마음을 들뜨게 하다
～する気がない	～할 생각이 없다
～気がする	～기분이 든다, ～생각이 든다
肌を脱ぐ	웃통을 벗다, 힘써주다, 진력하다

肌身はなさず	몸에 늘 지니고
頭から	처음부터, 무조건, 덮어놓고
頭が堅い	완고하다, 융통성이 없다
頭が上がらない	고개를 못 들다
頭が切れる	머리회전이 빠르다
頭が下がる	(존경심에) 감복하다
頭に来る	울컥 화가 치밀다
頭を使う	머리를 쓰다, 잘 생각하다
頭を痛める	속을 썩이다
頭金	계약금
頭打ち	천장시세, 한계점, 정점
目がない	안목이 없다, 몹시 좋아하다
目が覚める	잠이 깨다
目が高い	안목이 높다, 보는 눈이 있다
目が利く	분별력이 있다, 안목이 높다
目が回る	매우 바쁘다
目と鼻の先	엎드리면 코 닿을 곳
目にさわる	눈에 거슬리다
目に余る	가만히 보고 있을 수 없다
目もくれない	거들떠보지도 않는다
目も当られない	차마 눈뜨고 볼 수 없다
目をそむける	시선을 돌리다
目を盗む	남의 눈을 피하다
目を離す	눈을 떼다
目を通す	훑어보다
大目に見る	너그럽게 보다
ひどい目にあう	(어떤 사건 때문에) 혼이 나다
わき目もふらずに	한 눈 팔지 않고
聞耳を立てる	귀기울여 듣다
眉をひそめる	눈살을 찌푸리다
腹が立つ	화가 나다
腹が座る	침착하여 대담해지다
腹が太い	배짱이 두둑하다

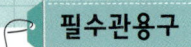
필수관용구

腹が黒い	속이 검다, 엉큼하다
腹に据えかねる	화를 참을 수 없다
腹に一物	꿍꿍이속
腹は借り物	신분 귀천은 아버지에게 달려있다
腹を決める	결심하다, 각오하다
腹を立てる	화를 내다
腹を肥やす	사복을 채우다
腹を切る	사직하다, 그만두다
腹を探る	상대방의 의중을 떠보다
腹を痛める	친자식을 낳다, 자기 돈을 쓰다
腹を抱える	배꼽을 쥐다
腹を割る	본심을 토로하다
お腹を壊す	배탈이 나다
体をこわす	건강을 헤치다
鼻が高い	콧대가 높다, 기고만장하다, 우쭐하다
鼻に掛ける	잘난 체하다, 뽐내다
鼻に付く	싫증이 나다
鼻の先	코앞
鼻を折る	콧대를 꺾다
相手の足もとを見る	상대방의 약점을 잡다
舌を巻く	감탄하다
手がない	수단이 없다, 일손이 없다
手が空く	일손이 비다, 틈이 나다
手が掛かる	손이 많이 가다
手が付けられない	손을 댈 수가 없다
手が上がる	솜씨가 늘다
手が足りない	일손이 모자라다
手が出ない	어떻게 손을 쓸 수가 없다
手が回る	서서히 손길이 미치다, 경찰의 손이 뻗치다
手に付かない	일이 손에 잡히지 않는다
手に余る	주체할 수 없다
手に汗を握る	손을 땀을 쥐다
手も足も出ない	어찌해 볼 도리가 없다

手も足も出ない	해 볼 도리가 없다
手をこまぬく	수수방관하다
手をそめる	착수하다, 일을 시작하다
手を抜く	할 일을 안 하고 넘어가다
手を煩わす	(남에게) 폐를 끼치다
手を分かつ	(일이나 임무) 분담하다, 손을 끊다
手を焼く	애태우다, 애먹다, 처치곤란하다
手を入れる	손질하다, 손보다
手を切る	인연을 끊다
喉から手が出る	매우 갖고 싶어하다
首を長くする	학수고대하다
顎で使う	턱으로 부리다, 가만히 앉아서 남을 부려먹다
顎を出す	맥빠지다, 녹초가 되다, 지쳐버리다
顔から火が出る	(부끄러워서) 얼굴이 화끈거리다
顔が広い	얼굴이 넓다, 아는 사람이 많다
顔が利く	얼굴이 통하다
顔が立つ	면목이 서다
顔に泥を塗る	얼굴에 먹칠을 하다
顔を立てる	체면을 세우다
顔を出す	얼굴을 내밀다, 출석하다
合わせる顔がない	대할 면목이 없다
腕が鳴る	몸이 근질근질해지다, 좀이 쑤시다
腕が上がる	솜씨가 좋아지다
腕によりをかける	온갖 솜씨를 다 부리다
腕に覚えがある	솜씨에 자신이 있다
腕をこまぬく	팔짱끼고 구경만 하다, 수수방관하다
腕をふるう	솜씨를 발휘하다
腕を磨く	실력을 연마하다
腰が高い	거만하다
腰が低い	겸손하다, 저자세다
腰を据える	(한곳에) 정착하다, 자리잡다
腰を抜かす	기겁을 하다
腰を入れる	본격적으로 일에 달려들다

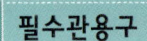
필수관용구

逃げ腰	달아나려는 태도, 발뺌하려는 자세
耳が遠い	귀가 먹다
耳が痛い	(남의 말이 자신의 약점을 찔러) 듣기 거북하다
耳にする	(얼핏) 듣다
耳にたこができる	귀에 못이 박히도록 듣다
耳に付く	귀에 쟁쟁하다
耳を貸す	귀를 기울이다, 귀를 빌리다
耳をそばたてる	귀를 기울이다
耳を傾ける	주의해서 듣다
爪で拾ってみでこぼす	고생하여 모은 것을 헤프게 씀을 비유
爪に火をともす	지독히 인색하다
爪のあか	손톱의 때, 아주 적은 것의 비유
爪のあかをせんじて飲む	훌륭한 사람에게 감화되도록 그의 언행을 본뜨다
爪を研ぐ	손톱을 갈다 야심을 품고 기회를 노리다
後ろ指を差される	손가락질 받다, 욕먹다
足かせになる	걸치적거리다
足がない	교통수단이 없다
足が棒になる	뻣뻣해지다
足が付く	꼬리가 잡히다
足が地に着く	착실한 생활을 하다
足が出る	(예산 따위가) 초과하다
足に任す	발길 닿는 대로 걷다
足もとを見る	약점을 잡다
足を洗う	손을 씻다
足を伸ばして	내친김에, 내친걸음에
足を引っ張る	방해를 하다
家族が足かせになる	가족이 거치적거리다
歯が立たない	맞설 수 없다, 상대가 안 된다
胸が潰れる	가슴이 메어지다
胸が騒ぐ	(걱정이 되어) 가슴이 두근거리다, 가슴이 뛰다
胸が一杯になる	(슬픔, 감격 등으로) 가슴이 벅차다
胸に畳む	마음속에 간직하다
胸を張る	가슴을 펴다
胸を焦がす	애를 태우다
胸を打つ	심금을 울리다, 감동시키다

필수속담

論語よみの論語知らず。	논어를 읽는다는 사람이 논어를 모른다.(소리 내어 읽기는 하지만 그 뜻을 제대로 이해하지 못한다' 는 비웃음 담은 속담)
大鼓判を押す。	북처럼 큰 도장으로 찍는다(장담하다. 확실하다는 의미로 쓰임.).
大鼓判を叩く。	큰북을 치다. 맞장구 치며 비위를 맞추다.
可愛い子には旅をさせよ。	귀여운 아이는 여행을 시켜라.(귀한 자식일수록 고생을 시켜라' 라는 의미)
情は人の為ならず。	인정을 베푸는 것은 남을 위해서 하는 것이 아니다.(남에게 잘하면 곧 나에게 도움이 된다는 뜻)
鍋釜が賑わう。	냄비와 솥에서 음식이 많이 끓는다.(생활이 풍족하다)
山高きが故に貴からず。	산이 높기만해서 귀한 것은 아니다(겉치레보다는 내실을 기하는 것이 중요하다.)
山と言えば川。	남이 산이라 말하면 강이라고 한다.(남의 말에 항상 반대하는 것을 의미)
朝寝、朝酒朝風呂をすると身上をつぶす。	늦잠, 아침술, 아침목욕은 몸을 망친다.
女が三にんよれば姦しい。	여자 셋이 모이면 시끄럽다.
愛多ければ憎しみ至る。	사랑이 많으면 미움에 이른다.
急がば回れ。	급하며 돌아가라.
井戸を掘るなら水の出るまで。	우물을 판다면 물이 나올 때까지.
浮気と乞食は止められぬ。	외도와 거렁뱅이 짓은 그만둘 수 없다.
尾を振る犬は叩かれず。	꼬리를 흔드는 개는 맞지 않는다.
帯に短し、たすきに長し。	허리띠로는 짧고, 어깨띠(멜빵)으로는 길다.(어중간해서 어디에도 쓸모가 없다.)

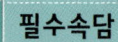
필수속담

_{うじ} _{そだ} 氏より育ち。	성씨보다는 교육(양반 자랑하는 사람치고 제대로 된 사람이 없다는 것을 가르쳐 줌.)
_{にんじんの} _{くびくく} 人参飲んで首括る。	인삼을 마시고 빚을 지고 목을 매어 죽는다.
_{ひと} _{ずもう} 人リ相撲。	혼자서 하는 씨름.(아무도 상대를 하지 않는데 혼자서 설치는 것을 이르는 말)
_{ひと} _{すもう と} 人のふんとしで相撲を取る。	남의 샅바로 씨름을 하다.(남의 것을 이용해서 자기 속셈을 차리는 것을 비유한 속담)
_{かね き えん き} 金の切れめが縁の切れめ。	돈 떨어지면 정(情)도 떨어진다.(사람들의 얄궂은 심리를 그대로 꼬집고 있음)
_{じごく さた かねしだい} 地獄の沙汰も金次第。	지옥에 가는 일도 돈으로 좌우된다.(돈만 있으면 귀신도 부린다)
_{か お} 勝ってかぶとの緒をしめよ。	이긴 후에 투구의 끈을 묶어라. (이기더라도 방심하지 말고 더욱 조심하라.)
_{そうりょう じんろく} 総領の甚六。	아들은 바보.(맏아들이 얌전하고 굼뜬 점을 욕하는 말)
_{はら へ いくさ でき} 腹が減っては戦が出来ぬ。	배고프면 전쟁을 할 수 없다. 먹는 것이 제일!
_{はらはちぶめ} 腹八分目。	조금 양이 덜 차다.(밥을 적당히 먹으라는 뜻)
_{はらはちぶやまい} 腹八分病なし。	적당히 먹는 사람에게는 병이 없다.(적당히 일하는 사람에게는 탈이 없다.)
_{あさあめ にょうぼう} 朝雨女房のうでよくリ。	아침 비와 마누라의 소매걷기.(아침에 내리는 비와 여자의 큰소리는 무섭지 않다는 뜻)
_{わるにょうぼういっしょう ふさく} 悪女房は一生の不作。	악처를 얻으면 평생 흉년을 맞는 것이나 같다.
_{にょうぼう たたみ あたら よ} 女房と畳は新しいほど良い。	마누라와 다다미는 새것일수록 좋다.
_{さけ ゆうじん ふる よ} 酒と友人は古いほど良い。	술과 친구는 오래될수록 좋다.
_{おとこ どきょうおんな あいきょう} 男は度胸 女は愛嬌。	남자는 배짱, 여자는 애교.

目<ruby>め</ruby>は口<ruby>くち</ruby>ほどにものを言<ruby>い</ruby>う。	눈은 입만큼 말한다.(눈은 마음의 창'이라는 의미)
夜目<ruby>よめ</ruby>遠目<ruby>とおめ</ruby>傘<ruby>かさ</ruby>の内<ruby>うち</ruby>。	밤에 볼 때, 멀리서 볼 때, 우산 속에 있을 때, 흐릿하게 보일 때(모든 여자들이 미혼으로 보인다는 얘기)
鬼<ruby>おに</ruby>も十八番茶出花<ruby>じゅうはちばんちゃでばな</ruby>。	여성이 18세가 되면 아무리 못생긴 여자라도 꽃이 된 것 처럼 아름답게 느껴진다.
色男金<ruby>いろおとこかね</ruby>と力<ruby>ちから</ruby>はなかりけり。	여자에게 인기 있는 남자는 돈도 힘도 없다.(보기에는 좋은 그림이지만 실속이 없다는 의미)
色男<ruby>いろおとこ</ruby>より稼<ruby>かせ</ruby>ぎ男<ruby>おとこ</ruby>。	예쁜 남자 보다 돈 잘 버는 남자.
色<ruby>いろ</ruby>の白<ruby>しろ</ruby>いは七難隠<ruby>しちなんかく</ruby>す。	피부가 희면 7가지 흉이 가려진다.
なくて七癖<ruby>ななくせ</ruby>あって四十九癖<ruby>しじゅうくくせ</ruby>。	없는 사람도 7가지 버릇, 있는 사람은 49개의 버릇.(누구나 결점이 있다는 뜻)
八百屋<ruby>やおや</ruby>の売<ruby>う</ruby>れ残<ruby>のこ</ruby>りのかぼちゃ。	야채가게의 팔다 남은 호박.(못나서 시집을 못간 아가씨를 이르는 말)
触<ruby>さわ</ruby>らぬ神<ruby>かみ</ruby>にたたりなし。	건드리지 않으면 탈이 나지 않는다. (긁어 부스럼을 만들지 말라'는 의미)
猿<ruby>さる</ruby>も木<ruby>き</ruby>から落<ruby>お</ruby>ちる。	원숭이도 나무에서 떨어진다.
去<ruby>さ</ruby>る者日日<ruby>ものひび</ruby>に疎<ruby>うと</ruby>し。	떠난 사람은 날이 갈수록 멀어진다.
親<ruby>した</ruby>しき仲<ruby>なか</ruby>にも礼儀<ruby>れいぎ</ruby>あり。	친한 사이에도 예의가 있다.
知<ruby>し</ruby>らぬが仏<ruby>ほとけ</ruby>。	모르는 것이 부처님.(모르는 것이 약)
腐<ruby>くさ</ruby>っても鯛<ruby>たい</ruby>。	썩어도 도미.(이름이 있는 사람은 잘못된 경우도 다르다는 뜻)
蝦<ruby>えび</ruby>で鯛<ruby>たい</ruby>を釣<ruby>つ</ruby>る。	새우미끼로 도미를 낚는다.(적은 것(선물, 뇌물)으로 많은 이익을 얻는다는 뜻)

필수속담

鯛(たい)も一人(ひとり)で食(た)べればうまくなし。	도미도 혼자 먹으면 맛이 없다.(아무리 좋은 것도 혼자서 하는 것은 재미가 없다.)
早起(はやお)きは三文(さんもん)の徳(とく)。	아침 일찍 일어나는 거지 따뜻한 밥 먹는다.
こんな仕事(しごと)は朝飯前(あさめしまえ)だ。	이까짓 것은 아침 식사 전에 해치운다. (식은죽 먹기)
豆腐(とうふ)の角(かど)で頭(あたま)をぶ付(つ)けて死(し)ぬ。	두부모서리에 머리를 부딪쳐 죽어라. (두부모서리에 머리를 맞아도 죽을 사람이라는 의미)
豆腐(とうふ)を縄(なわ)で縛(しば)って肩(かた)にかけてゆく。	두부를 새끼줄로 묶어 어깨에 지고 가다. (아주 바보스런 일을 한다.)
豆腐(とうふ)にかすがい。	두부에 꺽쇠 박기 (아무 효과 없는 일을 한다)
雨降(あめふ)って地固(じかた)まる。	비 온 뒤에 땅이 굳는다.
石橋(いしばし)を叩(たた)いて渡(わた)る。	돌다리도 두들기고 건넌다.
急(いそ)がば回(まわ)れ。	급할수록 돌아가라.
一寸(いっすん)の虫(むし)にも五分(ごぶ)の魂(たま)しい。	지렁이도 밟으면 꿈틀 거린다.
牛(うし)に引(ひ)かれて善光寺参(ぜんこうじまい)り。	친구 따라 강남 간다.
飼(か)い犬(いぬ)に手(て)を噛(か)まれる。	믿는 도끼에 발등 찍힌다.
三人寄(さんにんよ)れば文殊(もんじゅ)の知恵(ちえ)。	백지장도 맞들면 낫다.
精神一到何事(せいしんいっとうなにごと)もならざらん。	정신일도 하사불성.
天(てん)は自(みずか)ら助(たす)くる者(もの)を助(たす)く。	하늘은 스스로 돕는 자를 돕는다.
覆水(ふくすい)、盆(ぼん)に返(かえ)らず。	한 번 엎지른 물 되담을 수 없다.
待(ま)てば海路(かいろ)の日和有(ひよりあ)り。	쥐구멍에도 볕 들 날 있다.

MEMO

MEMO